図解 コレ1枚でわかる

最新ITトレンド

改訂第5版

〔著〕斎藤昌義

技術評論社

● **免責**

本書に記載された内容は、情報の提供のみを目的としています。したがって、本書を用いた運用は、必ずお客様自身の責任と判断によっておこなってください。これらの情報の運用の結果について、技術評論社および著者はいかなる責任も負いません。

本書記載の情報は、2024年5月現在のものを掲載していますので、ご利用時には、変更されている場合もあります。

以上の注意事項をご承諾いただいたうえで、本書をご利用願います。これらの注意事項をお読みいただかずに、お問い合わせいただいても、技術評論社および著者は対処しかねます。あらかじめ、ご承知おきください。

● **商標、登録商標について**

本文中に記載されている製品の名称は、一般に関係各社の商標または登録商標です。なお、本文中では ™、® などのマークを省略しています。

はじめに

皆様、この度は「【図解】コレ１枚でわかる最新ITトレンド」第５版のページを開いていただき、誠にありがとうございます。2015年の初版発行から、このたびの最新版まで、私たちは変わりゆくITの世界を皆様と共に歩んで参りました。その旅は、ただ技術が進化するのを見守るだけでなく、それが私たちの仕事や日常生活、さらには社会全体にどのような影響を及ぼしているかを理解し、共有することにありました。

初版から数えて第５版となる今回の更新では、私たちの周りで起きている技術革新の速度が今まで以上に速くなっていること、そしてそれらの技術が私たちの生活やビジネスにどれほど深く影響を与えているかに焦点を当てました。AIの進化、クラウド・コンピューティングの普及、ビッグデータの活用、サイバー・セキュリティの重要性の高まり、そして最新のトレンドであるブロックチェーン技術や仮想現実など、これら全てが私たちの生活を根本から変えています。

しかし、技術の話だけに終始するつもりはありません。この書籍を手に取る皆様が、これらの技術がビジネスや社会にどのような影響を与えるか、そしてそれをどのように自身の仕事や日常生活に活かすことができるのかを理解できるよう、具体的な事例や考え方を分かりやすく解説しています。

この第５版に手を伸ばすことは、ただの読書以上の行為です。それは、自らを未来へと導く羅針盤を手に入れることに他なりません。この本は、変化の速い現代において、皆様が前を向き続けるための必携のガイドとなるでしょう。皆様がこの一冊を手にすることで、技術の波にただ漂うのではなく、その波を乗りこなし、ビジネスや日常生活での新たなチャンスを掴むための確かな一歩を踏み出すことができます。

私はITの専門家だけではなく、全ての社会人がこの急速に変化するデジタル時代を生き抜くための知識とツールを手に入れられるよう努めてきました。それは、技術に対する深い理解だけではなく、それを活用し、変化に対応していく力を身につけることが重要であるという信念に基づいています。

この第５版を通じて、皆様が新しい技術の波にただ流されるのではなく、それを自らの力で乗りこなし、新たな価値を創造するきっかけにしていただければ幸いです。これからも、技術の進化と共に歩む私たちの旅は続きます。皆様と共に、その一歩一歩を大切にしていきたいと思います。

今、この瞬間にこの本を手に取ることは、変化の激しい世界で先を行くための決断です。未来を予測し、準備することの重要性はこれまで以上に高まっています。この本を読むことで、皆様はただの観測者ではなく、変化をリードするアクティブな参加者となります。ビジネスシーンでの競争優位を確立したい、または個人としてのスキルを向上させたいという方にとって、この一冊は貴重な資源となるでしょう。

どうぞ、最新のIT トレンドを、この一冊で楽しく、そして実り多い学びの時間にしてください。未来への一歩を踏み出す準備は、このページをめくることから始まります。皆様の日々が、この本を通じてさらに輝きを増すことを心から願っています。

～ChatGPT 著～

私が、お伝えしたいことをすべて書いてくれました。少々気恥ずかしい表現はありますが、私の思いは十分に代弁してくれています。もうこんなことができるようになりました（私は、加筆や修正をしていません）。

前版は、2022 年 10 月に出版しました。その翌 11 月に ChatGPT（GPT3）がリリースされたこともあり、これを取り上げることはできませんでした。ただ、DALL-E2 や Midjourney、Stable Diffusion などの画像生成 AI はすでに登場し、「生成 AI」や「基盤モデル」という言葉が、注目され始めていましたので、そのあたりはすこしだけ触れています。

それからわずか 1 年ほどで、世界が変わってしまった感があります。少し大げさな表現かもしれませんが、「IT トレンド」という、本書の守備範囲で考えれば、けっして大げさではありません。驚くべきスピードで「AI にできること」が、増えています。

本来であれば、本書の執筆は、もう少し先のことと考えていましたが、それでは、「最新のITトレンド」というタイトルが、ウソになってしまいます。そんなわけで、急ぎ本書を出版することにしました。

当然ながら、AIについての解説は、特に充実させました。そんなAIが、業務のさまざまなところで大きな影響を与えつつあることについても解説しています。また、コロナ禍を経て、DXへの関心がたまったことを踏まえ、DXについても丁寧に解説しています。「トレンド」ではないのですが、DXについての理解をさらに深めていただくために、巻末に「DXの実践」を掲載しています。よろしければ、参考にしてください。

ITベンダーやSI事業者と事業会社の関係も変わりつつあります。「事業会社にはITは難しいから」と、ITベンダーやSI事業者にITシステムの開発や運用を外注するのは、当然のこととされてきました。しかし、事業会社が欲しいのは、ITシステムではなく、ITシステムが実現する、売上や利益、顧客満足に貢献するITサービスです。

クラウドの充実とAIの発展は、「ITシステム」をゼロから作らなければ、「ITサービス」が使えない時代を終わらせようとしています。ITシステムを作る負担は激減し、非エンジニアのユーザー自身でITサービスを実現できるようになりました。開発や運用の環境変化は、事業会社の「システムの内製化」を後押ししています。そんな、ITシステムの開発についても、最新の事情を踏まえて解説しています。

予測できない未来、変化の速い社会、デジタル前提の日常

DXとは、そんな時代に適応するために、会社を作り変えることです。デジタル・ツールを使うことやデジタルリテラシー研修を行うことではありません。もっと本質的で根本的な経営変革です。

本書は、次のような皆さんの役に立つはずです。

- IT（トレンド）についていけずに困っている経営者やビジネスマン
- IT業界に入社したい学生
- 社会人になって困らないIT常識を身につけたい学生や新入社員

また、ビジネスの現場でITを必要とされている、次のような皆さんにも本書は参考になるはずです。

- IT活用やデジタル戦略／DXの実践に関わる皆さん
- デジタルを武器に事業の改革や新規開発に取り組もうとされている皆さん
- デジタル人材／DX人材の育成に関わられる皆さん

SI事業者／ITベンダーにお勤めの皆さんにとっても、ITの常識を最新にアップデートできるものになるでしょう。

これまで同様、本書の説明で使っているチャートのパワーポイント版をロイヤリティフリーでダウンロードいただけます。その方法については、本書の最後で説明します。どうぞ、企画書や提案書、勉強会の教材として使ってください。

また、ITに直接関わる仕事をされていない読者にとって専門的と思われる内容についても、補足資料（PDF）をダウンロードできるようにしました。よろしければ、こちらもご利用ください。

あなたのビジネス力をデジタルで武装する

本書は、そのためのお手伝いができると思います。

2024年6月1日

斎藤 昌義

目次

◎ はじめに ・・・・・・・・・・・・・・・・・・・・・・・・・・・・・・・・・・・・・ 3

第1章 デジタルの基礎知識
～デジタルの本来の意味と役割を理解する ・・・・・・・・・・・・ 15

■接点となる UI、体験をもたらす UX ・・・・・・・・・・・・・・・・・・・・・ 18
■具体例からひも解く UI と UX の関係性 ・・・・・・・・・・・・・・・・・・・ 20
■データと UX とサービスの関係 ・・・・・・・・・・・・・・・・・・・・・・・ 22
■ソフトウェアで世界を再構築する ・・・・・・・・・・・・・・・・・・・・・・ 26
■デジタルと IT の関係 ・・・・・・・・・・・・・・・・・・・・・・・・・・・・ 30
■「デジタル」と「IT」に必要な能力の違い ・・・・・・・・・・・・・・・・・・ 32
■2つのデジタル化：デジタイゼーションとデジタライゼーション ・・・・・・・・・ 34
■なぜデジタル化しなければならないのか：「レイヤー構造化」と「抽象化」・・ 36
■「レイヤー構造化」と「抽象化」をどうやって実現するか ・・・・・・・・・・・ 38
■経営資源の一元管理を目指す ERP ／ ERP システム／ ERP パッケージ ・・・・ 40
■変化に俊敏に対処するために、業務プロセスを階層化する ・・・・・・・・・・ 42
■イノベーションを加速するデジタル化 ・・・・・・・・・・・・・・・・・・・・ 44
■デジタルが支える2つの経営基盤 ・・・・・・・・・・・・・・・・・・・・・・ 48

第2章 DX ／デジタル・トランスフォーメーション
～デジタル前提の社会に適応するために会社を作り変える ・・・ 51

■デジタル・ネイティブ企業が既存の業界を破壊できる理由 ・・・・・・・・・・・54
■デジタル・ネイティブ企業の発想 ・・・・・・・・・・・・・・・・・・・・・・ 56
■私たちが直面している「VUCA」とは ・・・・・・・・・・・・・・・・・・・・ 58
■VUCA がもたらすハイパーコンペティション ・・・・・・・・・・・・・・・・・ 60
■ビジネスの前提となる時間感覚の変化 ・・・・・・・・・・・・・・・・・・・・ 62
■VUCA 時代に生き残るための価値観 ・・・・・・・・・・・・・・・・・・・・・ 64
■高頻度な「Try and Learn」で、圧倒的なスピードを実現する ・・・・・・・・ 66
■パラダイムの変遷と DX ・・・・・・・・・・・・・・・・・・・・・・・・・・・ 68

■ デジタルがリアルを包括する社会 ・・・・・ 72
■「社会」と「事業」の視点からひも解く DX の定義 ・・・・・ 74
■ DX とは何をすることか ・・・・・ 76
■ パーパスに根差した DX へ ・・・・・ 80
■ DX を支える 4 つの体験（Experience） ・・・・・ 82
□【コラム】DX とは人間との共生を推し進める変革 ・・・・・ 85
■ 2 つのデジタル化と DX の関係 ・・・・・ 86
■ デジタル活用の 2 つのベクトル ・・・・・ 88
□【コラム】私たちがいまやっていることは DX ？ ・・・・・ 91
■ サイバー・フィジカル・システムと DX ・・・・・ 92
■ DX を支えるテクノロジー・トライアングル ・・・・・ 96
■ DX のメカニズム ・・・・・ 98
■ DX とは「デジタル力」と「人間力」の合わせ技 ・・・・・ 100
■ デジタルの渦に巻き込まれるビジネス ・・・・・ 102
□【コラム】DX の 2 つの系譜と今使われている解釈 ・・・・・ 106

第 3 章 IT インフラストラクチャー
～変化に俊敏に対処できる IT の実現 ・・・・・ 109

■ 情報システムの 3 層構造 ・・・・・ 112
■ 仮想化の本当の意味 ・・・・・ 114
■ 仮想化の 3 タイプ ・・・・・ 116
■ 汎用機を専用機に変身させる「ソフトウェア化」 ・・・・・ 118
■ IT インフラにおけるソフトウェア化：「SDI」 ・・・・・ 120
■ ソフトウェア化とクラウド・コンピューティング ・・・・・ 122
■ 仮想化／コンテナの歴史的変遷 ・・・・・ 124
■ サーバー仮想化 ・・・・・ 126
■ サーバー仮想化とコンテナ ・・・・・ 128
■ コンテナ管理ソフトウェア／コンテナ・エンジン ・・・・・ 130
■ 実行場所を選ばず処理能力をかんたんに増減できるコンテナ ・・・・・ 132
■ コンテナを一元管理するコンテナ・オーケストレーションツール:Kubernetes ・・ 134
■ 仮想化の種類 ・・・・・ 136

第4章 クラウド・コンピューティング ～所有せずに使用するITのこれからの常識 ･････････････ 139

■「自家発電モデル」から「発電所モデル」へ ････････････････････････ 142
■「所有するIT」から「使用するIT」へ ････････････････････････････ 144
■クラウドならではの費用対効果の考え方 ･･････････････････････････ 146
■クラウド登場の歴史的背景 ････････････････････････････････････ 148
■情報システムの現状から考えるクラウドへの期待 ･･････････････････ 154
■クラウドの起源と定義 ･･ 156
■クラウドの定義：サービス・モデル ････････････････････････････ 158
■多様化するクラウドのサービス区分 ････････････････････････････ 160
■クラウドの定義：配置モデル ･･････････････････････････････････ 162
■パブリックとプライベートを組み合わせた「ハイブリッド・クラウド」 ････ 164
■ハイブリッド・クラウドとマルチ・クラウド ･･････････････････････ 166
■クラウドに欠かせない5つの特徴 ･･････････････････････････････ 168
■クラウドを使う4つの理由 ････････････････････････････････････ 170
■パブリック・クラウドの不得意なところ ･･････････････････････････ 172
□【コラム】市場を席巻する3大クラウド事業者と生成AI戦略 ･･････････ 175
■クラウド・コンピューティングのビジネス・モデル ････････････････ 176
■パブリック・クラウドはセキュリティ対策の外部委託 ････････････････ 178
■日米のビジネス文化の違いとクラウド ････････････････････････････ 180
■クラウド・バイ・デフォルト原則 ････････････････････････････････ 182
■所有しているシステムをパブリックへ移行するための勘所 ････････････ 184
■クラウドに吸収されるITビジネス ････････････････････････････････ 186

第5章 サイバー・セキュリティ ～デジタル化が進む事業基盤の安全対策は重要な経営課題 ･･ 189

■セキュリティの区分と脅威 ････････････････････････････････････ 192
■情報セキュリティの3要素と7要素 ･･････････････････････････････ 194
□【コラム】PPAP ･･ 197
■リスク・マネージメントの考え方 ････････････････････････････････ 198

■□【コラム】マルウェア……201
■不正アクセス対策の基本となるアクセス制御……202
■認証方法と多要素認証……204
■パスワードレスとFIDO2……206
■パスワードを使わないでログインできるパスキー……208
■認証連携とシングル・サインオン……210
■「境界防衛」型セキュリティの破堤とゼロトラスト・ネットワーク……212
■ゼロトラストとは何か……214
■サイバー・ハイジーン……216
■常に信頼できる状態を維持するための動的ポリシー……218
■ゼロトラストのまとめ……220
□【コラム】ランサムウェア……222
■サイバー攻撃への対策を担う中核組織：CSIRT……224

第6章 IoT／モノのインターネット
～現実世界と仮想世界の狭間をつなぐゲートウェイ……227

■IoTにできる3つのこと……230
■IoTで変わる現実の捉え方……232
■「狭義のIoT」と「広義のIoT」……234
■「広義のIoT」が価値を生みだす2つのループ……236
■デジタル・ツインと3つのバーチャル世界……238
□【コラム】ムーアの法則……241
■IoTがもたらす2つのパラダイムシフト……242
■デジタル・ツインの活用①：現実世界の最適化……244
■デジタル・ツインの活用②：サービス間連携による新たな価値の創出……246
■IoTが実現させる「モノのサービス化」……248
■モノのサービス化のメカニズム……250
■IoTの3層構造……252
■IoTのセキュリティ……254
■超分散の時代……256
□【コラム】メトカーフの法則……259

■ 5G ／第 5 世代移動通信システム：3 つの特徴 …… 260
■ ローカル 5G …… 262
■ ネットワークのサービス品質によって分割するネットワーク・スライシング … 264
■ NEF で連携するネットワークとアプリケーション …… 266
■ 次世代情報通信基盤 IOWN（アイオン） …… 268

第 7 章 AI ／人工知能 ～人間の知的能力を拡張するコンパニオン …… 271

■ AI とは何か …… 274
■ 脳と AI の関係 …… 276
■ AI の分類方法（1）：AI と AGI …… 278
■ AI の分類方法（2）：弱い AI と強い AI …… 280
■ AI と機械学習の関係 …… 282
□【コラム】AI はノーベル賞を取れるか …… 285
■ 機械学習とその活用 …… 286
■ 機械学習が担う「学習」と「推論」 …… 288
■「学習」プロセスで使われる 3 つの基本手法 …… 290
■ ニューラル・ネットワークとディープラーニング …… 292
■ ディープラーニングにおける「学習」と課題 …… 294
■ 従来の機械学習とディープラーニングの違い …… 296
■ 機械学習と AI アプリケーション …… 298
■ 機械学習の応用（1） …… 300
■ 機械学習の応用（2） …… 302
■ 生成 AI が代替する「人間の知的作業」 …… 304
■ さまざまなタスクに対応するための「基盤モデル」 …… 306
■ 基盤モデル・大規模言語モデル・生成 AI の関係 …… 308
■ Google による自然言語処理モデル：トランスフォーマー …… 310
■ トランスフォーマーの中核技術：自己注意機構 …… 312
■ トランスフォーマーにおける自己教師あり学習 …… 314

■ 生成 AI は何を変えたのか …… 316
■ ハルシネーション（幻覚）とその対策 …… 318
■ 生成 AI が現状抱える課題の解決策 …… 320
■ RLHF：人間のフィードバックによる強化学習 …… 322
■ AI エージェント …… 324
■ AI エージェントが担うデータ取得のフロントエンド …… 326
□【コラム】ドラえもんは AGI か AI エージェントかそれとも？ …… 329
■ AI エージェントにできること …… 330
■ 生成 AI 活用の発展段階 …… 332
■ AI と人間の知能の違い：効率 …… 334
■ AI と人間の知能の違い：身体性 …… 336
■ AI とともに働く時代 …… 338
■ AI にできることと人間に求められる能力 …… 340
■ データ・サイエンス …… 342
■ データ・サイエンティスト …… 344
■ データ活用の実践プロセス …… 346

第 8 章 開発と運用
～できるだけ作らずに IT サービスを実現する …… 349

■ システムの「開発」「運用」「保守」の役割の違い …… 352
■ できるだけ作らないで IT サービスを実現する …… 354
■ 作らない技術 …… 356
□【コラム】技術的負債 …… 359
■ 変化に即応するためのアジャイル開発 (1) …… 360
■ 変化に即応するためのアジャイル開発 (2) …… 362
■ アジャイル開発のメリットと狙い …… 364
■ システムのワークロードとライフタイム …… 366
■ 生成 AI で変わるシステム開発の常識 …… 368
■ システム開発をビジネスの現場に近づけるノーコード／ローコード開発 …… 372

■生成AIとノーコード／ローコード開発ツールの組合せ …… 374
■AIOps：AIを使ったITシステムの運用 …… 376
■RPA：PC操作の自動化ツール …… 378
■RPAの課題や制約とその対処法 …… 380
■開発と運用の協調・連携を実現するDevOps …… 382
■DevOps×コンテナで圧倒的なスピードを実現する …… 384
■イミュータブル・インフラストラクチャとインフラストラクチャ・アズ・コード …… 386
■変化への俊敏な対応を実現するマイクロサービス・アーキテクチャ …… 388
■サーバーレスとFaaS …… 390
■アプリケーション開発に集中するためのクラウド・ネイティブ …… 392
■アプリケーションの付加価値を高めるAPIエコノミー …… 394
■システム開発とクラウド・サービスの役割分担 …… 396
■これからの運用技術者とSRE …… 398

第9章 いま注目しておきたいテクノロジー
～留まることのない進化、置き換わる常識に目を向ける …… 401

■ITと人との係わり方を大きく変えるxR／VRとARとMR …… 402
■スマート・グラスが実現する没入感とモビリティの統合 …… 404
■第三者機関に頼らなくても取引の正当性を保証するブロックチェーン …… 406
■ブロックチェーンが改ざんを防ぐしくみ …… 408
■ブロックチェーンで実現されるアプリケーション …… 410
■通貨と同等の価値を持つ「デジタル通貨」 …… 412
■自律分散型インターネットを目指すWeb3 …… 414
■Web3時代の組織形態であるDAO（自律分散型組織） …… 416
■デジタル・データに資産価値を与えるNFT（非代替性トークン） …… 418
■現実世界と仮想世界を融合するメタバース …… 420
■コンピュータの新しい形であるニューロ・モーフィック・コンピュータ …… 422
■量子コンピュータが必要とされる理由 …… 424

■量子コンピュータと古典コンピュータ …… 426
■3種類の量子コンピュータ …… 428
■量子コンピュータが高速である理由 …… 430

巻末 DX の実践 ～まずは「いま」を終わらせることから始める …… 433

■DX という魔法の杖はない …… 436
■DX 実践の 3 つのステップ …… 440
■DX に至る 3 つのステージ …… 442
■現場からの変革 …… 444
□【コラム】他人は変えられない、変えられるのは自分だけ …… 446
■DX 推進組織の役割 …… 448
■変革は「いま」を終わらせることから始める …… 452
■DX 人材 …… 454
□【コラム】DX とリスキリング …… 456
■DX の実現を支える 4 つの手法と考え方 …… 458
■最適な解決策を見つけ出すためのデザイン思考 …… 460
■新規事業の成功確率を高めるリーン・スタートアップ …… 462
■自然界とビジネス界では大きく異なるエコシステム …… 464
□【コラム】DX の実践と生成 AI …… 466

◎おわりに …… 468
◎特典ダウンロードのご案内 …… 471
◎索引 …… 472

第 1 章

デジタルの基礎知識

デジタルの本来の意味と役割を理解する

現実世界の「ものごと」や「できごと」は、すべて「アナログ」です。しかし、アナログのままではコンピュータで扱うことはできません。そこで、コンピュータで扱える「デジタル」、すなわち 0 と 1 の数字の組合せに変換する必要があります。このプロセスが「デジタル化」です。

デジタル化すれば、人間のやっていたことをコンピュータでできるようになります。そうなれば、業務の効率化や利便性が向上し、コストを削減できます。また、ヒト、モノ、コトが、時間や場所を超えてつながり、アナログだけではできなかったしくみを実現し、ビジネスや社会に新たな価値をもたらします。

そんなデジタルやデジタル化を実現する技術が、IT/ICT です。コンピュータや半導体などのハードウェア、プログラムや通信手順などのソフトウェアのことです。

私たちは、IT/ICT を使ってアナログをデジタル化し、コンピュータを駆使することで、豊かで効率のいい社会を実現しています。

デジタル・ビジネス、デジタル戦略、デジタル・トランスフォーメーション（DX）など、「デジタル」という言葉を使わない日はありません。では、デジタルとは何でしょうか。IT とは、何が違うのでしょうか。

UI（User Interface：ユーザーインターフェース）と UX（User Experience：ユーザーエクスペリエンス）という言葉も目にする機会が増えました。いまなぜこの言葉が注目されているのでしょうか。

データの重要性も叫ばれています。「データ駆動（データドリブン）経営」もよく使われています。なぜそれほどまでに、データが重要なのでしょうか。

最新の IT トレンドやこれからのビジネスを読み解くには、私たちが、普段、何の疑問を持つことなく使っている、このような言葉を正しく理解しておかなくてはなりません。「知っているつもり」で勝手な解釈をしていれば、同じ言葉を使っているのに理解し合えません。

たとえば、「デジタル化」は、「デジタル技術を駆使して業務を効率化する」ことや、「デジタル技術を駆使して新しいビジネスを立ち上げる」こととして使われています。英語では、前者を「デジタイゼーション（Digitization）」、後者を「デジタライゼーション（Digitalization）」と呼んで区別しています。前者であれば、「経費を３割削減する」や「納期を 10 日間から７日間に短縮する」といった目標を設定し、そのための課題を洗い出し、その解決策を検討して、新たなシステム開発やクラウド・サービスの利用を検討するはずです。一方、後者は、新しいことを始めようというわけですから、どんなやり方が最善なのかが、よくわかりません。だから、徹底して議論してアイデアを出しあい、「うまくいきそうだ」となったら、すぐに IT サービスにしてユーザーに使ってもらい、そのフィードバックを参考に、高速に試行錯誤を繰り返しながら、一番いいやり方を探索するという方法になるでしょう。

同じ「デジタル化」でも、目指すゴールやアプローチがまったく違います。このような両者の違いを曖昧なままに、「デジタル化戦略」や「デジタル・ビジネス」に取り組んでも、うまくいくことはありません。

「なぜデジタル化しなければならないのか。アナログなやり方でも十分にうまくやれているではないか」という人もいらっしゃいます。それでも、デジタル化しなければならないとすれば、それはなぜでしょうか。

デジタル化の根源的な価値は、業務プロセスを分解して、「レイヤー構造化と抽象化」をすることです。業務機能を階層的に整理しておけば、時代の変化に応じて業務プロセスの変更や新たな業務プロセスを作ろうとするときに、レゴブロックのように容易に部品を組み替えて、柔軟・迅速に対処できます。

VUCA（変化が速く、将来を予測できないこと）と呼ばれるいまの時代には、変化に俊敏に対応できなければ、企業は存続も成長もできません。これが、「デジタル化しなければならない理由」です。たとえばERPパッケージ（企業経営で必要な経営資源を一元管理し、効率的に活用するためのソフト群）は、業務プロセスを階層的に整理し、部品のように組み替えて扱うやり方を実践するための手段であり、業務プロセスのデジタル化を容易に実現できます。

また、VUCAの時代には、持続的な改善だけでは対処できません。非連続的な新しいやり方、すなわち「イノベーション」を生み出して、これまでの常識とは異なる対処をしなくてはなりません。イノベーションは、試行錯誤の結果として生み出されます。「レイヤー構造化と抽象化」は、そんなイノベーションを加速する原動力にもなります。

データの重要性についても考えてみましょう。いま、OpenAIのChatGPTやGoogleのGeminiなどの「生成AI」が、世間を賑わしています。これらをうまく使えば、業務の効率化や競争力の向上に役立ちます。このような技術で成果をあげるには、データをきめ細かく、リアルタイムに収集できなくてはなりません。業務プロセスの「デジタル化」は、このためにも必要です。

デジタル化する業務プロセスの範囲はサービスそのものにも及ぶため、自社の価値を、デジタル·サービスを介してお客様に提供することが一般化してきています。そんなサービスの価値は、使いやすさや分かりやすさを実装するUIと使うことの楽しさや感動を実現するUXによって決まります。UIとUXも、デジタル前提の社会ではとても重要です。

本章では、「最新」を正しく理解するために、前提として知っておきたい上記のような基本的な言葉の解釈や、デジタルとビジネスとの関係を解説します。

接点となるUI、体験をもたらすUX

UI　人とデジタルをつなぐ窓口
User Interface

☑すぐに分かる　☑使いやすい　☑迷わない　など

UX　人とデジタルがつながることで得られる体験
User eXperience

☑とても便利　☑もっと使いたい　☑感動した　など

UI（User Interface：ユーザーインターフェース）とは、ユーザーとデジタル・ツールやサービス（以下、デジタル）の間の直接的な接点です。「人とデジタルをつなぐ窓口」ともいえます。画面、ボタン、アイコンなどのビジュアルや説明文などのテキストによって作られます。そんなUIの目的は、デジタルの利用を直感的かつ効率的にすることです。そのためには、色彩学、タイポグラフィ、レイアウトの配置などの知見を活かし、「すぐに分かる」、「使いやすい」、「迷わない」などの要件を満たさなくてはなりません。

一方、UX（User eXperience：ユーザーエクスペリエンス）とは、ユーザーが製品やサービスを通じて得られる利便性、有用性、楽しさなどの体験です。「人とデジタルがつながることで得られる体験」ともいえます。UXの目的は、ユーザーの問題を解決し、価値ある体験を提供することです。そのためには、ユーザーのニーズを理解し、それに応える必要があります。これにより、「とても便利」、「もっと使いたい」、「感動した」などの言葉を引き出さなくてはなりません。

要するに、UIは「どのように見えるか」に重点を置き、UXは「使ったときの体験がどのようなものか」に焦点を当てています。両者は相補的であり、うまく組み合わせて、はじめてユーザーの満足を得られます。

たとえば、かつてスマートフォンを使うためには、他人に勝手に使われないために、持ち主である本人しか知らないランダムな文字や数字を組み合わせたパスフレーズを入力していました。しかし、持ち主はそれを暗記しておかなければならず、入力操作にも手間がかかりました。それが、指を押し当てるだけの指紋認証になり、いまでは画面をのぞき込むだけの顔認証になりました。その簡便さに驚き、感動した人も少なくはないはずです。

目的は、本人であることを確実に認証することです。そのための手段であるUIは、パスフレーズ、指紋認証、顔認証へと、より手間のかからないやり方へと変わっていきました。その都度、私たちは、「とても便利」、「もっと使いたい」、「感動した」などの体験、すなわちUXを向上させてきたのです。

UIデザインをどれほど洗練させても、UXもあわせて向上させなければ、だれも使ってはくれません。ユーザーの目的やニーズを徹底して追求し、その手段としてふさわしいUIをデザインするという考え方が、大切になります。

具体例からひも解く UI と UX の関係性

UI 人とデジタルをつなぐ窓口 User Interface

× 良くない UI　　　○ 良い UI

☑すぐに分かる ☑使いやすい ☑迷わない など

UX 人とデジタルがつながることで得られる体験 User eXperience

× 良くない UI
ケチャップだとは
すぐに分からない。

× 良くない UX
口を汚しやすく、
少なくなると使いにくい。

○ 良い UI
ケチャップだと
すぐに分かる。

× 良くない UX
口を汚しやすく、
少なくなると使いにくい。

○ 良い UI
ケチャップだと
すぐに分かる。

○ 良い UX
口を汚さず、最後まで
使い切ることができる。

☑とても便利 ☑もっと使いたい ☑感動した など

UIについて、たとえば横書きの画面で「次ページ」ボタンが左側にあれば、操作をまちがうかもしれません。それは「前ページ」は左、「次ページ」は右という常識が、私たちの頭の中にすり込まれているからです。コップの取っ手は掴むためのものであり、赤い円の中に描かれた右向きの白い三角形を見れば、だれもが動画再生ボタンを思い浮かべます。このように説明なしでも、その役割や使い方が直感的に「分かる」ことが、優れたUIの要件です。

次にUXについて、たとえばケチャップが青いボトルに入っていて「トマト」のイラストも描かれていなかったら、あなたはそれを「ケチャップ」であるとは、直ちには分かりません。ラベルに書かれた「ケチャップ」という文字を見て、初めて分かるでしょう。改善すべく、このボトルを青から「ケチャップ」の赤色に変え、さらに図の真ん中のように「トマト」のイラストを入れれば、直感的に分かります。ただ図の形状では、底にたまったケチャップを取り出すには、口を下にして慎重に待たなくてはなりません。また、口のまわりにケチャップがべっとりとつくので、蓋を閉めるときにそれを拭い取らなくてはならず、使い勝手が悪いと感じるでしょう。ただでさえ、ケチャップには、粘り気があるので最後まで使い切るのは大変です。

ボトルを赤色にすれば「ケチャップ」だと、すぐに分かります。そうすれば、UIは改善されます。しかし、使う体験＝UXには不満が残ります。これを改善したのが、図右の形状のボトルです。大きく平らな蓋が付き、説明がなくても文字やイラストの配置のおかげで、自然に蓋を下にして置いてしまいます。おかげで、ケチャップが口のところに常に滞留し、ボトルを指で軽く押せば、すぐに出てきます。口は細く、適量を確実に出せるので、口を汚さず、最後まで使い切ることができます。これは、たいへん優れたUIとUXと言えるでしょう。

商品やサービスを提供する側が、UIに意匠を凝らし、わかりやすい操作性を実現したつもりでも、それを使う利用者が、満足するとは限りません。利用者がこのサービスに期待することは何かを考え、この期待に応え、また使いたいと感じてもらえるようにしなければ、利用者は離れていってしまいます。そんな利用者の視点に立って、彼らの満足を追求しなければ、優れたUXとは言えません。ITサービスについても、同様のことが言えます。

データとUXとサービスの関係

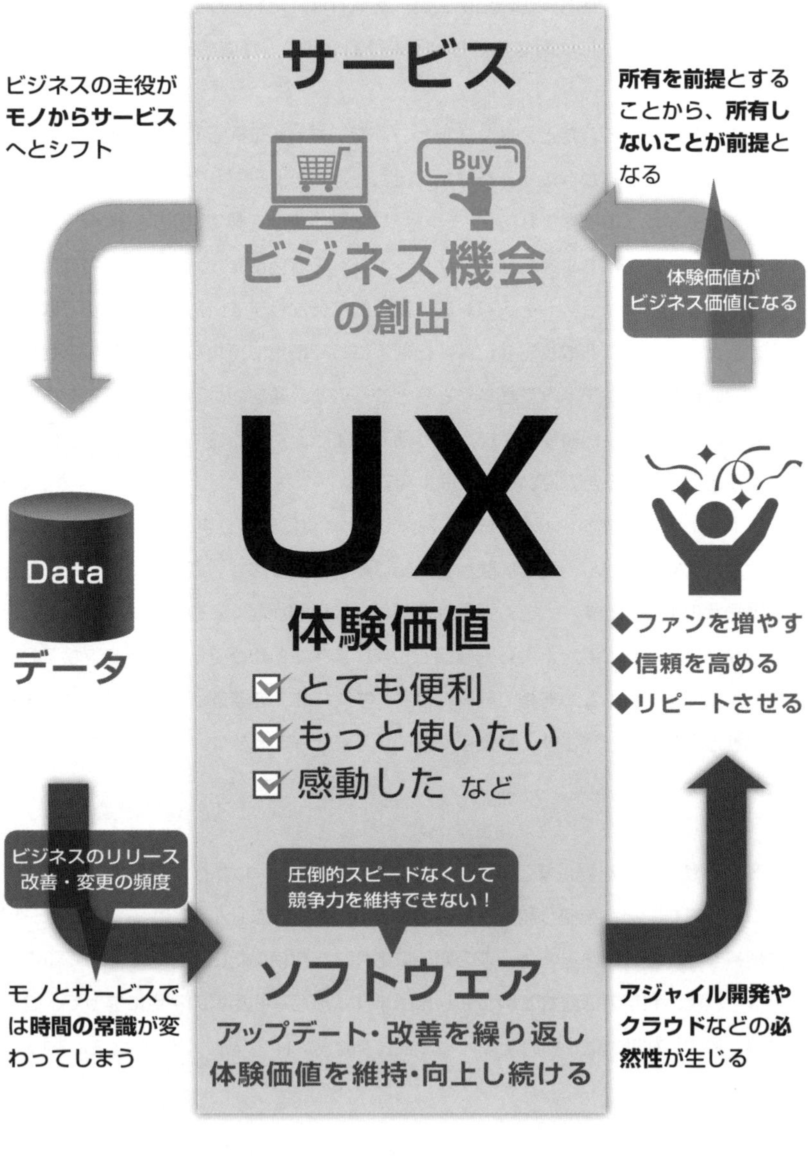

サービス
Buy
ビジネス機会
の創出
ビジネスの主役が
モノからサービス
へとシフト
所有を前提とする
ことから、所有し
ないことが前提と
なる
体験価値が
ビジネス価値になる
UX
体験価値
とても便利
もっと使いたい
感動した など
Data
データ
◆ファンを増やす
◆信頼を高める
◆リピートさせる
ビジネスのリリース
改善・変更の頻度
圧倒的スピードなくして
競争力を維持できない！
ソフトウェア
アップデート・改善を繰り返し
体験価値を維持・向上し続ける
モノとサービスで
は時間の常識が変
わってしまう
アジャイル開発や
クラウドなどの必
然性が生じる

私たちの日常や仕事は、もはやネットありきです。私たちはネットのサービスで買い物をし、チケットを手配しています。オンラインでの会議や研修の受講、画像や文章の作成、データの分析などでも同様です。

店舗に出かけることも、窓口に出向く必要もありません。会議室や教室に集まることも、専門家に来てもらう必要もありません。多くのことが、ネットのサービスで済ますことができる時代になりました。魅力的な体験を提供できるサービスの有無が、企業の収益に大きな影響を与える時代になりました。

あらゆるモノがネットにつながる時代でもあります。それは、コンピュータやスマートフォンだけではありません。自動車や家電製品、建物や設備などが、ネットにつながっています。スマートウォッチを腕にはめれば、それを介して、私たちの身体までネットにつながってしまいます。

たとえば、自動車を運転するとしましょう。自動車メーカーは、その自動車に不具合はないか、どのような運転の仕方をしているのか、どんな操作に手間取っているのかなどを、ネットを介してデータとして手に入れることができます。運転手からの報告は必要ありません。データから不具合が見つかれば、運転手にそれを知らせ、GPS のデータからその自動車の位置を知り、近くのサービス・ステーションに立ち寄るように案内することができます。やがては、自動運転に切り替えて、人間が運転しなくてもサービス・ステーションに向かわせることもできるようになるでしょう。

これらは、自動車に搭載されたソフトウェアとネット経由で提供されるサービスによって実現しています。必要とあれば、改善したソフトウェアを、ネット経由で自動車に送りアップデートすることで、「運転がしやすくなった」、「安全性が高まった」、「燃費がよくなった」などの体験を向上させることができます。

モノの価値は、モノそのものにあるのではなく、モノを使うことによって得られる体験に価値があります。ならば、モノを購入するのではなく、必要な時にこれを借りて、必要なくなれば返却できるサービスのほうが、コスパがいいし、保管場所の心配や管理の手間も省けます。一昔前であれば、モノを購入し、所有しなければ、「体験価値」を得られませんでした。しかし、モノもヒトもネットでつながるいまなら、モノを買わずに、同様の「体験価値」をサービスとして手に入れることができます。これは、「ビジネスの主役が、モノからサービスへとシフトした」ということです。

モノが主役のビジネスでは、モノを買って所有しなければ、求める「体験価値」を得られません。しかし、サービスは、所有できませんから、提供される「体験価値」そのものが、サービスが主役のビジネスにおける価値となるのです。

サービス・ビジネスの価値＝
ネット接続×ソフトウェアによる機能の実装×高速にアップデートを繰り返すことができる能力

サービスがビジネスの主役となる時代には、「体験価値」すなわちUXの出来不出来が、企業の収益を左右します。そうなると、魅力的なハードウェアを作るだけではなく、「ネットにつながる」や、「ソフトウェアで機能や操作性を実現する」といったしくみを土台に、「ソフトウェアをアップデートしてUXを向上させ続ける能力」が、ビジネスの成否を決めるようになります。

スマートフォンやWebのサービスでは、このようなしくみは、すでに常識となっています。これをモノにまで広げようというわけです。モノは、サービスと一体化し、その構成要素の1つとなるわけです。

そんなサービスの実態は、ソフトウェアです。サービスが使われれば、ソフトウェアが実行され、データが生まれます。そのデータを見れば、ユーザーが、サービスをどのように使っているのかが分かります。何に満足し、不満を感じ、どこに不便を感じ、想定外の使い方をしているかなどが、直ちに分かります。

そんなデータから学んで、サービスの改善点を見つけます。サービスの実態は、ソフトウェアですから、ソフトウェアを改修することで、サービスを改善します。改善されたサービスを提供すれば、ユーザーの「体験価値」は向上し、ファンを増やし、信頼を高め、リピートを増やすことができます。このサイクルを回すことが、「サービスの運営」です。

サービス・ビジネスは、モノのビジネスと決定的に異なる点があります。それは、「スピード」です。モノのビジネスであれば、モノを作り、販売するために、企画や設計から資材調達、工場設備の準備、生産、物流、店舗での販売などの一連のしくみを作り上げるための長い時間がかかります。

一方、サービス・ビジネスは、その実態がソフトウェアなので、企画や設計と製造（システム開発）が並行して行われます。資材調達、工場設備の準備、生産、物流、店舗での販売などは不要です。スピードがまるで違います。つまり、ビジネスを動かす「時間の常識」が、一桁も二桁も速いのです。

ソフトウェアの実態は、プログラム・コードです。モノと比べて作るのは短期間です。特に作るための準備は圧倒的に短くなります。一方で、魅力的なサービスが登場すれば、まねされるのも、あっという間です。自分たちよりも魅力的な競合サービスが登場すれば、ネットでその情報が直ちに拡散され、ユーザーがそちらに移ってしまうかもしれません。だから、競合サービスよりもいち早く改善し、「体験価値」で優位であり続けなくてはなりません。そんな圧倒的なスピードこそが競争力の源泉となります。

サービスに圧倒的スピードを与えるためには、ソフトウェアの開発や改修、システム資源の調達、ソフトウェアを実行する環境の改善などもまた、圧倒的なスピードが求められます。だから、アジャイル開発やクラウド・コンピューティングなどの手法や技術、サービスが必要とされ、これらが発展、普及しているとも言えるでしょう。

高品質のモノ（ハードウェア）をリーズナブルな金額で提供するだけでは、もはや企業の競争力を維持できません。顧客の状況をいち早くデータで捉え、高速に「体験価値」すなわちUXを改善、向上し続けることが、競争優位を維持するためには、重要な要件となったのです。

モノを購入、所有することを前提とした「モノが主役」の時代とは、競争の原理が大きく変わってしまいました。ビジネスをサービス化し、UXを改善、向上させ続けるメカニズムを企業活動のしくみに組み入れることが必要です。これができるかどうかが、企業の死命を制する時代になったとも言えるでしょう。

ソフトウェアで世界を再構築する

Virtual～：本物ではないが本物と同じ～
バーチャル
Virtual
リアルと同様の体験ができる
最適化された世界
実質的な
価値を得る
クラウド
カーシェアリング
オンラインショップ
膨大な現実世界の情報を
削減／圧縮／抽象化して
効率化・最適化・利便性の
向上を実現する
ソフトウェアで
世界を再構築
デジタル・ツイン
Digital Twin
リアル／現実を忠実に再現した
デジタル・コピー
再解釈
最適化
再構成
自社所有
コンピュータ
現実世界のあらゆる
ものごとやできごとを
デジタルデータに置き換える
個人所有自家用車
リアル
Real
現実の物理法則に支配された
実際の世界
データ
リアルタイムな
現実世界の事実
SHOP
店舗

米国の著名なベンチャーキャピリストであるマーク・アンドリーセン（Marc Andreessen）は、2011 年、次のように述べています。

「ソフトウェアが世界を呑み込む（Software is eating the world.）」

この言葉は、前節で述べた「ビジネスの主役が、モノからサービスへ」と移りつつあるいま、サービスの実態であるソフトウェアが、ますます重要になることを示唆したものです。これは、業種や業界を問わずすべてのビジネス分野に加え、社会のさまざまなしくみまでもが、ソフトウェアなしには機能しない時代になるということでもあります。

たとえば、電車の切符を自動販売機で買い、自動改札を通り、定時運行された電車に乗るのも、そこに組み込まれたソフトウェアが、動いているからです。銀行でのお金の出し入れや送金、自動車や家電製品の操作もまた、ソフトウェアが、人間と機械を仲介しています。会社での経費精算や稟議書の提出、報告書や企画書の作成、メールや SNS でのコミュニケーション、オンライン会議や資料の共有、ホームページでの商品紹介やネット販売など、日常の仕事もまたソフトウェアなしでは回りません。あげればキリがありませんが、まさに私たちの世界は、ソフトウェアに呑み込まれています。

ソフトウェアが、ビジネスに欠かせない存在となったいま、ソフトウェアの優劣が、企業の競争力や業績を左右します。ソフトウェアを経営戦略や事業戦略と同期させ、従業員や顧客に魅力ある、価値のあるサービスをいち早く提供し、改善し続けることができなければ、企業の存続や事業の継続はできません。

そんな企業のコアコンピタンス（中核的価値）となったソフトウェアを自らが作り、維持していくのは当然のことです。情報システムを内製化しようとの昨今の動きは、このトレンドと大きく関係しています。いわば、自らがソフトウェア会社になろうとしているわけです。

変化が速く、将来の予測が困難な時代となったいま、変化に俊敏に対応できる能力の有無は、企業の存亡を左右します。これは、ソフトウェアの開発や運用もまた、俊敏性が求められるということでもあります。

そのためには、経営や業務の現場とソフトウェアを開発、運用する現場が、円滑に意思疎通でき、即決、即断、即実行できる近さがなくてはなりません。このようなことは、ソフトウェアを外注していてはできないことで、そのためにも内製化は必然といえるでしょう。彼は、「すべての会社がソフトウェア会社になる」とも述べていますが、このような時代を先取りした発言だったわけです。

彼の言う「ソフトウェアが世界を呑み込む」について、別の視点から考えてみましょう。

私たちは、「リアル＝現実世界」で仕事をし、生活を営んでいます。「リアル」は、アナログ（連続量）の世界であり、私たちはそこで必要なコンピュータ、自動車、店舗などを使っています。あらゆるモノがつながる社会では、これらの機能やしくみ、そこに関わる人たちの行動をデータとして捉えることができます。つまり、現実世界のデジタル・コピーが、リアルタイムで作られます。これを「デジタル・ツイン（Digital Twin）＝アナログな現実世界のデジタルな双子の兄弟」と呼びます。

デジタル・ツインは、リアルを忠実に写し取ったものであるため、ノイズも多く、ビジネスの価値に直接結びつかない情報も含まれています。それらをより分け、本質的で重要な情報だけを取り出し（抽象化）、それらを最適な組合せでつないだのが、「バーチャル＝仮想世界」です。

ところで、「バーチャル（Virtual）」という英語ですが、日本語では、「仮想」という言葉に訳されたために、誤解されることがあります。本来の意味は、「本物と同じ」であり、日本語の漢字から連想される「仮の想定、想像、実体のない存在」とは、大きくかけ離れています。つまり、「バーチャル＝仮想世界」とは、「リアル（現実世界）とは異なるが、実質的には、本物と同じことができる世界」という意味になります。

そんな「バーチャル」では、「リアル」なら所有しなければならないコンピュータの機能や性能を、クラウド・サービスとして利用することができます。つまり、「物理的な実態のある本物のコンピュータは持っていないが、本物を使う場合と同じように、その機能や性能を使うことができる」わけです。

「リアルな本物の店舗に行かなくても、バーチャルな店舗（Amazon や楽天など）で、本物の店舗と同様の買い物ができる」、「リアルな本物の自動車を所有しなくても、バーチャルなカーシェアサービスで、本物の自動車を所有していると同様に、移動の手段を手に入れられる」という「本物と同じ体験」ができます。

クラウド・サービスであれば、機能や性能の限界はなく、置く場所の確保、電源や冷却のための設備の維持管理、構築や運用管理の要員が不要です。バーチャルな店舗であれば、膨大な商品の中から欲しいものを探し、比較も容易です。カーシェアサービスであれば、駐車場の確保、保険や車検の手続きも不要で、その時々の必要に応じて車種を変えることもできます。

- リアル／現実世界のものごとやできごとをデータに置き換えて、デジタル・ツインを作る
- デジタル・ツインの膨大な現実世界の情報を削減／圧縮／抽象化する
- リアルの機能やプロセスを再構成し、効率化・最適化し、利便性やコストパフォーマンスを向上させ、バーチャル／仮想世界で提供する

これら一連のプロセスはソフトウェアによって実行されます。言い換えれば、ソフトウェアで世界を再構築し、効率がよく、利便性が高く、ムダのない社会やビジネスのしくみに作り変えようというわけです。

マーク・アンドリーセンが述べた、「ソフトウェアが世界を呑み込む」とは、世界がこのような構造になることを示唆したものと言えるでしょう。当然、ビジネスのしくみもやり方も、この世界に最適化されたカタチに変えていかなければなりません。

デジタルと IT の関係

コンピュータとネットワーク
で作られた世界
サイバー空間
Cyber Space
離散量
（とびとびの値しかない量）
デジタル
Digital
15:23
0 10 1 10
100 10 1
コンピュータやネットワークで扱える
ICT
Information and Communication Technology
情報通信技術
IT
Information Technology
情報技術
コンピュータや
ネットワークを実現し
それを活用するための技術
デジタル化
センサー／Web／モバイル
などを介し
アナログをデジタルに
変換すること
身体を介して体験し、実感できる
私たちが生きている世界
現実世界
Physical World
連続量
（区切りなく続く値を持つ量）
アナログ
Analog

「デジタル（Digital）」とは、「離散量（とびとびの値しかない量）」を意味し、「アナログ（Analog）」すなわち「連続量（区切りなく続く値をもつ量）」と対をなす概念です。ラテン語の「指（Digitus）」が語源で、「指でかぞえる」といった意味から、離散的な数、あるいは数字という意味で使われています。

現実の世界は、すべて「アナログ」です。たとえば、時間や温度、明るさや音の大きさなどの物理現象、モノを運ぶ、だれかと会話するなどの人間の行為もまたアナログです。しかし、アナログのままではコンピュータで扱うことはできません。そこで、コンピュータで扱えるデジタル、すなわち 0 と 1 の数字の組み合わせに変換する必要があります。このプロセスが、「デジタル化」です。

そんなコンピュータを実現するための技術、たとえば、半導体やストレージ、センサーや通信回線、アルゴリズムやプログラミング言語などの技術を総称して「Information Technology（IT）：情報技術」と呼びます。

IT には「通信（Communication）」の意味も含まれていますが、これをあえて強調するために、「ICT = Information & Communication Technology」という表現も使われています。両者は、基本的には同じ意味ですが、おおよそ、次のように使い分けられています。

- ❖ IT ：半導体やストレージなどのハードウェア、プログラミングや開発技法などのソフトウェアなどのコンピュータ関連の技術全般を説明する場合
- ❖ ICT：上記を含み、特に通信技術の活用方法やそれを実現するハードウェアやソフトウェア、すなわち情報伝達を重視した技術を説明する場合

かつては、省庁によっても IT と ICT は使い分けられていました。たとえば、経済産業省では、コンピュータ製品やその技術に関わる産業を担当するので「IT」を使い、総務省では情報通信産業を担当するので「ICT」を使っていました。ただし、両者には、明確な区別はありません。

2000 年に日本政府が「e-Japan」構想を打ち出し、「高度情報通信ネットワーク社会形成基本法」（通称「IT 基本法」）を成立させました。当時は、IT を使っていましたが、2004 年に「e-Japan」構想を「u-Japan」構想に改正した頃から、ICT を使っています。

「デジタル」と「IT」に必要な能力の違い

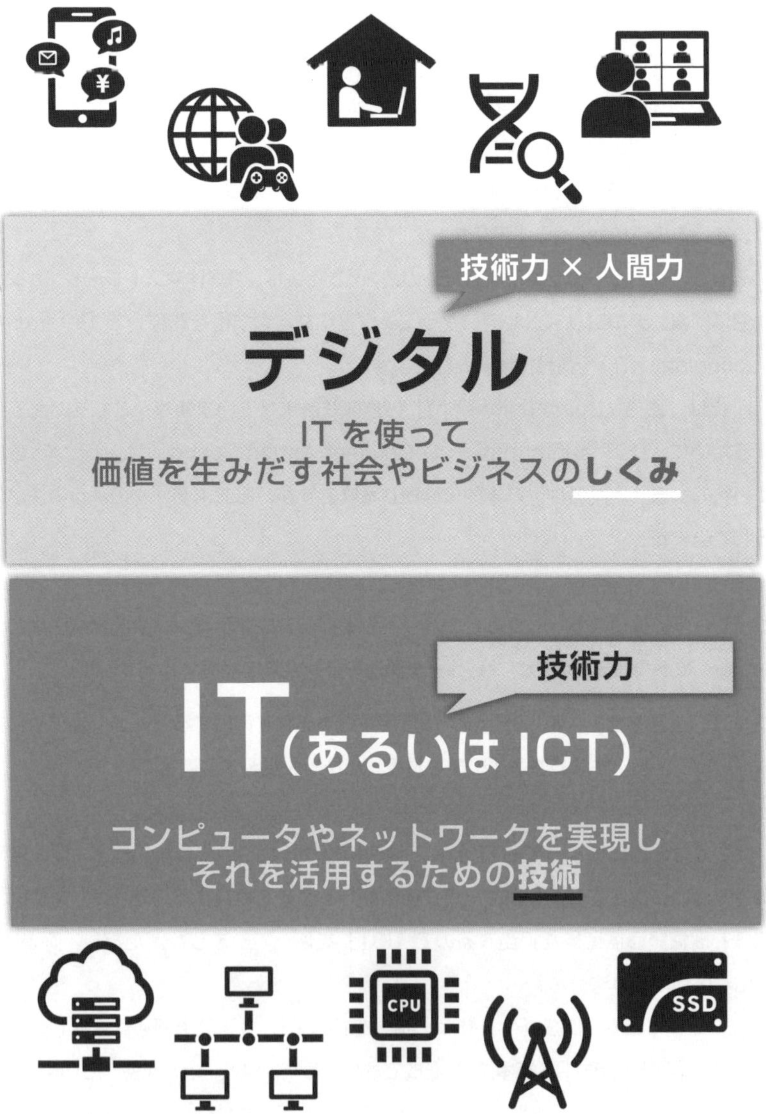

技術力 × 人間力
デジタル
ITを使って
価値を生みだす社会やビジネスのしくみ
技術力
IT（あるいはICT）
コンピュータやネットワークを実現し
それを活用するための技術
CPU
SSD

前節で説明の通り、「デジタル」は「離散量」が、本来の意味です。しかし、世間では、これとは違った解釈で使われることがあります。

図にある「IT とは、コンピュータやネットワークを実現し、操作する技術」であるという説明は、先に述べた「IT」の解釈と変わりません。たとえば、大量データを高速に計算できる「プロセッサー」、大容量で高速に通信できる「5G（次世代移動通信システム）」、高精度に画像を区別、識別できる計算手法「深層学習（ディープラーニング）」などです。これまでできなかったことや、人手に頼って時間や手間をかけていたことを、低コストで実現する「技術」です。

これに対して、本来の意味とは違い「デジタル」を「IT を使って既存の常識を変革し、新たな価値を生み出すこと」とする解釈があります。新たな価値とはたとえば、スマートフォンのアプリや GPS などを駆使した「カーシェアサービス」、どこからでも会議に参加できる「オンライン会議システム」、5G を使って高精細な画像を送り、医者のいない地域でも医療サービスを提供できる「遠隔医療サービス」などです。これは、「技術」としての IT を使って、社会やビジネスを変革し、新たな価値を生み出すことを意味します。

「IT」に関わるには、技術そのものに着目し、その機能や性能を高め、これを極めるマインドセットや知識、スキルなどの「技術力」が必要です。

「デジタル」に関わるには、IT を前提に、社会やビジネスのしくみを考え、人や組織を巻き込み、新しいやり方やしくみを実現しようとする意志を持ち、人や組織を動かす「人間力」が必要です。

この両者を区別している例として、「IT 部門」という組織や「CIO（Chef Information Officer)」という役職がすでにあるにもかかわらず、それとは別に、「デジタル戦略部」や「DX 推進室」といった「デジタル」を冠した組織や「CDO（Chef Digital Officer)」という役職を設ける企業があります。

「IT」と「デジタル」は、不可分な関係にはあります。しかし、それぞれに目指しているところが違います。両者を異なる組織に委ねるのか、あるいは、1 つの組織に統合するかは、組織戦略しだいですが、テクノロジーの進化を積極的に活かし、事業価値に転換するには、両者の密な連携が不可避です。

2つのデジタル化
：デジタイゼーションとデジタライゼーション

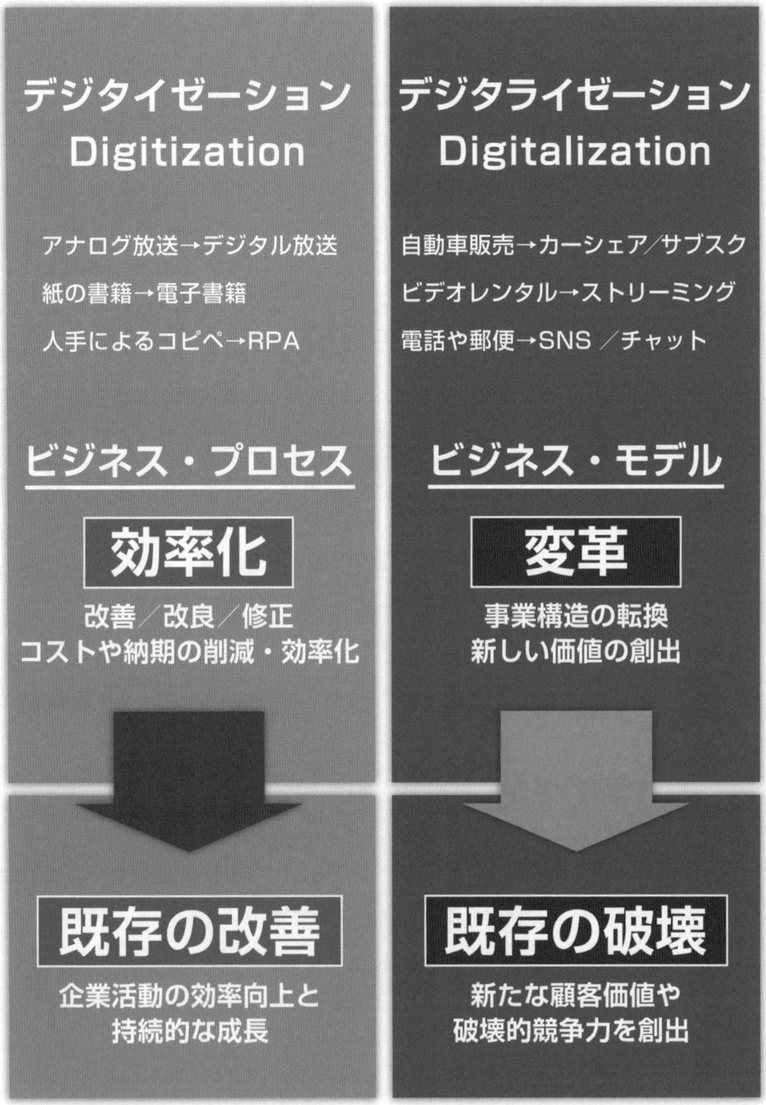

日本語では「デジタル化」は、1つの単語ですが、英語では、2つの単語で、使い分けられています。

1つは、「**デジタイゼーション（Digitization）**」です。デジタル技術を利用してビジネス・プロセスを改善し、効率化やコストの削減、あるいは付加価値の向上を目指す場合に使われます。もうひとつは、「**デジタライゼーション（Digitalization）**」です。デジタル技術を利用してビジネス・モデルを変革し、新たな利益や価値を生み出すことを目指す場合に使われます。

これら2つのデジタル化は、どちらが優れているかとか、どちらが先進的かなどで、比較すべきではありません。どちらも、必要な「デジタル化」です。ただ、両者の違いを区別することなく、あるいは、曖昧なままに、その取り組みを進めるべきではありません。

前者は、「既存の改善」であり、企業活動の効率を高め、持続的な成長を支えるためのデジタル化です。一方後者は、「既存の破壊」であり、新たな顧客価値を創出し、圧倒的な差別化や競争優位を生み出すためのデジタル化です。

前者であれば、現状を基準に、「コストを30パーセント削減する」や「10日間の納期を5日間へ短縮する」といった目標値を設定し、そのための手段を考えます。一方後者は、「やってみなければ分からない」ので、試行錯誤を繰り返し、正解を探さなくてはなりません。

前者であれば、現状を基準に、「コストを30 パーセント削減する」や「10 日間の納期を5 日間へ短縮する」といった目標値を設定し、そのための手段を考えます。あるいは、売上や利益などの目標を明確に定め、そこに至る課題を洗い出し、解決策を明確にして、計画を立て、その成果を数字で管理しなくてはなりません。一方後者は、「やってみなければ分からない」ので、試行錯誤を繰り返し、正解を探さなくてはなりません。さらに、自社に留まらない人のつながりを生むために「出島」を作り、好奇心と遊び心で、失敗を許容でき、試行錯誤を繰り返すことができる組織にしていきます。定める目標も、新たな顧客の支持獲得や新たな市場の開拓などとなります。

前者は、既存を前提に目標を設定して、取り組むことができますが、後者は、既存を逸脱し、新しいやり方を発見しなくてはなりません。

両者に優劣はありません。企業の存続や成長には共に不可欠です。ならば、両者の違いを正しく理解し、チームを分けて、取り組むことが大切です。

なぜデジタル化しなければならないのか
:「レイヤー構造化」と「抽象化」

ビジネスのデジタル化とは、「レイヤー構造化」と「抽象化」という2つの特性を業務プロセスに組み入れることでもあります。

変化が速く、将来を予測することが困難な時代にあっては、変化に俊敏に対応できる圧倒的なスピードが必要です。「スピード」とは、社会環境や顧客のニーズの変化に、直ちに適応することであり、迅速な経営判断と柔軟な業務プロセスの変更ができることです。また、試行錯誤を高速に繰り返すことでもあります。デジタル化は、そのための土台です。

たとえば、市販のカレー粉は、カレーの香りや味わいしか出せません。そんなカレー粉は、その原材料であるクミン、オレガノ、ターメリックというスパイスを組み合わせて作ることもできます。ただ、これだけでは辛味はないので、辛くしたければチリペッパーを入れ、香りに深みを出したければカルダモンを入れるなど、スパイス単位で、柔軟にアレンジができます。また、これらのスパイスを単独に他の食材と組み合わせれば、まったく違う料理にもなります。このように基本的な要素に還元（抽象化）して扱えば、その組合せを変えることで、さまざまに応用がききます。

デジタル化とは、カレー粉を元の要素であるスパイスに分けるように、業務の機能やプロセスを要素分解し、役割に応じてレイヤー構造化することです。たとえばコンピュータを構造化すると、アプリケーションは業務ごとに異なる手順に対応し、ミドルウェアはデータ管理や個人認証など、さまざまなアプリケーション共通で使う機能を、OSは通信やストレージなどのコンピュータを制御する機能を提供します。最上位のコンピュータになると、0と1のビットデータとして扱われますから、下位レイヤーのいかなる処理でも受け付けます。

たとえば、「販売管理」、「生産管理」、「会計管理」のシステムを料理とします。これらはたとえばそれぞれ「カレー」、「ハヤシライス」、「肉じゃが」です。しかし、牛肉やタマネギなどの要素、あるいは、切るや煮るなどのプロセスは、共通です。調味料を変えるだけで、異なる料理にすることができます。

いまある食材や調理方法を流用し、食材や調理方法の組み合わせを少し変えるだけで、新しい料理を作れます。このように抽象化しておけば、家族の希望に応じて、柔軟、迅速に、料理を変更できるのです。

このような特性を業務や経営に組み入れることが、デジタル化の役割です。

「レイヤー構造化」と「抽象化」をどうやって実現するか

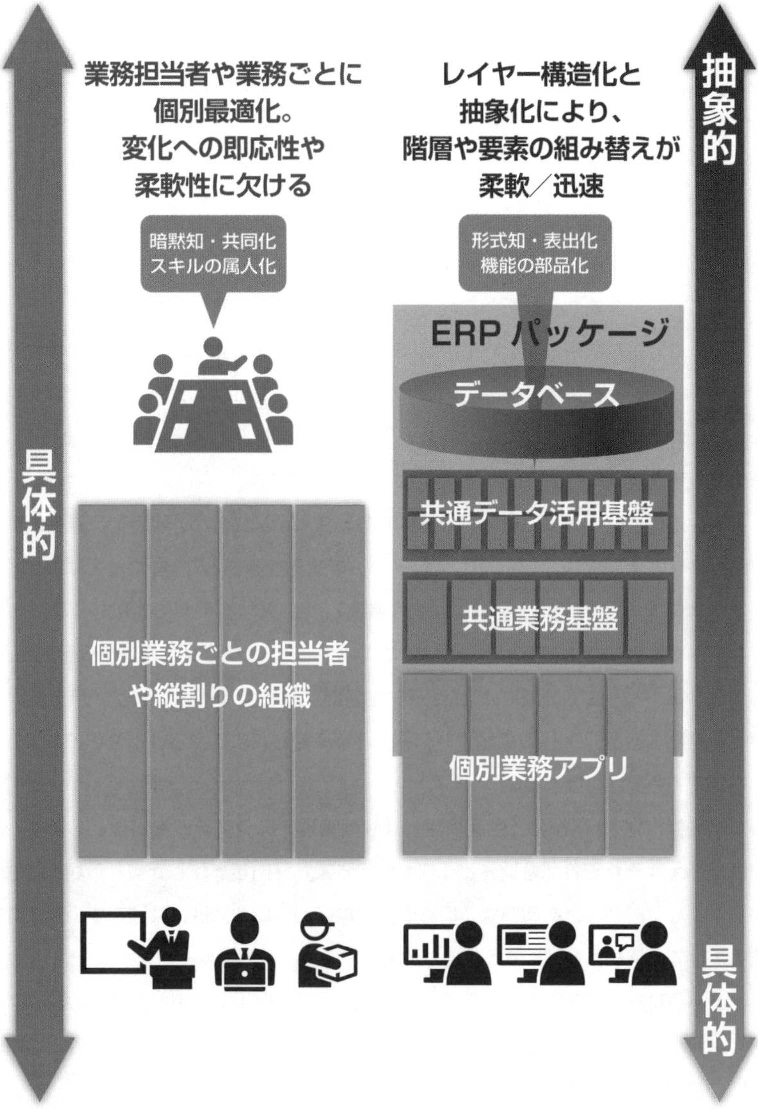

アナログな手段だけで業務課題を解決しようとする場合、それぞれの業務を担当する個人の経験やノウハウ、あるいは、個人が所属する組織の機能や権限に頼ることになります。社会の変化が緩やかな時代であれば、長年の経験の蓄積によって高度に最適化された個人のノウハウやスキル、組織の機能によって、効率よく課題を解決することができました。

しかし、変化が速く、将来を予測することも難しい時代になると、このような個別最適化、あるいは属人化されたしくみは、以下の理由から、変化に対応するための柔軟性や即応性を欠くことになります。

- 部署ごとのコミュニケーションに手間がかかる
- 固定化・属人化されたしくみの変更が難しい
- 変化に対応するための業務内容や手順の新しい組合せを試しにくい

業務プロセスをデジタル化すれば、この状況を改善できます。たとえば、一番下位のレイヤーは、個別の業務に特化したアプリケーションです。業務ごとに異なる複雑なプロセスに対応します。その上の共通業務基盤レイヤーは、個別のアプリケーションに共通のデータ管理、個人の認証、コミュニケーションなどの機能を担います。さらに上位のデータ活用基盤では、業務で扱うデータを管理し、活用できるようにします。最上位は、プロセッサーやデータベースで、0と1のビットデータを管理します。

このように上位のレイヤーに行くほどに抽象度は高まり、特定のアプリケーションへの個別依存は下がり、各要素の柔軟な組み替えを実現します。

上記のようなしくみであれば、最上位の統合データベースに格納される「顧客情報」は、販売システム、物流システム、経理システムなどのさまざまなアプリケーションで利用できます。また、抽象化されたそれら要素を組み替えれば、新しい業務にも即応できます。このような特性を活かして、変化への柔軟性や即応性を獲得しようというわけです。

ERP パッケージは、この「レイヤー構造化と抽象化」の思想のもとに作られています。ERP パッケージが提供する業務ごとのアプリケーション（テンプレート）に合わせて、既存の仕事の手順を変更すれば、このデジタル化の恩恵をいち早く手に入れることができます。

経営資源の一元管理を目指す
ERP ／ ERP システム／ ERP パッケージ

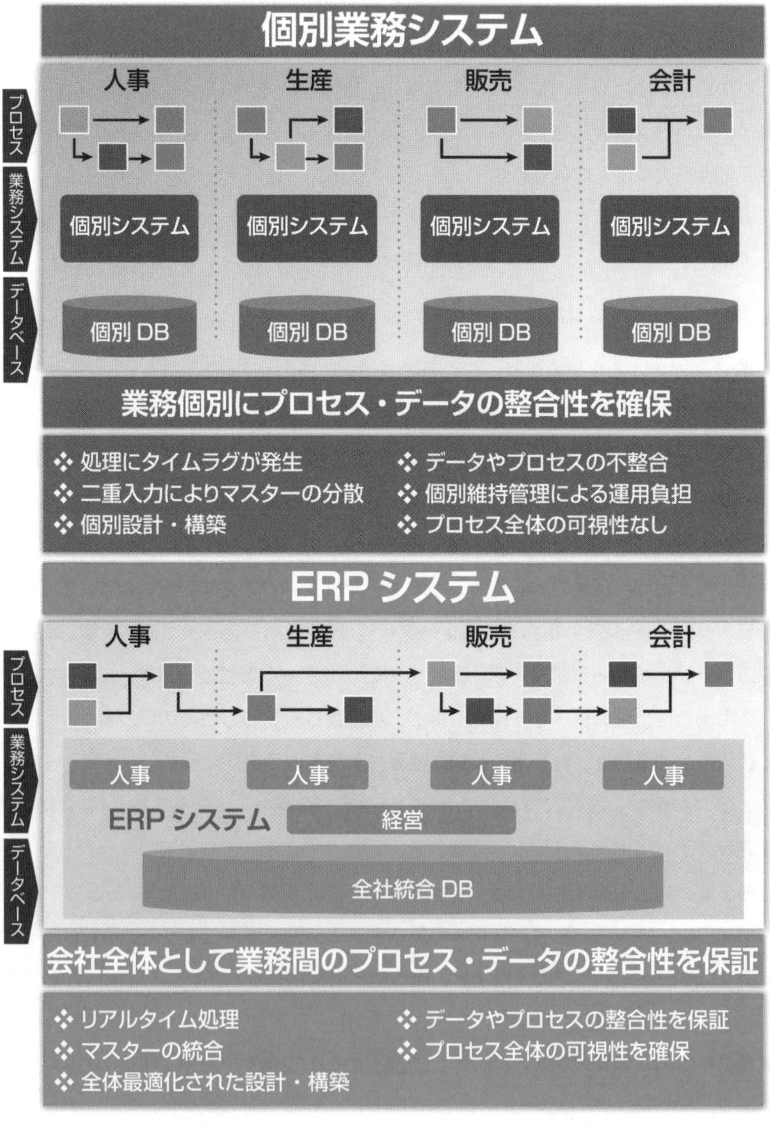

個別業務システム
プロセス
業務システム
データベース
人事
生産
販売
会計
個別システム
個別システム
個別システム
個別システム
個別 DB
個別 DB
個別 DB
個別 DB
業務個別にプロセス・データの整合性を確保
❖ 処理にタイムラグが発生
❖ 二重入力によりマスターの分散
❖ 個別設計・構築
❖ データやプロセスの不整合
❖ 個別維持管理による運用負担
❖ プロセス全体の可視性なし
ERP システム
プロセス
業務システム
データベース
人事
生産
販売
会計
人事
人事
人事
人事
ERP システム
経営
全社統合 DB
会社全体として業務間のプロセス・データの整合性を保証
❖ リアルタイム処理
❖ マスターの統合
❖ 全体最適化された設計・構築
❖ データやプロセスの整合性を保証
❖ プロセス全体の可視性を確保

ERP（Enterprise Resource Planning）とは、企業経営の基本となるヒト・モノ・カネの経営資源を全社で一元把握し、これを適切分配して有効活用する経営手法のことです。これを支えるのが「ERP システム」です。会計・財務、生産計画・管理、人事・給与、販売など企業経営を支える主要機能がまとめられています。

ERP システム以前は、業務個別に情報システムが作られていました。そのため、個々の業務ではうまくこなせていても、他の業務間の連係がうまくいかない、重複業務や二重入力、データ不整合が起こるといった課題を抱えていました。

たとえば、顧客情報は、購買情報を管理するために販売システムで使われます。また、お客様に荷物を輸送するために物流システムでも必要です。請求書を発行するために会計システムでも使われます。しかし、顧客情報が別々のシステムで管理されていると、いずれかの業務で変更されれば、関係するすべてのシステムにその変更を伝えデータを書き換えなくてはなりません。顧客情報に限らず、人事情報、会計情報などでも同様の問題を抱えていました。この状況を改善するために ERP システムが登場します。

ERP システムでは、会社全体で共通する情報は 1 つにまとめ（統合データベース）、それをさまざまな業務システムで共用できるようにしています。そのため、情報に含まれる全データの一貫性は保証され、データの不整合や同じデータを他のシステムに重複して入力するといった手間もかかりません。さらに、どのアプリケーションから変更を加えても即座に他のアプリケーションにも反映され、常に最新データで業務が行えます。

経営者や業務の現場は、唯一のデータに基づいて会社の経営資源を正確に把握できることから、タイミングを逃すことなく的確に意志決定を下し、効率的な経営や業務の運営ができるようになるのです。

ERP パッケージは、ERP システムで必要とされる主要な機能を、ERP 経営のベストプラクティスに基づき最適化されたひな形（テンプレート）として提供されるパッケージ・ソフトウェアです。企業はこのひな形に合わせて自分たちの業務を改革することで、効率よく ERP 経営を実現できます。現状に合わせ、ひな形に恣意的な変更を加えると、本来の役割を果たせないことに注意が必要です。

“

変化に俊敏に対処するために、業務プロセスを階層化する

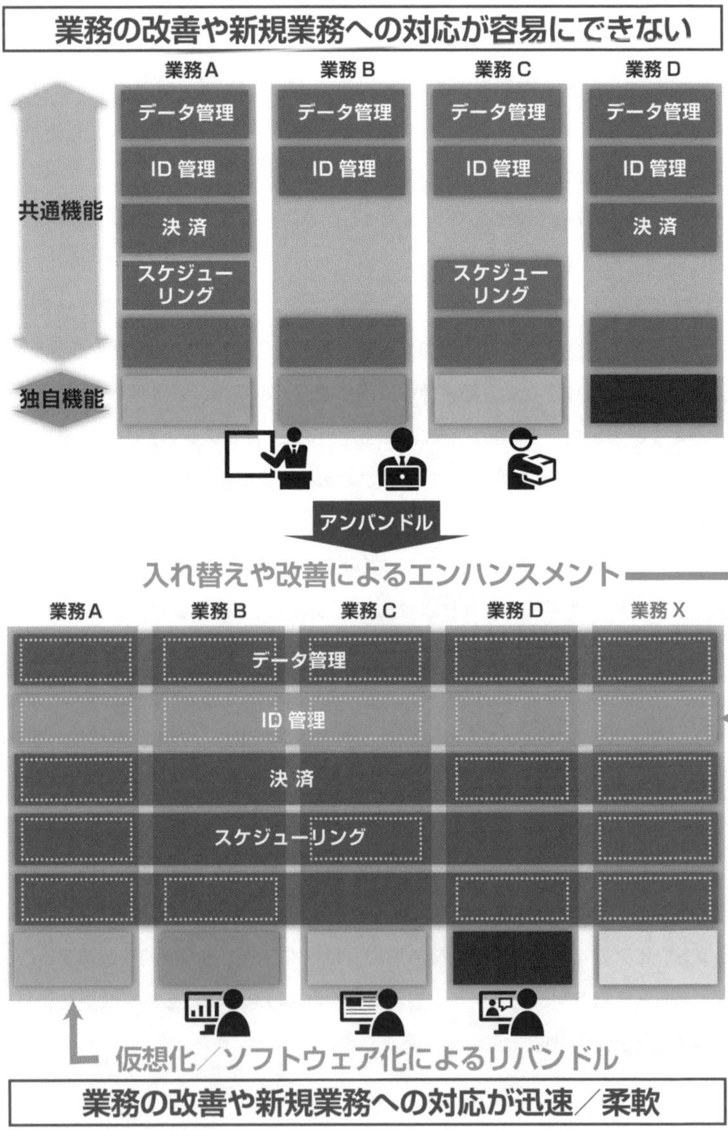

前節で述べたとおり、業務ごとに個別最適化された組織や業務プロセスは、変更への柔軟性を欠きます。しかし、多くの業務システムは、この個別最適化された組織や業務プロセスに合わせて作られてきました。そのため、業務環境や顧客のニーズの変化に、容易に対応することができません。そこで、それらの業務システムで共通するデータ管理や決済などの機能をひとまとめにして、これを共通機能としてあらかじめ用意しておくのが、「アンバンドル」です。

ただ、共通機能だけでは、個別の業務に対応できないので、最低限必要な独自機能は個別に作ります。この両者を組み合わせ、個別の業務システムを実現するのが、「リバンドル」です。新しい業務システムを作らなければならないときには、まずは、共通機能から使える機能を選びます。それでは実現できない機能のみを独自に作り、これらを組み合わせることで、新しい業務システムを実現します。

もし、セキュリティを強化するために最新のID管理機能を使う必要が生じたならば、その共通機能レイヤーを入れ替えるだけで、他の業務システムも含めて直ちに対応できます。これが「エンハンスメント」です。

このように、業務を「共通機能」と「独自機能」に分け、それらを組み合わせることで業務システムを実現できるようにしておけば、業務の改善や新規事業への対応が、迅速、柔軟にできます。

これら共通機能のレイヤーや、独自機能を簡易に作れる開発ツールがクラウド・サービスとして提供されています。生成AIを搭載し、「何をしたいのか」を自然言語で入力すれば、プログラム・コードを生成し、実行の準備までしてくれるサービスも登場しています。

業務システムの目的は、「売上や利益を増やす」などの「ビジネス目的の達成」ですから、サーバーやネットワークの準備、プログラミングなど、付加価値を生み出さないことには、手間をかけたくありません。一方、圧倒的なスピードを実現するには、業務手順の変更や機能の追加にも即応できなくてはなりません。ならば、できるだけプログラム・コードを書かずに、ビジネス目的を達成することが、現実的な解決策です。デジタル化による「レイヤー構造化と抽象化」は、そんなこれからのビジネスの土台として、欠かせません。

イノベーションを加速するデジタル化

イノベーション
Innovation

これまでにはなかった新しい組み合わせを見つけ
新たな価値を生み出すこと

高速な試行錯誤
フィードバックとアップデート

インベンション
Invention（発明）

これまでにはなかった新しい「もの／こと」を創り
新たな価値を産み出すこと

丁寧な試行錯誤
知識の蓄積／ひらめき／洞察

デジタル化は、イノベーションを加速します。「イノベーション(Innovation)」は、「技術革新」と訳されますが、「発明(Invention)」とは、異なる概念で、本来の意味は次のようになります。

「新しい技術、新しいアイデアが活かされた製品やサービス、しくみが市場に投入され、消費者にも受け入れられることで企業は利益を得て、社会は新しい価値を享受できるようになるという概念」

イノベーションが「技術革新」と技術に限定して使われたのは1958年の『経済白書』においてでした。その当時の日本経済は、まだ発展途上にあり、技術を革新、あるいは改良することがきわめて重要視されていた時代であったことを考えれば、経済発展は技術によってもたらされると考えるのが普通であったのかもしれません。しかし、成熟した今日では、技術に限定しすぎた受け止め方が、新たなイノベーションの妨げになるかもしれません。

Innovationの語源を調べると15世紀のラテン語innovatioに行き着きます。inは「中へ」、novaは「新しい」、これらを組み合わせて、自らの内側に新しいものを取り込むという意味になるのだそうです。

これに上記の意味を与えたのは、20世紀前半に活躍した経済学者シュンペーターです。彼は1912年に著した『経済発展の理論』の中で、イノベーションを「新結合(neue Kombination/new Combination)」と呼び、以下の5類型に分類しています。

- 新しい財貨の生産　プロダクト・イノベーション
- 新しい生産方法の導入　プロセス・イノベーション
- 新しい販売先の開拓　マーケティング・イノベーション
- 新しい仕入先の獲得　サプライチェーン・イノベーション
- 新しい組織の実現　組織のイノベーション

イノベーションとは、以上の5つに分類される変革を実現するための新しい「結合」であるとし、それは新しい価値の創造、社会での活用・普及につながるプロセスだと説明しています。

いまの時代に当てはめれば、「新しい体験の創造」による「感性のイノベーション」も付け加えるべきかもしれません。たとえば、iPhone の革新的な UI が、これまでには無かった体験価値（UX）を生み出し、新たな経済的価値や世の中の変革を促しました。それは、技術や機能だけではなく、デザインや利用シーン、それを含む新しい体験の創造が購買行動に大きな影響を与え、新しいライフスタイルを生み出す現象です。

シュンペーターは、「イノベーションは創造的破壊をもたらす」とも語り、その典型として、産業革命期の「鉄道」を例に、次のようなことを語っています。

「馬車を何台つなげても汽車にはならない」

つまり、「鉄道」がもたらしたイノベーションとは、馬車の馬力をより強力な蒸気機関に置き換え多数の貨車や客車をつなぐという「新結合」がもたらしたものだというのです。これによって、古い駅馬車による交通網は廃れ新しい鉄道網に置き換わりました。

使われた技術要素のひとつひとつは新しいものではありませんでした。たとえば、貨車や客車は馬車から受け継がれたもので、蒸気機関も鉄道が生まれる 40 年前には発明されていました。つまり、イノベーションとは発明することではなく、これまでになかった「新結合」であるというのです。それが、駅馬車という既存のシステムに創造的破壊をもたらしたのです。創造的破壊は、「不可逆的な行動変容」をもたらしました。たとえば、だれもが当たり前に鉄道を使うようになり、駅馬車を使うことはなくなりました。

そう考えると、iPhone もまた、イノベーションの典型的事例と言えるでしょう。iPhone は、それ以前からあったノート・パソコンを常時持ち歩けるサイズに小型化したコンピュータです。ここに携帯音楽プレイヤーと携帯電話の機能を融合させました。ひとつひとつの機能は、従来からありましたが、これらをひとまとめるという「新結合」によって iPhone は生まれたのです。

iPhone の登場により、スマートフォンという新しい製品ジャンルが生まれ、だれもが、これを持ち歩くようになります。これによって、ガラケーや携帯音楽プレーヤーは駆逐され、パソコンもまた用途を限定されるという創造的破壊が起こりました。もはや「スマートフォン無しの生活には戻れない」という、「不可逆的な行動変容」をもたらしたのです。

ChatGPTもまた、そんなイノベーションの1つかもしれません。これまでにもチャットで自動応答してくれる「チャット・ボット」はありました。そこに生成AIと呼ばれる技術が組み合わさって、さまざまな仕事の現場や日常に使われています。その利便性と有用性、生産性の高さを享受した人たちには、それ以前には戻れない「不可逆的な行動変容」がもたらされました。そんなChatGPTの機能や性能は急速に向上しています。加えて、GoogleのGeminiやAnthropicのClaude3などの競合サービスが登場し、仕事の仕方を大きく変えつつあります。

しかし、どんな「新結合」でも、新しい価値が生まれるとは限りません。うまくいくはずと試してみても、成果が出ないこともあります。そこで、試行錯誤を繰り返し現場のフィードバックを得て直ちに改善する。これを高速に繰り返すことで、イノベーションに巡り会えるのです。そのためには、現場のアイディア創出やチャレンジを奨励し、失敗を許容できる風土や文化が必要です。

デジタルは、そんなイノベーションの加速に役立ちます。それは、デジタル化による「レイヤー構造化と抽象化」により、機能単位で要素分解され、それらの組合せを容易に試せるからです。これは、ソフトウェアとして実装されるネットのサービスだけではなく、ものづくりにおいても同様です。

たとえば、製造業における製品開発の手法に、「モデルベース開発：Model-Based Design/MBD」があります。これは、実際にモノを作る前にコンピュータ上で試作し、そこで試行錯誤を繰り返して、最適なモノの形状、機能や機構の組合せを見つけようというものです。

自動車の開発であれば、コンピュータ上で、さまざまな部品の組合せを容易に試すことができます。エンジンを動かし、ハンドルを切り、機構の干渉や性能試験を本物同様に試せます。実際には、モノは作らないので、コストは安く手間も時間もかかりません。これを何度も繰り返し最適な組合せを、コンピュータ上で見つけたうえで、リアルな自動車を試作します。

このやり方のおかげで、ものづくりにおいても設計開発のスピードは早まりコストを削減できます。また、イノベーションを加速することにも役立ちます。

デジタルが支える２つの経営基盤

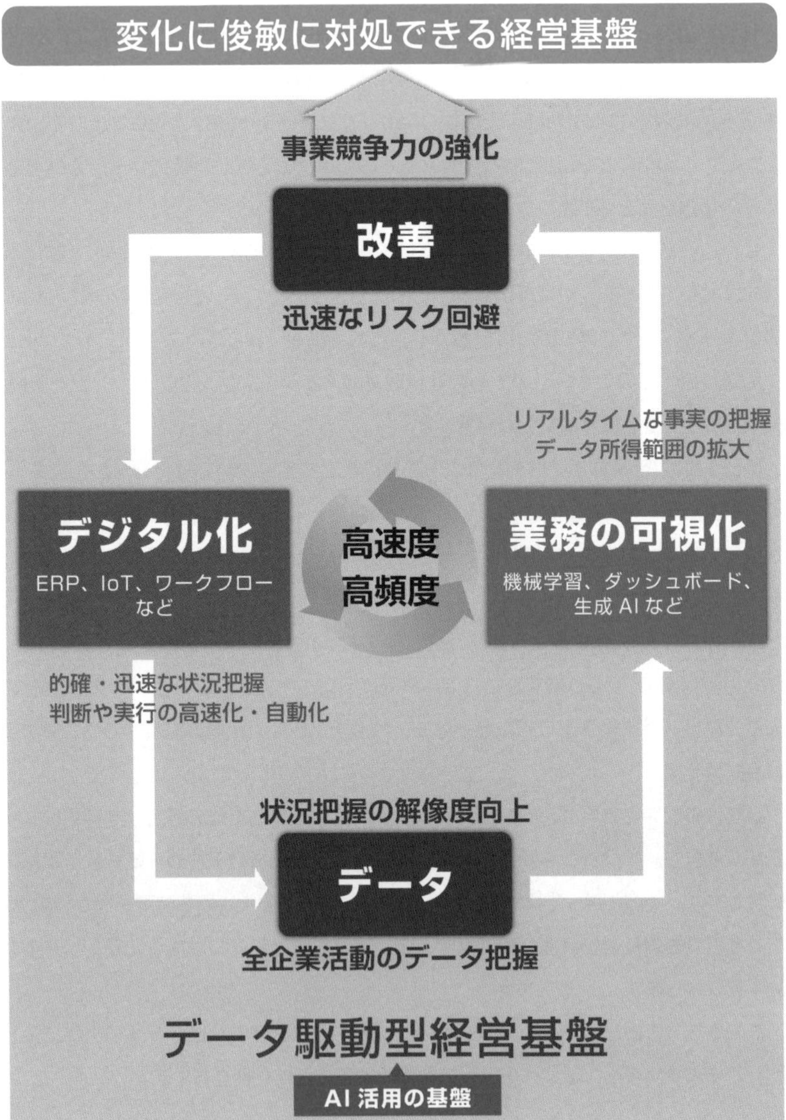

変化に俊敏に対処できる経営基盤
事業競争力の強化
改善
迅速なリスク回避
リアルタイムな事実の把握
データ所得範囲の拡大
デジタル化
ERP、IoT、ワークフローなど
高速度
高頻度
業務の可視化
機械学習、ダッシュボード、生成 AI など
的確・迅速な状況把握
判断や実行の高速化・自動化
状況把握の解像度向上
データ
全企業活動のデータ把握
データ駆動型経営基盤
AI 活用の基盤

私たちは、ERP パッケージやオンライン会議などのデジタル・ツールを駆使して、業務の効率化やコストを削減しました。また、オンラインショップや Web 広告でお客様との関係をデジタル化し、売上機会の拡大に取り組んでいます。また、工場や倉庫、店舗の機器や設備、製品などに、センサーや通信機能を組み込んで、その状態をリアルタイムに把握できるようにもしています。

これらによって、「企業活動のデジタル・ツイン」が構築され、企業活動のいまの状態をリアルタイムにデータで把握できるようになります。たとえば、製造や物流のボトルネック、新しい販売施策の進捗、自社の製品やサービスについて、お客様が感じている満足や不満などが、リアルタイムで分かるようになります。

このようにデータを駆使して事実を可視化できれば、改善すべき課題を容易に見つけ出せます。デジタル化の範囲を広げれば、これらデータの解像度が上がり、より的確な判断が下せるようになるでしょう。経験や勘、思いこみに頼るのではなく、データに基づくリアルタイムな事実から、迅速・的確に判断して、高速に改善を繰り返すことができるようになります。

VUCA に対処するには、「変化に俊敏に対処できる経営基盤」が必要です。そのためには、データに基づき即座に判断・実行し、結果に基づき改善を繰り返すサイクルを高速・高頻度で回し続けなくてはなりません。

そのために AI は、大きな助けになります。ただ AI は、データがなければ、なんの役に立ちません。AI を駆使すれば、業務の生産性を高め、自動化の範囲を広げ、改善サイクルを加速できます。また、デジタル化される範囲が広がれば、セキュリティの脅威が、経営や事業に及ぼす影響も大きくなります。業務プロセスが、徹底してデジタル化され、データでリアルタイムな事実を把握できていれば、サイバー攻撃や不正を即座に検知し、自動で対処することもできます。

このような「データ駆動型（データ・ドリブン）経営基盤」は、VUCA の時代に、企業が生き残り、成長するための前提となります。

第2章

DX／デジタル・トランスフォーメーション

デジタル前提の社会に適応するために会社を作り変える

いまや私たちの日常やビジネスは、デジタルによって機能しています。企業は、そんなデジタル前提の社会に適応しなければ、存続も成長もありません。DXとは、そんなデジタル前提の社会に適応するために会社を作り変えることです。

デジタルを使えば、それができるわけではありません。デジタル以外にもやるべきことがたくさんあります。たとえば、ビジネス・モデルや業務プロセス、組織のあり方や意思決定のしくみ、働き方や雇用制度を作り変えるなどです。まさに、会社をその土台から新しく作り変える変革なのです。

そんな変革に、カタチあるゴールはありません。変化が速く、将来が予測できない社会に俊敏に対処するためには、不断に変わり続けられる能力を持たなければなりません。DXのゴールは、そんなところにありそうです。

そんなデジタル前提の社会に適応するために、変化に俊敏に対処できる圧倒的なスピードを持った会社に作り変えることが、DXと呼ばれる取り組みです。

「全社一丸となって、DX に取り組んでほしい！」

こんなトップダウンの号令がかかったとしましょう。この言葉を聞いて、「デジタル技術を使って新規事業を立ち上げること」を想像するかもしれません。「デジタル技術を使って業務を効率化すること」だと受け止める人もいるでしょう。IT に関わる仕事をされている方ならば、「自社所有のシステムをクラウドへ移行すること」だと捉えるかもしれません。あるいは、「デジタル技術を使えば、なんだっていい」という、太っ腹な解釈で納得する人もいるかもしれません。

しかし、このような取り組みは、「DX」という言葉が使われる以前から行われてきました。それらを私たちは、「デジタル化」あるいは「IT化」と呼んでいました。そんなこれまでの取り組みと、「DX」とは、何が違うのでしょうか。もちろん「デジタル化」や「IT化」と「DX」は無関係ではありませんが、DX の歴史的な経緯をたどると、ただの置き換えではないことが分かります。

その答えは、「DX = Digital Transformation」の「Transformation =変革」にあります。この単語は、“trans =向こう側”と“form =カタチをつくる”という 2 つの意味の合成語です。つまり、これまでにない新しいカタチにすることであり、「何かを完全に（通常はいい方向へと）作り変えること」という意味です。

つまり DX とは、「デジタルで社会やビジネスを新しく作り変える」こととなります。デジタルは、変革の修飾語であり、変革の前提、あるいは手段として、その重要性や必要性が示されているわけです。DX の目的は、けっして「デジタルを使うこと」ではありません。

「デジタル前提の社会に適応するために、自分たちもデジタルを駆使して、会社（あるいは社会）を作り変えること」

DX をこのように解釈してはいかがでしょうか。もはや私たちの社会は、デジタルなしでは不便でしかたがありません。買い物や旅行、食事をするにも、インターネットにつながったスマートフォンやパソコンを使って、調べて予約しています。仕事をするにも、パソコンを立ち上げ、メールを確認し、オンラインで会議し、Web で経費を精算します。ChatGPT などの生成 AI を使えば、情報の収集や資料の作成時間は、劇的に短くなり、新規事業のアイデアを出すためのブレーンストーミングの相手として、何時間でもつき合ってくれます。提案書や報告書の作成も、だれに伝えるのか、何を伝えたいのかを入力するだけで、指定した相手にふさわしい内容や表現で作成してくれますし、「こんな機能を実現したい」と入力すれば、そのためのプログラムを生成してくれます。

私たちは、そんなデジタル前提の社会に生きています。当然、人々は、デジタルありきで考え、行動します。事業を営むには、会社のしくみもまた、それに適応できなくてはなりません。かつての成功体験に支えられたアナログで昭和な会社のしくみを、デジタル前提で、作り変える必要があるのです。

それは、既存の業務プロセスや意思決定のしくみを、デジタル化（デジタイゼーション）することではありません。業務プロセスやビジネス・モデル、意思決定の方法や組織のあり方、働き方や雇用制度などを、デジタル前提で最適化し、まったく新しいものに作り変えることです。DXとは、そんな「変革」です。

DXに取り組まなければならないもうひとつの理由として、VUCA（変化が速く、予測できない状況）への対応があります。

世界中がインターネットでつながり、世界の片隅での出来事が、あっという間に拡散する社会となりました。その結果、社会の変化は複雑化し、変化のスピードも加速度を増しています。結果として、将来を正確に予測できない社会、すなわちVUCAの時代となったのです。コロナ禍やウクライナ戦争は、そんな時代を象徴する出来事です。また、生成AIは、ビジネスや社会に大きな影響を与え、既存の延長線上で将来を考えることができないことを示しました。登場して間がないにもかかわらずです。

将来が予測できないのならば、いまの事実を即座に捉え、その時々の最適で対処し、変化に即して改善を高速に繰り返すしかありません。つまり、圧倒的なスピードを獲得し「変化に俊敏に対応できる企業＝アジャイル企業」に変わらなくてはならないのです。GoogleやAmazon、Facebook、Appleなどのデジタル・ネイティブ企業は、「圧倒的なスピード×アジャイル」を武器に、既存の業界の競争原理を自ら作り変えることで、競争力を発揮しています。そんな彼らに対抗し、生き残るためにも、DXに取り組まなくてはなりません。

デジタル・ネイティブ企業が既存の業界を破壊できる理由

企業	破壊された業界
UBER	タクシー レンタカー業界
Airbnb	ホテル・旅館業界
NETFLIX	レンタルビデオ業界
Spotify	レコード・CD 業界
PayPal	銀行業界（決済 / 為替）

「デジタル・ディスラプション（Digital Disruption）＝デジタルによる破壊」とは、デジタル技術を駆使する企業が、新しいサービスや競争原理を持込み、既存の事業者を置き換え、業界の秩序を破壊することを表した言葉です。

たとえば、米国では、UberやLyftなどのライドシェアサービスが、タクシーやレンタカー業界を置き換える勢いで、事業を拡大しています。また、Airbnbなどのバケーション・レンタルサービス（宿泊先を提供する人と宿泊先を利用する人のマッチング・サービス／民泊サービス）は、昔ながらの旅館やホテルと対抗して需要拡大しています。Netflixなどのオンライン動画配信サービスは、レンタル・ビデオ／DVDサービスを駆逐し、自らもコンテンツを制作することで映画会社とも競合し、市場を奪い合っています。他にも、物販や金融、ヘルスケアや広告・宣伝などの広範な分野で、「デジタル・ディスラプション」が進行しています。

このようなことが起きるのは、デジタル技術を駆使するデジタル・ネイティブ企業が、圧倒的なスピードでユーザーのニーズや市場の変化に即応して新たなサービスを投入し、改善を繰り返していることが理由です。

一方、既存の事業者は、アナログ時代から続くやり方や業界の秩序、法律や制度の枠組みに留まり、デジタル時代の新しい常識への対応を躊躇しています。そのため、最初は未熟であっても、ユーザーのニーズや市場の変化に合わせて改善を続けることで、便利に、コストパフォーマンスに優れたものになっていくデジタル・ネイティブ企業のサービスに顧客を奪われてしまうわけです。

デジタル・ネイティブ企業たちに、このようなことができるのは、業務のプロセスを徹底してデジタル化し、「レイヤー構造化」と「抽象化」を事業の基盤に据えているからです。そのおかげで、いち早くユーザーや市場のニーズをデータで捉え、抽象化された機能部品を高速に組み替えることができるのです。その結果、顧客満足度にかかわる両者の格差は広がり、顧客を奪われてしまうことで、「デジタル・ディスラプション」となるのです。

デジタル・ネイティブ企業の発想

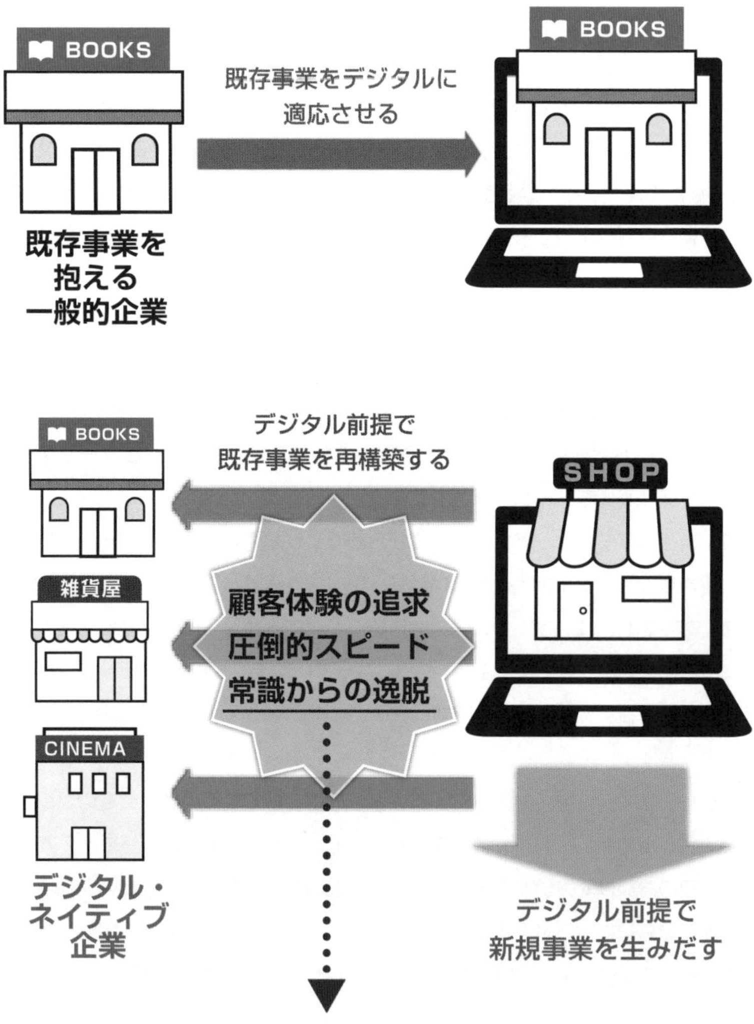

**提供者側の制約をデジタルによって解消し、
既存市場でのプレーヤー置き換えを狙う**

既存事業を抱える企業の多くは、これまでのしくみを根本的に変えることなく、業務プロセスや顧客との接点をデジタルに置き換えようと考えます。一方、デジタル・ネイティブ企業たちは、既存の常識にこだわらず、デジタル前提の社会に最適化された業務プロセスや顧客との接点を創り出そうとしています。これにより、既存事業が抱えるさまざまな制約を解消し、産業構造や競争原理を、新しく作り変えることを狙っているのです。つまり、これまで、常識とされてきた業界の常識を、新しい常識に置き換えようとしているのです。

彼らは、デジタルを便利な道具としてだけ捉えているのではありません。デジタルを前提に、ビジネスのあり方そのものを作り変えようとしています。そんな彼らと互角に勝負できなければ、やがては、既存の地位を奪われ、業界でのプレーヤーを置き換えられてしまうでしょう。

もはやデジタルは、「便利な道具」の域を超え、事業や経営のあり方についての見直しを迫る「新しいビジネスや社会の原理」とでもいうべき役割を持ち始めています。この現実を受け入れなければ、彼らと互角に戦うことはできません。

「デジタルを前提に会社を作り変える」

このような覚悟なくして、デジタル・ネイティブ企業たちに対抗することはできません。業務改革も新規事業も、アナログ時代の常識の延長線上ではなく、デジタル時代の常識を前提に、取り組む必要があります。そのためには、彼らの手の内を知り、彼らを支えるテクノロジーや方法論を理解する努力を怠るべきではありません。

同業他社の成功事例や自分たちの過去の成功体験を基準に、業務改革や新規事業の善し悪しを評価することや、予測できない未来を、これまでの常識の延長線上で予測して、可能性を議論することには意味がありません。同業他社の成功事例を参考にするならば、「これと同じことはしない」ための事例です。過去の成功体験や既存の延長線上ではなく、それとは違う新たな取り組みを考え、実践していくべきです。

もはや、デジタル・ネイティブ企業たちと同じ土俵に立って競合しないわけにはいきません。自分たちの事業を継続させ、企業を存続させるには、このような考え方を当たり前にできる企業の文化や風土を持つことが必要となるのです。

私たちが直面している「VUCA」とは

VUCA(ブーカ):

2016年のダボス会議（世界経済フォーラム）で使われ、注目されるようになった。昨今は、ビジネスシーンでも一般的に使用されており、コロナ禍によって我々は身をもって体験している。働き方や組織のあり方、経営などの方針に関わる考え方の前提にもなっている

縦軸：将来の予測 → 困難
横軸：現状の理解 → 困難

社会環境が複雑性を増し将来の予測が困難な状況

Ambiguity（曖昧性）
変動性、不確実性、複雑性が上がり、因果関係が不明、かつ前例のない出来事が増え、過去の実績や成功例に基づいた方法が通用しない時代となりつつある

Complexity（複雑性）
1つの企業、1つの国で解決できる問題が極端に少なくなった。地球規模でパラメータが複雑に絡み合っているため、問題解決は単純ではなく、より一層困難なものになりつつある

Uncertainty（不確実性）
イギリスのEU離脱、米中貿易戦、民族間紛争など、現代を取り巻く情勢は、予断を許さない状況であって、さまざまなリスクに対応しなければならない状況に置かれている

Volatility（変動性）
テクノロジーの進化や社会常識の変化など、価値観や社会のしくみなどが猛烈なスピードで変化し、先の見通しを立てることが困難。変化の度合いや割合も大きく、変動性を予想するのは難しくなっている

圧倒的なスピード
目前の変化を直ちに捉え現時点での最適を選択し改善を高速に回し続ける

「社会環境が複雑性を増し、将来の予測が困難な状況」

いま、私たちがおかれているこのような状況を「VUCA（ブーカ）」と呼びます。Volatility（変動性）、Uncertainty（不確実性）、Complexity（複雑性）、Ambiguity（曖昧性）という4つのキーワードの頭文字から取った言葉で、2016年のダボス会議（世界経済フォーラム）で使われ、注目されるようになりました。昨今は、ビジネスシーンでも一般的に使用されています。

- **Volatility**（変動性）：テクノロジーの進化や社会常識の変化など、価値観や社会のしくみなどが猛烈なスピードで変化し、先の見通しを立てることが困難。変化の度合いや割合も大きく、変動性を予想するのは難しくなっている
- **Uncertainty**（不確実性）：英国のEU離脱、米中貿易戦、新型コロナ、ウクライナ戦争など、現代を取り巻く情勢は、予断を許さない状況であり、さまざまなリスクに対応できなくてはならない
- **Complexity**（複雑性）：1つの企業、1つの国で解決できる問題が極端に少なくなった。地球規模でパラメータが複雑に絡み合っているため、問題解決は単純ではなく、一層困難なものになりつつある
- **Ambiguity**（曖昧性）：上記の3要素により、因果関係が不明、かつ前例のない出来事が増え、過去の実績や成功例に基づいた方法が通用しない時代となった

そんなVUCAをもたらしたのは、情報通信技術の発達です。1990年代の初頭に登場したインターネットは、情報伝達のスピードを加速し、そのボリュームを爆発的に増やしました。それら情報を処理するためのコンピュータと融合して、新しい社会や経済の基盤であるサイバー・スペースを生みだしました。そんなサイバー・スペースは、現実世界と渾然一体になって、社会や経済の変化を加速し、複雑性をさらに高めています。何が起こるか分からないし、起こってからの変化も早く、どう対処すればいいかを判断するにも、判断基準や関連情報が膨大にあり、しかもそれらが高速に入れ替わり錯綜し、容易なことではありません。正確に未来を予測することなど、できない時代になりました。この状況に対処するには、時々刻々の変化を直ちに捉え、現時点での最適を選択し、変化に合わせて改善を高速に繰り返す必要があります。

私たちは、そんな「VUCA」の時代に生きています。

VUCAがもたらすハイパーコンペティション

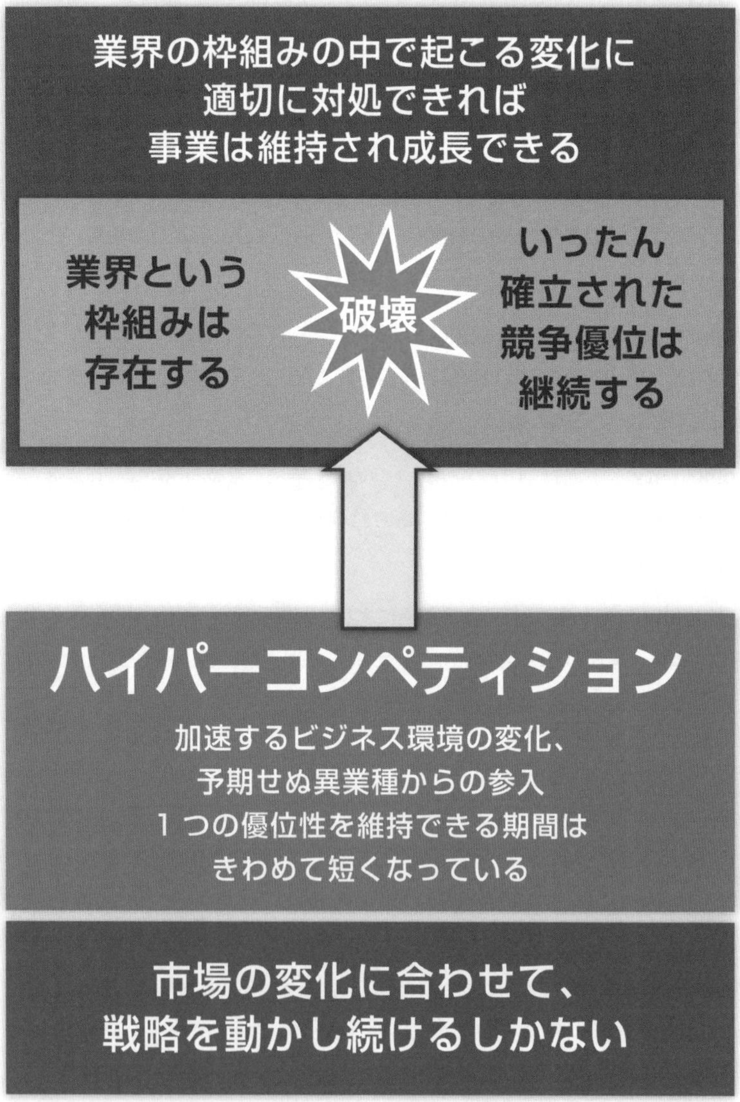
業界の枠組みの中で起こる変化に
適切に対処できれば
事業は維持され成長できる
業界という
枠組みは
存在する
破壊
いったん
確立された
競争優位は
継続する
ハイパーコンペティション
加速するビジネス環境の変化、
予期せぬ異業種からの参入
1つの優位性を維持できる期間は
きわめて短くなっている
市場の変化に合わせて、
戦略を動かし続けるしかない

米コロンビア大学ビジネス・スクール教授、リタ・マグレイスは、著書『競争優位の終焉』（日本経済新聞出版、2014 年 6 月）の中で、私たちは、VUCA の時代に直面し、ビジネスにおける 2 つの基本的な想定が、大きく変わってしまったと論じています。

1 つは「**業界という枠組みが存在する**」ということです。業界は変化の少ない競争要因に支配されており、その動向を見極め、適切な戦略を構築できれば、長期安定的なビジネス・モデルを描けるという考え方がかつての常識でした。業界が囲い込む市場はある程度予測可能であり、それに基づき 5 年計画を立案すれば、修正はあるにしても、計画を遂行できると考えられてきたのです。

もうひとつは、「**いったん確立された競争優位は継続する**」というものです。ある業界で確固たる地位を築けば、業績は維持されます。その競争優位性を中心に据えて従業員を育て、組織に配置すればよかったのです。1 つの優位性が持続する世界では、その枠組みの中で仕事の効率を上げ、コストを削る一方で、既存の優位性を維持できる人材が昇進します。このような観点から人材を振り向ける事業構造は好業績をもたらしました。この優位性を中心に置いて、組織や業務プロセスを最適化すれば事業の成長と持続は保証されていました。

この 2 つの基本想定がもはや成り立たなくなってしまったというのです。事実、業界を越えた異業種の企業が、業界の既存の競争原理を破壊しています。たとえば、Uber はタクシーやレンタカー業界を破壊し、Airbnb はホテルや旅館業界を破壊しつつあります。Netflix はレンタル・ビデオ業界を破壊し、映画業界と激しく競い合っています。昨今の生成 AI の登場と適用範囲の広がりは、人間と機械の役割分担を変えつつあり、新たな競争の構図が生まれつつあります。その変化のスピードは、劇的であり、将来を予測することは、これまでにも増して困難になっています。

1 つの成功体験はあっという間に陳腐化し、維持し続けることはできません。

「市場の変化に合わせて、戦略を動かし続ける」

そうしなければ、企業のもつ競争優位性が、あっという間に消えてしまうこのような市場の特性を「ハイパーコンペティション」と呼んでいます。いまビジネスは、このような状況に置かれています。

ビジネスの前提となる時間感覚の変化

ビジネス・モデル
お客様との関係
働き方
情報システム
昔の時間感覚のままではありませんか？
社会環境の変化が緩やかで
中長期的な予測が可能
社会環境が複雑性を増し
将来の予測が困難な状況
高い精度で未来を予測し
計画通りに実行
リアルタイムに現状を捉え
ただちに最適を実行

多くの企業は、階層的な組織構造を前提に、次のような時間感覚で、意思決定を下してきました。

❖ 3年間の中期経営計画
❖ 1年に1度の年度計画
❖ 半年に1度の設備投資
❖ 月例の定例役員会
❖ 週次の部門会議

この時間感覚は、高度経済成長時代の名残かもしれません。経済は右肩上がりで、将来の予測も容易な時代であり、継続的な改善によって業績が向上する見通しもありました。また、決められた期間で意思決定のサイクルを回すと管理もしやすく、このやり方を続けている企業は、少なくありません。

時代は変わりました。もはや未来を正確に予測することはできません。めまぐるしく変わる顧客のニーズや業界に突如として現れる破壊者たちに対処するには、時々刻々の変化を直ちに捉え、現時点での最適を選択し、変化に合わせて改善を高速に繰り返すしかありません。つまり、未来を正確に予測できる能力を持つことではなく、変化に俊敏に対処できる能力が、必要となるのです。

3年後の未来を正確に予測して計画し、目標値の達成を絶対視する中期経営計画は、現実的とは言えません。コロナ禍やウクライナ戦争を経て、どれほど意味のないことかを実感した人も多いはずです。不確実極まりない3年後の未来からいまを縛り付けるこのやり方は、変化に俊敏に対応するための足かせにしかなりません。

トップの仕事はビジョンやミッションを明確に提示し、現場を信頼して権限を大幅に委譲し、彼らが自律して判断、行動できるようにすることです。業務プロセスをデジタル化して、現場をリアルタイムに「見える化」し、データに基づいて的確、迅速に「判断」し、直ちに「行動」して、結果もリアルタイムで把握できる。このようなデジタル化されたしくみを前提に、戦略を動かし続け、変化に俊敏に対処できなくてはならないのです。

当然、ビジネス・モデルやお客様との関係、働き方、これらを支える情報システムもまた、同じ時間感覚で、同期させなくてはなりません。

“

VUCA 時代に生き残るための価値観

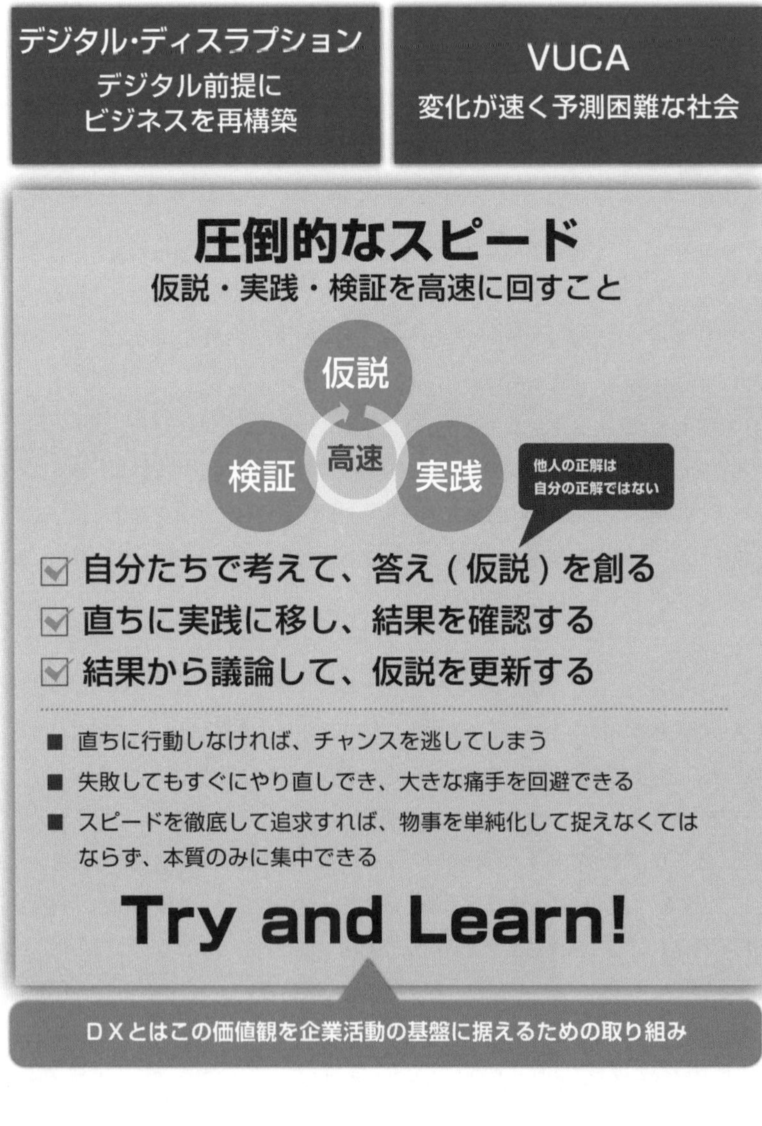

デジタル・ディスラプション
デジタル前提に
ビジネスを再構築
VUCA
変化が速く予測困難な社会
圧倒的なスピード
仮説・実践・検証を高速に回すこと
仮説
高速
検証
実践
他人の正解は
自分の正解ではない
自分たちで考えて、答え（仮説）を創る
直ちに実践に移し、結果を確認する
結果から議論して、仮説を更新する
■ 直ちに行動しなければ、チャンスを逃してしまう
■ 失敗してもすぐにやり直しでき、大きな痛手を回避できる
■ スピードを徹底して追求すれば、物事を単純化して捉えなくてはならず、本質のみに集中できる
Try and Learn!
ＤＸとはこの価値観を企業活動の基盤に据えるための取り組み

VUCAは、「正解がない」社会であり、「変化の速い」社会でもあります。「正解がない」とは、いまの正解が、明日の正解であるとは限らないということです。将来が予測できないわけですから、正解の選択肢は多岐にわたります。あらかじめ用意された正解はなく、既存の延長線上に正解を求めることもできません。自分で正解を創り、変化に即して改善し続けるしかありません。また、「変化が速い」のであれば、「変化に俊敏に対処できる圧倒的なスピード」を持つことが、企業の存続や事業の継続を支え、競争力の源泉となります。

「アイデアが湧いたら、すぐにやってみる。そして、その行動した結果から議論を展開し、また新たなやり方をすぐに試してみる」

そんな「**Try and Learn**」を高速·高頻度で回し続ける能力を持つことです。それには、次の3つの理由があります。

- 直ちに行動しなければ、対応が遅れ、チャンスを逃してしまうから
- 仮に失敗しても即座にやり直しが効き、大きな痛手を回避できるから
- スピードを追求すれば、物事をシンプルに捉え、本質のみに集中しなければならず、結果として、的確な課題解決ができるから

ビジネスチャンスは長居することはありません。めまぐるしく変化する時代にあってはタイミングを逃さないことが必要です。顧客ニーズもどんどん変わります。変化する顧客ニーズへの対応スピードが企業の価値を左右します。競合もまた入れ替わり立ち替わりやって来ます。決断と行動が遅れると致命的な結果を招きかねません。

ITもまた、この価値観を実現すべく、進化を加速させています。デジタル・ネイティブなベンチャーやGoogle、Amazon、Appleなどのビッグテック（Big Tech）は、この価値観の体現者として、最先端のITを使いこなし、圧倒的なスピードを武器に、既存の競争原理を作り変えています。そんな彼らに立ち向かうことも必要です。

DXとは、この価値観を企業活動の基盤に据えるための取り組みです。「社会環境の変化が緩やかで中長期的な予測が可能」な時代の常識は、もはや過去のものです。企業も個人もこの価値観を基盤に据えて、生きてゆかなければなりません。

高頻度な「Try and Learn」で、圧倒的なスピードを実現する

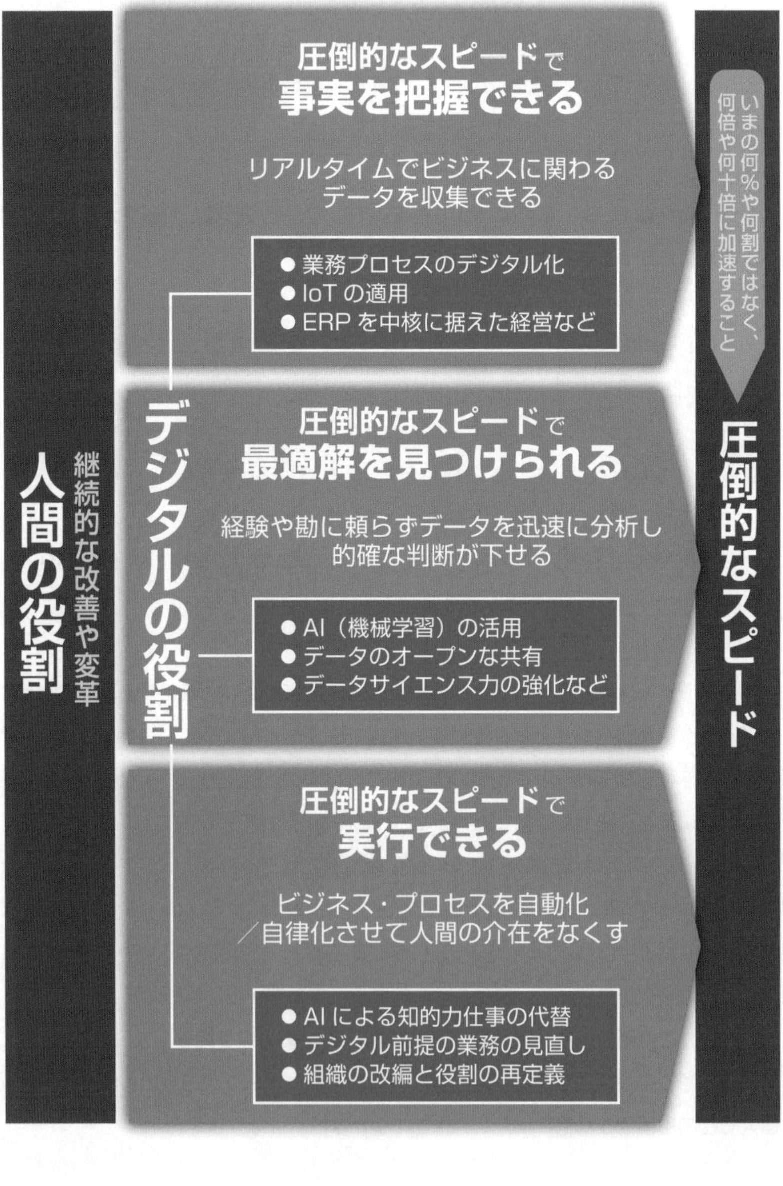
人間の役割
継続的な改善や変革
デジタルの役割
圧倒的なスピードで
事実を把握できる
リアルタイムでビジネスに関わるデータを収集できる
● 業務プロセスのデジタル化
● IoT の適用
● ERP を中核に据えた経営など
圧倒的なスピードで
最適解を見つけられる
経験や勘に頼らずデータを迅速に分析し的確な判断が下せる
● AI（機械学習）の活用
● データのオープンな共有
● データサイエンス力の強化など
圧倒的なスピードで
実行できる
ビジネス・プロセスを自動化／自律化させて人間の介在をなくす
● AI による知的力仕事の代替
● デジタル前提の業務の見直し
● 組織の改編と役割の再定義
いまの何%や何割ではなく、何倍や何十倍に加速すること
圧倒的なスピード

「変化に俊敏に対処するための“圧倒的なスピード”を持つ」ことが、VUCA の時代には必須です。「圧倒的なスピード」とは、「いまの何%や何割ではなく、何倍や何十倍に加速すること」と言い換えることができるでしょう。

そのために必要不可欠となるのが、いまの事実をリアルタイムに捉えるデータです。そんなデータを手に入れるには、ビジネス・プロセスやビジネス・モデルを徹底してデジタル化することです。たとえば、ERP システムを導入することで、業務の現状や進捗、ユーザーの意向をデータで捉えることができます。機器や設備の稼働状況は、IoT やモバイルを駆使して、様々なビジネスの接点をデジタル化することで手に入れることができます。

こうやって集めた膨大なデータに基づいて、即決、即断、即実行し、改善を継続的に繰り返していくには、そこに含まれている規則や法則、特徴を見つけなくてはなりません。そのための計算が、AI 技術の 1 つである機械学習です。

ここで明らかとなった規則や法則、特徴に基づいて、どのように行動すればいいかの最適解を見つけて、その後のプロセスを自動化することや、人間が適切に判断するための情報を提供します。

人間の関与の範囲を広げれば広げるほどに、スピードは落ちてしまいます。また、過去の成功体験や思いこみによってバイアスがかかり、判断を誤ってしまう可能性もあり、人間の関わる範囲をできるだけ絞りこむことが大切です。

だからといって、人間の役割がなくなることはありません。変化が速く未来を予測できないわけですから、いったん作り上げたプロセスの改善や作り直しを、高頻度で行わなくてはなりません。何が課題か、どうすれば課題を解決できるかを見定めるには、人間にしかない理想や価値観という基準が必要です。人間は、データが教えてくれる事実から洞察を得て、変化への対応を実行するわけです。

そうやって判断して、実行しても、必ずうまくいく保証はありません。そこで、前節で述べたとおり、まずはやってみて、結果から判断し、改善することを高速で回しながら、最善の策を探し続けなければなりません。

圧倒的なスピードとは、「Try and Learn」を高速・高頻度で繰り返し、答えを探し求めることです。そんな「デジタルと人間の合わせ技」が、変化に俊敏に対処できる能力を生みだすのです。

パラダイムの変遷と DX

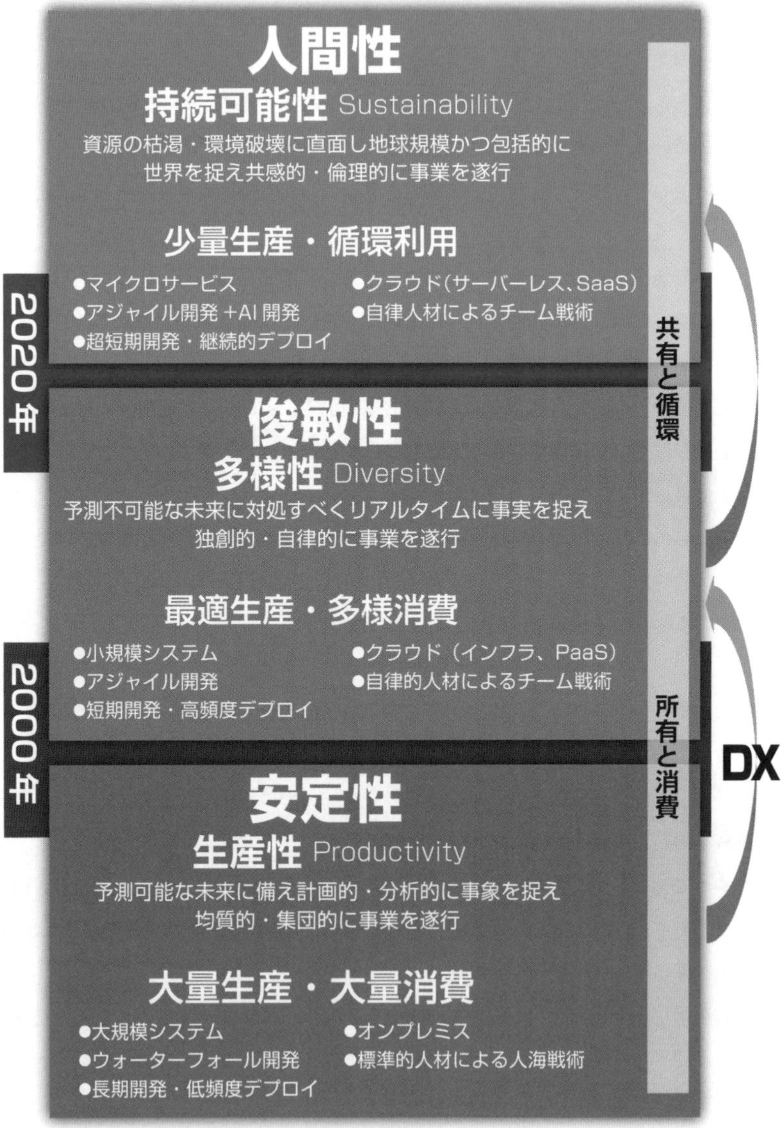

人間性
持続可能性 Sustainability
資源の枯渇・環境破壊に直面し地球規模かつ包括的に
世界を捉え共感的・倫理的に事業を遂行
少量生産・循環利用
●マイクロサービス
●アジャイル開発 +AI 開発
●超短期開発・継続的デプロイ
●クラウド(サーバーレス、SaaS)
●自律人材によるチーム戦術
2020 年
俊敏性
多様性 Diversity
予測不可能な未来に対処すべくリアルタイムに事実を捉え
独創的・自律的に事業を遂行
最適生産・多様消費
●小規模システム
●アジャイル開発
●短期開発・高頻度デプロイ
●クラウド（インフラ、PaaS)
●自律的人材によるチーム戦術
2000 年
安定性
生産性 Productivity
予測可能な未来に備え計画的・分析的に事象を捉え
均質的・集団的に事業を遂行
大量生産・大量消費
●大規模システム
●ウォーターフォール開発
●長期開発・低頻度デプロイ
●オンプレミス
●標準的人材による人海戦術
共有と循環
所有と消費
DX

「

社会の変化をふり返れば、2000年あたりを境にして、大きな価値観の転換が始まったように思います。それは、「安定性（Stability）」から「俊敏性（Agility）」へと価値観の重心、すなわち何を優先するかの基準が変わったことです。

「価値観の転換」を象徴する出来事の1つが、2001年9月11日に起こったアメリカ同時多発テロ事件でしょう。社会の不確実性が高まり、予測困難な時代になったことを私たちは思い知らされました。ITに関わるエピソードも、こんな時代の趨勢を反映しています。たとえば、つぎのようなことです。

クラウド的なサービスの登場：「クラウド・コンピューティング」という言葉が登場したのは2006年ですが、それ以前から、「クラウド的なサービス」が登場しています。たとえば、1997年のHotmail、2000年のSalesforce.comなどが挙げられます。

ダウンサイジングとオープン化：1980年代に広く使われ始めたPCは、1990年代に入り1人1台の時代になりました。ミニコン、オフコン、エンジニアリング・ワークステーションと呼ばれる中小規模のコンピュータが、大型のメインフレームを代替しつつありました。その後、これらはPCサーバーに移り、オープン化が加速します。メインフレーム／ホスト・コンピュータの時代は終焉を迎え、柔軟、迅速なIT活用の筋道が作られました。

クライアント・サーバーからWebシステム：1990年代初頭に黎明期を迎えたインターネット普及の起爆剤になったのが、1995年に登場したWindows95です。ブラウザーやTCP/IP通信機能が標準搭載され、インターネットの利用が容易になりました。これはもうひとつの大きな変化を起こしました。標準搭載のブラウザーを社内の業務システムとして使う動きです。それ以前は、大規模なデータの処理や保管はサーバー側のプログラム、UIやデータの加工編集などの小回りの利くところはPC側のプログラムを使うクライアント・サーバー方式が普及していました。しかし、「タダでついてくるブラウザー」を使えば、PC相当のUIが実現でき、開発や保守の手間が省けコストも下がるとなり、ブラウザーを使ったWebアプリケーションの利用が増えていきました。

アジャイルソフトウェア開発宣言：2001年に、軽量ソフトウェア開発手法（と当時呼ばれていた）分野で名声のある17人が一同に会し、彼らがそれぞれ別個に提唱していた開発手法に共通する価値観を議論し、「アジャイルソフトウェア開発宣言」（Manifesto for Agile Software Development）という文書にまとめ、公開しました。「アジャイル開発」の起点とも言える出来事です。

これらに共通する価値観は、「俊敏性」です。VUCAの時代となり、「未来を正確に予測」することはできません。ならば、目前の変化を即座に掴み、その時々の最適を実行し、高速に修正・改善を繰り返すことができる圧倒的なスピードが求められます。上記のエピソードも、そんな価値観を反映した出来事です。

テクノロジーのトレンドもまた、そんな時代の趨勢を反映しています。

❖ ウォーターフォール開発からアジャイル開発へ
❖ オンプレミスからクラウド・コンピューティングへ
❖ モノリシック・アーキテクチャからマイクロサービス・アーキテクチャへ

社会の求める価値観が変わったことで、それに応じたやり方が受け入れられ、定着していきました。つまり、計画通りに物事をすすめられる時代から、予測できない事態に俊敏に対処することが重視されるようになったのです。未だに、どちらが優れているのとか、生産性が高いのかといった議論がされているのですが、求めているゴールが違うわけですから、これは的外れな議論です。

この変化を受け入れるには、その前提となる価値観を企業の文化や風土に組み込まなくてはなりません。たとえば、「安定性」を重視する文化や風土を持つ企業が、アジャイル開発に取り組んでも、うまくはいきません。それは、システム開発のすべてを自律した現場のチームに委ねることや、現場との継続的かつ対等な対話を前提としているからです。

「安定性」を重視して、階層的な組織の中で行動をきめ細かく管理し指示をする、すべての意思決定はリスクを徹底して排除するために稟議にかけるという組織風土の中では、「アジャイル開発」の手法を使っても、「俊敏（アジャイル）なシステム開発」はできません。クラウドやマイクロサービスも同様で、前提となる価値観の転換なくして、十分な成果をあげることは難しいのです。

いずれにも一長一短があります。時代に即して、どちらが有効であるかを判断しなくてはなりません。たとえば、「安定性」が求められていた時代には、ウォーターフォール開発、オンプレ、モノリシックが有効だったかもしれません。「俊敏性」を求められるいまならば、アジャイル開発、クラウド、マイクロサービスとなるでしょう。

ただ、「俊敏性」にふさわしいやり方を選択したとしても、さまざまな課題が生じます。それをどのように解消すればいいかを考え、対策を講じなくてはなりません。たとえば、「俊敏性」を優先し、クラウドを使うには、「通信障害やクラウドベンダーの障害」を想定して、次のような対策が必要です。

- 異なるキャリアの複数回線を使う
- アベイラビリティ・ゾーンを分けて冗長化構成にする
- 複数のクラウドプロバイダーに分散する
- コンテナ化してサービスの可用性を高める　など

未だ「安定性」を絶対的な正義であると考えてシステム構築をしている企業はあります。しかし、「安定性」から「俊敏性」へと、社会の求める価値観が転換しつつあるいま、それにふさわしい文化や風土、テクノロジーを許容できなければ、時代の趨勢から取り残されてしまうでしょう。この変化に対応して、テクノロジーもまた、「俊敏性」に対処すべく、発展、普及を続けています。また、安定性の時代の「所有と消費」を前提としたビジネスが、「共有と循環」へと変わりつつあることにも目を向けなくてはいけません。

DXとは、我々が、長い間、当然のこととして受け入れてきた「安定性」の価値観とこれを実践するため作り上げられたビジネスのあり方や会社のしくみを、「俊敏性」のそれへと作り変える取り組みと言えるでしょう。テクノロジーもまた、同じ方向を向いています。

デジタルがリアルを包括する社会

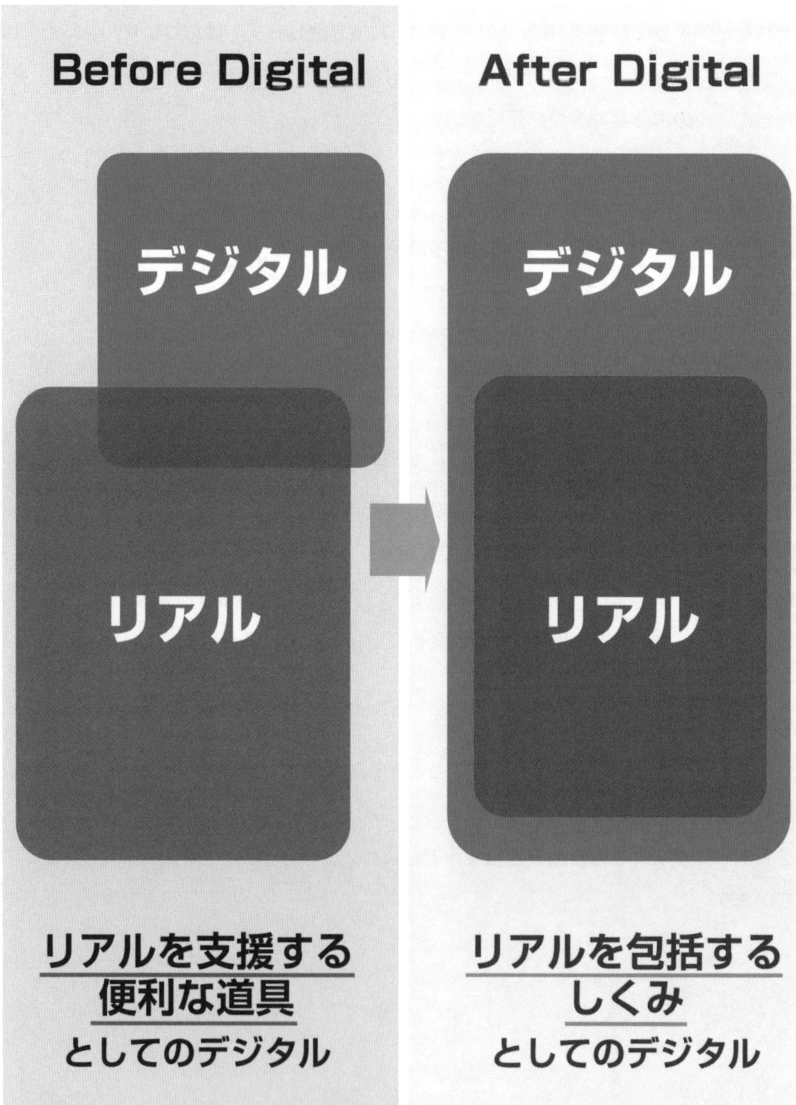

「アフターデジタル・藤井保文 著」を参考に作成

藤井保文氏は、著書『アフターデジタル - オフラインのない時代に生き残る（日経BP、19年3月)』のなかで、リアルとデジタルの融合が起きていることを指摘しています。かつてデジタルは、リアルの利便性を向上させ、コストを削減するための「便利な道具」でした。しかし藤井氏は、もはやリアルとデジタルを分けて考えることができなくなっていると述べています。

たとえば、旅行をするとき、私たちはまずはどこへ行くかをネットで探し、見所や評判のレストラン、評価の高い宿泊先を調べ、航空機やレンタカーの予約もネットで済ませます。そんなデジタルな体験をした後に、リアルな旅行を体験し、そのレビューをSNSや旅行のサイトに書き込みます。

このように私たちの日常は、デジタルがリアルを包み込むように融合して1つの動線でつながっています。ならば、この一連の体験を魅力的なものにすることが、顧客の満足度を高め、商品やサービスの売上を向上させます。つまり、デジタルとリアルが融合した世界での体験価値／UXを向上させることが、ビジネスの成果に大きな影響を持つようになったのです。

デジタルは、「リアルを支援する便利な道具」から「リアルを包括するしくみ」へと役割をシフトさせたのです。つまり、リアルでの価値を手に入れるには、デジタルで提供されるさまざまなしくみや手順を通過しなければ不便で不自由な時代になったということでもあります。もはやデジタルは便利な道具という域を超えてしまいました。

この変化に対処するうえで、データの重要性は、高まります。利用者の性別や年齢、生活圏や趣味嗜好といった静的な「属性データ」に留まらず、いま何を体験し、どのように感じ、何をしたいのかなど、リアルタイムかつ動的な「行動データ」を使って、その時々に最適化された体験価値を提供することが、ビジネスを左右する時代になったのです。たとえば、「25歳、独身、女性、趣味は料理と庭いじり」を相手にダイレクトメールを送るのではなく、「いま、青山3丁目でショッピングを楽しむ女性が、気になるバッグを店先で見つけた」タイミングで、その店のクーポン券をスマホに送るという対応です。

デジタルがリアルを包括する社会に適応するとは、こんな常識を前提に社会を捉え、これにふさわしいビジネスのしくみを作ることと言えるでしょう。

「社会」と「事業」の視点からひも解く DX の定義

デジタル・トランスフォーメーション

デジタルを前提に　ビジネスを変革すること

＝

デジタルがリアルを包括する社会に　適応するために会社を作り変えること

テクノロジーの進展により産業構造や競争原理が変化し、
これに適応できなければ、事業継続や企業存続が難しくなる

↓

DX とは、このような状況に対処するために、
ビジネス・モデルや業務の手順、顧客との関係や働き方、
企業の文化や風土を変革すること

↓

変化に俊敏に対応できる（アジャイル）企業に変わること

「デジタルを前提にビジネスを変革すること」

DXを字義通り解釈すれば、このようになるでしょう。ここでいう「デジタル前提」とは、「社会」と「事業」という、2つの視点があります。

- **社会の視点**：だれもが、当たり前にスマートフォンを使いこなす。買い物、ホテルや交通機関の予約は、ネットを使う。駅を降りれば地図サービスで自分の居場所と行き先を確認し、到着時刻をLINEで相手に知らせる。社会は、“デジタル前提”に動いている
- **事業の視点**：“デジタル前提”の社会に対処するには、自分たちもデジタルを駆使できなくてはならない。そうしなければ、顧客は離れ、収益の機会を狭めてしまう

この視点からDXを言い換えると、次のようになります。

「デジタルがリアルを包括する社会に適応するために、手段としてのデジタルを駆使しつつ、会社を作り変えること」

さらに掘り下げて解釈すれば、「デジタルを前提に最適化された企業に作り変えること」を目指すのがDXです。

では、なぜ、このような変革が必要とされているのでしょうか。それは、VUCAやハイパーコンペティションに対処できる「圧倒的なスピード」を獲得するためです。「圧倒的なスピード」とは、次のような特徴を持っています。

- いまの何パーセント、何割ではなく、何倍、何十倍のスピードであること
- 変化をただちに捉え、俊敏に対応できること
- 仮説検証を繰り返して改善し、新サービスを矢継ぎ早に繰り出せること

ビッグテックやデジタル・ネイティブたちが仕掛ける、「デジタル・ディスラプション」は、この「圧倒的なスピード」を競争力の源泉としています。そんな彼らと互角に競える能力を持つには、自分たちもまた「圧倒的なスピード」で対処するしかありません。

DXとは、そんな「圧倒的なスピード」を事業基盤に据えるための取り組みです。つまり、**「デジタルが前提の社会に適応するために、自分たちの会社を変化に俊敏に対応できる（アジャイルな）会社に作り変え、存続と成長を図ること」**が、DXの狙いとなります。

DX とは何をすることか

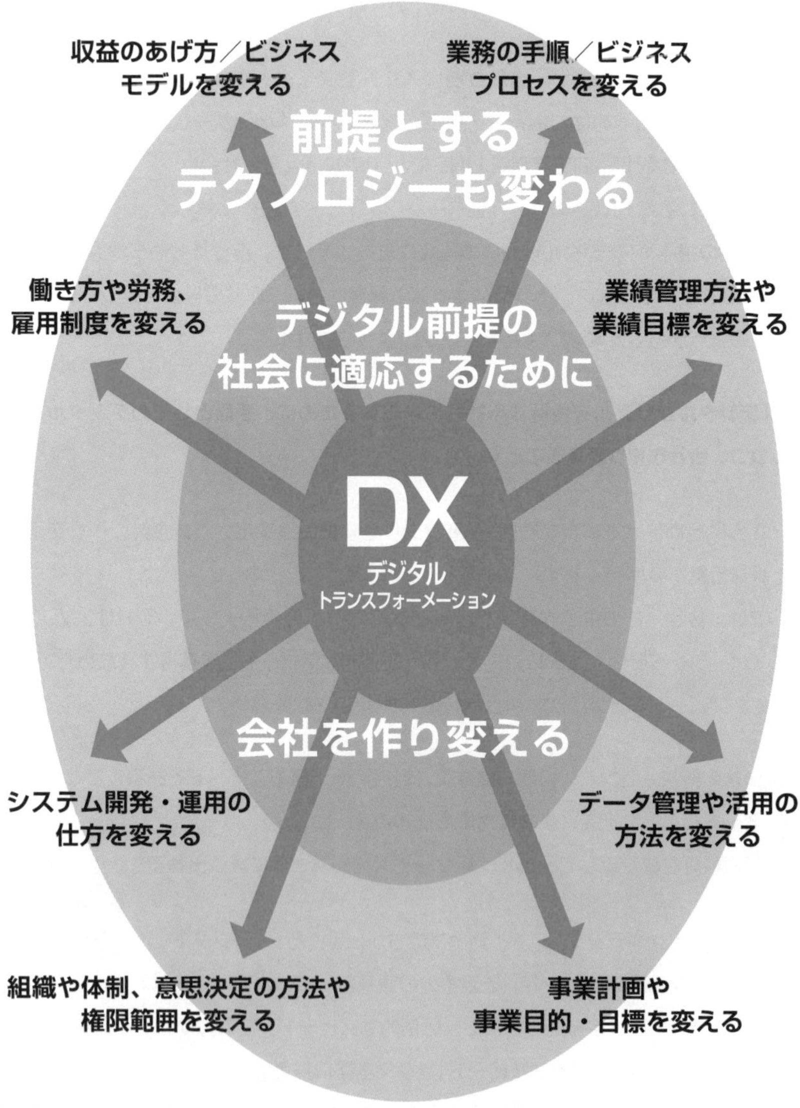

収益のあげ方／ビジネス
モデルを変える
業務の手順／ビジネス
プロセスを変える
前提とする
テクノロジーも変わる
働き方や労務、
雇用制度を変える
業績管理方法や
業績目標を変える
デジタル前提の
社会に適応するために
DX
デジタル
トランスフォーメーション
会社を作り変える
システム開発・運用の
仕方を変える
データ管理や活用の
方法を変える
組織や体制、意思決定の方法や
権限範囲を変える
事業計画や
事業目的・目標を変える

デジタル技術を駆使しても、仕事のやり方や組織のあり方を根本的に作り変えなければ、圧倒的なスピードは手に入りません。たとえば、Slack や Microsoft Teams を使ってコミュニケーションを高速化しても、稟議決済は紙の書類と捺印で、月 1 回の経営会議で承認されないと行動を起こせないとなると、結局は、アナログ時代のスピードのままです。また、IoT や AI を駆使して、時々刻々変化する事象を正確に捉えることができても、上司の判断を得るためには、報告書を作成して会議を開かなければならないとすれば、絶好のタイミングを逃すのみならず、危機的な状況を招きかねません。

アナログなやり方を変えないままに、デジタルを使えば使うほど、この乖離が顕著になります。この事態を放置すれば、そこで働く人たちの能力を十分に活かすことができず、企業は疲弊し競争力を失ってしまいます。

デジタルを使うほどに企業は疲弊し衰退する

日本企業が国際的な競争力を失ってしまったのは、海外とくに米国からもたらされるデジタル・ツールやデジタル・サービスを使うことには熱心ではあっても、それら製品の背景にある思想や登場理由を無視して、効率の悪い使い方をし、その価値を十分に引き出せないからかもしれません。たとえば、次のようなことです。

- MA（Marketing Automation）ツールを導入しても、案件を発掘するチームであるデマンドセンターを作ることなく、ただの広告宣伝自動化ツールとしてしか使っていないために、マーケティングツールとしての効果を十分発揮できない
- ERP パッケージは、本来、業務変革を加速するためのツールとして登場した。しかし、既存業務のやり方に合わせるために、カスタマイズやアドオンを膨らませ、膨大なコストを支払っている
- セルフサービス機能を充実させ続けているクラウド・サービスを導入しても、システムの構築や運用を外注先に丸投げして、自分たちで使いこなすことをせず、多大なコストを流失させ、俊敏性を損なっている

登場の背景や思想を無視し、カタチばかり真似ていると、デジタル・ツールを使えば使うほど、次のような事態に陥ってしまいます。

❖ ムダな作業を増やし、生産性を低下させる
❖ ツールの機能を生かし切れず、コスパの悪い使い方になる
❖ ツールの機能や使い方に拘泥し、現実との乖離を広げて、現場のストレスや負担を増やす

結果として、ツールを使うことに経営資源を消費してしまい、業績に貢献できない、貢献しても投資に見合わないことになります。これでは、テクノロジーの思想や登場理由を当然のこととして理解している本家本元にかなうはずもなく、労働生産性の低下を招き、企業を疲弊させ衰退させてしまいます。

DXとはデジタルを使いこなすための前提を作ること

2

DX もまた同じようなことになりかねません。デジタルを使うことを目的化せず、それらを使いこなすにふさわしいよう仕事のやり方や組織のしくみ、働き方も変えなければ、デジタルの価値を十分に引き出せないばかりか、現場を疲弊させるだけです。このようなことでは、百害あって一利無しです。デジタルを使いこなすためには、デジタル以外にやることがたくさんあるのです。

前節で定義した DX は、次のようにも言い換えることもできます。

「デジタルがリアルを包括する社会に適応するために、手段としてのデジタルを駆使して、デジタルの価値を最大限に引き出せる会社に作り変えること」

いずれにしても、デジタルと会社のしくみ、文化や風土を同期させ、変革しなければ、デジタル前提の変革は進みません。

DXとはテクノロジーの発展をビジネス価値の向上に転換すること

ビジネス環境とテクノロジーは、お互いに影響を与え合いながら、変化、発展し続けています。これらを切り離して考えることはできません。たとえば、インターネットの登場は、顧客と企業との関係、人と人とのつながり、掲載のメカニズム、収益のあげ方などのビジネス環境を、それ以前とはまるで違うものに変えてしまいました。これに続

くスマートフォンの登場は、インターネットと人間との常時接続を仲介し、インターネットありきの日常を定着させました。

生成AIは、これら2つの出来事に匹敵するビジネス環境の変化をもたらすかもしれません。詳しくは、第7章で解説しますが、AIエージェントとしての役割は、大きな変化をもたらすことになるでしょう。

AIエージェントとは、とても優秀な自分専任の秘書のような存在です。何をしたいかを伝えれば、情報を集め、手順を整え、サービスや機器を操作して、結果を出してくれます。たとえば、出張の予定をスケジュール表に書き込めば、交通手段の手配や宿泊先の予約、先方へのアポイントメントの確認などを人間に変わってやってくれます。また、「新規事業のアイデアを洗い出して、その可能性や課題をレポートにまとめて欲しい」と問いかければ、自分の担当する事業分野、同業他社の動向、使えそうなテクノロジーの情報などを調べ、テーマを導き、イメージ図を描き、アイデアを説明し、工程表を示してくれます。そんな未来が、もうそこまで来ています。

このようなしくみをショッピング・サイトに組み込めば、顧客は何が欲しいのかの仮説を立てて、質問を投げかけ、その答えから要件を絞りこみ、最適な商品を紹介し、なぜそれがふさわしいのかを説明してくれます。また、コールセンターに使えば、顧客の曖昧な説明から何をしてほしいのかの意図をくみ取り、対話してさらに絞り込み、最適な応答を返してくれるようになります。

生成AIをはじめさまざまなテクノロジーの発展により、人間と機械の役割はおおきく変わり、業務プロセスやビジネス・モデルもこれまでとは違うものになるはずです。デジタルの価値を最大限に引き出し、ビジネスに活かすには、このような変化を日常と受け止め、思考や行動の前提に据えることです。

DXとは、このようなことが当たり前にできる企業の文化や風土を育て、定着させることでもあります。

パーパスに根差したDXへ

2018年　IIRC（国際統合報告委員会）レポート
「purpose beyond profit」

purpose beyond profit
企業の存在意義は利益を超える

- 企業は、利益のためだけに存在しているのではない
- 利益は、企業や事業の目的ではなく、条件である
- 企業の最大の目的は、永続的に成長し続ける過程で社会的責任を果たすこと

「

コロナ禍により、私たちは「VUCA」という現実に、否が応でも向きあわされました。コロナ禍が収まったいまも、「VUCA」は、社会の「常態」であり続けています。そんな時代に、企業は利益を追求するだけでは生き残れません。

ピーター・ドラッカーが語ったように「社会的な目的を実現し、社会、コミュニティ、個人のニーズを満たす」こと、すなわち、利他のための存在意義（パーパス）を追求し、事業として社会に還元することが、企業の使命です。

社会環境の劇的な変化やデジタル技術の急速な発展があったとしても、自らの存在意義を常に問い、ビジネスをアップデートし続けなければ、事業の継続や企業の存続は、立ちゆかなくなってしまいます。

purpose beyond profit（企業の存在意義は利益を超える）

IIRC（International Integrated Reporting Council／国際統合報告評議会）の2018年の報告書のタイトルです。「利益は企業が自らの存在意義を追求した結果としてもたらされる」と読み替えてみてはどうでしょう。

企業が利益を求めることは当然ですが、「VUCAが常態化」した時代には、同じやり方では、すぐに通用しなくなってしまいます。だからこそ、企業は自らのパーパスを問い続け、ビジネスを時代に合わせて変化させ続けるしかありません。利益とは、そんなパーパスを貫きつつも、やり方をダイナミックに変化させた結果として、もたらされるものだと考えるべきでしょう。

DXとは、デジタルを前提に、企業の存在意義を貫く取り組み

このように解釈できるかもしれません。世の中の変化をじっくりと見定め、時間をかけて、計画的に対処していくことは、もはやできません。だから、変化に俊敏に対応し、ビジネスをダイナミックに変化させ続けることができる能力を獲得しなければなりません。デジタルを、そのための前提と位置付け、変化に対処しようというのが、DXの本質と言えるでしょう。

」

“

DXを支える4つの体験（Experience）

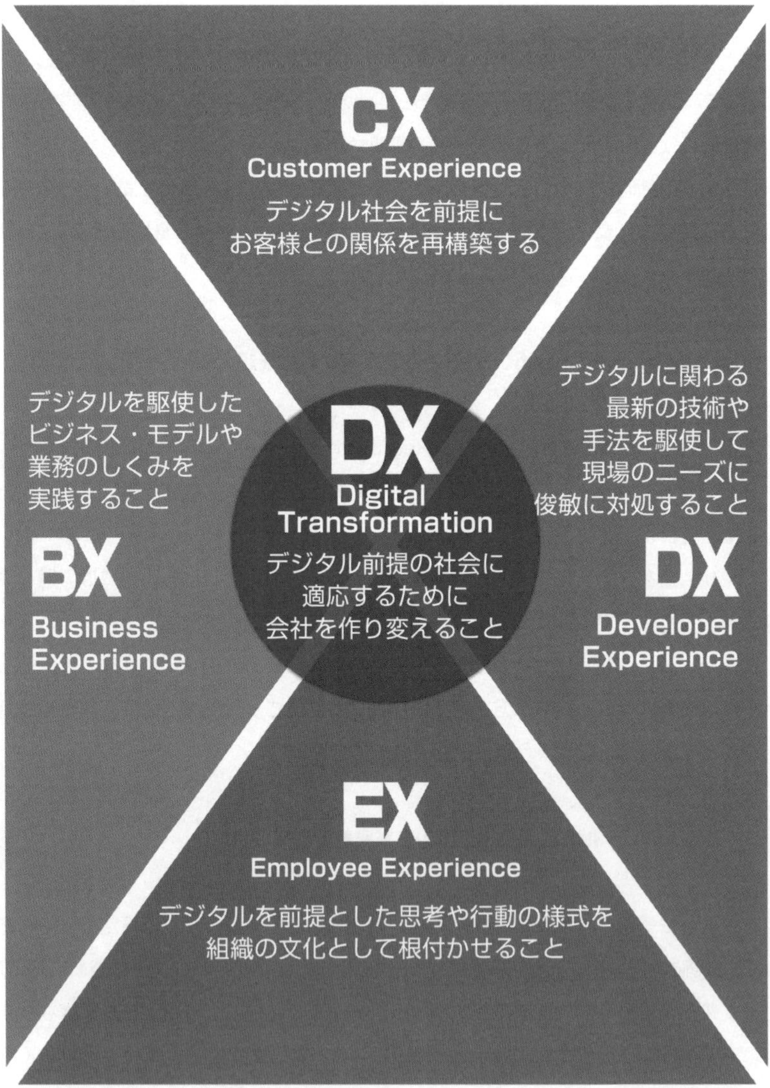
CX
Customer Experience
デジタル社会を前提に
お客様との関係を再構築する
BX
Business
Experience
デジタルを駆使した
ビジネス・モデルや
業務のしくみを
実践すること
DX
Digital
Transformation
デジタル前提の社会に
適応するために
会社を作り変えること
DX
Developer
Experience
デジタルに関わる
最新の技術や
手法を駆使して
現場のニーズに
俊敏に対処すること
EX
Employee Experience
デジタルを前提とした思考や行動の様式を
組織の文化として根付かせること

DX＝「**デジタル前提の社会に適応するために会社を作り変えること**」は、顧客、従業員、事業（ビジネス）、システム開発の体験を変革することです。

●顧客体験（CX：Customer Experience）の変革

いまやデジタルとリアルが融合し、1つの動線でつながっています。この一連の体験（UX）を魅力的なものにすることが、顧客の満足度を高め、売上の増大に貢献します。たとえば、生成AIを組み入れたMA（Marketing Automation）やCRM（Customer Relationship Management）などのツールを使えば、顧客個別に最適化されたコンテンツの生成や、顧客の質問に柔軟に対応できるヘルプデスクの実現など、顧客との関係構築業務を、高い品質を保って自動化できます。

人間は、ここで生まれた時間を使い、顧客に寄り添った丁寧な接客応対ができます。たとえば、顧客の感情の機微に配慮した対話、高度な専門知識を駆使したアドバイス、顧客の想いや価値観を探りながらの課題抽出など、人間にしかできないことに、時間や意識を注げるようになります。

●従業員体験（EX：Employee Experience）の変革

予測できない変化に俊敏に対処するには、ビジネスの最前線にいる人たちに大幅に権限を委譲し、即決、即断、即実行を許容し、現場でただちに対処ができなくてはなりません。時間をかけてリスクを排除する稟議プロセスで、現場のチャレンジを躊躇させてはなりません。そのためには、経営と現場との強い信頼関係を築く必要があります。

その手段として、業務プロセスを徹底してデジタル化し、企業活動をリアルタイムデータで捉えるためのERPは、欠かせません。これにより、会議をせず、報告書も書かずに、ありのままの事実を即座に関係者全員で共有できます。

さらに、社内SNSやオンライン会議ツール、ワークフロー・システムを整備し、どこでも仕事ができるようにすれば、ワーク・スタイルの多様化に対処できます。生成AIツールを使えば、情報の収集や分析、報告資料や提案書の作成、課題分析や新規事業のアイデア出しなどの「知的力仕事」の生産性を高めることもできます。

人間には、人間にしかできない、新たなテーマの創出や人間同士のふれあいが必要な業務に、より多くの時間を割けるようになるでしょう。結果として、ビジネスの価値と生産性は高まり、従業員の収入や雇用条件などの待遇は向上し、エンゲージメントも向上します。

●業務体験（BX：Business Experience）の変革

業務プロセスやビジネス・モデルをデジタル化すれば、事業活動や顧客との関係は、データとしてリアルタイムに把握できるようになります。先にも述べたように、ERPパッケージは、そのための土台となるものです。

当然、仕事の進め方や業績の評価方法、働き方や雇用制度、組織や体制なども、デジタルに最適化されたやり方に作り変えなくてはなりません。このような取り組みをしないままに、デジタル・ツールを使っても成果には結びつきません。

●開発体験（DX/DevX：Developer Experience）の変革

AIに何をしたいかを伝えれば、仕様や実装計画を書き、それに沿ったコードの生成や既存コードの修正もお任せで、ビルドまでもしてくれます。コーディングのほとんどすべての工程を自動化できる時代になりました。人間は各工程で確認し、必要に応じて修正すればいいだけです。

これまで、大規模システムでは、上記工程で膨大な労働力を必要とすることから、これを外注することが一般的となっていました。また、システムの開発や改善に際して、外注先との交渉、業務課題やニーズの説明に相応の手間や時間をかけていました。

このようなやり方では、変化に俊敏に対処することはできません。そこで、外注に依存せず、内製で対処できる能力を持つことが必要となっています。

上述のような生成AIを活かしたサービスを使えば、少人数の内製チームでも、システム開発をこなせるようになります。また、予測できない未来は棚上げし、いまの現実に最善を尽くすアジャイル開発、不確実なシステム資源の需要変動に柔軟迅速に対処できるクラウドなど、時代に即したテクノロジーやツールを活用して、変化に俊敏に対処できるシステム開発を目指さなくてはなりません。

Column

DXとは人間との共生を推し進める変革

「圧倒的なスピード」は、企業の脚力です。この脚力を駆使して、変化に対して俊敏に対処しなくてはなりません。これは、デジタルの得意とするところです。しかし、いくら足が速くても、適切な方向に向かわせるには、知力が必要です。知力とは、問いを生みだし、価値を見出す人間にしか備わっていない能力です。デジタルによる脚力と人間による知力を最大化して、両者のかけ算で、ビジネスの価値を高めることも、DXの狙いです。

このようなデジタルと人間の共生を目指す考え方は、いまに始まったことではありません。1960年、アメリカの音響心理学者であるリックライダーは、「人とコンピュータの共生（Man-Computer Symbiosis）」という論文を発表しています。1960年という時代は、第1次AIブームの最中にあり、多くの研究者が、人間の知的能力を凌駕するコンピュータの開発に躍起になっていました。世間の論調は、人間の役割を置き換えるコンピュータへの警戒感が高まっていた時代でもありました。彼は、このような人間に対立する存在として、コンピュータを捉えるのではなく、人間との共生という観点で捉えるべきとの立場に立ち、次のような考えを述べています。

「人は目標を定め、仮説をまとめ、尺度を決め、評価を実行する。計算機械は、ルーチン化された仕事はするが、それは科学的かつ科学的思考の洞察や決定の材料にすぎない」

リックライダーは、その後、アメリカ国防総省高等研究計画局（ARPA）の研究部門長に採用され「地球規模のコンピュータ・ネットワーク」を実現するARPA Netの実現を牽引することになります。これが、インターネットの原型となり、いまのデジタル社会の基盤となりました。

また、彼が自分の後任として指名したアイバン・サザーランドは、いまのGUIの原型となる、Sketchpadの開発者です。アイバン・サザーランドの弟子であるアラン・ケイは、子どもでも使えるコンピュータ、dynabookの発案者であり、その試作品を見たスティーブ・ジョブスは、Macintoshを開発し、いまのAppleの礎を築きました。いずれも、コンピュータと人間の共生を実現する取り組みの系譜を踏むものです。

2つのデジタル化とDXの関係

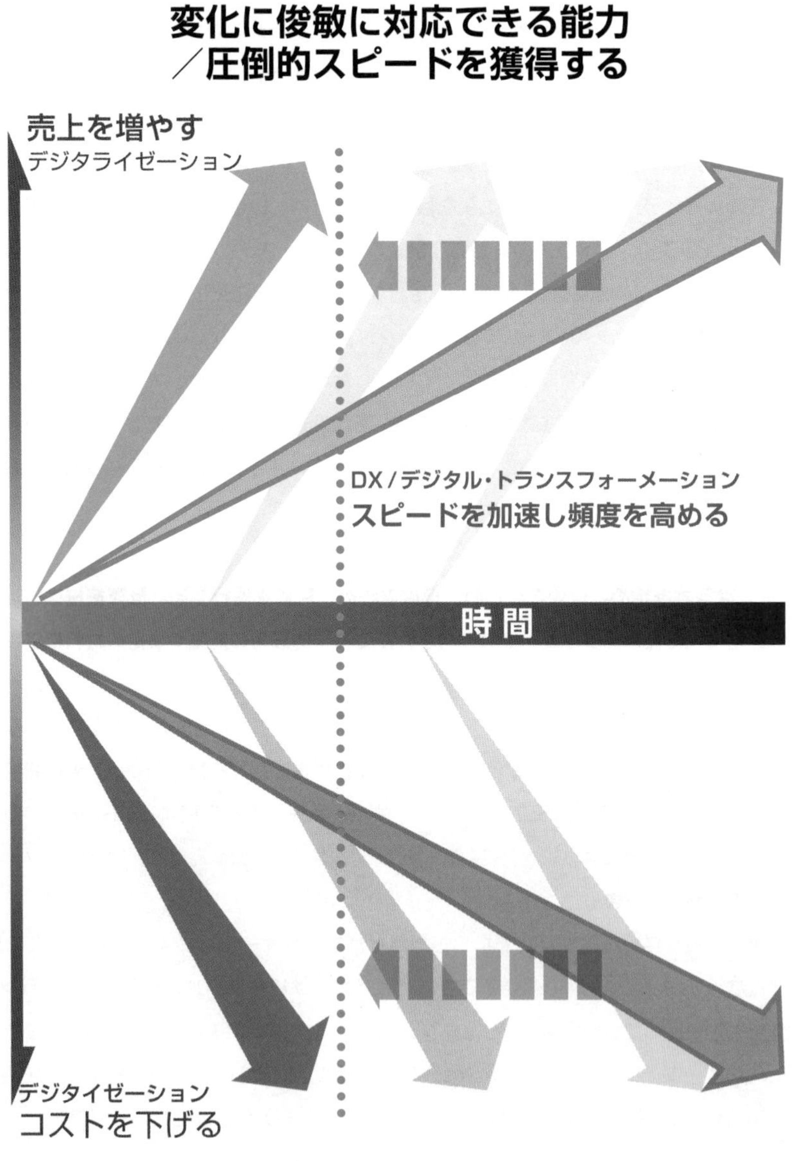

前章で、2つの「デジタル化」について、説明しました。1つは、デジタル技術を利用してビジネス・プロセスを変換し、効率化やコストの削減、あるいは付加価値の向上を目指す「デジタイゼーション（Digitization)」です。もうひとつは、デジタル技術を利用してビジネス・モデルを変革し、新たな利益や価値を生みだすことを目指す「デジタライゼーション（Digitalization)」です。

これら2つのデジタル化は、DXが語られる以前から使われてきた言葉で、多くの企業が、この2つのデジタル化に、これまでも取り組んできました。そんなデジタル化とDXとは、何がちがうのでしょうか。

これまで述べてきたとおり、DXとは、「デジタル前提の社会に適応するために、会社を作り変えること」です。その意味では、これら2つのデジタル化は、DXの実践に欠かすことのできない要件です。

そんなDXの狙いは、「変化に俊敏に対処できるアジャイル企業に変わること」です。つまり、「デジタイゼーション」と「デジタライゼーション」を短い期間で、何度も繰り返しできる会社になることが、DXとなるのです。

変化が速く予測できない社会にあっては、いまの正解の賞味期限は短く、予期せぬ出来事も頻発します。だから、改善を高頻度で繰り返し、新しいことを短期間のうちに何度も生みださなくてはなりません。

DXとは、「デジタルを使って業務を効率化すること」や「新しいビジネス・モデルを生みだすこと」とは、同義ではありません。ましてや、デジタル・ツールを使えば、「DXをやったことになる」わけでもありません。「高速、高頻度に2つのデジタル化を繰り返すことができる、組織や体制、意思決定プロセスや業績評価基準などを整えること」、つまり「デジタル化のスピードを上げ、高頻度に繰り返しできるようになること」がDXと言えるでしょう。

デジタル化とDXの理解が曖昧なままでは、DXと言いつつも、これまでのデジタル化に留まり、その進捗や成果を正しく評価できません。さらには、「デジタル・ツールを使うこと」で、「DXをやっている」ことにして、その成果を「DXの実践例」として、経営者にアピールしようとする不心得な輩を生みだすことにもなりかねません。

経営者やDX推進組織の役割は、この基本を現場に徹底させることだと言えるでしょう。

デジタル活用の２つのベクトル

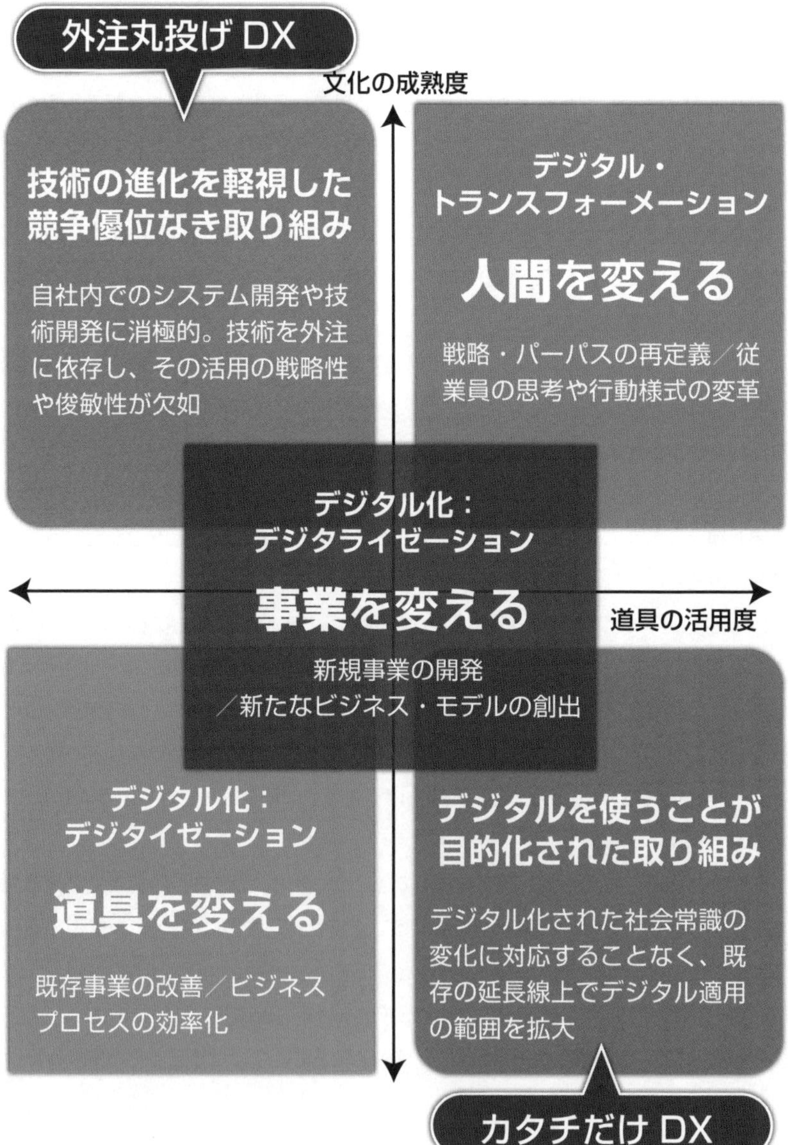
外注丸投げDX
文化の成熟度
技術の進化を軽視した競争優位なき取り組み
自社内でのシステム開発や技術開発に消極的。技術を外注に依存し、その活用の戦略性や俊敏性が欠如
デジタル・トランスフォーメーション
人間を変える
戦略・パーパスの再定義／従業員の思考や行動様式の変革
デジタル化：デジタライゼーション
事業を変える
新規事業の開発／新たなビジネス・モデルの創出
道具の活用度
デジタル化：デジタイゼーション
道具を変える
既存事業の改善／ビジネスプロセスの効率化
デジタルを使うことが目的化された取り組み
デジタル化された社会常識の変化に対応することなく、既存の延長線上でデジタル適用の範囲を拡大
カタチだけDX

デジタル化と DX の関係をあらためて整理すると次のようになるでしょう。

●デジタル化：デジタイゼーションとは道具を変えること

手段をアナログからデジタルに置き換えることで、既存事業の改善／ビジネス・プロセスの効率化を目指す。既存の業務をアナログなやり方からデジタルに置き換えることに留まり、デジタルの価値を十分に引き出しているとは言えません。もちろん、効率化や生産性を向上させることはできますが、既存の業務のやり方を根本的に変えることには至らず、その成果は限定的です。「道具の活用度」と「文化の成熟度」のいずれにおいても、限定的な段階に留まっています。

- 紙の書類や捺印を伴う事務処理を電子ワークフローに変える
- コミュニケーションの手段を会議や口伝から、社内 SNS に移行する
- 働き方を出社絶対から、リモートを許容するハイブリッドにする　など

●デジタル化：デジタライゼーションとは事業を変えること

新規事業の開発／新たなビジネス・モデルを創出し、デジタル社会に最適化された新しい事業を作ることを目指す。お客様との関係や収益のあげ方を、デジタル前提に新しく作り変えることを目指します。対面や紙の媒体から、モバイルや Web などを介した集客や行動データを活かしたマーケティングやプロモーション、収益構造を売りきりではなくサブスクリプションに変えるなど、ビジネス・モデルを大きく変えて、アプローチできる顧客範囲の拡大や継続的な顧客関係の維持、新たな市場を創出しようとするものです。そのためには、新たな技術の活用や使い方を模索して、新規性を打ち出し、生産性を高めて、魅力とコストパフォーマンスを向上させなくてはなりません。

- デジタルを活かした新たな事業を創出する
- 既存の収益モデルとは異なる事業を作る
- 新領域の事業を始める　など

●デジタル・トランスフォーメーション／DX とは人間を変えること

戦略、パーパスの再定義／従業員の思考や行動様式の変革をすすめ、デジタル社会に

適応するために会社を作り変えることを目指す。がんばってデジタル化に取り組むのではなく、日常的な活動として、当たり前にデジタルを使いこなすことができる企業の文化や風土になることです。

- パーパスや事業目的を見直し再定義する
- 組織や意思決定の仕方を変更する
- 業績管理基準や雇用制度を刷新する　など

これらを「道具の活用度」と「文化の成熟度」を基準に整理すると、チャートのような配置になります。DX とは、上記 2 つのデジタル化に取り組んだ結果と言えるでしょう。

デジタルを日常的に使いこなすこともできない企業が、一足飛びに DX には至りません。それぞれの状況に応じたデジタル化に向き合い、デジタルの「道具の活用度」と「文化の成熟度」を高めた結果としてもたらされる姿が、DX です。これら段階に明確な境目を設ける必要はありません。並行的に、あるいは、行ったり来たりしながら、徐々に両者を高めていくことであり、そんな取り組みの蓄積が、「DX の実践」となります。

一方で、デジタル・ツールを導入し、「道具の活用度」を高めることを目指した「カタチだけの DX ＝デジタルを使うことが目的化された取り組み」や、DX という「文化の成熟度」だけを声高に叫び、一方で新しい技術に躊躇し、技術を外注に依存することを改めず、その活用の戦略性や俊敏性が欠如した「外注丸投げ DX ＝技術の進化を軽視した競争優位なき取り組み」も見受けられます。

自分たちの状況を冷静に評価し、現実に即した取り組みを積み上げることが、実効性のある「DX の実践」になることを心得ておく必要があります。

Column

私たちがいまやっていることはDX？

「私たちがいまやっていることは、DXと言えるのでしょうか？」

トップの大号令でDXに取り組む事業部の方から、こんな質問をいただきました。

話を伺えば、これまでやってきたデジタル化との違いは曖昧なままです。いかなる課題を解決するかの議論も尽くされていません。それ以前に、明確な危機感や変革の必要性についての共通認識がありません。「このままではまずいかもしれない」との個々人の漠然とした思惑が、なんとなく広がっているだけです。

なにかやらなければ、まずいなぁと思い、メディアが語る一般論に照らし合わせて、「DXぽい」ことをやってみたり、ITベンダーが売り込む「何ちゃらDX」というツールを導入したりすることで、「DXをやっていること」にして、トップへの面目を保ち、安心したいのかもしれません。

そんなことよりも、デジタル前提の社会で、いま自分たちが直面している課題に真摯に向き合うことです。いかなる課題があるのか、それを解決することが、自分たちの将来をどのように変えるのかを徹底して議論することが大切です。それが、DXであるかどうかは、どうでもいいことです。そんな課題の解決に向けて、精一杯努力しているのなら、自信を持って「DXを実践している」と言えばいいだけのことです。

世間のDXと比べる必要はありません。やり方は、会社や組織、個人によっても違います。大切なことは、そのための行動を起こしているかどうかです。DXとは、その過程であり、成果であり、Try and Learnを繰り返すことです。世間がいう一般論の「与えられた枠組み」に従うことではありません。

「私たちがいまやっていることは、DXと言えるのだろうか？」

こんな言葉が思い浮かぶのであれば、まずは、次のことを自分に問いかけてみてはどうでしょう。

「自分のやっていることは、ほんとうにやるべきことなのか？」

DXであるかどうかを問うよりも、はるかに大切な問いだと思います。

サイバー・フィジカル・システムとDX

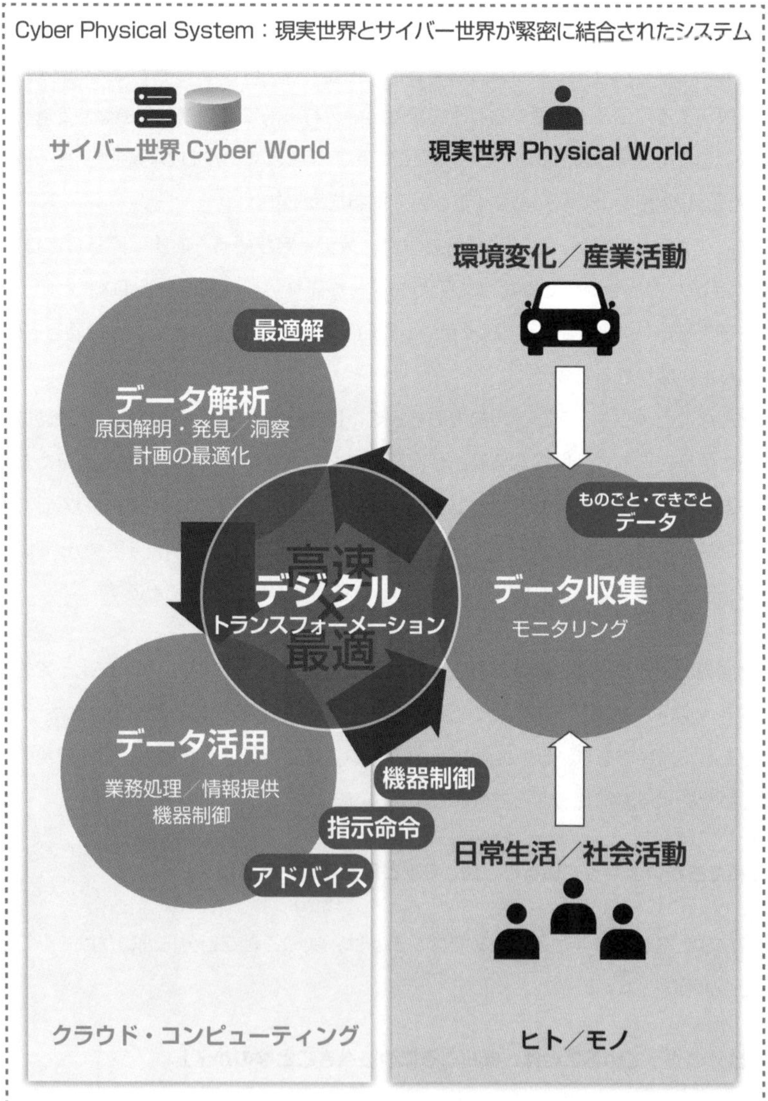

Cyber Physical System：現実世界とサイバー世界が緊密に結合されたシステム
サイバー世界 Cyber World
現実世界 Physical World
環境変化／産業活動
最適解
データ解析
原因解明・発見／洞察
計画の最適化
ものごと・できごと
データ
高速
デジタル
トランスフォーメーション
×
最適
データ収集
モニタリング
データ活用
業務処理／情報提供
機器制御
機器制御
指示命令
アドバイス
日常生活／社会活動
クラウド・コンピューティング
ヒト／モノ

現実世界のさまざまな「ものごと」や「できごと」は、モノに組み込まれたセンサーやモバイル、ソーシャル・メディアなどの現実世界とネットとの接点を介し、リアルタイムにデータに変換されクラウドに送られます。

インターネットに接続される機器（デバイス）の数は急速に増加しています。総務省の「令和４年度・情報通信白書」によれば、2021 年の 292 億台から、2023 年には 323 億台、2023 年には 358 億台、2024 年には 400 億台程度とされ、今後も増加の一途を辿ることが予想されています。私たちの現実世界は、膨大なセンサーに囲まれ、「現実世界のデジタル･コピー＝デジタル･ツイン」が、リアルタイムに生みだされ、アップデートが繰り返されています。

「デジタル・ツイン」は、膨大な量のデータ（ビッグデータ）ですが、集めるだけでは価値は生まれません。そのデータからだれが何に興味を持ち、だれとだれがつながっていているのか、製品の品質を高めるにはどうすればいいのか、顧客の満足度を高めるためには何をすべきかなどを見つけ出さなければなりません。そのために AI 技術の 1 つである機械学習を使い、ビジネスを最適に動かすための予測や判断をおこないます。

そうやってサービスを動かして、機器を制御し、情報や指示を送れば、現実世界が変化し、データとして再びネットに送り出されます。

インターネットにつながるモノの数は日々増加し、Web やソーシャル・メディアもまたその種類やユーザー数を加速度的に増やしています。現実世界とネットの世界をつなげるデジタルな接点は増加の一途です。データ量はますます増えていきます。つまり、デジタル･ツインの解像度が、時間的にも空間的にも、高まりつつあります。そうなれば、さらに的確な予測や判断ができるようになります。このしくみが、継続的かつ高速に機能することで、ビジネスは、常に最適な状態に維持されます。いわば、デジタル世界と現実世界が一体となって、リアルタイムに高速に改善活動を繰り返すようなものです。

このような現実世界をデータで捉え、現実世界とデジタルが一体となってビジネスを動かすしくみを「サイバー・フィジカル・システム（CPS：Cyber-Physical System)」と呼んでいます。

わたしたちの「フィジカル」な日常は、もはや「デジタル」と一体となって機能しています。これをあらためて整理すると次のようになります。

❖ フィジカルな現実世界の「ものごと」や「できごと」をIoT、Web、モバイルなどのデジタルとの接点を介してデジタル世界に移し、コンピュータで扱えるようにします

❖ 生みだされた膨大なデータ＝ビッグデータを解釈し、次にどのような商品が売れるのか、だれにこの商品をおすすめすれば高い確率で買ってくれるのか、業務効率を高めるにはどうすればいいか、事故を引き起こす予兆はないか、顧客満足を高めるためには何をすればいいか、などを見つけ出します。そのための技術が、機械学習です

❖ 機械学習で得られた答え＝最適解あるいは未来予測を使って、迅速かつ的確な判断を下し、機器を制御し、現場に指示を出し、商品を推奨するなどで、フィジカルな現実世界は最適な状態を維持し、ビジネス・スピードを加速します

2

このサイクル、すなわちCPSが私たちのビジネス基盤になろうとしています。CPSは、フィジカルとデジタルの境目をなくし、両者を融合させ1つのしくみとして、機能させます。私たちはフィジカルとデジタルを区別することなく、買い物をし、サービスの提供をうけることができます。必要な時に、必要な「もの」や「こと」を、都合のいい手段で手に入れられる自由を与えられた、と言い換えることもできます。

このようにCPSによって、ビジネスや日常は、最適な状態が維持されます。このCPSをビジネス・プロセスに組み入れることが、「DXを実装する」ことだといえるでしょう。

先に述べたように、不確実性が増大するVUCAに対処するには、変化に俊敏に対応するための「圧倒的なスピード」を手に入れなくてはなりません。CPSはその基盤であり、それをビジネス・プロセスに組み入れることで、具体的には、次のことができるようになります。

❖ 高速に見える化：IoTやビジネス・プロセスのデジタル化によって高頻度・多接点でデータを収集するしくみをビジネスの基盤に据えること

❖ 高速に判断：そこで得られたデータを分析・解釈して、顧客との関係やビジネスに

関わる課題やテーマを見つけ出すこと

❖ 高速に行動：その課題やテーマについて、ユーザーとの接点であるUI（User Interface）や分かりやすく心地よい体験を実現するUX（User eXperience）、収益の源泉であるプロダクトやサービス、ビジネスを駆動するビジネス・プロセスを高速・高頻度で改善し続けること

さらには、この一連の取り組みを当たり前として行動する習慣を組織に根付かせなくてはなりません。ここで大切になるのが組織の「心理的安全性」です。「対人関係においてリスクのある発言や行動をしてもこのチームでは安全である」という、メンバー全員に共有された信念のことです。単なる仲良しクラブではありません。

自分の確固たる主張や意見を持ち、それをお互いにぶつけ合うことができるプロフェッショナルが、お互いを信頼し、相手の多様性を認め、敬意を払い、建設的な意見を交わせる人間関係のことです。

組織のすべてのメンバーが「心理的安全性」に支えられ、自律的に仕事に取り組み、多様な考えを許容できるからこそ、圧倒的なスピードが生まれるのです。

そんな組織で働く人たちは、自律的、自発的に改善して、より付加価値の高い仕事へと時間も意識もシフトするでしょう。また、徹底して議論を交わし、失敗を繰り返しながらも高速で試行錯誤を繰り返すことが許容される雰囲気の中であればこそ、「新規事業」がどんどんと生み出されます。さらには、ビジネスの最前線にいる人たちが、環境の変化を敏感に感じ取り、主体的にビジネス・モデルを転換していくことができるようにもなります。

DXとは、「高速に変化し続けることができるビジネス基盤」を実現することです。そのためには、デジタル技術を使うだけではなく、このような「心理的安全性」に支えられ、自律的に変革し続ける組織の文化や風土を育て、維持し続けなくてはなりません。

DX を支えるテクノロジー・トライアングル

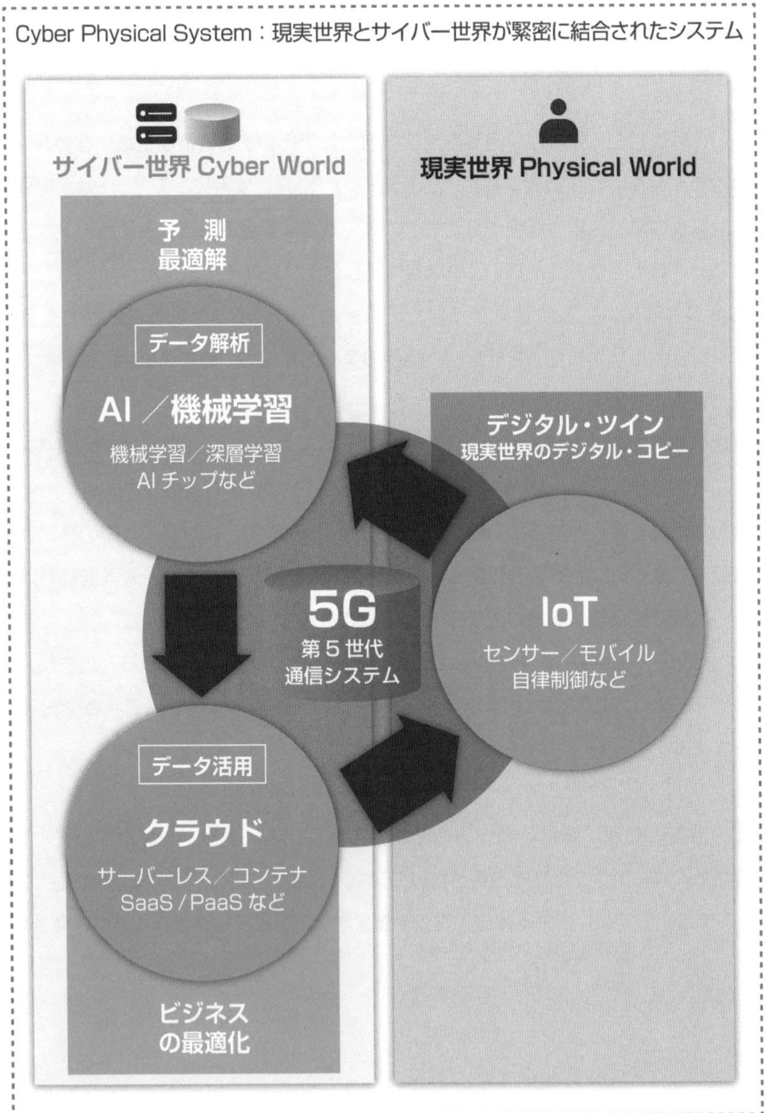
Cyber Physical System：現実世界とサイバー世界が緊密に結合されたシステム
サイバー世界 Cyber World
現実世界 Physical World
予 測
最適解
データ解析
AI ／機械学習
機械学習／深層学習
AI チップなど
5G
第 5 世代
通信システム
デジタル・ツイン
現実世界のデジタル・コピー
IoT
センサー／モバイル
自律制御など
データ活用
クラウド
サーバーレス／コンテナ
SaaS / PaaS など
ビジネス
の最適化

CPS を用いて「高速に見える化／判断／行動」するというサイクルを実現する鍵を握るのがデータです。このデータを生みだし、活用するためのテクノロジーが、IoT、AI、クラウドです。それらをつなげるしくみが、5G（第 5 世代通信システム）などの高速大容量な通信技術です。

IoT は、モノやモバイル機器に組み込まれたセンサーで、現実世界のアナログな「ものごと」や「できごと」をデータに変換して、ネットに送り出すしくみです。現実世界のデジタル・コピーである「デジタル・ツイン」を作るしくみとも言えます。また、機器の自律化や自動化も IoT に位置付けられます。

そのデジタル・ツインを解析し、これから起こることの予測や最適解を見つけるのが、AI ／機械学習の役割です。ここで導かれた最適解を使いビジネスの最適化を図るしくみは、計算能力やデータの保管容量に制約がなく、必要な機能や性能を俊敏に調達できるクラウドの上で動かします。

そんなクラウドは、計算処理やデータ保管のための手段に留まらず、次のような役割も担います。

- システムの構築や運用など、重要ではあるけれど、ビジネスとしての付加価値を生みださない手間や負担を軽減すること
- システムを資産として「所有する」から、経費として「使用する」へと変え、コンピューティング資源、すなわち計算能力やデータ容量、業務機能などを変化に俊敏に対応できるようにすること
- 他のクラウド・サービスと連携し、単独では生みだすことのできないビジネス価値を実現すること

このようなクラウドは、「圧倒的スピード」を手に入れる有効な手段となります。

これらを効率よくつなぎ、お互いを連携させるのが 5G です。また、LAN ケーブルや WiFi などのような場所の制約を受ける接続から解放され、大容量で高速、通信品質も安定したデータのやり取りができることも大きな魅力です。

DX のメカニズム

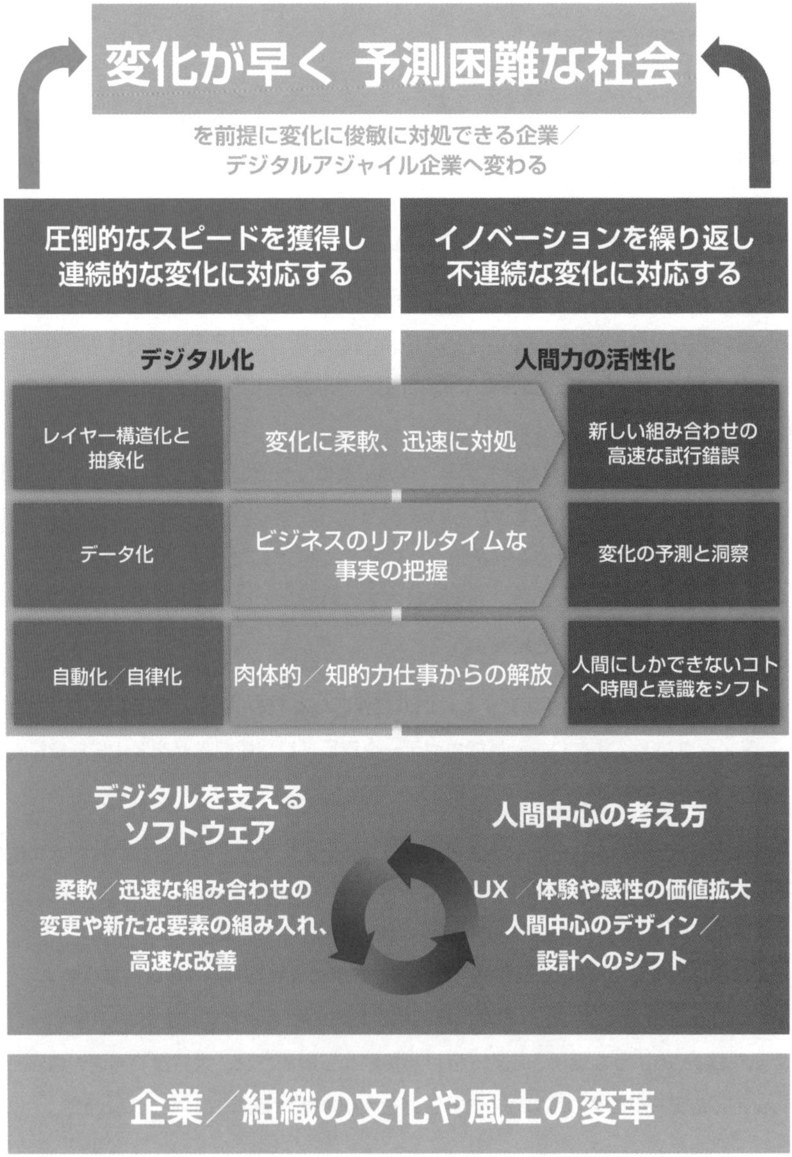

変化が早く 予測困難な社会
を前提に変化に俊敏に対処できる企業／
デジタルアジャイル企業へ変わる
圧倒的なスピードを獲得し
連続的な変化に対応する
イノベーションを繰り返し
不連続な変化に対応する
デジタル化
人間力の活性化
レイヤー構造化と
抽象化
変化に柔軟、迅速に対処
新しい組み合わせの
高速な試行錯誤
データ化
ビジネスのリアルタイムな
事実の把握
変化の予測と洞察
自動化／自律化
肉体的／知的力仕事からの解放
人間にしかできないコト
へ時間と意識をシフト
デジタルを支える
ソフトウェア
柔軟／迅速な組み合わせの
変更や新たな要素の組み入れ、
高速な改善
人間中心の考え方
UX ／体験や感性の価値拡大
人間中心のデザイン／
設計へのシフト
企業／組織の文化や風土の変革

「VUCA（変化が早く、予測困難な社会）」に対処するには、圧倒的なスピードを手に入れなくてはならず、そのためにデジタル化は、欠かせない手段です。変化に柔軟、迅速に対処するための「レイヤー構造化と抽象化」、ビジネスのリアルタイムな事実を知る「データ化」、肉体的、知的な力仕事から人間を解放する「自動化／自律化」なくして、圧倒的なスピードは手に入りません。

「自動化（Automation）」は、人間が指定したルールをプログラムに記述し、人手を介することなく、そのとおり実行させることです。一方、「自律化（Autonomous）」は、目標や手順を人間が与え、その後は、プログラムが自ら最適なやり方やルールを見つけて実行することです。デジタル技術を駆使して、「自動化」と「自律化」を徹底することで、「人間が、人間にしかできないことに、時間と意識をシフト」できます。

社会環境や顧客ニーズの変化は、必ずしも既存の延長線上にあるとは限りません。過去の傾向から、未来を予測することは、AI ／機械学習で、ある程度はできるようになりましたが、不連続の変化を予測することはできません。また、市場が成熟すれば、やがて、価値による競争は停滞し、価格競争に陥ります。この状況を打開するのが、「人間力」によるイノベーション、わかりやすく言えば、「これまでだれもやらなかったことを始めること」です。つまり、デジタル化は、人間力の活性化をすすめ、不連続な変化に対処する企業の能力を高めることになるのです。

デジタル化による「圧倒的なスピードの獲得」と人間力による「イノベーションによる不連続な変化へ対応」が両立することで、変化に俊敏に対応できる企業、すなわち「アジャイル企業」へと変革することができます。これが、DX のメカニズムです。

このメカニズムを支えるのが、ソフトウェアであり、人間中心の考え方です。前章で述べたとおりビジネスの主役がサービスへとシフトする中、それを実装するのがソフトウェアです。人間中心とは、ユーザーの体験価値＝ UX をきちんと考えてしくみを作ることです。このような考え方を事業の目的や経営のあり方に反映させた文化や風土が土台となって、DX を実践することができます。

DX とは「デジタル力」と「人間力」の合わせ技

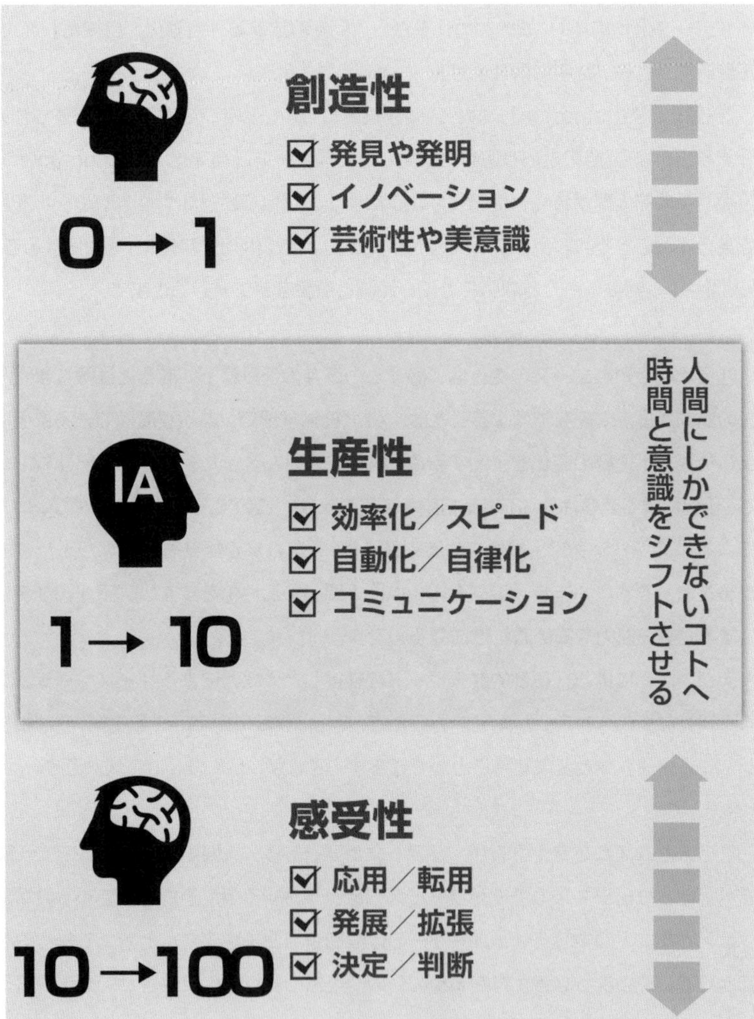

DXとは、こういう企業の文化や風土を作ること

デジタルにはできない「人間力」の本質は、「創造性」と「感受性」です。

「創造性」とは、「0 → 1」のプロセスで、発見や発明、イノベーション、芸術性や美意識です。「感受性」とは、「10 → 100」のプロセスで、応用や転用、発展や拡張、決定や判断であり、ものごとを成熟させ、次の「創造」を生みだす環境を育み、きっかけを生みだします。

一方、デジタルは、「生産性」に寄与する「1 → 10」のプロセスで、効率化やスピード、自動化や自律化、コミュニケーションや連係などの役割を果たします。

この 3 階層を追求すること、すなわち「デジタルにできることは徹底してデジタルに任せ、人間にしかできないことに、人間の役割を徹底してシフトする」ことができれば、「圧倒的なスピード」と「イノベーション」を、同時に生みだすことができます。企業の競争力は押し上げられ、業績は大きく改善します。変化にも俊敏に対処できます。これを当たり前として受け入れ、実践できる企業に変わることが、DX です。

「デジタル化が進めば仕事が奪われる」ことへの懸念は、未だ根強くあります。しかし、ビジネスのグローバル化が進み、競争もまたグローバルで捉えなくてはならないいま、このような懸念が足かせとなって、新しいテクノロジーの採用や変革を停滞させれば、企業の存続は難しくなるでしょう。

デジタルに奪われるべき仕事は、徹底して奪ってもらい、「人間力」をこれまで以上に発揮できる企業へと変わることで、グローバルに対処できる競争力を持つ企業になれるのです。

DX に取り組むとは、デジタル技術を使うことではありません。デジタルと人間の役割を、それぞれの得意とするところへ徹底してシフトし、全体として、企業の競争力を底上げすることです。

そんな DX の本質に向きあうことができて、はじめて DX は、業績の改善に結びつくのです。

“

デジタルの渦に巻き込まれるビジネス

前章で述べたとおり、ビジネスの主役は、モノからサービスへとシフトしつつあります。モノが主役の時代には、モノの魅力、すなわち、機能や性能、品質や意匠などが、収益を左右していました。しかし、サービスが主役の時代になると、顧客の体験や共感の価値、すなわちUXの魅力が、収益を左右します。

サービスは、いつでも使い始めることができ、辞めることもできます。モノのように「買ってしまったから」や「すでに持っているから」と、かんたんに買い換えることができないという制約がありません。

また、サービスは、モノに比べて参入障壁は低く、魅力的なアイデアさえあれば、容易に参入できることから、さまざまな企業が、業界の枠や常識にとらわれずに、予期せぬ競争を仕掛けてきます。そんな彼らのスピードは、圧倒的です。

この競争に勝たなければなりません。そのためには、サービスの内容や機能は当然ですが、UXも合わせて改善し続け、顧客の状況の変化にきめ細かく対応し、常に魅力的であり続けることが求められます。

他社が、魅力的なサービスをはじめたら、その評判はあっという間に広がり、しがらみなく乗り換えられてしまうでしょう。これに対抗するには、顧客の状況やニーズの変化をいち早く掴み、競合他社を超えるスピードで高速にUXの改善を繰り返すことができなくてはなりません。

Facebook や Google、ヤフオクやメルカリなどなじみのサービスを、私たちが使い続けるのは、高速に現場や顧客の状況をデータとして掴み、高速にUXの改善を繰り返すことができる圧倒的なスピードが、企業や組織の文化や風土として根付いているからです。

デジタル・ボルテックス

「デジタル・ボルテックス」は市場に起きる破壊現象であり、「デジタル化できるものはすべてデジタル化される」という一点に向かって、企業を否応なしに引き寄せる性質を持っている。

『DX実行戦略（日本経済新聞出版、2019年8月）』に、こんな一節があります。スイス・ローザンヌに本拠があるビジネススクール“IMD”のマイケル・ウェイド（Michael

Wade）は、「ボルテックス（Vortex）」すなわち、何もかもを吸い込んでしまう「渦巻き」として、デジタル化のトレンドを説明しています。まさに言い得て妙であり、いま私たちが直面している、デジタル化の強引さを見事に表現しています。

一方で、デジタル・ボルテックスの勢いが強まるほどに、デジタルだけではできない、「体験／共感価値」の重要性が高まります。

ジェレミー・リフキン（Jeremy Rifkin）は、彼の著書『限界費用ゼロ社会（NHK 出版、2015 年 10 月）』の中で、デジタル化の進展、具体的には、IoT によって、コミュニケーション、エネルギー、輸送の" インテリジェント・インフラ "が形成され、効率性や生産性が極限まで高まり、それによりモノやサービスを 1 つ追加することで生じるコスト（限界費用）は限りなくゼロに近づくこと、そして、将来モノやサービスは無料になり、企業の利益は消失して資本主義は衰退を免れないと述べています。

デジタル化とは、そういう社会や経済の大規模なパラダイム転換であり、もはやそれは、渦巻きのごとき強引さで、世界を引きずり込んでしまいます。

私たちは、この現実から逃れようがありません。ならば、そこにどのようなビジネスの機会があるのかを考えておく必要があります。

「デジタル・ボルテックス」を前提に、これからのビジネスを考えるならば、そこには「デジタル化領域の拡大」と「体験／共感価値の提供」の 2 つの視点が必要です。

●デジタル化領域の拡大

自動化は、あらゆる業種や業務に及ぶでしょうし、オンライン化も広範な業務や日常生活に広がっています。故障の予測や診断、意志決定も、機械学習を駆使することで人間を介在させることなくできることも増えてきました。オンライン会議やペーパーレスのトレンドは、コロナ禍によって、一気に動き始めています。生成 AI の登場と発展は、この流れに拍車を掛けるでしょう。

●体験／共感価値の提供

一方で、「デジタル化できないもの」の価値が高まっていくでしょう。アートやクリエイティブの領域は、その代表と言えます。音楽や絵画、文学、デザイン、アニメーション、ゲームなどは、それを表現する手段がデジタルであっても、その源泉は人間同士の体験や共感から生みだされます。

生成 AI は、この領域で、可能性を広げることに貢献するでしょう。それは、いままでにはない新しい組合せや表現を創り出すことができるからです。ただ、その成果を美しいとか、素晴らしいと感じるのは人間の感性であり価値観です。そんな感性や価値観で、さらに魅力を高めていくことは人間にしかできません。そんなコラボレーションが、求められる時代となりました。

また、介護や看護、キャバクラやガールズバー、寄席やライブパフォーマンス、競馬やパチンコなど、ホスピタリティやエンターテインメント、ギャンブルもまた体験や共感がもたらす価値であり、これらがなくなることはありません。むしろ、その存在がこれまでにも増して、際立ってくるはずです。

Spotify で音楽を聞いても、好きなアーティストの音楽は、ライブで楽しみたいと思う人は多いはずです。Google Arts & Culture で世界中の美術館のアートを鑑賞すれば、ルーブル美術館に行って、本物をこの目で見たいと思う人もいるでしょう。デジタル化は、結果として、体験や共感の価値を際立たせ、その特別な行為や存在に新たな価値を付与することになります。

結局のところ、人との直接的なふれあいや本物を志向する感性や価値観は、デジタルの進化によって奪われるものではなく、むしろ、その重要性や価値を高めていくことになるのでしょう。

「デジタル・ボルテックス」は、「デジタル化領域の拡大」と「体験／共感価値の提供」を同時に強いることになります。「DX ＝デジタル前提の社会に適応するために会社を作り変えること」は、この2つを当たり前に受け入れ、実践できる企業活動の基盤を実現する取り組みと言ってもいいのではないでしょうか。

Column

DXの2つの系譜といま使われている解釈

DXには、2つの大きな歴史的系譜があります。1つは、**「社会現象としてのDX」**であり、もうひとつは、**「ビジネス変革としてのDX」**です。

社会現象としてのDX

DXという言葉は、もともとは、2004年にスウェーデンのウメオ大学のエリック・ストルターマン教授らが提唱した以下の定義に端を発しています。

「デジタル技術の浸透が、人々の生活をあらゆる面でよりいい方向に変化させること」

この論文では、「デジタル技術の発達は、大衆の生活を改善する」とし、研究者は、その変化を正しく分析・議論できる方法を編み出す必要があると述べています。

また、ビジネスとITについても言及し、企業がITを使って、「事業の業績や対象範囲を根底から変化させる」、次に「技術と現実が徐々に融合して結びついていく変化が起こる」、そして「人々の生活をよりよい方向に変化させる」という段階があるとも述べています。このように、ストルターマンのDXは、デジタルがもたらす「社会的な変化のトレンド」を示す、学問的な用語として提唱されました。

ビジネス変革としてのDX

2010年代になると、ビジネスに、さまざまなデジタル機器やソーシャル・メディアなどが入り込むようになりました。スイスのビジネススクールIMDの教授であるマイケル・ウェイドらは、この変化を次のように説明しています。

「デジタル・テクノロジーの進展により産業構造や競争原理が変化している。これに適応できなければ、事業継続や企業存続が難しくなる。この状況に対処すべく、ビジネス・モデルや業務の手順、顧客との関係や働き方、企業の文化や風土を変革すべきだ」

ITコンサルタント会社のガートナーは、これを**「デジタル・ビジネス・トランスフォー**

メーション」と呼ぶことを提唱しました。これは、ストルターマンらの解釈とは違い、経営や事業の視点で捉えたものであり、デジタル・テクノロジーに積極的に取り組むことの必要性を訴えるものです。これができない事業の継続は難しい都の警鈴も含んでいます。つまり、デジタル技術の進展を前提に、競争環境、ビジネス・モデル、組織や体制を再定義し、企業の文化や体質を変革せよと促しているわけです。

そんな「デジタル・ビジネス・トランスフォーメーション」について、マイケル・ウェイドらは、その著書『DX 実行戦略（日本経済新聞出版、2019 年 8 月）』で、次のような解釈を述べています。

「デジタル技術とデジタル・ビジネス・モデルを用いて組織を変化させ、業績を改善すること」
「デジタル・ビジネス・トランスフォーメーションにはテクノロジーよりはるかに多くのものが関与している」

どんなに優れた、最先端のテクノロジーを駆使しても、人間の思考プロセスやリテラシー、組織の振る舞いを、デジタル技術を使いこなすにふさわしいカタチに変革しなければ、「業績を改善すること」はできないということです。

また 2018 年に経済産業省が発表した「DX レポート ～ IT システム「2025 年の崖」克服と DX の本格的な展開～」では、「DX ／デジタル・トランスフォーメーション」について、次の定義が掲載されています。

「企業がビジネス環境の激しい変化に対応し、データとデジタル技術を活用して、顧客や社会のニーズを基に、製品やサービス、ビジネス・モデルを変革するとともに、業務そのものや、組織、プロセス、企業文化・風土を変革し、競争上の優位性を確立すること」

これは IT 調査会社の IDC の定義であり、ガートナーやマイケル・ウェイドらの提唱する「デジタル・ビジネス・トランスフォーメーション」の解釈に沿うものですが、これを「DX ／デジタル・トランスフォーメーション」と呼んでいます。言葉としてはストルターマンらと同じ「DX」ですが、その解釈は同じではありません。

私たちが、普段ビジネスの現場で使っている「DX」とは、この「デジタル・ビジネス・トランスフォーメーション」を短縮した表現です。

第3章

ITインフラストラクチャー

変化に俊敏に対処できるITの実現

DXの目指していることは、変化に俊敏に対処できる会社に作り変えることです。ITはその実現にとって欠かすことのできない手段です。そのために欠かせないのが「仮想化」と「ソフトウェア化」です。

「仮想化」とは、ハードウェアを物理的にいじることなく、コンピュータの機能や性能をソフトウェア的な設定作業だけで、調達・変更をできるようにする技術です。「ソフトウェア化」とは、さまざまな用途で使えるコンピュータを時々の用途に合わせて、専用機のように使えるようにする技術です。

このような技術を駆使すれば、変化に俊敏に対処できるITインフラを実現できます。

道路や鉄道、電気や電話、病院や学校など、生活や社会を維持する基盤をインフラストラクチャー（インフラ）と言います。プログラムを実行するサーバー、データを保管するストレージ、通信を担うネットワーク機器やネットワーク回線、これらを設置するデータ・センターなどは「IT インフラ」と言います。

IT インフラは、従来、必要に応じて個別に機器を調達し構築するものでしたが、これでは変化の激しくなった時代には対応できません。必要な機能や規模を予測することが困難だからです。需要が読めないままのシステム機器の調達は、ムダな資産を増やし、必要な時に能力や性能が足りず、その時々の最適な構成にできないといったことになり、結果として、利用者の UX（体験価値）を低下させます。

ビジネスの主役がサービスへとシフトするいま、ユーザー・ニーズの変化に即応してシステムの機能や性能を調達・変更できなければ、顧客の満足度が低下して売上や利益が減少するかもしれません。また、従業員の満足度や生産性の低下も危惧されます。これでは、DX が目指す「変化に俊敏に対応できる企業に変わる」ことができません。

この状況を打破するのが、「IT インフラのソフトウェア化」です。システム資源を物理的に所有することなく、必要な機能や性能を Web に表示されるメニューから指定すれば、調達や変更ができるしくみを持った IT インフラです。

最新の IT インフラを理解するには、「仮想化」や「ソフトウェア化」について知っておく必要があります。

「仮想化」とは、システム資源を物理的に組み立てたり、接続したりすることなく、ソフトウェアによる設定作業だけで、その機能や性能の組合せや調達、変更をできるようにする技術です。

「ソフトウェア化」とは、特定の業務に合わせて用意された専用のハードウェアを使うのではなく、汎用的なハードウェアを予め用意しておき、そのハードウェアに搭載するソフトウェアによって、いろいろな機能を実現しようというものです。「仮想化」の技術に加え、それらを自動化するための技術もソフトウェアの組み合わせで実現します。

IT インフラをソフトウェア化することで、ユーザー企業は、「重要ではあるけれどもビジネスの差別化や付加価値の向上」への貢献が少ない IT インフラへの人、物、金などの経営資源の負担を減らせます。さらに、ビジネスの差別化に大きな役割を果たすアプリケーションに経営資源を振り向け、変化に俊敏に対応できるようになります。

IT インフラを支える技術の中核の 1 つとなる「仮想化」には、さまざまな種類がありますが、その詳細については、オンラインでダウンロードできるようにしておきました。ただ、「仮想化」の本質や役割、その種類などの基本的な知識については、本章で解説します。

ただ「仮想化」の代表的な使い方である「サーバーの仮想化」は、情報システムの中核的な技術であること、また、その発展的な技術である「コンテナ」については、第 8 章の「開発と運用」を理解するための前提でもあるため、本章で詳しく解説します。

また「ソフトウェア化された IT インフラ」を自社で所有するのではなく、オンライン・サービスとして、使用料金を払って使うのが、クラウド・コンピューティングの「IaaS (Infrastructure as a Service)」です。IaaS の他にも、プラットフォームやアプリケーションをオンラインで使用できるサービスもあります。これらをうまく組み合わせて使うことで、ユーザー企業は、システムを購入、構築、運用の手間をかけず、必要なシステム資源を、使用料金を支払って使えます。つまり、資産ではなく経費として使えるようになり、ビジネス環境の変化に俊敏に対応できるようになります。

クラウド・コンピューティングの詳細については、第 4 章の「クラウド・コンピューティング」で解説しますので、本章では、IT インフラとの関係に限定して解説します。

DX の実践においては、IT インフラは欠かせません。だからこそ、その構築や運用の負担からユーザー企業を解放し、事業を差別化し競争力を高める、あるいは、業務の生産性を向上させるための直接的な役割を果たすアプリケーションへと経営資源をシフトさせなくてはなりません。本章では、そんな IT インフラについて解説します。

情報システムの３層構造

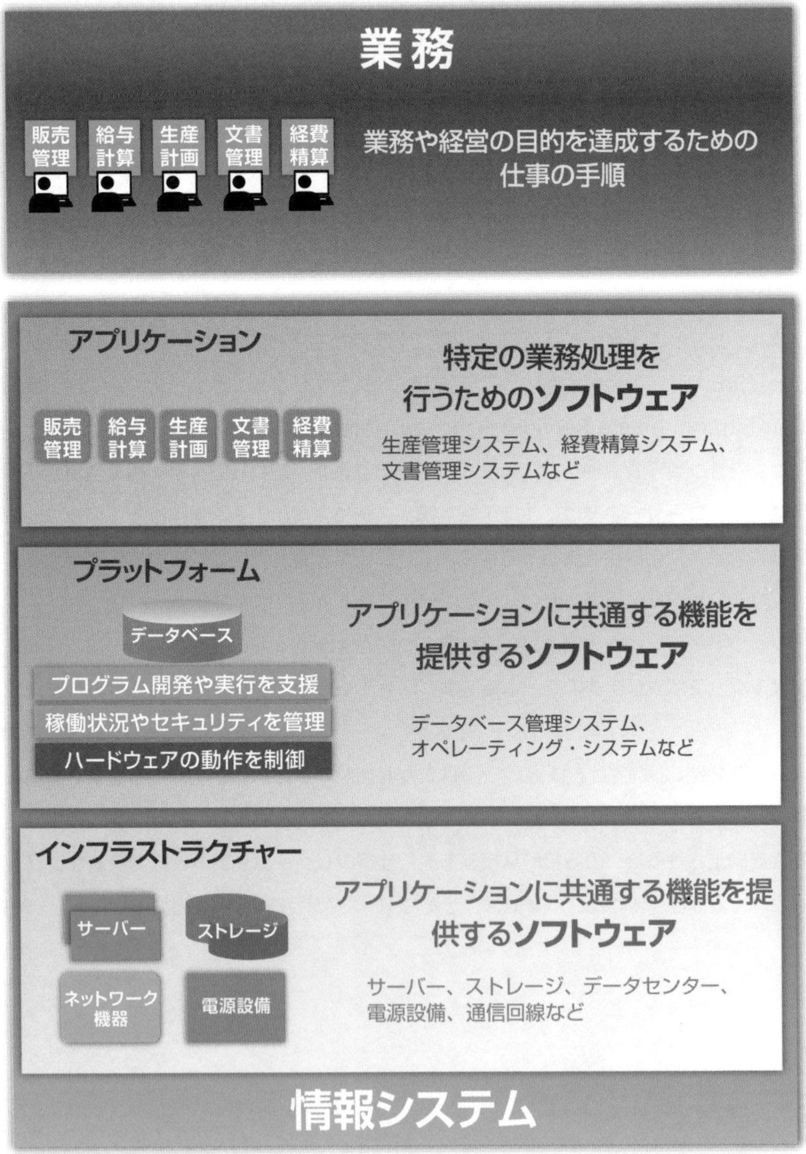

業務
販売管理
給与計算
生産計画
文書管理
経費精算
業務や経営の目的を達成するための仕事の手順
アプリケーション
販売管理
給与計算
生産計画
文書管理
経費精算
特定の業務処理を行うためのソフトウェア
生産管理システム、経費精算システム、文書管理システムなど
プラットフォーム
データベース
プログラム開発や実行を支援
稼働状況やセキュリティを管理
ハードウェアの動作を制御
アプリケーションに共通する機能を提供するソフトウェア
データベース管理システム、オペレーティング・システムなど
インフラストラクチャー
サーバー
ストレージ
ネットワーク機器
電源設備
アプリケーションに共通する機能を提供するソフトウェア
サーバー、ストレージ、データセンター、電源設備、通信回線など
情報システム

様々な業務を処理する情報システムは、次の３階層で成り立っています。

●アプリケーション：特定の業務処理を行うソフトウェア

「アプリケーション（Application）」とは、「適用、応用」という意味で、業務個別の仕事の流れをコンピュータで実行するためのソフトウェアです。適用業務システム、あるいは、アプリケーション・システムとも呼ばれ、「アプリ」と略されることもあります。販売管理システム、文書管理システム、経費精算システムなど企業で使うものや、ワープロソフトや表計算ソフト、ブラウザーや音楽再生ソフト、ゲームソフトなど個人で使うものもあります。

●プラットフォーム：アプリで共通に使う機能を提供するソフトウェア

プラットフォーム（Platform）とは、「土台」を意味し、アプリケーションを動かすために共通に必要な機能を提供するソフトウェアのことです。たとえば、アプリケーションを使うには、通信装置やストレージ（データを保管する装置）などのハードウェアとアプリケーションのやり取りを仲介し、システム全体の動きを制御する機能が必要です。これを、アプリケーション個別に作っていては、手間がかかります。そこで、「オペレーティング・システム（Operating System または OS）」という、プラットフォームが使われています。

OS 以外にも、データを効率よく管理する「データベース管理システム」、システムの稼働状況を監視し問題があれば教えてくれる「運用管理システム」などもあります。これらは、アプリケーションと OS の中間に位置するソフトウェアということで、「ミドルウェア（Middleware）」とも呼ばれています。

●インフラストラクチャー：ソフトウェアを動かすためのハードウェアや設備

インフラストラクチャー（Infrastructure）とは、「下支えするもの、構造」という意味で、「インフラ」と略されることもあります。プログラムを動かす電子機器であるコンピュータ、データを保管するストレージ、通信を担うネットワーク機器などのハードウェアやこれらを設置するデータ・センター、そこに設置される電源や冷却装置などの設備のことです。

ただ、個人で使う PC やスマホなどは、インフラとは言いません。企業や組織、あるいは皆さんが、ネットを介して共用するものがインフラに相当します。

仮想化の本当の意味

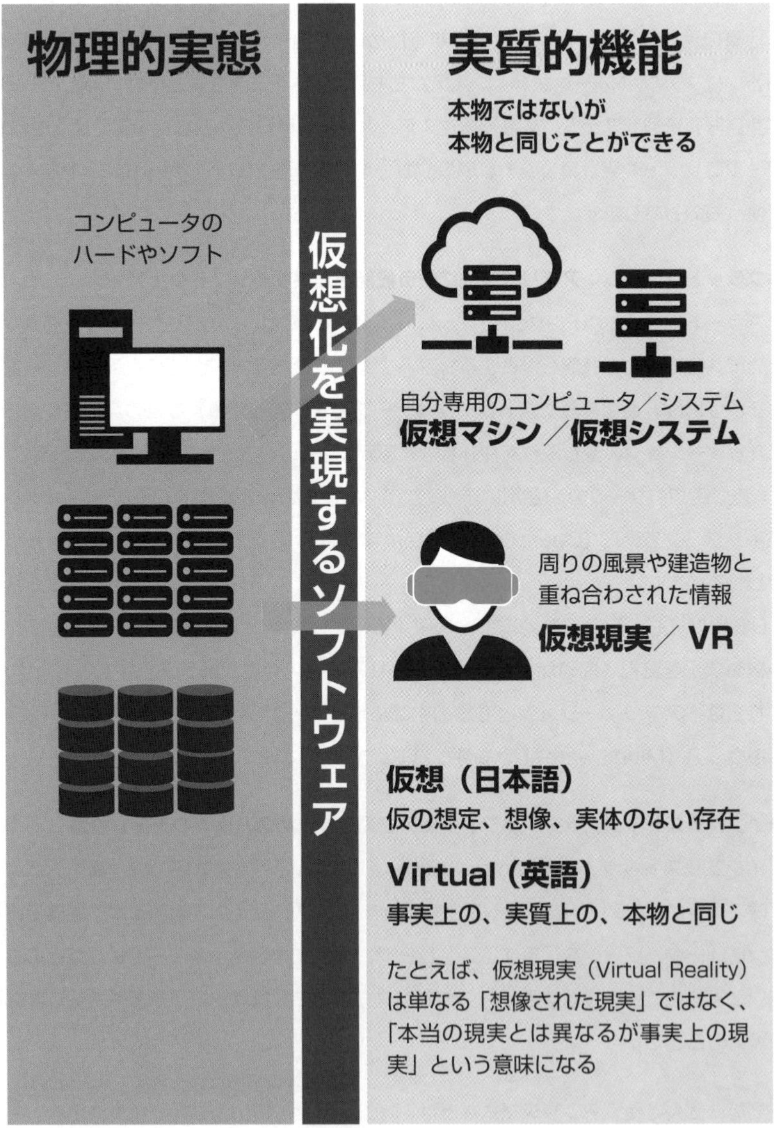
物理的実態
コンピュータの
ハードやソフト
仮想化を実現するソフトウェア
実質的機能
本物ではないが
本物と同じことができる
自分専用のコンピュータ／システム
仮想マシン／仮想システム
周りの風景や建造物と
重ね合わされた情報
仮想現実／VR
仮想（日本語）
仮の想定、想像、実体のない存在
Virtual（英語）
事実上の、実質上の、本物と同じ
たとえば、仮想現実（Virtual Reality）は単なる「想像された現実」ではなく、「本当の現実とは異なるが事実上の現実」という意味になる

日本語の「仮想」という言葉を聞くと、「虚像の」、「実態のない」というイメージを思い浮かべてしまいます。ところが、この言葉の元となった英語の「Virtual」には、そのような意味はありません。「本物ではないが、本物と同じ」という意味です。辞書を引くと英語の文例には、次のような記述があります。

It was a virtual promise.
（約束ではないが）実際には約束も同然だった。
He was the virtual leader of the movement.
彼はその運動の事実上の指導者だった。
He was formally a general, but he was a virtual king of this country.
彼は公式には「将軍」ではあったが、彼はこの国の実質的国王だった。

このことから、私たちがITの用語として使っている「仮想化＝Virtualization」は、次のように解釈するのが、自然かもしれません。

「物理的実態とは異なるが本物と同じ機能を実現するしくみ」

仮想化はけっして、「虚像で実態のないシステムを作り出すしくみ」ではありません。サーバーやストレージ、ネットワーク機器の構成や機能、性能を本物（物理的実態を持っている）と同じように使う技術です。

ちなみに、「VR（Virtual Reality）＝仮想現実」という言葉があります。これは、本物の現実は、室内かもしれませんが、ゴーグルをかけると、海中や宇宙空間にあたかも身を置いているような「本物ではないが、本物と同じような＝仮想の（Virtual）」現実（Reality）を体験できることから、この名称になりました。

私たちは、目に見える物理的な実態がなければ、その存在を認めにくいものですが、物理的実態がどうあれ、必要な機器構成や機能、性能と同じように、実質的に使えるのならば、それで十分です。

「仮想化」とは、物理的なシステム資源はありませんが、「実質的」には「本物」の物理的なシステム資源と同等の機能や性能、操作をユーザーに提供することです。

仮想化の 3 タイプ

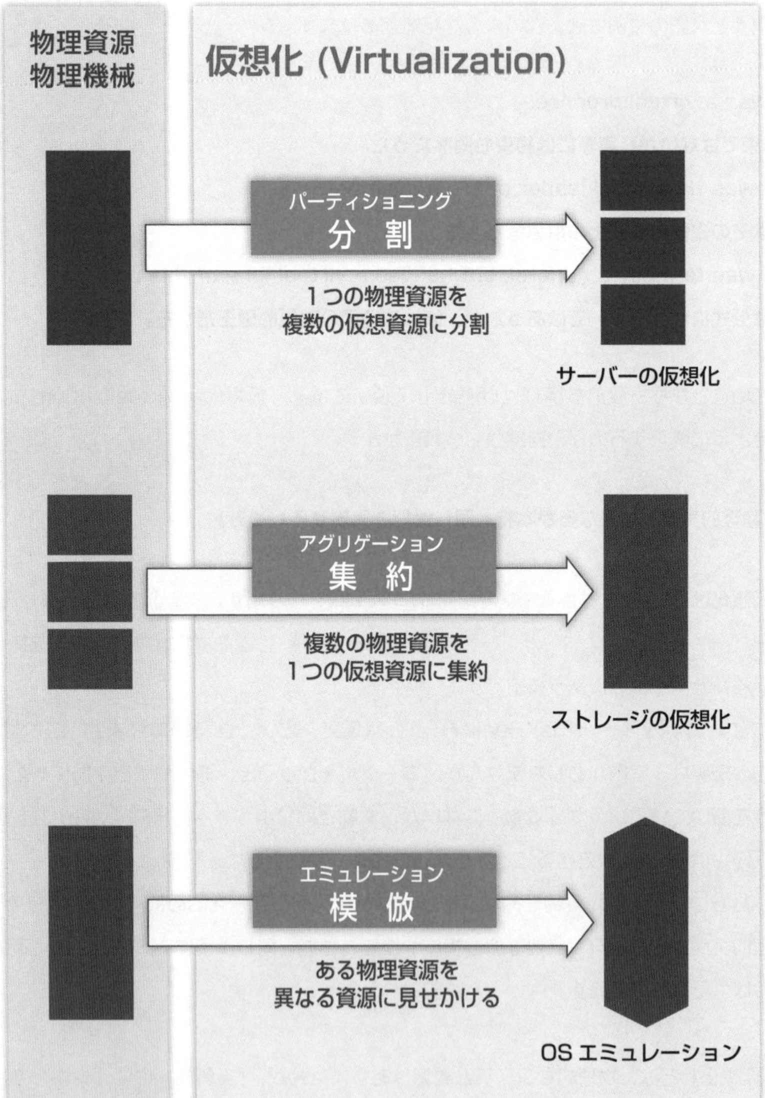

物理資源
物理機械
仮想化 (Virtualization)
パーティショニング
分　割
1つの物理資源を
複数の仮想資源に分割
サーバーの仮想化
アグリゲーション
集　約
複数の物理資源を
1つの仮想資源に集約
ストレージの仮想化
エミュレーション
模　倣
ある物理資源を
異なる資源に見せかける
OS エミュレーション

「物理的実態とは異なるが本物と同じ機能を実現する」ソフトウェア技術である「仮想化」には、次の 3 つのタイプがあります。

●パーティショニング（分割）

1 つのシステム資源を複数の独立した個別の資源として機能させます。たとえば 1 台のサーバーを、10 台の個別・独立した本物と同じサーバーが存在しているかのように機能させる場合などです。

この方法を使えば、1 ユーザーだけでは能力に余裕のある物理サーバー上に、見かけ上、複数のサーバーを稼働させ、複数のユーザーが、それぞれを自分専用のサーバーとして扱うことができます。また、システム資源を余らせることなく有効活用することにも役立ちます。

●アグリゲーション（集約）

複数のシステム資源を 1 つのシステム資源のように機能させます。たとえば、複数の物理的なストレージを 1 台の本物と同じストレージに見せかける場合などです。この機能を使えば、ユーザーは、複数の別々のストレージの存在を意識することなく、煩雑な操作や設定から解放されます。この機能により、物理的な構成や個別の設定を気にすることなく、またメーカーや機種を意識することなく、1 つのストレージとして扱えるので利便性は大いに高まります。

●エミュレーション（模倣）

あるシステム資源を異なるシステム資源として機能させます。たとえば、PC 上で、スマートフォンの基本ソフトウェアを稼働させ、スマートフォンの画面を PC に表示させて、その機能を使うことができます。これを使えば、スマートフォンにはない大きな画面とキーボードを使えるので、アプリケーション開発やテストの利便性を高めることができます。

ユーザーにとっては、物理的な実態はどうであろうと、必要な機能や操作が本物と同じであればいいわけです。このようなことを実現するソフトウェア技術の総称が「仮想化」です。

汎用機を専用機に変身させる「ソフトウェア化」

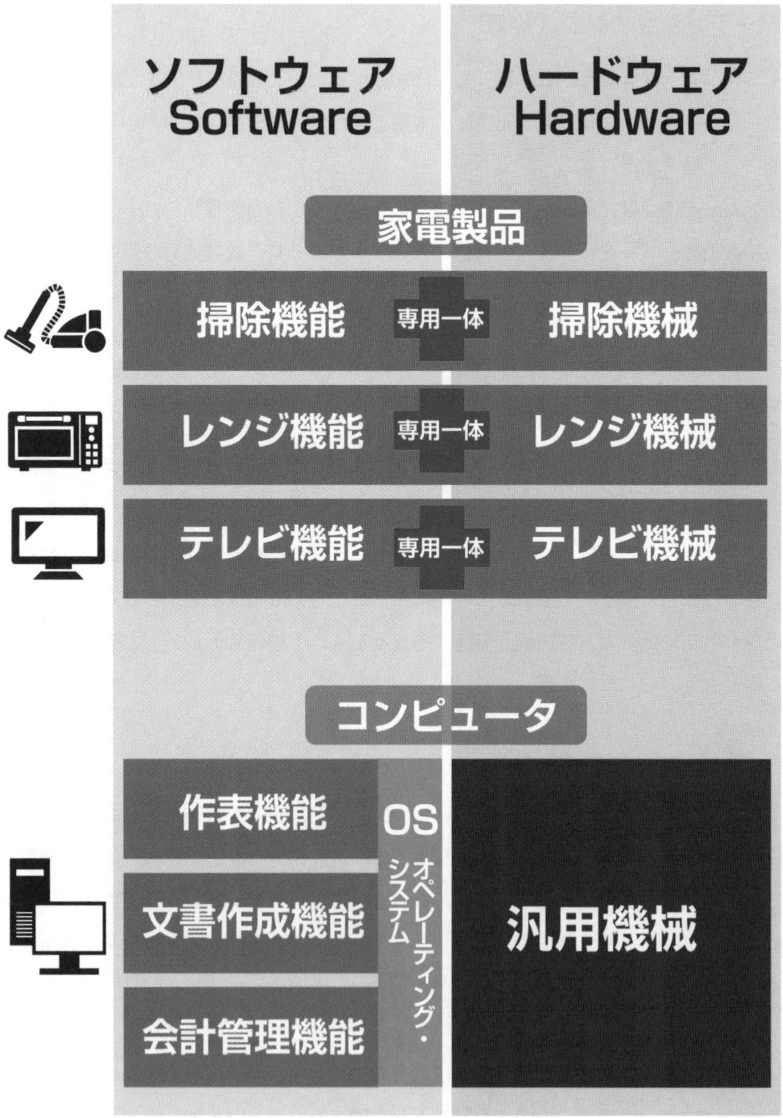

掃除機でご飯を炊くことはできません。電子レンジでテレビ番組を見ることもできません。私たちが、普段使っている家電製品は、それぞれの機能や役割に特化した専用のハードウェアとソフトウェアの組合せで動いている機械です。

一方、パソコンはどうでしょう。“Excel” というソフトウェアを入れれば、表計算の機械になります。“Word” を入れれば、文書作成の機械になります。「ブラウザー」を入れれば、ホームページを閲覧する機械になります。

パソコンという「汎用（広くいろいろなことに使える）機械」に、さまざまな業務や作業のために作られた専用のソフトウェア（アプリケーション／アプリ）を入れれば、そのための専用機械として使えます。

スマホも同様に汎用機械です。電話機能を実現するアプリを入れると電話になり、カメラのアプリならカメラに、ゲームのアプリならゲームにというように、ソフトウェアによって、それぞれのやりたいことを実現してくれる専用機械と同様に使うことができます。このように、ソフトウェアによって、汎用機械をさまざまな専用機械のように扱えるようにすることが、「ソフトウェア化」です。

「ソフトウェア化」には、もうひとつの役割があります。それは、人間の介在を減らし、最適な操作を任せられるようになることです。自動車は、そんな「ソフトウェア化」が急速にすすむものの 1 つです。自動車の基本性能である「走る·止まる·曲がる」は、ハードウェアとしての構造や機構によって実現します。しかし、それらを確実に機能させるには適切な操作が、欠かせません。従来であれば、それらをすべて人間の操作に頼っていましたが、いまでは、自動車専用のコンピュータ（ECU：Electronic Control Unit）と、そこで動くソフトウェアが、適切な操作を支援してくれるようになりました。これによって、個々人の操作スキルのばらつきを吸収し、人的ミスを回避することができ、自動車の機能をうまく使いこなせるようになります。その結果、快適さや安全性が、大きく向上しました。近い将来、そんな運転操作を人間が介在することなく、すべてソフトウェアに任せられるようになるでしょう。

IT インフラもまた、そんなソフトウェア化が進んでいます。汎用的に使える機器類をデータ・センターに設置し、「ソフトウェア化」することで、必要とする機能や性能を実現し、運用管理も任せることができるようになりました。

ITインフラにおけるソフトウェア化：「SDI」

物理的実態（ハードウェアや設備）と
実質的機能（仮想化されたシステム）を分離
ユーザーは柔軟性とスピードを手に入れる
物理的な設置／据え付け作業を必要とせず、
ソフトウェアの設定だけで、必要とするシステム構成を調達／変更できる
実質的機能
使用する機能と
構成の組み合わせ
実質的機能
使用する機能と
構成の組み合わせ
実質的機能
使用する機能と
構成の組み合わせ
仮想化
仮想化
仮想化
ソフトウェア定義されたインフラ：SDI
Software-Defined Infrastructure
仮想化のためのソフトウェア
分割
集約
模倣
抽象化*
演算機能／データ管理機能／ネットワーキング機能
物理的実態（ハードウェアや設備）
運用管理者はコスト・パフォーマンスを手に入れる
標準化されたハードウェアやソフトウェアを大量に調達して
システムを構成し、運用を自動化／一元化する

＊「抽象化」とは対象から本質的に重要な要素だけを抜き出して、他は無視すること

ITインフラは、従来、必要に応じて個別に機器を調達し構築するものでしたが、変化が早く、ビジネスの先行きを見通すことが難しい時代になり、必要なシステムの機能や規模を正確に予測することができなくなりました。

たとえば、新しいサービスが、予想に反してユーザーが大幅に増えてしまった場合、システムの能力が足りず、応答時間が遅くなれば、ユーザーが離反してしまうかもしれません。新規事業が社会環境の急な変化で継続不能となった場合に、購入したシステムがすべて不要になってしまうかもしれません。そんなときに、機能や性能を変更できないやり方では、経営リスクを高めてしまいます。

この状況を打破するのが、ITインフラの「ソフトウェア化」です。たとえば、標準的な構成のハードウェアをあらかじめ用意しておき、そこから必要となるシステム資源（CPU処理能力、ストレージ容量、ネットワーク機能など）をWeb画面から指定すれば、調達できます。

これに、運用管理や構築を自動化してくれるソフトウェアを組み合わせれば、システム資源の調達に際して、「CPUの個数」や「ネットワークの回線数」といった物理的要件ではなく、「トランザクション処理能力」や「セキュリティ・レベル」、「ネットワークのサービス・レベル」といったポリシー（目標値・制約事項など）を指定できるようになり、インフラについての専門知識がなくてもシステム資源を調達できます。

このように「ソフトウェアでシステムの機能や性能を調達、設定、管理できるインフラ」を「SDI（Software-Defined Infrastructure）」と呼びます。

SDIを使えば、アプリケーションの開発を担うエンジニアは、必要とするシステムの調達、機能や性能の変更を物理的な設置・据え付け作業をせずに、ソフトウェアの設定だけで、できるようになります。

一方、インフラの運用管理を担うエンジニアは、その作業の多くをシステムに任せられるので、運用管理負担を軽減でき、安定稼働や安全性の向上、利便性の改善に時間を使えるようになります。また、ハードウェアを標準化し、まとめて調達したり、運用管理を高度に自動化することで、構築にかかる手間や時間、コストを削減できます。

“

ソフトウェア化と
クラウド・コンピューティング

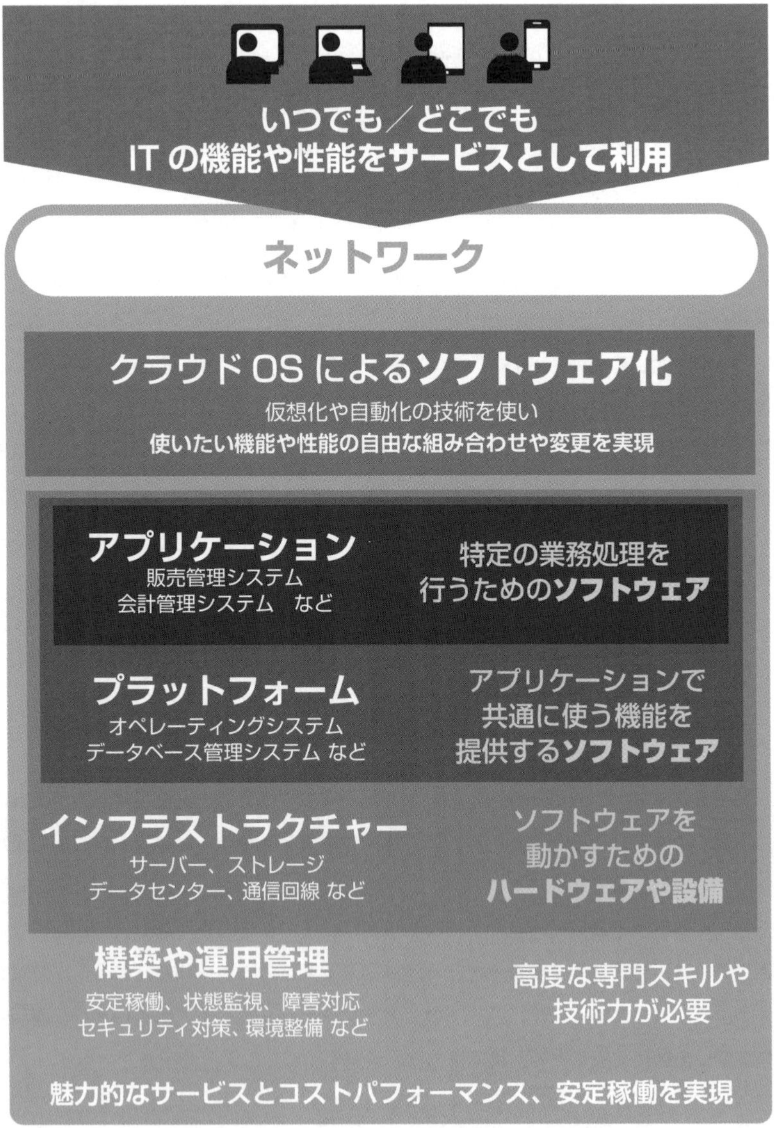

いつでも／どこでも
IT の機能や性能をサービスとして利用
ネットワーク
クラウド OS による**ソフトウェア化**
仮想化や自動化の技術を使い
使いたい機能や性能の自由な組み合わせや変更を実現
アプリケーション
販売管理システム
会計管理システム　など
特定の業務処理を
行うための**ソフトウェア**
プラットフォーム
オペレーティングシステム
データベース管理システム など
アプリケーションで
共通に使う機能を
提供する**ソフトウェア**
インフラストラクチャー
サーバー、ストレージ
データセンター、通信回線 など
ソフトウェアを
動かすための
ハードウェアや設備
構築や運用管理
安定稼働、状態監視、障害対応
セキュリティ対策、環境整備 など
高度な専門スキルや
技術力が必要
魅力的なサービスとコストパフォーマンス、安定稼働を実現

3

「ソフトウェア化されたインフラ＝SDI」を、ネットを介してオンライン・サービスとして利用できるようにしたのが、クラウド・サービスの１つであるIaaS（Infrastructure as a Service）です。インフラの機能や性能をサービスとして利用できるため、自社でシステムを購入し、構築や運用を行う必要がありません。自分たちが使うアプリケーションに必要な機能や性能をメニューから設定して、すぐに利用できます。また、機能や性能の変更も、設定だけでできますから、自社で所有することに比べれば、圧倒的に迅速、柔軟に対応できます。

OSやデータベースなどの「プラットフォーム」をオンライン・サービスとして利用できるようにしたのが、PaaS（Platform as a Service)、経理や会計、生産管理などの業務に特化したプログラムである「アプリケーション」をオンライン・サービスとして利用できるようにしたのが、SaaS（Software as a Service）です。

いずれも、「さまざまな機能や性能をメニューやコマンドで選択、設定するだけで利用できる」と「構築や運用管理を自動化して利用者の負担を軽減できる」といったソフトウェア化の特徴を活かして、次のことができるようになります。

- 事業環境の変化に即応して、その時々に必要な機能や性能などのシステム資源が調達できる。いつでも使用を辞められる
- システムの購入や構築、運用の負担からユーザーを解放する
- 所有している資産ではないので、使用料金は、経費になり、バランス・シートの改善に貢献できる

変化が早く、ビジネスの先行きを見通すことが難しく、必要なシステムの機能や規模を正確に予測できないいま、システムを資産として保有することは、経営リスクになります。

このような時代だからこそ、「サービスとして使用」できるインフラ、プラットフォーム、アプリケーションは、変化に即応できる能力をシステムに与えることになり、DX実践を支える基盤として、重要な役割を果たします。

詳細については、第４章の「クラウド・コンピューティング」にて説明します。

仮想化／コンテナの歴史的変遷

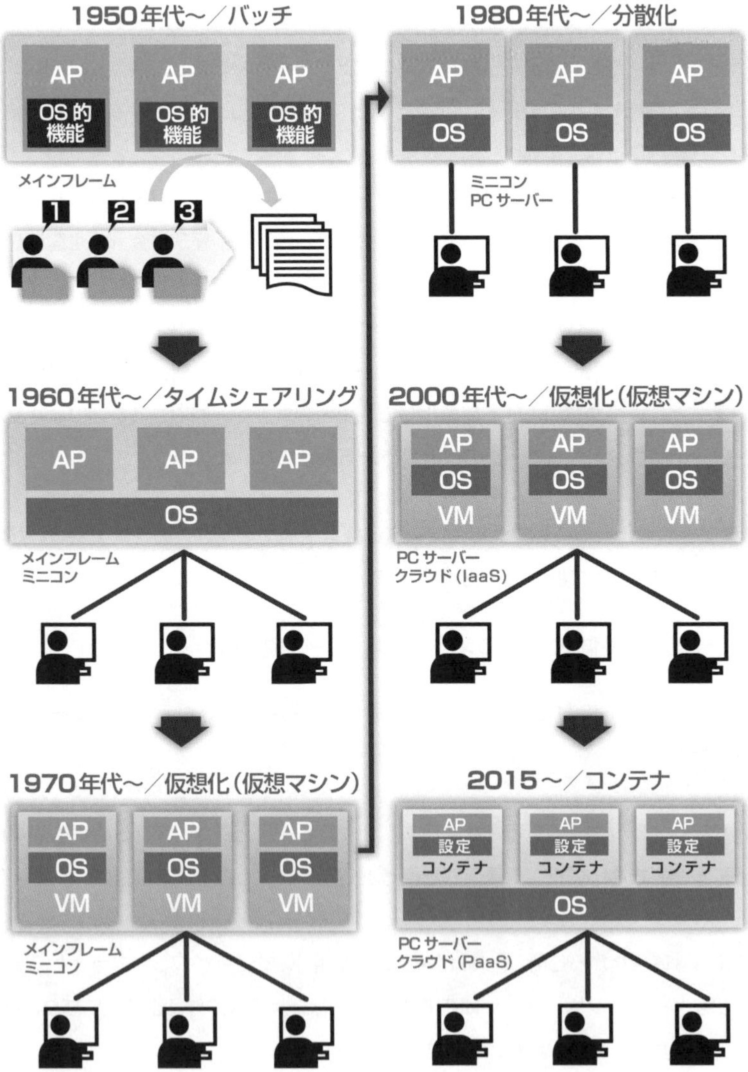

1950 年代、コンピュータがビジネスで使われるようになりましたが、当時は非常に高価で個人が占有使用することなどできませんでした。そこで大型コンピュータ（メインフレーム）を共同利用するために、「バッチ処理」が登場します。バッチとは特定の業務処理に対応した「プログラムとデータのひとまとまり（ジョブ）」を逐次処理するやり方で、各ユーザーがそれぞれにジョブを用意し、同じコンピュータで処理させることで共同利用を実現していました。しかし、この方式は前の処理が終わるまで次の処理が始められません。

1960 年代になり、「タイムシェアリング（時分割）」が考案されました。これは CPU 処理時間を細かく分割し短時間でユーザーを切り替えることで、見かけ上、同時に複数ユーザーが使えるようにするものです。1960 年代後半、この時分割された処理単位ごとにハードウェア機能の割り当てを切り替え、あたかも複数のハードウェアが同時に動いているように使う「仮想化」が登場します。

1980 年代、PC やミニコンなどの安価なコンピュータが登場したことで、コストも手間もかかるメインフレームの仮想化ではなく、業務個別にコンピュータを購入する機運が高まります。その結果、企業が抱えるコンピュータは増え、バージョンアップやトラブル対応などの手間やコストが膨れあがります。

2000 年代、この事態に対処しようと複数のハードウェアを集約できる「仮想化」が再び注目されます。ただ、仮想化されたコンピュータ（仮想マシン）は、それぞれに OS やファイルを持ち、CPU やメモリなどのシステム資源も本物同様に消費します。そこで OS の中核（カーネル）は共用し、「仮想化」同様にユーザーごとに隔離されたアプリケーション実行環境、すなわち独自のシステム管理とユーザー・グループを持つ「コンテナ」が使われるようになりました。

コンテナを使えば OS のカーネルが共用できるので同じ能力のシステム資源でも、仮想化に比べて効率よく「隔離されたアプリケーション実行環境」を動かせます。また、コンテナは OS 上で動くプログラムの実行単位（プロセス）と同じ扱いとなることから、あるシステムで動けば、他のシステムでもそのまま動かせます。これによりたとえば、テスト環境から本番環境への移行が迅速にできたり、実行させるハードウェア／仮想マシンの数を増やして処理能力を増やすことがかんたんにでき、運用の自由度が向上し、負担を軽減できます。

サーバー仮想化

物理システム
アプリケーション
ミドルウェア
OS
CPU
メモリ
サーバー
（ハードウェア）
アプリケーション
ミドルウェア
OS
CPU
メモリ
サーバー
（ハードウェア）
アプリケーション
ミドルウェア
OS
CPU
メモリ
サーバー
（ハードウェア）
仮想システム
アプリ
ミドルウェア
OS
CPU
メモリ
仮想サーバー
アプリ
ミドルウェア
OS
CPU
メモリ
仮想サーバー
アプリ
ミドルウェア
OS
CPU
メモリ
仮想サーバー
ハイパーバイザー
CPU
メモリ
ハードウェア

サーバーは、プロセッサー、メモリ、ストレージなどで構成されるハードウェアのことです。「サーバー」とは本来「サービスを提供する人」のことで、「複数ユーザーが利用するサービスを提供するコンピュータ」を意味します。ちなみに、これと対となる「クライアント」という言葉がありますが、これは「サービスを利用する人」で、サーバーの提供するサービスを使う PC やスマホなど、ユーザーが直接操作するデバイスやソフトウェアのことです。

このハードウェアをオペレーティング・システム（OS）と言われるソフトウェアが制御します。業務を処理するアプリケーションやデータを管理するデータベース、通信制御やユーザー管理を行うシステムなど、さまざまなプログラムに、ハードウェア資源を適宜割り当て、ユーザーの求める処理を効率よく確実に実行させます。そんなサーバーOS には Windows Server や Linux などがあります。

「サーバー仮想化」は、このハードウェアに搭載のプロセッサーやメモリの使用時間やストレージの容量を細かく分割して複数のユーザーに割り当てます。ユーザーは、割り当てられたシステム資源をそれぞれ占有使用できます。

このしくみにより、物理的には一台のサーバーであるにもかかわらず、自分専用の個別の「本物と同じ（＝仮想の）」サーバーがユーザーごとに提供されます。この見かけ上のひとつひとつのサーバーを「仮想サーバー」または、「仮想マシン」と言い、これを実現するソフトウェアは、ハイパーバイザー（Hypervisor）と呼ばれています。ハイパーバイザーには、VMware ESXi や Microsoft Hyper-V、Linux のための KVM といった製品があります。

仮想サーバーは、実際の物理的なサーバーと同様に振る舞い機能します。ですから、仮想サーバーごとに独立した OS を載せ、個別にアプリケーションを実行させることができ、まるでハードウェアのような使い方ができます。

また、別の物理サーバーやクラウド・サービスへ、仮想マシンの設定情報を記載した「設定ファイル」をコピーすれば、同じ設定の仮想マシンを生成し動かせます（ただしこれができるのは、コピー前のサーバーと同じハイパーバイザーで動くサーバーに限ります）。これによって、インフラが違っても、同じ条件の本番環境とテスト環境を構築することができます。災害時に備えたバックアップや負荷の増加に備えた予備システムといった使い方です。

サーバー仮想化とコンテナ

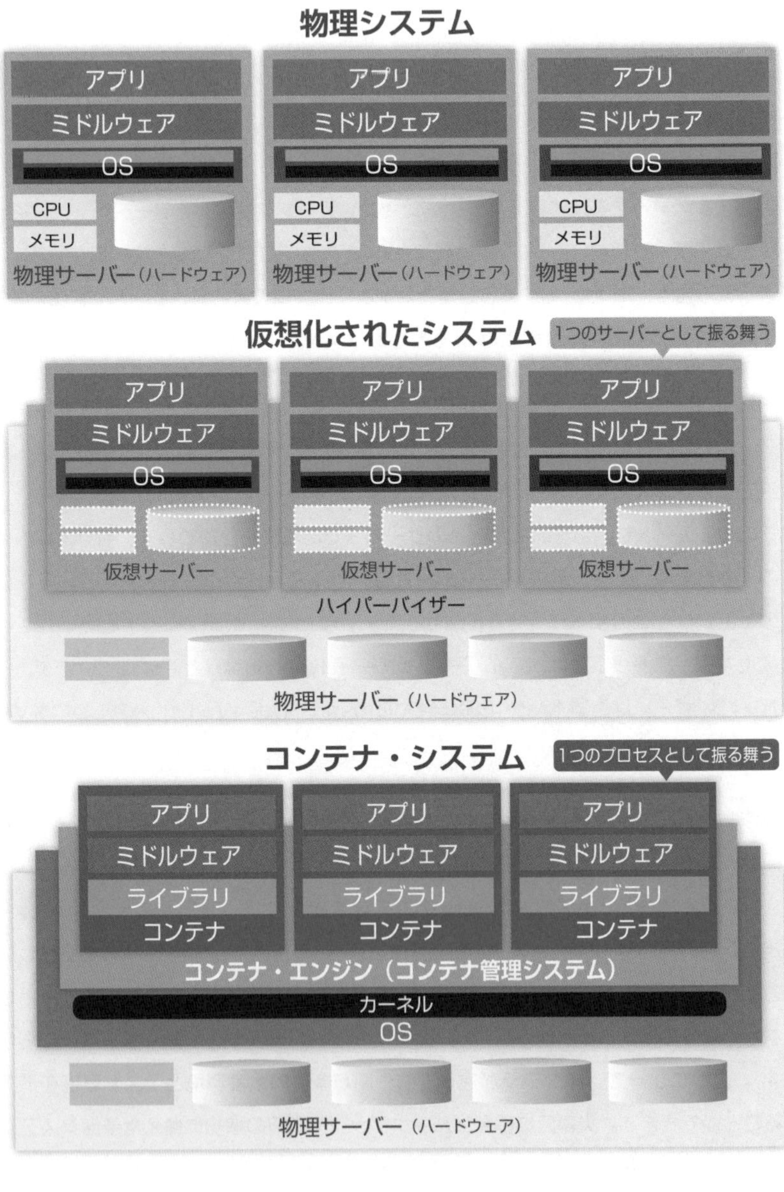

「サーバー仮想化」による仮想マシンの使用目的は、「隔離されたアプリケーション実行環境を持つこと」すなわち、すなわちアプリケーションがクラッシュしても他に影響を与えないよう、アプリケーションごとに独自にシステムを管理し、独自のユーザー・グループを持つことができるようにすることです。

同様の目的を実現する手段として「コンテナ」があります。コンテナは、「隔離されたアプリケーション実行環境」という点では仮想マシンと同じですが、仮想マシンとは異なり、1 つの OS 上で複数のコンテナが稼働します。

仮想マシンは、本物と同じサーバーとして機能するので、それぞれに OS を稼働させ、CPU やメモリ、ストレージなども本物と同じだけ消費します。一方、コンテナは、OS が 1 つなのでシステム資源のオーバーヘッド（重複して消費される資源や能力）が少なくてすみ、同じ性能のハードウェアであれば、仮想マシンより多くの数のコンテナを実行できます。

また、コンテナは、それを起動させるために仮想マシンのように OS を起動させる手間がかからないため、極めて高速で起動します。さらに個別に OS を用意する必要がないのでストレージ使用量も、それを動かすためのシステム資源も少なくて済みます。

ただし、コンテナはどれも同じ OS です。仮想マシンならそれより一段下のレベル、つまりハードウェアと同じ振る舞いをするので、仮想マシンごとに別々の OS を稼働させることができる点が異なります。仮想化は、異なる OS で動いているシステムを 1 つの物理マシンに集約する場合や、特定のアプリケーションを動かすために異なる OS を使わなくてはならない場合などに使われます。

1 つのコンテナは、OS から見ると 1 つのプロセスです。プロセスとは、プログラムが動いている単位です。そのため、他のサーバーにコンテナを移動させて動かすにも、OS 上で動く 1 つのプログラムを移動させるのと同様に、ハードウェアの機能や設定に影響を受けません。仮想マシンなら、仮想マシンごとの機能や構成にかかわる設定情報も引き継がなくてはなりませんが、コンテナではその必要がなく、異なるサーバー間で実行環境を容易に移動できます。

コンテナ管理ソフトウェア／コンテナ・エンジン

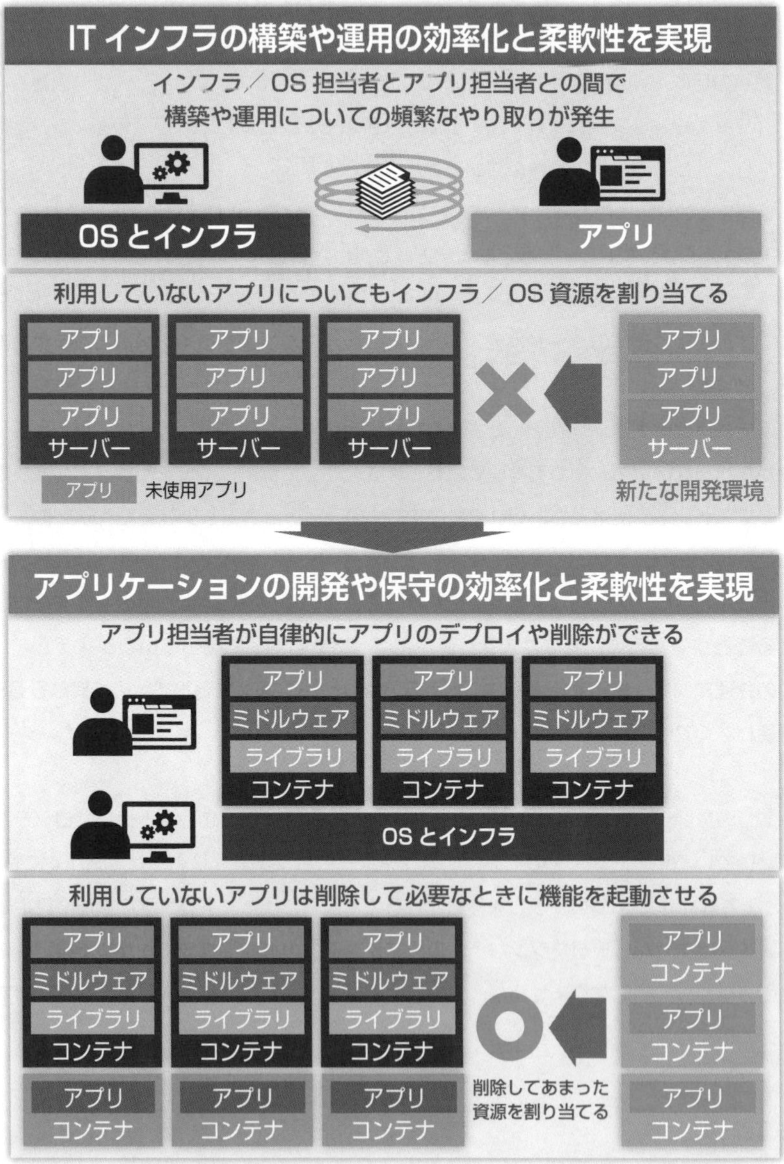

ITインフラの構築や運用の効率化と柔軟性を実現
インフラ／OS担当者とアプリ担当者との間で
構築や運用についての頻繁なやり取りが発生
OSとインフラ
アプリ
利用していないアプリについてもインフラ／OS資源を割り当てる
アプリ
アプリ
アプリ
サーバー
アプリ
未使用アプリ
新たな開発環境
アプリケーションの開発や保守の効率化と柔軟性を実現
アプリ担当者が自律的にアプリのデプロイや削除ができる
アプリ
ミドルウェア
ライブラリ
コンテナ
OSとインフラ
利用していないアプリは削除して必要なときに機能を起動させる
削除してあまった
資源を割り当てる

「コンテナ」を実現するのが、「コンテナ管理ソフトウェア（コンテナ・エンジン）」です。この「コンテナ・エンジン」が稼働しているコンピュータであれば、他で作ったコンテナは、「変更しないで、そのまま実行」できます。ハードウェアやOS、ミドルウェアの違いを意識せずに、アプリケーションを実行できます。

クラウドが当たり前の世の中になる中、このコンテナの特性は、特定のクラウド・サービスに依存する（ロックイン／固定化されること）ことなく、アプリケーションを実行できることを意味し、アプリケーションを動かすシステム規模や実行場所の自由度を高めることにもなります。

サーバー仮想化では、ハイパーバイザーを導入し仮想マシンを立ち上げ、OSを導入設定して、アプリケーションに合わせたチューニングを行ったりアプリケーションごとに、アプリ開発者が運用管理者に個別相談して、対応してもらう必要がありました。

一方コンテナでは、「コンテナ・エンジン」が自分たちで使うコンピュータで安定稼働することを運用管理者が保証さえしておけば、コンピュータ間の移行を開発者自身で行えます。

アプリケーション開発者は迅速にアプリケーションを開発、変更してユーザーに提供でき、一方で運用管理者はインフラを安定稼働させるといった、それぞれの責任を独立して果たせます。その結果、本番環境へのデプロイメント（移行作業）を迅速、頻繁に行え、アプリケーション開発や変更に伴うメリットをユーザーが直ちに享受できるようになります。これによって物理マシンや仮想マシンを使う場合のように、本番環境移行の前に、OSをインストールして、設定・テストするなどの作業が不要となり、本番移行の手間と時間が大幅に削減できるようになりました。

「コンテナ・エンジン」として、広く使われているのが、「Docker」です。ただ、コンテナ仕様は標準化が進んでおり、コンテナの互換性を保ちながら、相互運用できるDocker以外のコンテナ・エンジン、たとえば、containerdやcri-oなども登場し多様化が進んでいます。

実行場所を選ばず 処理能力をかんたんに増減できるコンテナ

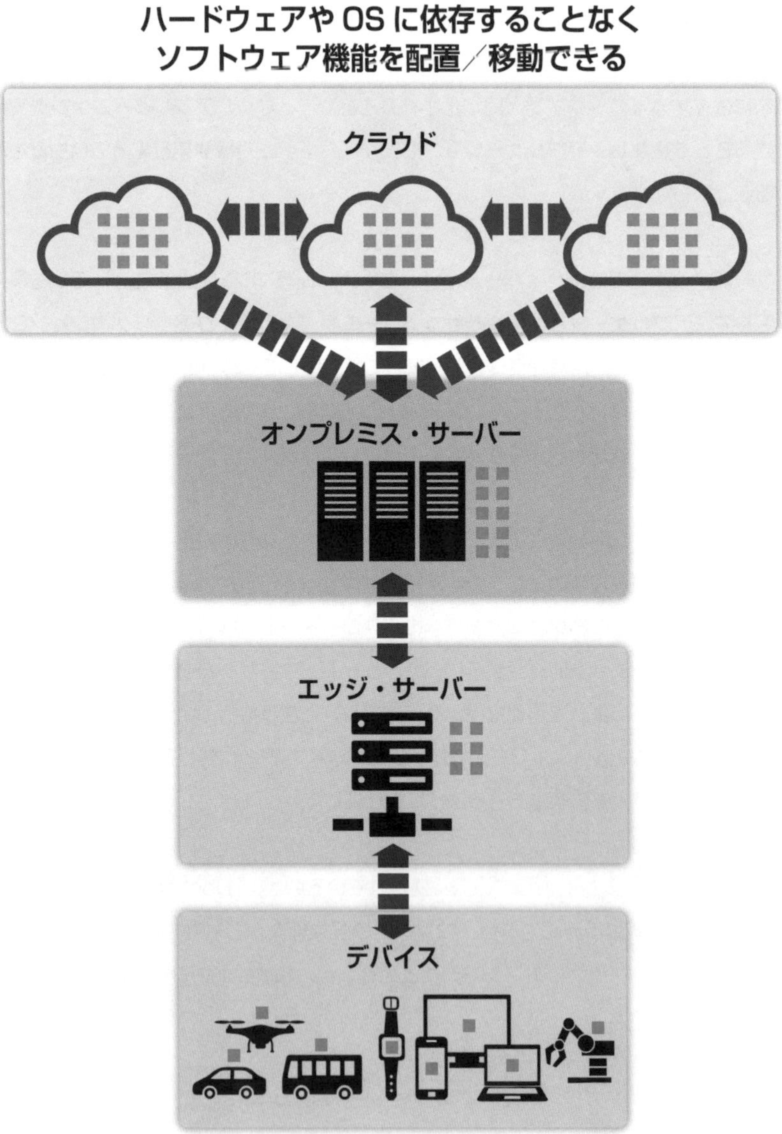

前節で述べたように「システム環境の違いを意識せずアプリケーションを配置・移動できる」というコンテナの特性を活かせば、プログラムを稼働させるサーバーを、容易に増減、分散させることができます。

たとえば、オンプレミス・サーバー（自分たちの所有する施設内に設置しているサーバー）を使って、アプリケーションを開発・テストしコンテナに格納して、そのまま、クラウド上の本番環境に移して稼働させることも簡単です。

また、オンプレミス・サーバーで稼働しているプログラムを使うユーザーが増え、処理能力が足りなくなった場合、そのプログラムが稼働するコンテナを処理能力の高いクラウドに処理を移す、あるいは、コンテナの実行数を増やすことで、処理能力の増強が、すぐにできます。利用者の地域が国を超えて拡大すれば、それぞれの国のデータ・センターに設置してあるサーバーにコンテナをコピーして処理を分散させることで、応答時間の遅延を減らすこともできます。

このように、コンテナを使えば、アプリケーションは実行場所を選ばず、最適な場所で実行でき、コンテナ数の増減で処理能力をかんたんに増減できます。

近年では、自動車や家電製品などのデバイスに搭載しているプロセッサーの処理性能が向上しています。それにより、従来までは、オンプレミス·サーバーやエッジ·サーバーの大きな処理能力に頼っていた処理をデバイス側に移して、サーバーの負荷を減らし応答の遅延を減らすことも期待されています。もちろん、サーバーとデバイスのハードウェアは違いますから、その違いを考慮したアプリケーションの修正やテストは、必要ですが、従来に比べれば、負担は軽減されるでしょう。

ユーザー・ニーズがめまぐるしく変わり、需要の変動を予測できないビジネス環境に対処するためには、変化に俊敏対応できる能力が必要です。コンテナを使えば、プログラムの構築や稼働、その運用管理が柔軟・迅速になり、このような状況に対処できるようになります。

コンテナを一元管理するコンテナ・オーケストレーションツール：Kubernetes

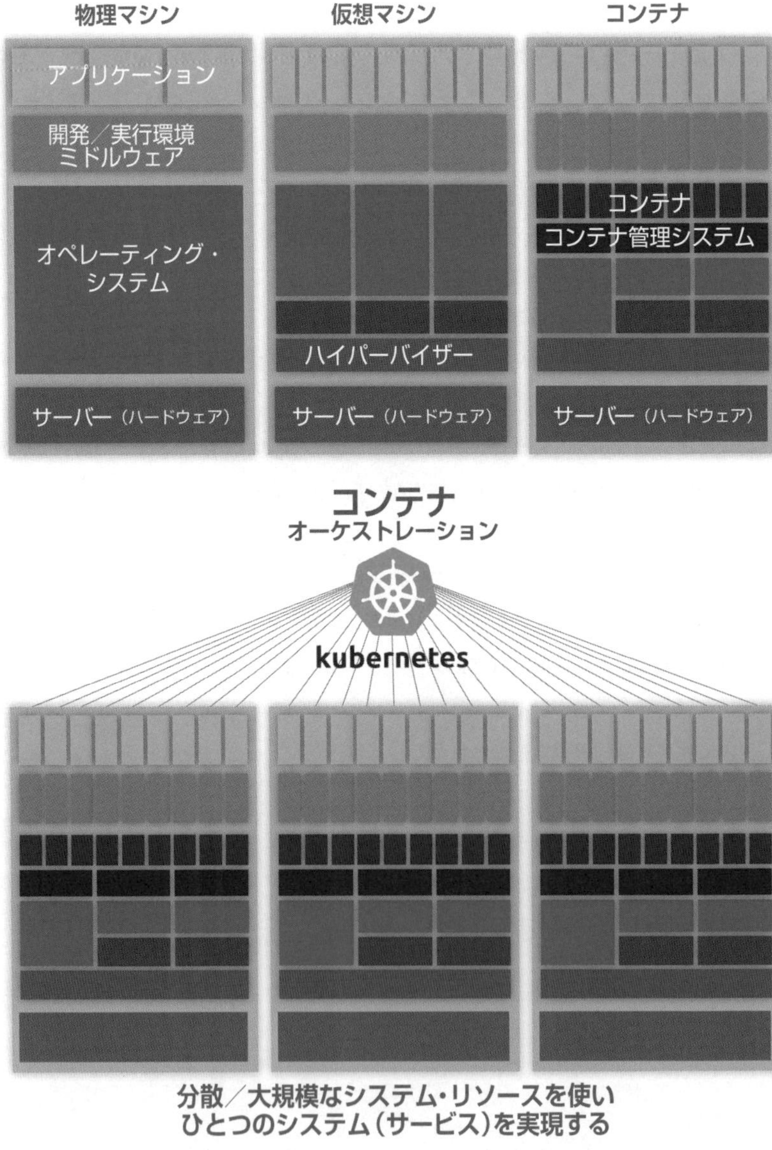

コンテナ・エンジンであるDockerは、1台のサーバー上でコンテナを作成し、実行を管理しますが、ネットワークでつながる複数台のサーバーで稼働するコンテナの横断的管理はできません。たとえば、ユーザーが増えて複数台のサーバーにまたがりコンテナの数を増やさなくてはならないような場合、Dockerだけでは、この状況に対処してスケールアウト（サーバー台数を増やして処理能力を拡張すること）させることができません。

この問題を解決してくれるのがコンテナ・オーケストレーション・ツール「Kubernetes（クーバネティス）」です。Kubernetesとは、ギリシャ語で「人生の道標」という意味があります。

Kubernetesによって、複数台のサーバーから構成される実行環境をあたかも一台の実行環境のように扱うことができます。たとえば、コンテナを起動する際は、イメージ（コンテナを作成するための指示が記載されたもの）と台数を指定するだけでよく、どのサーバーにどのようにコンテナを配置するかはKubernetesに任せることができます。また、コンテナに必要とされるシステム資源（CPU、メモリ、記憶領域など）が足りなくなった場合には、既存のサービスに影響を与えることなく、自動で拡張してくれます。

また、運用管理者が、どのコンテナをいくつ起動するかといった情報をKubernetesに教えると、空いているシステム資源を見ながら、それらをどのように配置するかを決定し、それに従ってコンテナを起動します。また、仮に稼働中のコンテナに不具合があってサービスがダウンしたとしても、Kubernetesは、この事態を察知し、必要に応じてコンテナを自動的に再起動してくれます。他にも、関連するコンテナのグルーピング、コンテナに割り振られたIPアドレスの管理、コンテナに割り当てられるストレージの管理などを行います。

Kubernetesが管理する基本単位はPodと呼ばれるコンテナの集まりです。またコンテナ管理システムであるDockerが稼働しているサーバーの単位をNodeと呼びます。そのNodeの集まりの単位をClusterと呼びます。Pod、Node、Clusterを管理するのがMaster、Masterへの指示や設定をマニフェスト（Manifest）と呼んでいます。

Kubernetesは、コンテナ化したアプリケーションの配置や実行、スケーリング、およびその管理を自動化するソフトウェアです。

仮想化の種類

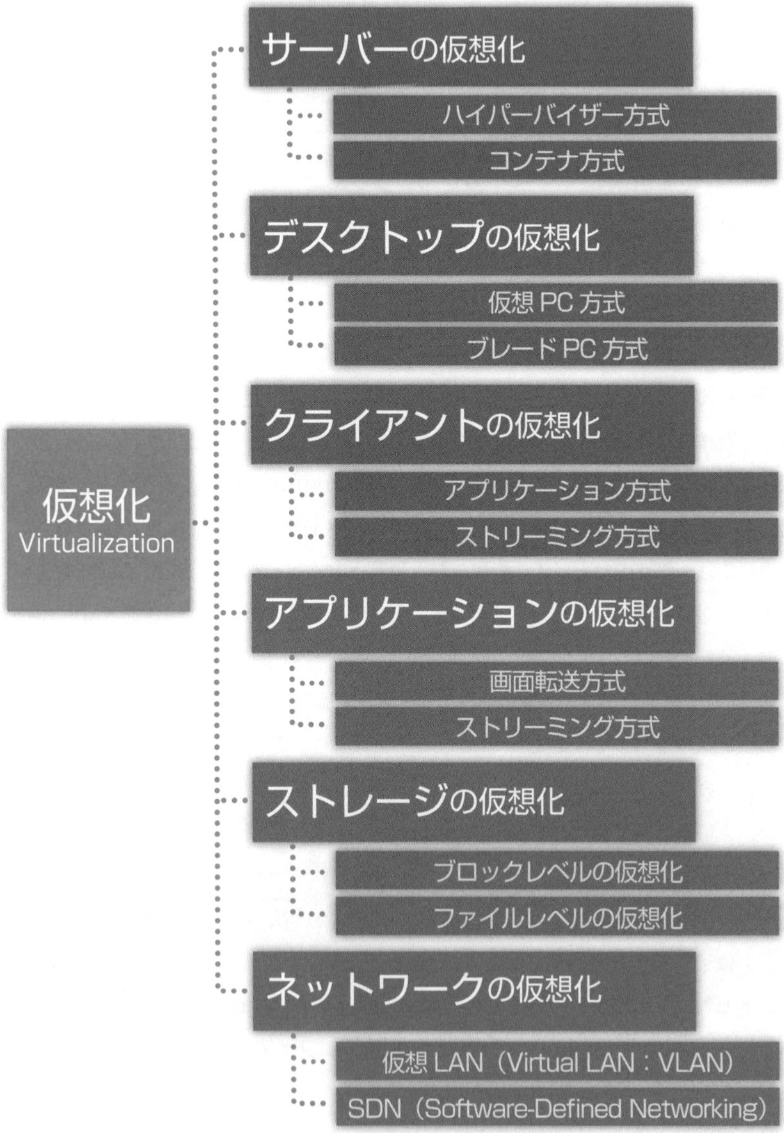
仮想化
Virtualization
サーバーの仮想化
ハイパーバイザー方式
コンテナ方式
デスクトップの仮想化
仮想 PC 方式
ブレード PC 方式
クライアントの仮想化
アプリケーション方式
ストリーミング方式
アプリケーションの仮想化
画面転送方式
ストリーミング方式
ストレージの仮想化
ブロックレベルの仮想化
ファイルレベルの仮想化
ネットワークの仮想化
仮想 LAN（Virtual LAN：VLAN）
SDN（Software-Defined Networking）

「**サーバー仮想化**」は、サーバーに関わるシステム資源を仮想化し、利用効率を高めたり、可搬性を高めたりすることに使われていますが、他のシステム資源を仮想化する技術もあります。

「**デスクトップ仮想化**」では、ユーザーの使用するPC（パーソナル・コンピュータ／個人が占有し使用するコンピュータ）を共用コンピュータであるサーバーの上で「仮想PC」という仮想マシンとして動かし、そのディスプレイ、キーボード、マウスをネットワーク越しに使えるようにします。VDI（Virtual Desktop Infrastructure）とも呼ばれています。

このため、手元では必要最低限の機能に限定したPC、「シンクライアント」を操作して、実質的には高性能なコンピュータを使うことが可能になります。ちなみに「クライアント」とは、「サーバーから提供されるサービスを利用する」コンピュータという意味ですが、ここでは、「一時点で1人のユーザーが占有して使用するコンピュータ」と理解しておけばいいでしょう。

「**クライアント仮想化**」では、一台のPCにWindowsやMac OSといった異なるOSを同時に稼働させ、ユーザーの利便性を高めます。

「**アプリケーション仮想化**」では、MicrosoftのWordやExcelといった、本来ユーザーPC上で稼働するアプリケーション·プログラムをサーバー上で動かし、ネットワークを介して複数のユーザーで共同使用するものです。デスクトップ仮想化と同様にシンクライアントで使うこともできます。

「**ストレージ仮想化**」では、ストレージ（記憶装置）といわれるデータやプログラムを格納しておく装置を複数のコンピュータで共用し、利用効率や利便性を高めます。

「**ネットワーク仮想化**」では、ネットワークの接続ルートやQoS（Quality of service / スループットやレスポンス、セキュリティなどの水準）、ルーターやスイッチと言われるネットワーク機器の構成をソフトウェアの設定だけで調達、変更できるようにします。

詳細は、ダウンロード資料に解説を載せましたので、そちらをご覧ください。

第4章

クラウド・コンピューティング

所有せずに使用するITのこれからの常識

ユーザーが求めているのは業務の課題を解決することができる「ITサービス」です。そんなITサービスを手に入れるためには、コンピュータを購入・所有し、それを電源や冷却設備が整ったデータ・センターに設置して使えるようにセットアップすることや、プログラムを書くなどの「ITシステム」の構築が必要です。さらにITシステムを安定稼働させるための運用や保守も必要でした。

クラウドは、そんなITシステムの構築や運用・保守に関わるユーザーの負担を大幅に軽減し、ITサービスを必要な時に直ちに使えるようにする手段です。

クラウドは一般企業に限らず、高度なセキュリティを求められる金融機関や政府機関にも普及が拡大しています。

また、変化が速く予測できない社会にあっては、「資産として所有する」ことは大きな経営リスクで、クラウドはコンピュータを「資産として**所有せず**に経費として**使用する**」手段としても、広く受け入れられています。

“

クラウド・コンピューティングとは、「コンピュータの機能や性能を共同利用するためのしくみ」で、「クラウド」と略されることもあります。たとえば、大手クラウド事業者の1つであるAmazonの子会社、Amazon Web Services（AWS）は、数百万台ものサーバー・コンピュータを所有していると言われています。ちなみに、日本全国で所有されているサーバーは約200万台程度なので、その規模がどれほど大きいかが分かります。

AWSは、これらサーバーを3年間の償却期間で入れ替えているので、AWS一社で毎年膨大な数のサーバーを購入している計算になります。日本で年間に出荷されるサーバーの台数は、約35万台であることを考えると、その膨大さは桁違いです。

これだけの規模があるので、AWSは既製品を使わず特注のサーバーを自前で設計し台湾などの企業に製造委託しています。また、サーバーの中核となるCPUも独自仕様の設計で大量発注しています。ネットワーク機器やその他の設備も同様に、自社のサービスに最適化された仕様で開発・製造して使っています。

機器や設備を自社開発、大量購入することで購入金額は下がり、運用管理は高度に自動化されています。このように、「規模の経済」をうまく活かして設備投資を低く抑え、運用管理の効率化を徹底することで、利用者は安い料金でコンピューティング資源を利用できるようになりました。AWS以外にも、Microsoft、Google、Alibaba、IBMなどが、同様のやり方でサービスを提供しています。

クラウドがなかった時代は、コンピュータを利用するためには、ハードウェアやソフトウェアを自分たちの資産として購入し、自ら運用管理しなければならなかったのですが、クラウドの登場によりサービスとして使えるようになりました。最小限の初期投資で、使った分だけ料金を払えば利用できるようになるということです。例えていえば、飲み水を手に入れるために、各家庭に井戸を掘りポンプを設置しなければならなかったのが、水道を引けば蛇口をひねるだけでいいようになったことと同じです。また使った分だけ払う「従量課金」も、水道や電気と同じです。

「クラウド・コンピューティング（Cloud Computing）」という言葉が最初に使われたのは、2006年です。当時GoogleのCEOだったエリック・シュミットが、インターネットなどのネットワークを経由して、コンピューティング資源をサービスの形で提供する利用形態をこのように呼んだことがきっかけでした。

「クラウド(Cloud)」とは英語の「雲」を意味する言葉です。それ以前から、ネットワークを描くときに雲の絵を使っていたことに由来します。つまり、ネットワークに接続されたコンピューティング資源を、ユーザーがネットワークを介して使うことから、この名前が付けられたのです。

現在、クラウドは、安心、安全が高度に求められる基幹業務システムや銀行システムといったミッション・クリティカル(24時間365日、障害や誤作動などで止まることが許されない)なシステムにも使われています。

また、2018年、日本政府は、「政府機関の情報システムは、クラウド・サービスの採用を優先する」との方針(クラウド・バイ・デフォルト原則)を決定しました。先行する米国では、CIA(中央情報局)がAWSを使い、DOD(国防総省)もクラウドへの移行を進めつつあります。高度な機密性や可用性、信頼性が要求される政府機関もクラウドを利用する時代になりました。

コンピューティング資源を資産として所有することは、変化に俊敏に対応するうえで、重い足かせとなります。また、巧妙化するサイバー攻撃の脅威に対処するには、企業であれ、政府機関であれ、大きな負担を強いられます。クラウドは、そんな課題を解決する手段としても、利用者の裾野を広げています。

また、生成AIの登場で計算需要が急拡大しています。そのためAI処理に特化したサービスの需要は急速に伸びており、クラウド各社は、そのための設備の充実と規模を拡大しています。

予測できない環境変化に俊敏に対処したり、新しい技術を積極的に活かしたりするには、ユーザー自身がコンピューティング資源を所有し、維持管理することは大きな負担となり、現実的ではなくなりました。この状況に対処する手段として、クラウドは、自分たちで「所有する」からサービスとして「使用する」へとコンピューティングのあり方を根本的に変えてしまいました。

本章では、そんなクラウドについて、解説します。

「自家発電モデル」から「発電所モデル」へ

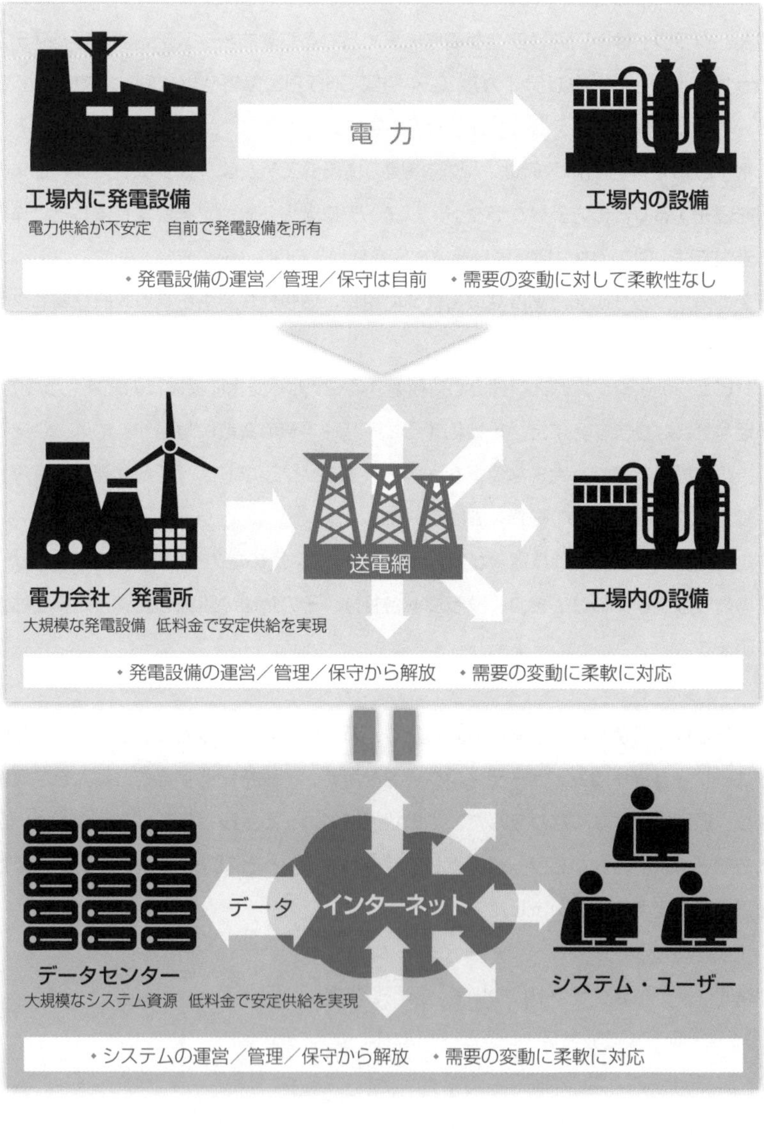
電力
工場内に発電設備
電力供給が不安定　自前で発電設備を所有
工場内の設備
・発電設備の運営／管理／保守は自前　・需要の変動に対して柔軟性なし
送電網
電力会社／発電所
大規模な発電設備　低料金で安定供給を実現
工場内の設備
・発電設備の運営／管理／保守から解放　・需要の変動に柔軟に対応
データ
インターネット
データセンター
大規模なシステム資源　低料金で安定供給を実現
システム・ユーザー
・システムの運営／管理／保守から解放　・需要の変動に柔軟に対応

電気が日常で使われるようになった当初、その目的は「電灯」を灯すことにありました。そのため、発電や送電の設備は、それに見合う程度の能力しかなく、工業生産でモーターを数多く動かす用途で使用するには十分なものではありませんでした。そのため19世紀の終わりから20世紀始めにかけて、電力が工業生産に用いられるようになった頃は、電力を安定的に確保するために発電機を資産として持つことが一般的でした。

しかし、発電機は高価なうえ、保守・運用も自分たちでまかなわなくてはなりません。また発電機の能力には限界があり、急な増産や需要の変動に臨機応変に対応できません。

この課題を解決しようと、電力会社は発電や送電の能力を高め、工業生産にも使える高出力で安定した電力を供給できるようにしました。また共用によって、電力需要の変動があっても全体としては相殺され、必要な電力を需要の変動に応じて安定して提供できるようになりました。こうして、自前で発電機を持つ必要はなくなり、使った分だけ使用料を支払う「従量課金」になりました。

これをITに置き換えてみると、発電所はコンピューティング資源、すなわち計算を行うCPU、データを保管するストレージ、通信を制御するネットワーク機器、それらを設置するデータ・センター、これを支える電力や冷却などの設備です。送電網はインターネットや企業専用のネットワークです。需要の変動に対しても能力の上限が決まっている自社所有のシステムと異なり、柔軟に対応できます。また、電力と同様に従量課金なので、大きな初期投資は不要です。

コンセントにプラグを差し込むように、インターネットに接続すればシステム資源を必要な時に必要なだけ手に入れられるクラウド・コンピューティング（クラウド）は、ITの機能や性能を「所有」することから「使用」することへの転換を促しています。

クラウドは、上記のようなインフラばかりでなく、プラットフォームやアプリケーションといったソフトウェアについてもライセンスを購入し「所有」することから「使用」することへと変えてしまいました。

「所有するIT」から「使用するIT」へ

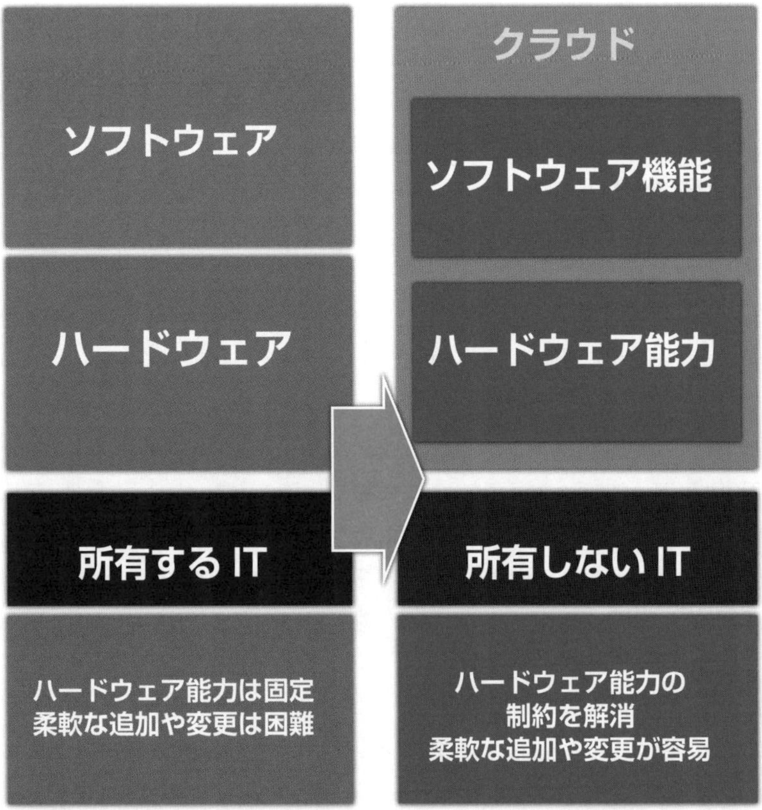

- 負荷を正確に予測し、ピークに合わせてハードウェア能力をあらかじめ決定しなくてはならない
- ハードウェアやソフトウェアは、資産として所有しなくてはならない
- 運用や管理は各社個別の仕様なので、ユーザーの責任で設計し、人手に頼ることも多い

- ハードウェア能力の制約がなくなり、必要な時に必要な機能や能力だけを、組み合わせて利用できる
- ハードウェアやソフトウェアを資産として所有する必要がなく、経費で利用できる
- 人手に頼っていた運用や管理を広範に自動化できる

システム資源を自社資産として「所有」することから外部サービスとして「使用」するようになると、その調達や運用の考え方が大きく変わります。

たとえば、クラウド以前の「所有」の時代は、ハードウェア能力は固定され、機能や性能の追加や変更は容易ではなく、次のような制約がありました。

- 負荷を正確に予測し、ピークに合わせてハードウェア能力をあらかじめ決定
- ハードウェアやソフトウェアは、購入・所有し、資産計上が必要
- 運用や保守はユーザー責任で設計し、人手に頼ることも多い

変化が速く、将来が予測できない世の中にあっては、システムの需要を正確に予測することは困難です。また、続々登場する新しい技術やサービスを迅速に業務に取り込むこともかんたんなことではありません。

クラウドであれば、ハードウェア能力の制約はなくなり、柔軟な追加や変更が行えます。そのため、次のようなことができるようになります。

- 必要な時に必要な機能や能力だけを組み合わせて利用できる
- ハードウェアやソフトウェアを資産化する必要がなく経費で利用できる
- 人手に頼っていた運用や管理を広範に自動化できる

使用量が増える、運用の要件が変わるなど、変更があれば、その都度メニュー画面で設定変更できるので、予測できない未来まで推測してシステム構成を組む必要はありません。また、システム負荷の変動に応じて、自動でシステム資源の変更を行ってくれる機能も備わっています。しかも料金は、電気代のように使用量に応じて支払うしくみになっており、必要がなくなればいつでも辞められるので、投資リスクを抑えることができます。

必要な時に必要なだけシステムの能力や性能を経費として利用できるクラウドは、ビジネス環境の変化に俊敏に対処することが求められるいまの時代には、うってつけのシステム資源を調達する手段と言えるでしょう。

また、生成 AI をはじめとした新しい技術やサービスは、クラウドのみでリリースされることも増えています。さまざまなアプリケーションもパッケージからクラウドへと移行を進めています。仮にパッケージが残っていても、最新の機能はクラウドで提供されることが多く、もはやシステム資源の調達は、クラウド前提へと変わりつつあります。

クラウドならではの費用対効果の考え方

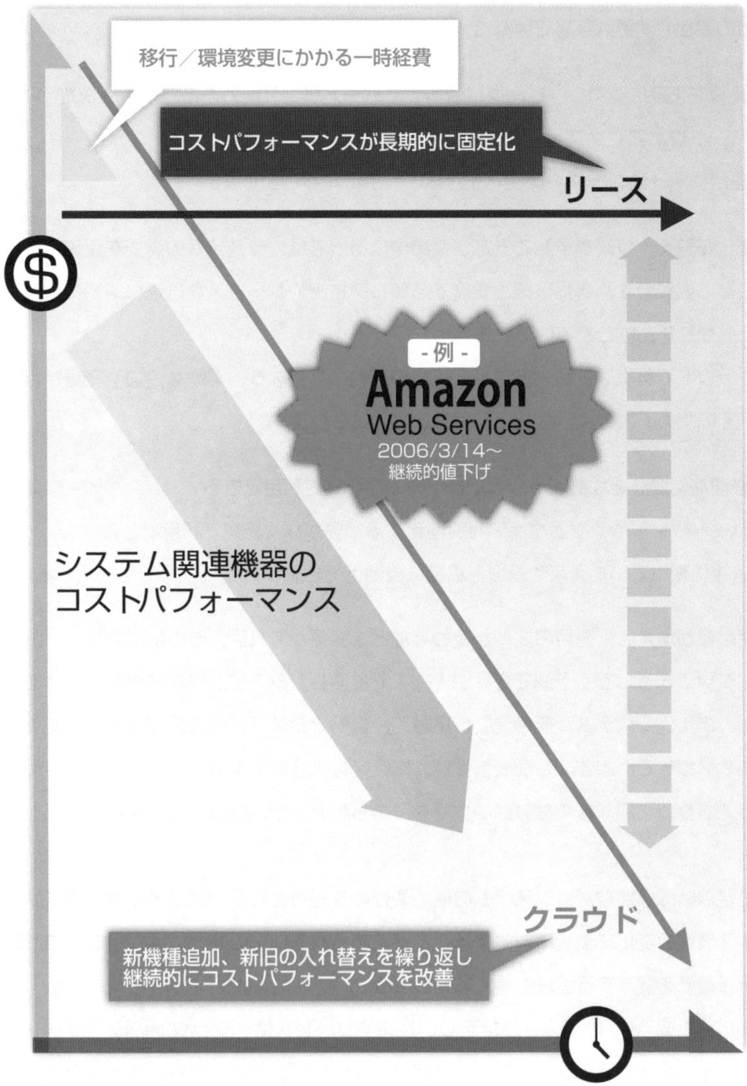

「

システム機器の性能は年々向上します。しかし、従来の「所有」するシステムでは、資産として償却しなければならず、その間は新しいものに置き換えられません。そのため償却期間中は性能や機能の向上の恩恵をうけられません。

これはソフトウェアも同じで、ライセンス資産として保有してしまえば、より機能の優れたものが登場してもかんたんには置き換えることができません。また、古い製品では、バージョンアップの制約や新たな脅威に対するセキュリティ対策、サポートにも問題をきたす場合があります。

一方、クラウドは、事業者が提供するサービスに合わせ無駄な機能や部材を極力そぎ落とした特注仕様の機器を大量に発注し、低価格で購入しています。さらに徹底した自動化により人件費を減らしています。また継続的に最新機器を導入し、順次古いものと入れ替えコストパフォーマンスの継続的改善を行っています。これと並行して、最新のテクノロジーを次々に投入し、サービスの充実を図るとともに、新しいコンピューティングのあり方を提案し続けています。

たとえば、世界最大のクラウド事業者であるAWSは、2006年のサービス開始以降、値下げを繰り返し、サービス·メニューの充実も図ってきました。これは、「所有」では、あり得ない頻度とスピードです。また最新のテクノロジーを利用し、業務を高度化するAI機能や多様化する脅威に対処できるセキュリティ機能など、時代のニーズを先取りしたサービスが使えるようになります。見方を変えれば、使える予算が同じであれば数年後には何倍もの性能と最新の機能を利用できるのです。

もちろん、すでに所有しているシステムをクラウドに置き換えるにはコストがかかります。また、それまでの使い方をそのままクラウドに移行しても、クラウド固有の優れた機能やさまざまなメリットが享受できないばかりか、パフォーマンスの劣化、利用料金の高止まり、セキュリティ要件の不適合、運用管理方法の変更や新たな運用負担など、デメリットが大きくなる可能性があります。

このようなことにならないためには、クラウドの特性や機能、サービスを正しく理解し、クラウドのメリットを最大限に引き出せるようなシステム構成や使い方へと作り変え、移行することが大切です。一方で、いったんうまく移行できれば、費用対効果の改善を長期的かつ継続的に享受できます。

」

クラウド登場の歴史的背景

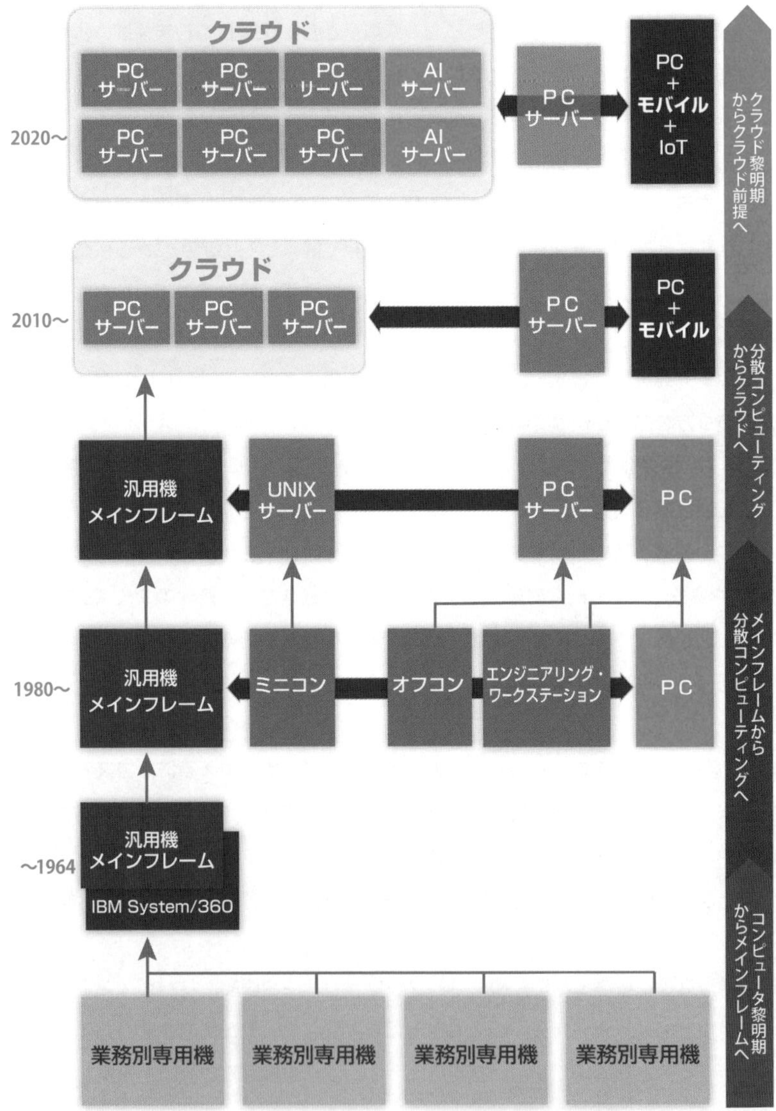

「クラウドが、注目を浴びるに至った理由とその普及の歴史を振り返ってみましょう。

始まりはUNIVAC I

Remington Rand社（現Unisys社の前身）が、世界で最初に商用コンピュータUNIVAC Iを世に出したのは1951年でした。それ以前は軍事や大学での研究利用がほとんどで、ビジネスで使われることはほぼありませんでした。UNIVAC Iの登場は、この常識を変えるきっかけとなり、当時コンピュータといえばUNIVACと言われるほど、多くの企業で使われるようになりました。

当時のコンピュータの抱える課題

UNIVAC Iの成功をきっかけに、各社が商用コンピュータを製造、販売するようになりました。しかし当時のコンピュータは、業務目的に応じて専用の機種が必要でした。そのため、さまざまな業務を抱える企業は、業務ごとに異なる種類のコンピュータを購入しなければならず、その費用は膨大でした。またいまとはちがい、プログラムや接続できる機器類もコンピュータごとに固有のもので、使われている技術や設計が違いました。そのため、異なる操作方法を都度習得しなければならないうえ、運用管理の負担も重くのしかかってきました。

コンピュータ・メーカーにしても、いろいろな種類のコンピュータを開発、製造しなければなりません。その負担は大きなものでした。

汎用機の登場

1964年、そんな常識を変えるコンピュータをIBMが発表しました。System/360（S/360）です。全方位360度、どんな業務でもこれ一台でこなせる「汎用機」、いまで言うメインフレームの登場です。

S/360は、商用だけでなく科学技術計算にも対応するため、浮動小数点計算もできるようになっていました。さらに技術仕様を標準化し「System/360アーキテクチャ」として、一般に公開しました。

「アーキテクチャ」とは、「設計思想」あるいは「方式」という意味です。この「アーキテクチャ」が同じであれば、コンピュータの規模の大小に関わらずプログラムやデータの互換性が保証されるばかりでなく、そこに接続される機器類も同じものを使うことができました。

この「System/360 アーキテクチャ」により、IBM はさまざまな規模や価格の製品を、互換性を保ちながら提供できたのです。企業規模や業務目的が違っても、同じ「アーキテクチャ」の製品が使えることで、利用するためのノウハウやソフトウェアがそのまま使えるようになります。結果、利用する側の利便性が高まり、提供する側も開発コストを抑えることができるようになりました。

また、「アーキテクチャ」が公開されたことにより、IBM 以外の企業が S/360 の上で動くプログラムを開発できるようになり、IBM に接続可能な機器の開発も容易になりました。その結果、S/360 の周辺に多くの関連ビジネスが生まれていったのです。

「アーキテクチャ」をオープンにすることで、S/360 の周辺に多くのビジネスが生まれ、エコシステム（生態系）を形成するに至り、IBM のコンピュータは業界の標準として市場を席巻します。このような時代、我が国の通商産業省（現「経済産業省」）は国産コンピュータ・メーカーを保護するため、国策として S/360 の後継である S/370 の「アーキテクチャ」と互換のコンピュータ開発を支援し、1974 年に富士通は FACOM M190 の販売を始めました。

VAX11 の成功と小型コンピュータの登場

IBM が絶対的な地位を維持していた 1977 年、DEC 社（現 HPE 社が吸収）が VAX11/780 といわれるコンピュータを発表しました。このコンピュータは、IBM のコンピュータに比べ処理性能当たりの単価が大幅に安く、最初は科学技術計算の分野で、さらには事務計算の分野へと用途を広げ、DEC 社は IBM に次ぐ業界二位の地位にまで上り詰めていったのです。

1980 年代、他にも多くの小型コンピュータが出現しました。それが、オフィス・コンピュータ（オフコン）、ミニ・コンピュータ（ミニコン）、エンジニアリング・ワークステーションと呼ばれるコンピュータです。高価なメインフレームに頼っていた当時、もっと安くて、手軽に使えるコンピュータが欲しいという需要に応え、広く普及していきました。

その後、これら小型コンピュータの性能も向上し、メインフレームで行っていたことを置き換えられるようになりました。また、新しい業務をはじめからこれらの小型コンピュータで開発、あるいは市販のパッケージ・ソフトウェアを使って利用するようになりました。このようなムーブメントは「ダウンサイジング」と呼ばれていました。

また時を前後してパーソナル・コンピュータ(PC)も登場します。アップル、タンディ・ラジオシャック、コモドールといったいわゆるPC御三家が、その名前の通り、個人(パーソナル)が趣味で使うコンピュータを世に出します。それらはやがて、表計算や文書作成などのオフィス業務でも使われるようになります。ビジネス・コンピュータの雄であるIBMもこの市場に参入すべく、1981年にPersonal Computer model 5150(通称IBM PC)を発売し、ビジネスでのPC利用が一気に加速しました。

IBM互換PCの誕生

さまざまな小型コンピュータの出現は技術標準の乱立を招きました。この事態を大きく変えるきっかけとなったのが、前節で紹介したIBM PCの登場です。IBMのブランド力によりPCへの信頼が高まり、ビジネスでの利用が広がったことで、IBM PCで動くソフトウェアがそのまま動く互換機が登場しました。その結果、価格競争が促されPC市場が拡大し、IBM PCとその互換機が、ビジネス分野での圧倒的なシェアを持つようになりました。

PCでは後発だったIBMは、市場への投入を急ぐために市販の部品を使い、技術を公開して他社に周辺機器やアプリケーションを作ってもらう戦略を採用しました。コンピュータの中核であるプロセッサー(CPU)をIntel社から、またオペレーティング・システム(OS:Operating System)をMicrosoft社から調達したのです。

一方で、Intel社は自社のCPUの技術仕様を「インテル・アーキテクチャ(IA: Intel Architecture)」として公開、CPUだけではなくコンピュータを構成するために必要な周辺の半導体チップやそれらを搭載するプリント基板であるマザーボードなどをセットで提供し始めました。さらにMicrosoft社も独自に、このIntel製品の上で動作するOSを販売するようになりました。

その結果、IBM以外の企業でもIBM PCと同じ動作をするPCを製造できるようになったのです。これが、IBM PC互換機の誕生の背景です。

本家のIBM PCよりも低価格・高性能で同じ周辺機器が使え、同じアプリケーションが動くIBM PC互換機は広く支持され、ユーザーを増やしていきます。

IBM PC互換機メーカーは増え、価格競争も熾烈を極めました。こうしてIBM PC互換機は市場を席巻しました。

Wintel の隆盛と TCA の低下

皮肉なことに互換機に市場を奪われた IBM の PC 関連の売上は伸び悩み、利益率も悪化しました。その結果 IBM は PC 事業を売却してしまいました。一方で、PC 市場は拡大し、Intel はより高性能な CPU を開発するとともに、Microsoft は個人使用を前提とした OS だけではなく、複数ユーザー同時使用を前提としたサーバー OS を開発、PC は Microsoft の OS である Windows と Intel CPU との組合せが市場を席巻し、Wintel（ウインテル）時代になります。

それまで乱立していたアーキテクチャは Wintel に収斂し、さらなる技術の進化と大量生産によって、コンピュータの調達コスト（TCA: Total Cost of Acquisition）は、大幅に下がりました。1990 年代も半ば頃には、PC は 1 人一台、一社でメインフレームや多数のサーバー・コンピュータを所有する時代を向かえたのです。

TCO の上昇とクラウドの登場

企業に大量のコンピュータが導入されるようになり、それらを設置するための設備やスペース、ソフトウェア、トラブル対応、セキュリティ対策などの所有することに伴う維持、管理のコスト（TCO：Total Cost of Ownership）が大幅に上昇しました。その金額は IT 予算の 6 ～ 8 割に達するまでになりました。そんな時代にクラウドが登場したのです。

「クラウド・コンピューティング（Cloud Computing）」という言葉が最初に使われたのは、2006 年で、当時 Google の CEO だったエリック・シュミットの次のスピーチです。

「データもプログラムも、サーバー群の上に置いておこう。そういったものは、どこか"雲（クラウド）"の中にあればいい。必要なのはブラウザーとインターネットへのアクセス。パソコン、マック、携帯電話、ブラックベリー（スマートフォンの先駆的製品）、とにかく手元にあるどんな端末からでも使える。データもデータ処理も、その他あれやこれやもみんなサーバーに、だ」

"雲（クラウド）"とは、インターネットのことで、インターネットやネットワークを表現する模式図として雲の絵がよく使われていたことからです。彼の発言を整理すると次のようになります。

- インターネットにつながるデータ・センターにシステムを設置し、
- インターネットとブラウザーが使えるさまざまなデバイスから、
- 情報システムのさまざまな機能や性能をサービスとして使えるしくみ

現在、クラウドは、安心、安全が高度に求められる基幹業務システムや銀行システムといったミッション・クリティカル（24 時間 365 日、障害や誤作動などで止まることが許されない）なシステムにも使われています。

また、2018 年、日本政府は、「政府機関の情報システムは、クラウド・サービスの採用を優先する」との方針（クラウド・バイ・デフォルト原則）を決定しました。先行する米国では、CIA（中央情報局）が AWS を使い、DOD（国防総省）もクラウドへの移行を進めつつあります。高度な機密性や可用性、信頼性が要求される政府機関もクラウドを利用する時代になりました。

コンピューティング資源を資産として所有することは、変化に俊敏に対応するうえで、重い足かせとなります。また、巧妙化するサイバー攻撃の脅威に対処するには、企業であれ、政府機関であれ、大きな負担を強いられます。クラウドは、そんな課題を解決する手段としても、利用者の裾野を広げています。

AI 需要の拡大とクラウド・コンピューティング

2022 年 11 月にリリースされた ChatGPT をきっかけに、生成 AI のブームに火が付きました。AI を複雑な事象の解釈や高度な業務の自動化から、新たなコンテンツの生成に使うことへと需要が拡大しました。これに対処するには、従来とは桁違いの計算資源が必要となり、もはや企業が単独で所有することなど、できる規模ではなくなってしまいました。

また、AI だけではなく、さまざまな分野でのデジタル化の拡大と相まって、コンピューティング資源の需要は、指数関数的に増え続けています。このような状況に対処する手段として、クラウド・コンピューティングへの需要も高まり、クラウド事業者の設備投資も拡大しています。

“

情報システムの現状から考える クラウドへの期待

IT予算の増加は期待できない！

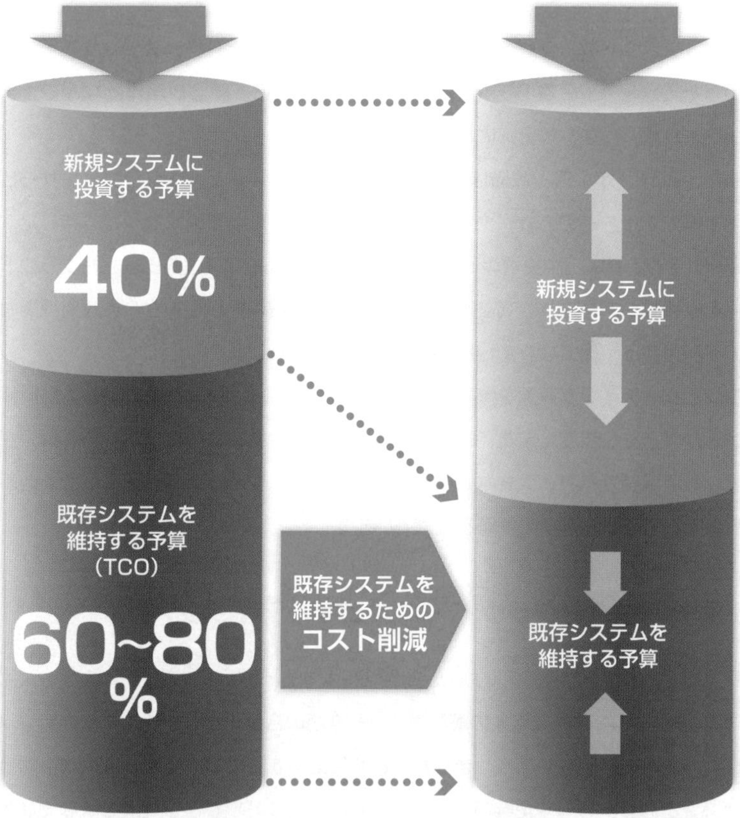

❖TCOの上昇
❖IT予算の頭打ち

クラウドへの期待
「所有」の限界、
使えればいいという割り切り

「

業務効率を高めるために、あるいは成長や競争力を維持するために、IT は不可欠な存在です。一方で、その利用範囲が広がり重要性が高まるほどに、災害やセキュリティ対応への負担も増大します。また IoT や AI といった新しい技術への対応も業務の現場から求められています。

こんな IT 需要の高まりとは裏腹に、企業内の IT に責任を持つ情報システム部門は、大きな問題を抱えています。

その 1 つが、TCO の増大です。すでに所有しているシステムの維持・運用管理、トラブル対応、保守などのコストで、IT 部門の予算のおよそ 6 〜 8 割を占めていると言われています。

このようなことになってしまうのは、設備やソフトウェアにこれまで投じた IT 資産の総額が IT 予算の「枠」となり、その減価償却分、すなわち 5 年償却であれば資産総額の 20% が、実質的に使える予算となっているからです。それを越えることは許されないという暗黙の了解があり、しかも、削減の圧力が常にかかり続けており、これにも対処しなくてはなりません。

業務や経営の新たな要請に応えたくても、TCO にお金が掛かりすぎて、応えることができません。しかも IT 予算の頭が抑えられています。そんな 2 つの問題を情報システム部門は抱えています。

ならば「所有」することを辞め、自分たちで情報システムの管理や運用をしなければ TCO は削減できます。またクラウドで提供されているプラットフォームやアプリケーションを使えば、開発工数の削減や、場合によっては開発さえも不要です。運用管理負担を低減し、アプリケーションを直ちに現場に提供できる。クラウドへの期待はそんなところにあります。

もちろん単純には、「TCO 削減＝クラウド利用」にならないことにも注意が必要です。クラウドならではの料金体系やシステム設計の考え方、運用のしくみなどを考慮する必要があります。そこへの配慮を怠ると、むしろ割高になってしまったり、安定した性能を発揮できなかったり、セキュリティを担保できなかったりと、新たな課題を抱え込むことにもなります。

ただ、これまで「所有」しか選択肢がなかった情報システムにとって、「使用」という新たな選択肢が与えられたことは確かです。

」

クラウドの起源と定義

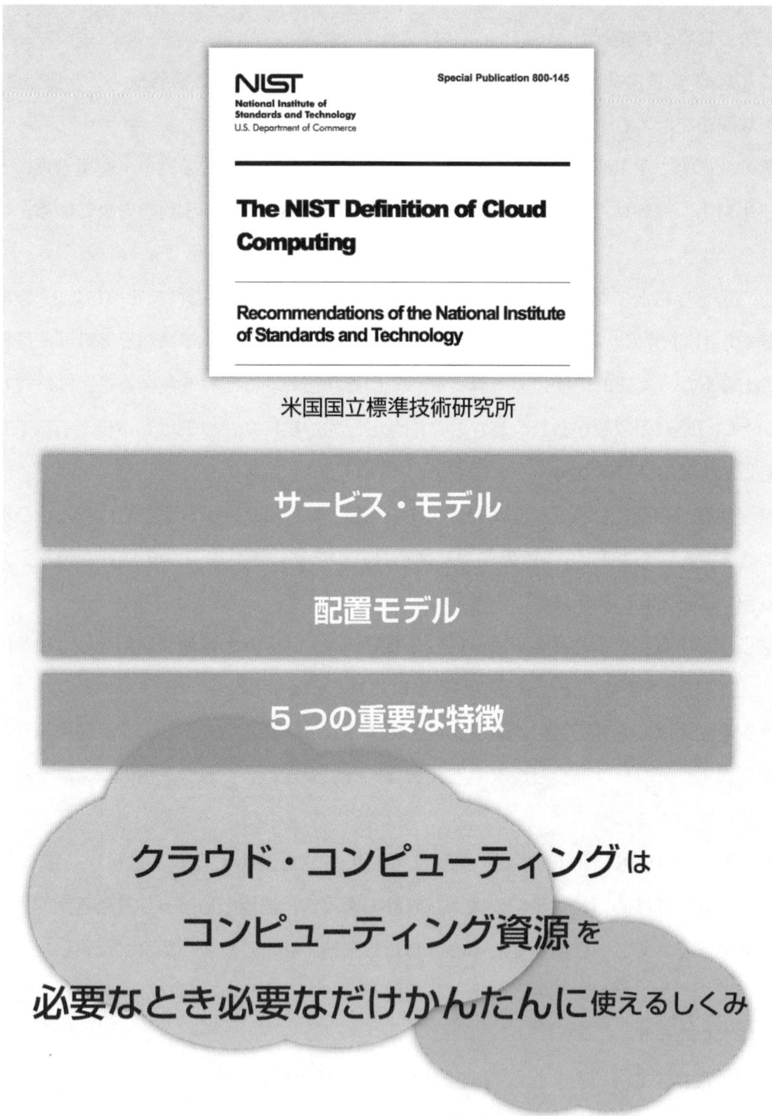
NIST
National Institute of Standards and Technology
U.S. Department of Commerce
Special Publication 800-145
The NIST Definition of Cloud Computing
Recommendations of the National Institute of Standards and Technology
米国国立標準技術研究所
サービス・モデル
配置モデル
5つの重要な特徴
クラウド・コンピューティングは
コンピューティング資源を
必要なとき必要なだけかんたんに使えるしくみ

「クラウド・コンピューティング」という言葉は、2006年、当時GoogleのCEOを務めていたエリック・シュミットのスピーチ（前述）がきっかけでした。

新しい言葉が大好きなIT業界は、時代の変化や自分達の先進性を喧伝し自社の製品やサービスを売り込むためのキャッチコピーとして、この言葉を盛んに使うようになりました。そのため各社各様の定義が生まれ、市場にさまざまな誤解や混乱を生みだしてしまったのです。

こんな混乱に終止符を打つきっかけになったのが、米国の国立標準技術研究所（NIST: National Institute of Standards and Technology）が2009年に発表した「クラウドの定義」です。これは、厳密な規格ではなく、考え方の枠組みとして捉えておくといいでしょう。「クラウド・コンピューティングとは、ネットワーク、サーバー、ストレージ、アプリケーション、サービスなどの構成可能なコンピューティング資源の共用プールに対して、便利かつオンデマンドにアクセスでき、最小の管理労力またはサービスプロバイダ間の相互動作によって迅速に提供され利用できるという、モデルの1つである」とし、さらにクラウドに備わっていなくてはならない「5つの必須の特徴」をあげています。

- オンデマンド・セルフサービス：ユーザーがWeb画面からシステムの調達や各種設定を行うと自動で実行してくれる
- 幅広いネットワークアクセス：PC以外のさまざまなデバイスから利用できる
- リソースの共有：複数のユーザーでシステム資源を共有し、融通し合えるしくみを備えている
- 迅速な拡張性：ユーザー要求に応じて、システムの拡張や縮小を即座に行える
- サービスが計測可能：サービスの利用量、たとえばCPUやストレージをどれくらい使ったかを電気料金のように計測できるしくみを持ち、それによって従量課金（使った分だけの支払い）が可能となる

クラウドの普及や新たなテクノロジーの登場とともに新たな解釈も生まれています。しかし、クラウドの基本的枠組みとして、いまも広く使われており、ここで提案された整理の枠組みを理解しておくといいでしょう。さらにNISTは、利用形態の違いからクラウドを「サービス・モデル（Service Model）」と「配置モデル（Deployment Model）」の2つに整理しています（詳細は次節）。

クラウドの定義：サービス・モデル

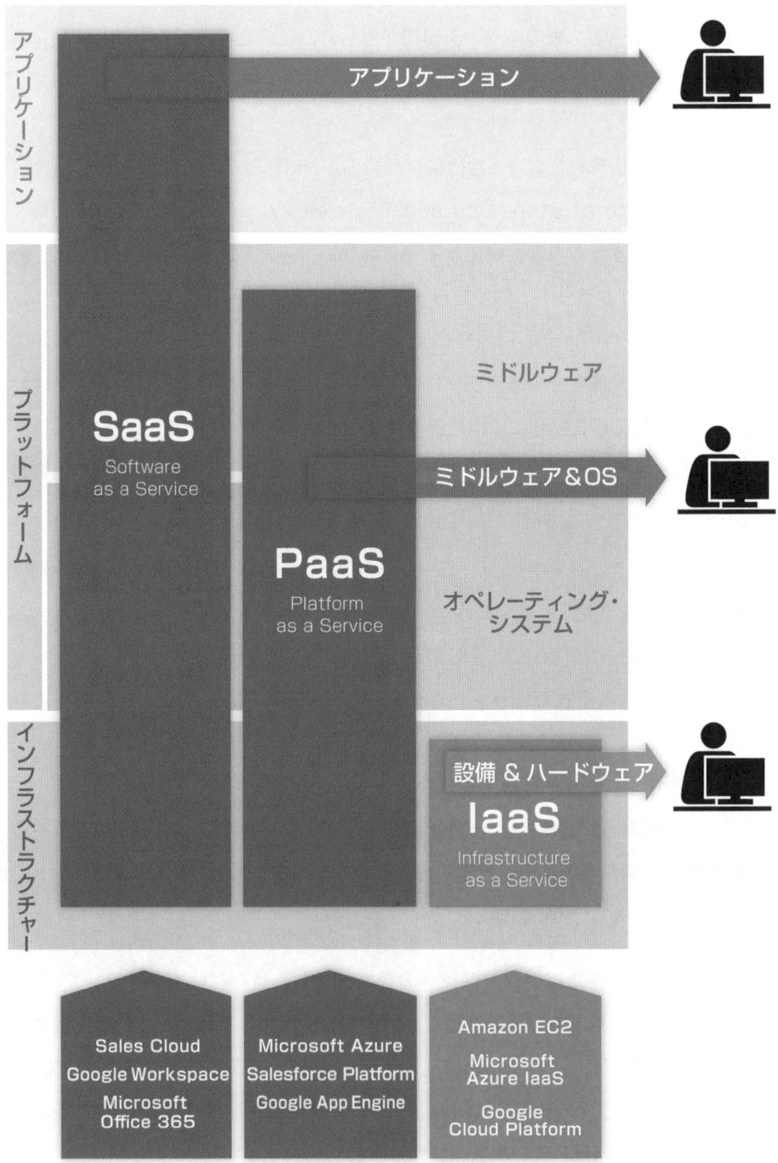

クラウドをサービスの違いによって分類する考え方が「サービス・モデル（Service Model)」です。

SaaS（Software as a Service）

電子メールやスケジュール管理、文書作成や表計算、財務会計や販売管理などのアプリケーションを提供するサービスです。ユーザーは、アプリケーションを動かすためのハードウェアやOSなどの知識がなくてもアプリケーションの設定や機能を理解していれば使うことができます。たとえば、Sales Cloud、Google Workspace、Microsoft Office 365などがあります。

PaaS（Platform as a Service）

アプリケーションの開発や実行のために必要な機能を提供するサービスです。OS、データベース、開発ツール、実行時に必要なライブラリーや実行管理機能などを提供します。たとえば、Microsoft Entra ID、Lightning Platform、Google App Engine、AWS Lambda、Cybozu kintoneなどがあげられます。

IaaS（Infrastructure as a Service）

サーバー、ストレージなどのハードウェアの機能や性能を提供するサービスです。「所有」するシステムであれば、その都度ベンダーと交渉し、手続きや据え付け導入作業をしなければなりません。しかしIaaSであれば、メニュー画面であるセルフサービス・ポータルから、設定するだけで使うことができます。また、ストレージ容量やサーバー数は、必要に応じて設定だけで増減できます。ルーターやファイヤー・ウォールなどのネットワークの機能やその接続も同様に設定だけで構築できます。たとえば、Amazon EC2、Google Compute Engine、Microsoft Azure IaaSなどがあげられます。

サービスとは本来、「物理的実態／形あるモノの提供を伴わずに機能や性能を提供して対価を受け取るビジネス」です。クラウドでは、上記のように、アプリケーション、プラットフォーム、インフラストラクチャーを物理的なモノを提供せずに、その機能だけをサービスとして提供することから、「～ as a Service（サービスとしての～機能名～)」という呼び方をしています。

多様化するクラウドのサービス区分

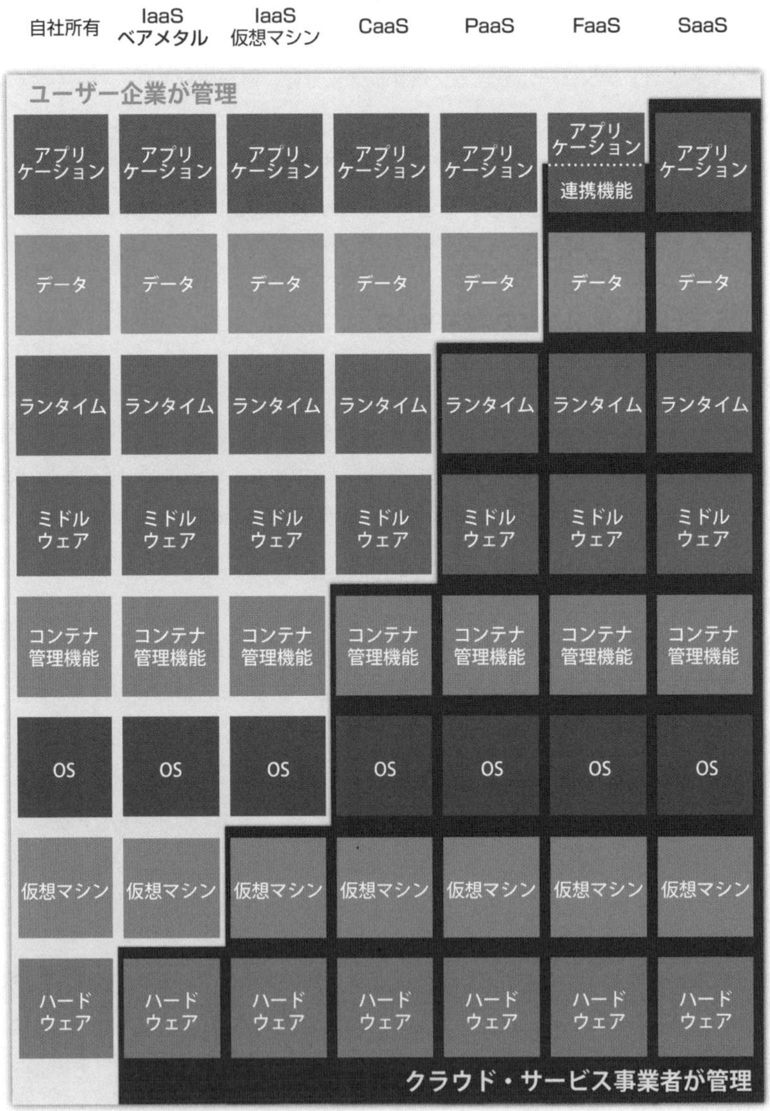

2009年に発表された米国国立標準技術研究所(NIST:National Institute of Standards and Technology)のクラウドの定義では、サービス・モデルはSaaS、PaaS、IaaSに区分されています。その大枠の考え方はいまも使われ続けていますが、テクノロジーの発展とクラウドの普及とともに、この区分が、厳密にはそのまま適用できなくなってきていることも確かです。

たとえば、IaaSでは、当初「仮想サーバー」を提供するサービスと位置付けられていましたが、その後、「物理サーバー」を提供する「ベアメタル」というサービスも登場しています。「ベアメタル」とは、「地金」という意味で、OSやソフトウェアなどがインストールされていないまっさらな物理サーバーのことです。

本来IaaSは、仮想化により、低コストかつスケーラビリティのメリットを享受できるものでしたが、一方で、入出力の処理性能に劣るという特徴がありました。これを解決しようというのがベアメタルです。

たとえば、Webからのアクセスを処理するフロントエンドのWebサーバーは拡張性の高い仮想サーバーを使い、入出力の処理性能が求められるバックエンドのデータベース・サーバーは、ベアメタルを使うといった組合せです。

また、「コンテナ管理」の機能を提供し、その管理や運用をクラウド事業者が行う「CaaS（Container as a Service)」や、コンテナで作られたアプリケーションの機能部品（サービス）を連携させ、その実行を管理してくれる「FaaS（Function as a Service)」も登場しています。

FaaSは、アプリケーションの実行に必要なサーバーのセットアップと管理を気にせず開発・実行できる「サーバーレス」という使い方を提供するサービスです。サーバーなどインフラの構築や運用はクラウド事業者に任せ、ユーザーは、アプリケーション開発にリソースを傾けられるようになります。

このような区分はNISTの定義と同じではありません。ただ、クラウド・サービスは、さまざまなユーザーのニーズを取り込みながら、これからもサービスの多様化が図られ、それに合わせて「〜 as a Service」の種類も増えていくでしょう。

クラウドの定義：配置モデル

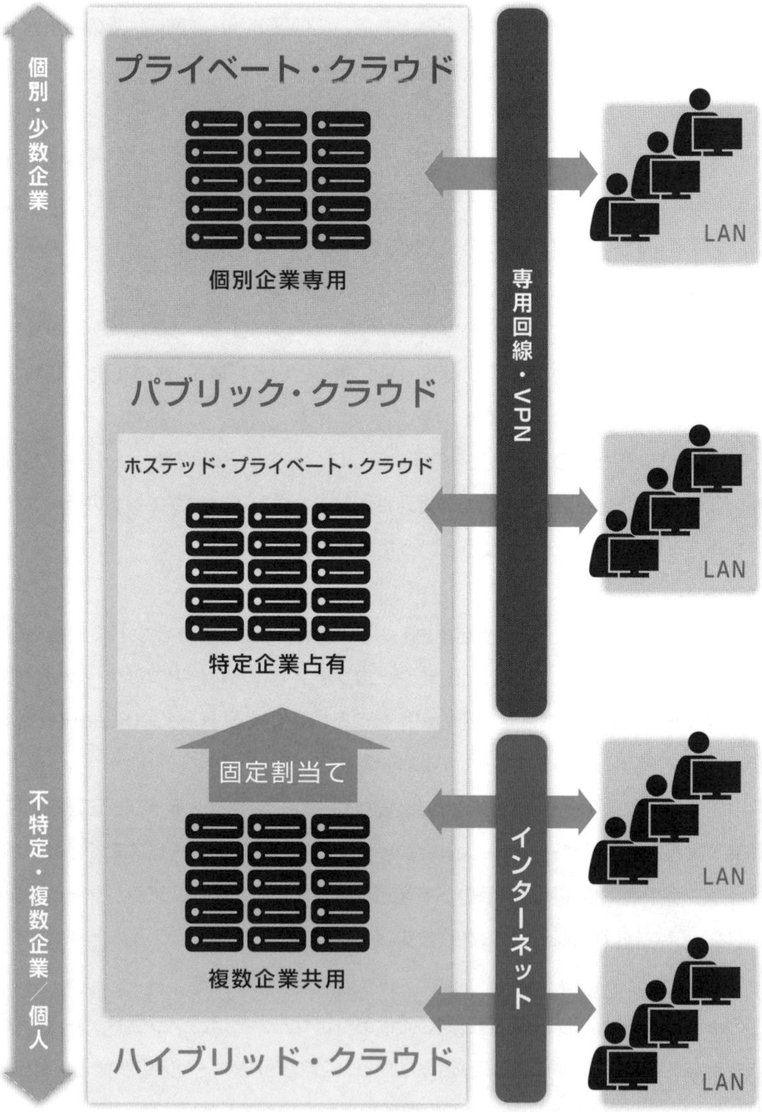

クラウド・サービスを実現するシステムの設置場所の違いによって分類しようという考え方が、「配置モデル（Deployment Model）」です。

複数のユーザー企業がネットを介して共用するのが「パブリック・クラウド」です。もともとクラウド・コンピューティングは、パブリック・クラウドのことでした。

しかし「パブリック・クラウドの利便性は享受したいが、他ユーザーと協同で利用し、応答時間やスループットに影響を受けるようでは使い勝手が悪いし、セキュリティの不安も払拭できない」との考えもあり、企業がシステム資源を自社で所有し、自社専用で使用しようという「プライベート・クラウド」という概念が登場します。これは、クラウド・コンピューティングのしくみを自前の資産で構築し、自社専用で使うやり方です。

しかし、「プライベート・クラウドのメリットは享受したいが、自ら構築するだけの技術力も資金力もない」という企業も少なくありません。そこでNISTの定義には含まれてはいませんが、「ホステッド・プライベート・クラウド」というサービスが登場しています。「プライベート・クラウドのレンタルサービス」といえばわかりやすいかもしれません。

これはパブリック・クラウドのシステム資源を特定のユーザー専用に割り当て他ユーザーからは隔離します。これを専用の通信回線や暗号化されたインターネット（VPN: Virtual Private Network）で接続し、あたかも自社専用のプライベート・クラウドのように利用できるサービスです。

昨今、企業の既存業務システムをパブリック・クラウドに移管しようという動きが盛んですが、移行先は、この「ホステッド・プライベート・クラウド」が使われます。

パブリックとプライベートを組み合わせる使い方を「ハイブリッド・クラウド」といいます。NISTの定義には、他にも地域や法令・規制など、共通の関心事によって結びついている組合や業界といった範囲で共同利用するコミュニティ・クラウドという区分も使われていますが、現在では、あまり使われていません。

パブリックとプライベートを組み合わせた「ハイブリッド・クラウド」

				構築の難易度
モバイル連携	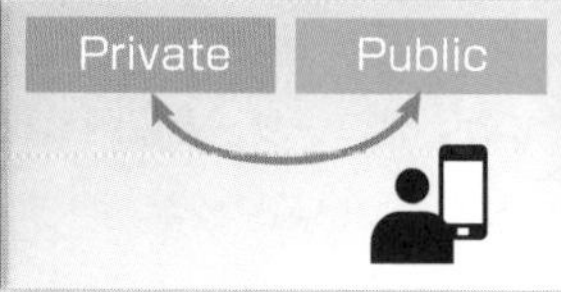	パブリックでモバイルアプリケーションと連携、プライベートで基幹業務系の処理	対象とする業務アプリケーションへのアクセス方法	低
使い分け	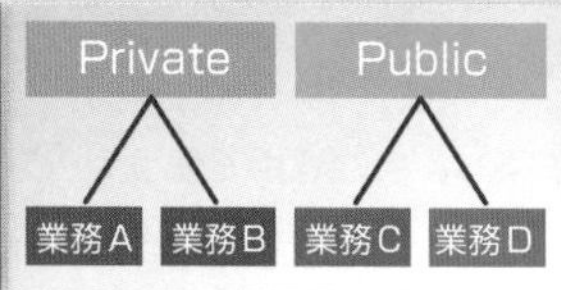	業務ごとに両者を使い分け	業務の配置と統合監視／管理方法	低
災害対策	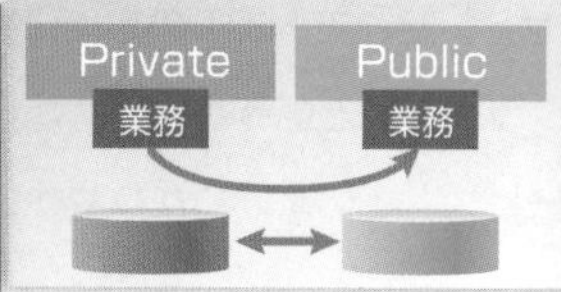	通常時はプライベート、災害時にはパブリックに切り替え	データやアプリケーション同期の方法やタイミング、サイト切り替え法、統合監視／管理方法	中
負荷調整		プライベートで負荷をまかないきれないときにパブリックを追加、リソースとして使用	ネットワーク帯域の設定、振り分けが自動か手動で難易度が変わる	高
SaaS 連携	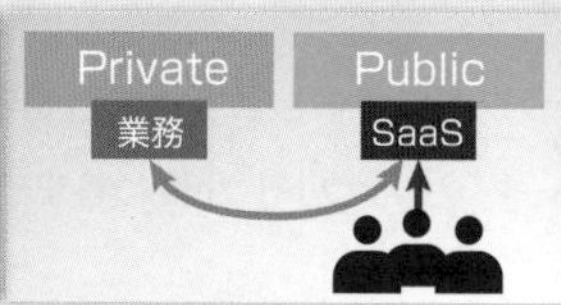	パブリックで SaaS を使用、そのデータをプライベートの業務システムで処理する	SaaS ／ API 連携の方法	高
ピーク対応		通常はプライベートで処理するが、ピーク時はパブリックにリソースを拡大する	データやアプリケーション同期の方法やタイミング、サイト切り替え法、統合監視／管理方法	高＋
柔軟対応		業務の状況に応じて、業務やデータを両者で柔軟に使い分ける（単一リソース）	データやアプリケーション同期の方法やタイミング、サイト切り替え法、統合監視／管理方法	高＋

NISTの「クラウド・コンピューティングの定義」には、「ハイブリッド・クラウド」について、次の記載があります。

「実態は異なるインフラであっても、あたかもそれらが1つのインフラであるかのように、データとアプリケーションの両者を跨いで容易に行き来できるしくみ」

つまり、「プライベートとパブリックをシームレスな1つのクラウド・システム」として扱おうという考え方です。

企業が所有するプライベートは、どうしても物理的規模や能力に制約があります。そこで、パブリックと組み合わせて一元管理し、あたかも自社専用の1つのシステムのように使えるのであれば、実質的には能力や規模の制約を気にすることのない使い方ができます。このようなしくみが、本来の定義に従った使い方です。

この定義とは別に、パブリック・クラウドとプライベート・クラウドそれぞれの得意不得意を補完し合いながら両者を組み合わせる使い方をこのように呼ぶことも、少なくありません。たとえば、次のような使い方です。

- 企業の独自性が乏しい電子メールはパブリックのSaaSを利用し、セキュリティを厳しく管理しなければならない人事情報はプライベートでおこない、その情報を使ってSaaSの個人認証を行う
- モバイル端末を使い経費精算はパブリックのSaaSを使い、そのデータをプライベートで会計処理し、振込手続きを行う
- 通常業務はプライベートを使用し、バックアップや災害時の代替システムをパブリックに置いておき、災害時に切り替えて使用する

ただ、「パブリック・クラウドは自分たちの所有ではなく、ガバナンスやセキュリティが心配だから」という理由で両者を使い分けるのは、考え直すべきです。たとえば、我が国では、政府省庁や政府機関、銀行や保険会社などの金融機関、米国では、CIA（中央情報局）や国防総省などの高度な機密性や可用性が求められる組織でも、パブリック・ラウドの利用が拡大しています。また、最新の技術や機能がクラウド前提で提供されることも増えています。

後ほど解説する「遅延時間」と「大量データ」の問題を除けば、パブリックについての懸念はなくなりつつあります。

ハイブリッド・クラウドと
マルチ・クラウド

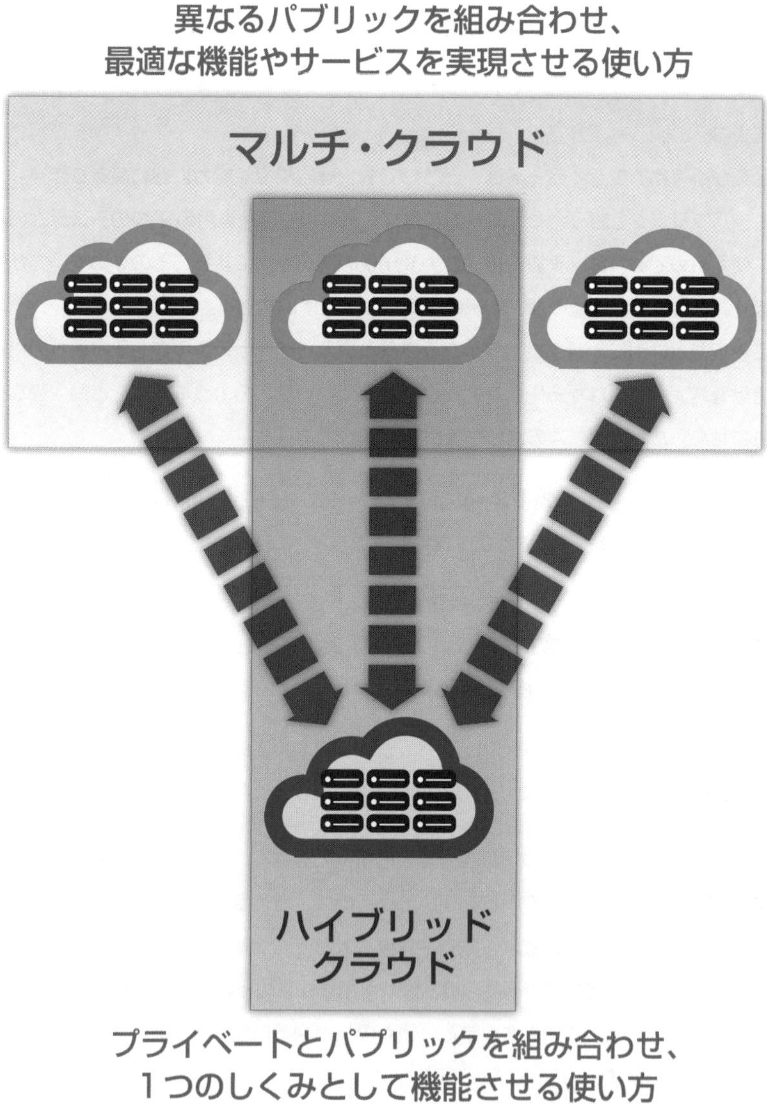

「マルチ・クラウド」という言葉があります。NISTの定義にはありませんが、異なるパブリック・クラウドを組み合わせて、自分たちに最適なクラウド・サービスを実現することを言います。

たとえば、IoTデータの収集と集約はそのための専用サービスを提供しているAWS、データの分析には計算性能のコストパフォーマンスが高いGCP（Google Cloud Platform）、その結果を利用者に提供するのはユーザー画面の設計やモバイルへの対応が容易なSalesforce、これらを組み合わせて、設備機械の保全・故障予知サービスを実現するといった使い方です。

パブリック・クラウド事業者は、それぞれに差別化を図るため、機能や性能、運用管理方法や料金などで異なる戦略をとっています。おのずとそれぞれの得意なところや使い方によるコストパフォーマンスの違いが出てきます。それらのいいとこ取りをして、自分たちに最適な組合せを実現しようというのがマルチ・クラウドです。

また、一社のサービスに依存する「ベンダー・ロックイン（乗り換えを難しくすること）」で自分たちの裁量権や自由度を奪われること、システム障害や災害に伴いサービスが利用できなくなるリスクなどへの懸念から、複数サービスにシステムを分散させておこうという考え方から、マルチ・クラウドを採用する場合もあります。

一方で、クラウド・サービスごとに異なる運用管理ツールを使い分けなければならず運用管理業務が煩雑になることや、異なるサービスをまたがる機能の連携やデータ移動が難しいといった課題もあり、いいことばかりではありません。

このような状況に対処するため特定のクラウド・サービスに依存しない汎用的、標準的なシステムの設計や「マルチ・クラウド管理」のためのツールやサービスを利用することも、合わせて考慮すべきでしょう。コンテナの利用も有効な選択肢です。

もはやクラウドは単独ベンダーで使う時代ではありません。ハイブリッド・クラウドやマルチ・クラウドを駆使して最適な組合せを実現するのが当たり前の時代を迎えています。

クラウドに欠かせない５つの特徴

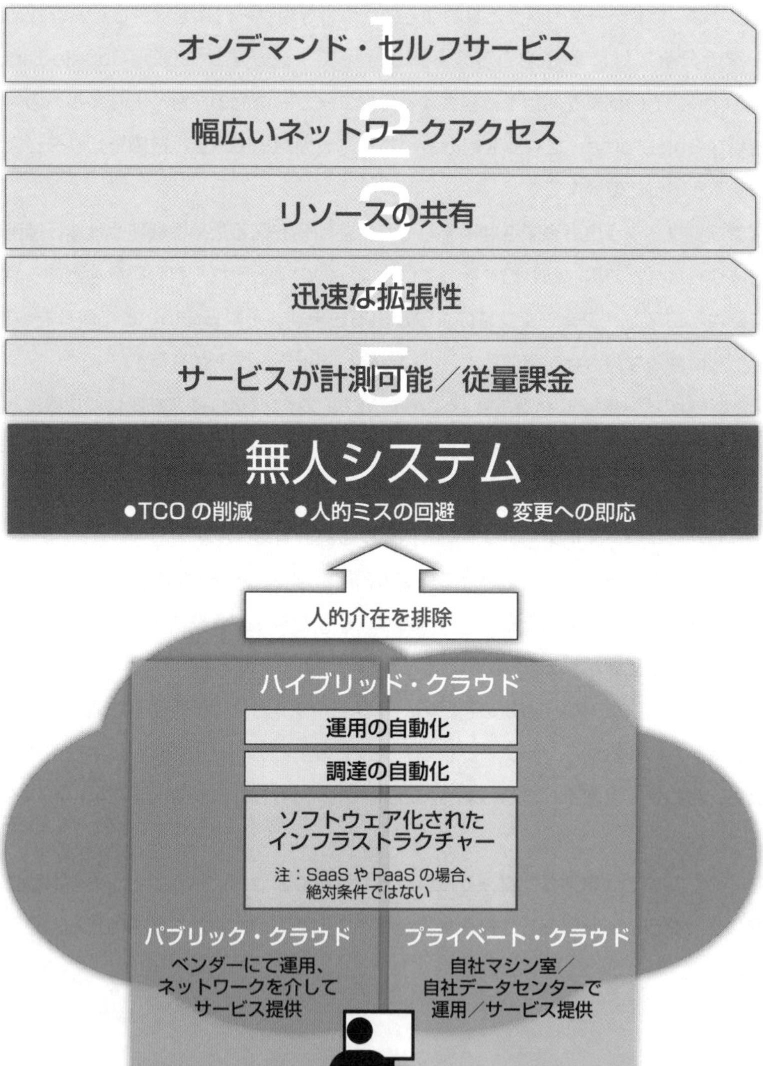

1
オンデマンド・セルフサービス
2
幅広いネットワークアクセス
3
リソースの共有
4
迅速な拡張性
5
サービスが計測可能／従量課金
無人システム
●TCOの削減
●人的ミスの回避
●変更への即応
人的介在を排除
ハイブリッド・クラウド
運用の自動化
調達の自動化
ソフトウェア化された
インフラストラクチャー
注：SaaSやPaaSの場合、
絶対条件ではない
パブリック・クラウド
ベンダーにて運用、
ネットワークを介して
サービス提供
プライベート・クラウド
自社マシン室／
自社データセンターで
運用／サービス提供

NISTの定義にはクラウドに欠かせない5つの特徴が挙げられています。

1. オンデマンド・セルフサービス：ユーザーがWeb画面からシステムの調達や各種設定を行うと自動で実行してくれる
2. 幅広いネットワークアクセス：PCだけではないさまざまなデバイスから利用できる
3. リソースの共有：複数のユーザーでシステム資源を共有し、融通し合えるしくみを備えている
4. 迅速な拡張性：ユーザーの要求に応じて、システムの拡張や縮小を即座に行える
5. サービスが計測可能：サービスの利用量、たとえばCPUやストレージをどれくらい使ったかを電気料金のように計測できるしくみを持ち、それによって従量課金（使った分だけの支払い）が可能

上記実現のためにシステム構築や構成変更を物理的な作業を伴わずにソフトウェア設定だけで実現する「仮想化」、無人で運用管理する「運用の自動化」、調達や構成変更を簡便にし、メニュー画面からの設定だけで行えるようにする「調達の自動化」の技術が使われています。これは、第3章で解説した「SDI（Software-Defined Infrastructure)」の技術が土台となっています。

このしくみを事業者が設置・運用し、ネット越しにサービスとして提供するのが「パブリック・クラウド」、自社で設置・運用し、自社内だけで使用するのが「プライベート・クラウド」です。

これにより徹底して人的な介在をなくし、人的ミスの排除、調達や変更の高速化、運用管理の負担軽減を実現し、人件費の削減、テクノロジーの進化に伴うコストパフォーマンスの改善を長期継続的に提供し続けようとしています。

なおハイパーバイザーによる「仮想化」はIaaSにおいては前提となる技術ですが、PaaSやSaaSでは、このやり方を使わないのが一般的です。アプリケーションでのユーザー管理、データベースのマルチ・テナント機能、コンテナによる独立したアプリケーション実行環境など、「仮想化」よりもシステム負荷が小さく、効率よくシステム資源を使用でき、ユーザー・グループを分離できる手段が使われています。

クラウドを使う 4 つの理由

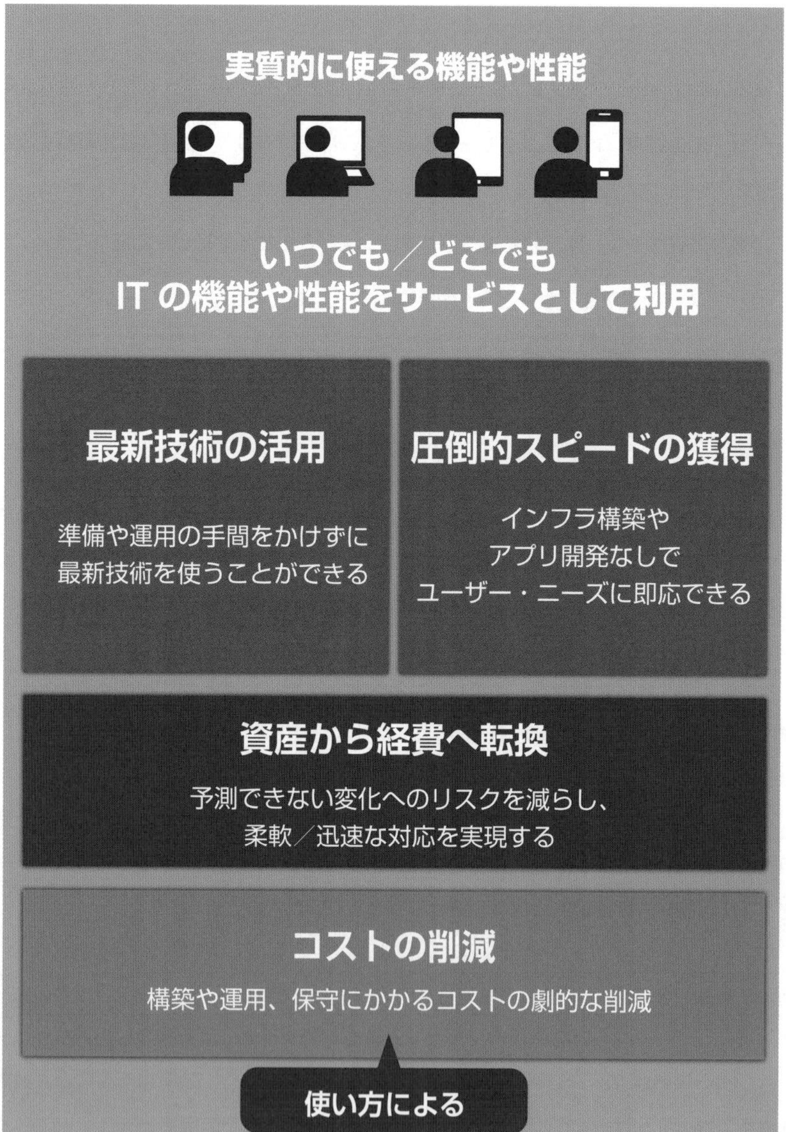

実質的に使える機能や性能
いつでも／どこでも
IT の機能や性能をサービスとして利用
最新技術の活用
準備や運用の手間をかけずに
最新技術を使うことができる
圧倒的スピードの獲得
インフラ構築や
アプリ開発なしで
ユーザー・ニーズに即応できる
資産から経費へ転換
予測できない変化へのリスクを減らし、
柔軟／迅速な対応を実現する
コストの削減
構築や運用、保守にかかるコストの劇的な削減
使い方による

最新技術の活用

ITの最新を常にキャッチアップして使いこなすことは、コストパフォーマンス向上や事業の差別化にとっては、不可避です。しかし、かつては、高度な技術力とシステム資源を所有する必要があり、多額の資金も必要でした。

クラウドを使えば、そんなITの最新技術をサービスとして使うことができ、その維持管理や機能の改善も、クラウド事業者に任せることができます。

圧倒的スピードの獲得

ユーザーがITに期待するのは、アプリケーションを使って業務の生産性向上や高度化を実現することです。かつてはそのために、専用アプリケーション開発や、インフラやプラットフォームの準備が必要でした。加えて、セキュリティやパフォーマンス、トラブルなどの対応にも時間や手間がかかりました。

クラウドを使えば、これらに手間をかけることなく、すぐに使うことができます。また、すでにクラウド･サービスとして提供されているアプリケーションやアプリケーションを実現するために必要な機能部品を使い、自分たちに必要な個別のサービスを容易に組み立てることができます。

資産から経費への転換

ITへの要求は増え続けています。一方で、変化が速く、将来の予測が困難な時代に、システムを資産として持つことは、経営的に避けたいところです。

クラウドを使えば、システムを経費にでき、必要な機能や性能を適宜調達できますから、キャッシュの自由度が高まり、経営の柔軟性を高められます。

コストの削減

自社所有のシステム資源を、設計や運用の仕方をそのままにクラウドに移行しても、コスト削減のメリットは期待できません。また、設計思想の違いもあり、セキュリティやコンプライアンス、パフォーマンスの問題も生じかねません。

そこで、クラウドならではの使い方やサービスを使うことを前提にシステムを最適化して構築すれば、大幅なコストの削減も可能ですし、上記のような機能や性能以外の問題の解消にもつながります。また、キャンペーンへの対応やシステム･テストなどスポット的に大きな負荷がかかる場合にも、その時だけ料金を支払って利用することができます。結果として、コスト削減に寄与します。

パブリック・クラウドの不得意なところ

【遅延時間】

短い遅延時間が求められる業務は、地理的距離が遠くなると不利なので、同一場所で完結させたほうがいい

- ◆ 証券市場において、データ基に 1 秒で数千回の売買注文をおこなうなどの高頻度取引（HFT:High Frequency Trading）
- ◆ 工場の製造現場で、ただちに良／不良を見分けて、不良品を排除する品質管理工程の自動化
- ◆ 自動運転車の事故の回避判断と回避行動の連動 など

日本を起点とした往復の信号遅延時間の目安

アメリカ本土	200m 秒
東南アジア・オセアニア	100m 秒
東アジア	50m 秒
国内	10〜30m 秒
LAN	1m 秒以下

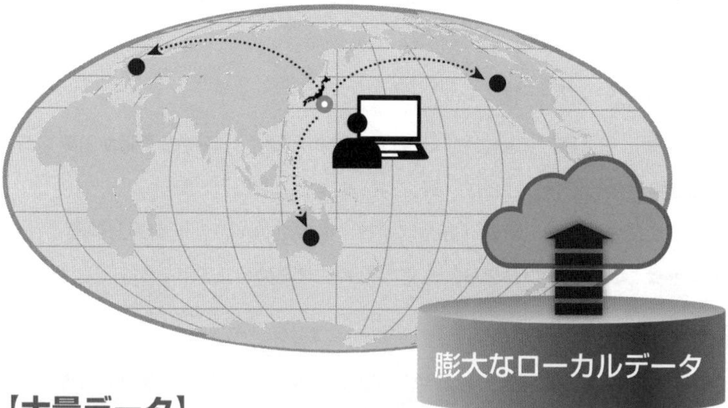

【大量データ】

現場で大量のデータが発生し、それを保管、処理しなければならない場合は、それらをすべてクラウドに送り出すと、回線料金が莫大になるため、同じ場所で保管、処理させたほうがいい

- ◆ 大量のセンサー・データを取得／利用して業務をおこなう
- ◆ 工場の機械の動作履歴を検査や改善のために使う業務　など

「パブリック·クラウド」は、コンピューティング資源を「所有」から「使用」へと転換し、さまざまなベネフィットをもたらしてくれることは、これまでも述べたとおりです。しかし、けっして万能ではなく、「遅延時間」と「大量データ」についての課題があることを理解しておく必要があります。

遅延時間

データの発生源とデータを処理するコンピュータの間は、光ファイバーなどの通信媒体を介して結ばれます。そこに流れる信号が届く時間は、距離が離れれば遅くなります。これが、「遅延時間（Latency）」です。

たとえば、日本から米国西海岸との間でデータをやり取りする場合、往復でおよそ200ミリ秒ほどかかります。もし米国西海岸のデータ・センターにあるパブリック・クラウドを使おうとすると、データを処理する時間が、仮に100ミリ秒であったとしても、結果を得るまでには、300ミリ秒かかることになります。

東京からシンガポールなどの東南アジアになると、この遅延時間は100ミリ秒程度、韓国や台湾などの東アジア地域との間では、50ミリ秒程度になります。国内であれば、さらに短く、数十ミリ秒以下になります。一般的な社内LANであれば、1ミリ秒以下です。

なお、遅延時間は、基本的には距離に依存するのですが、必ずしもそれだけではなく、回線が経由するルートや介在するネットワーク機器などの影響によっても大きな違いが生じるので、上記はあくまで目安です。

この遅延時間が問題になる、つまり低遅延でなければ支障をきたす以下のような業務では、パブリック・クラウドを使うことは難しいでしょう。

- 証券市場においてデータ基に1秒で数千回の売買注文を行うような高頻度取引（HFT：High Frequency Trading）
- 工場の製造現場で、直ちに良／不良を見分けて、不良品を排除する品質管理工程の自動化
- 自動車の自動運転における事故の回避判断と回避行動の連動　など

大量データ

現場で大量のデータが発生し、それを保管、処理しなければならない場合は、それらをすべてパブリック・クラウドに送り出すと、回線料金が高くなってしまいます。たとえば、次のような場合です。

- 大量のセンサーからデータを取得し、それを利用して業務を行う
- 工場の機械の動作履歴を検査や改善のために使う　など

回線料金だけではなく、大量のデータを処理することになれば、クラウド・サービスの理由料金も嵩みます。このようなケースの場合は、得られる成果とコストとのバランスを考えなければなりません。

いずれの場合も、データが発生する場所にコンピュータを設置することで解決できます。ただし、その設置と運用は、ユーザー企業の負担となります。

見方を変えれば、「遅延時間」と「大量データ」の問題がなければ、パブリック・クラウドが使えます。この選択肢がなかった時代には、コンピューティング資源は、所有することが唯一の選択肢でしたが、もはやそういう時代ではありません。

パブリック·クラウドを優先し、上記の制約がある場合のみ、使用場所に設置、所有し、連係して使うのが合理的と言えるでしょう。セキュリティやガバナンスを危惧する声も未だありますが、本章でも述べてきたとおり、もはやその観点で心配することはなくなりつつあります。

なお、後ほど、詳しく解説しますが、クラウド・サービス事業者も、当然ながらこの状況を把握しています。彼らは、自社のパブリック・クラウドのしくみをあらかじめ組み込んだハードウェア製品を提供し、この需要に応えようとしています。

これには、自社のパブリック・クラウドと一元的に運用管理できる機能も用意されており、設置や運用管理におけるユーザーの負担を軽減できます。

ただし、その利便性の代償として、その事業者にロックインされるリスクがあることも理解しておくべきでしょう。

Column

市場を席巻する３大クラウド事業者と生成 AI 戦略

Synergy Research Group の発表によると、2023 年第４四半期のクラウド・インフラ・サービス（IaaS と PaaS、ホステッド・プライベート・クラウド）の企業支出は全世界で６１０億ドルを超え、前年の第４四半期から１００億ドル以上増加しました。成長率は鈍化していますが、市場規模は継続的に拡大しています。

クラウド事業者で最大のシェアを誇るのは AWS（Amazon Web Services）です。その市場シェアは、過去数年間、32 ～ 34%の範囲を維持しています。

直近の一年間で市場シェアを大きく伸ばしたのが Microsoft です。過去４四半期の平均が 21%であったのに対し、2023 年第４四半期は 23%に達しました。Google は 11%で前四半期と同水準で、１年前より１ポイント上昇しています。AWS、Microsoft、Google の３社で世界市場の 66%を占め、前期の 63%から上昇しました。この３社に、Alibaba の 5%、IBM の 4% が続きますが、両者の市場シェアは減少傾向にあり、世界市場で上位３社が寡占状態となっています。

Microsoft がシェアを拡大したのは、生成 AI サービスをいち早く充実させたことが理由とされています。たとえば、ChatGPT を開発した OpenAI と提携し、彼らの生成 AI を企業が安全に使うための Azure OpenAI Service を提供しました。また、検索サービス Bing への組み込み、Windows や Office365 から生成 AI を利用できる Copilot の提供もはじめ、大きなシェアを持つ自社製品と統合する戦略で、他事業とのシナジーを活かしてクラウド事業の拡大を図っています。

一方、AWS は、エンド・ユーザーが直接使用する ChatGPT のようなチャット AI は提供していません。一方で、AWS 上での競合他社の AI 運用を容認し、独自の AI 処理専用チップ（AWS Trainium や AWS Inferentia）を開発するなどして、インフラ提供者として裏方に徹する戦略を採っているようです。

Google は、独自の生成 AI である Gemini を開発、AI 専用チップ TPU の充実を図り、Microsoft・OpenAI 連合に対抗すべく、Google Workspace や検索サービスなどの自社サービスとの統合を図り、競争力を高めようとしています。

技術開発のスピードが速く、今後の動向を予測することは困難ですが、当面この３社の寡占が維持されるとともに、生成 AI サービス戦略の巧拙が、クラウド市場におけるシェアに大きな影響を持つものと考えられます。

クラウド・コンピューティングのビジネス・モデル

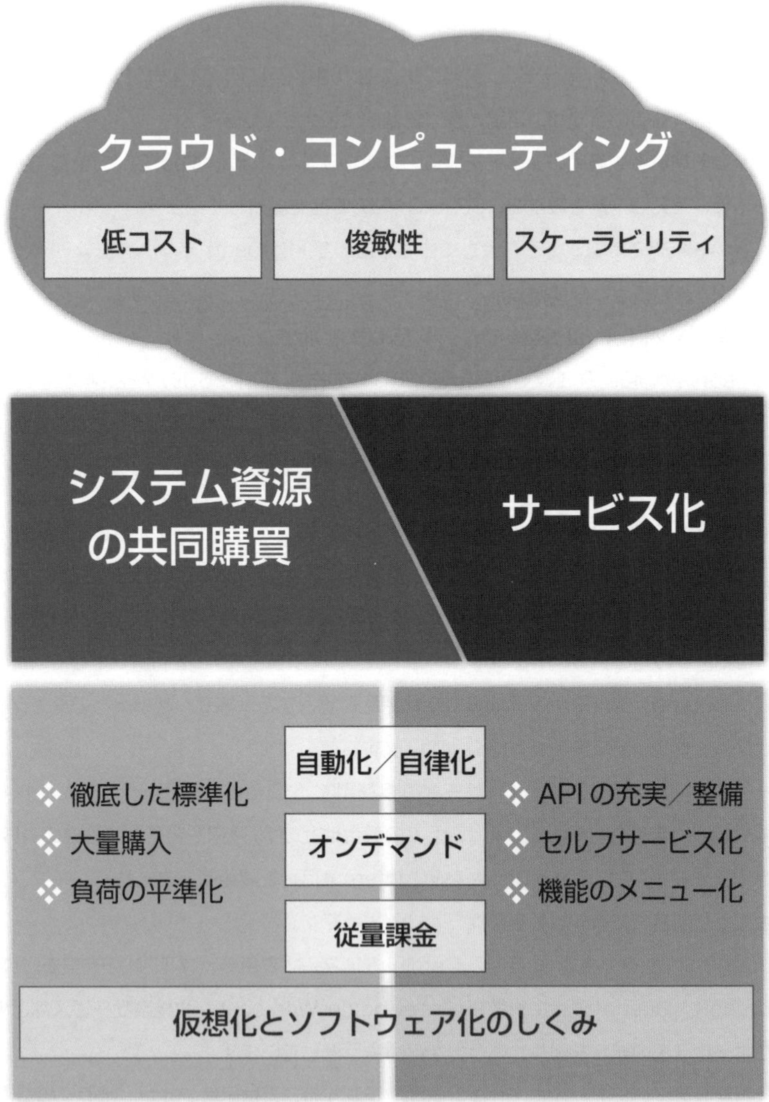

「

クラウド・コンピューティングは「システム資源の共同購買」と「サービス化」のしくみを組み合わせたビジネス・モデルです。

システム資源の共同購買

システムを利用する複数の企業が、共同でまとめ買いしているようなものです。これにより、調達コストを下げ、設備や運用管理のコストを低減しています。

クラウド事業者は、独自設計で機材の徹底した標準化をすすめ、同じ仕様の機材を大量生産、大量購買することで低コストでの調達を実現し、運用管理の自動化を徹底することで、そのコスト負担の低減を図っています。

たとえば、AWS の場合、数百万台のサーバーを保有し、サーバー資産を 3 年で償却していると言われ、故障や老朽化に伴う入れ替えや追加増設を考えると年間百万台を越えるサーバーを購入していると考えられます。全世界の年間サーバー出荷台数が 1 千万台程度であることから考えると、その多さは驚異的です。

また、市販品を購入するのではなく自社設計・自社仕様の専用機材を大量に調達しますから量産効果も期待でき、低コストで調達できます。また膨大な数のユーザー企業がサービスを共同利用するので、負荷の分散や平準化が図られ、個別に調達することに比べてムダが少なく、低コスト化に貢献します。

サービス化

物理的な作業を伴わずソフトウェア設定だけでシステム資源の調達や構成変更を実現するしくみです。インフラのところで紹介した仮想化やソフトウェア化の技術が、その土台となっています。

この 2 つのしくみによりシステム資源の低コストでの調達、変更への俊敏性、需要の変動に即応できるスケーラビリティ（システム規模の伸縮性）を実現し、さらに従量課金により使った分だけの支払いとなることから、システム資源調達の際の初期投資リスクを低減できます。ユーザーは、必要な規模のコンピューティング資源を容易に利用、変更できます。

このように見ていくと、クラウドは、単なるシステム資源の調達を資産から経費に変えるだけではなく、最新技術を利用でき、変化に俊敏に対応できる情報システムを実現する基盤となることが分かります。

」

パブリック・クラウドは
セキュリティ対策の外部委託

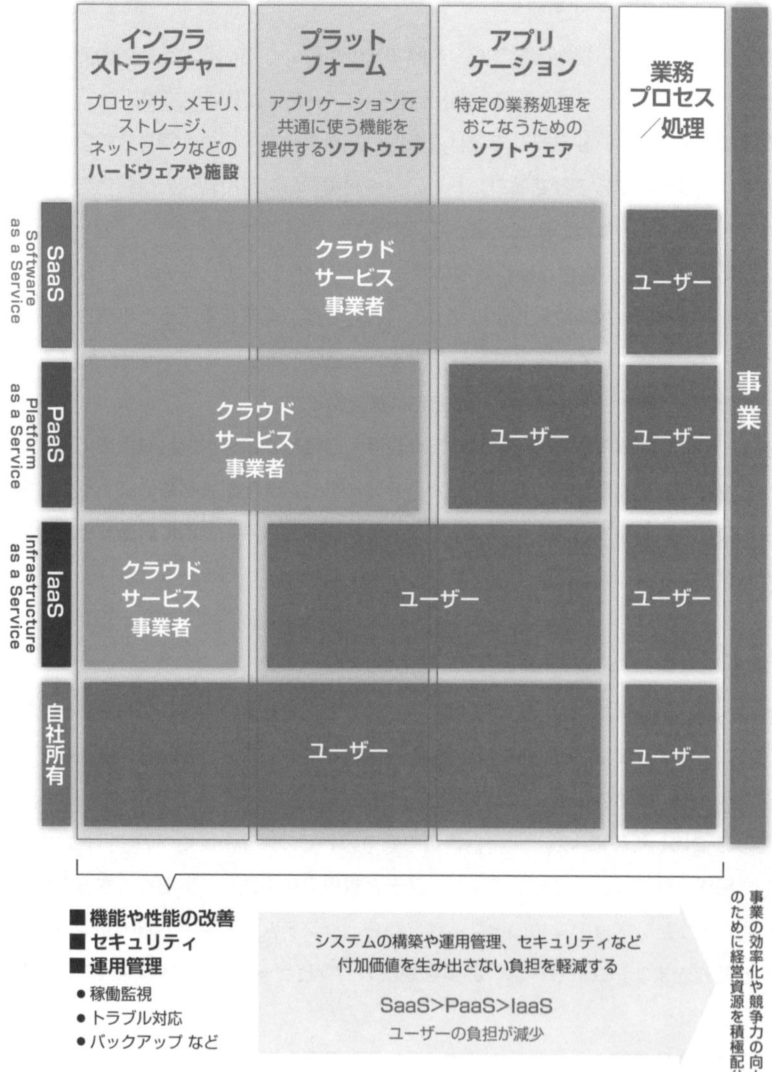

インフラ
ストラクチャー
プロセッサ、メモリ、
ストレージ、
ネットワークなどの
ハードウェアや施設
プラット
フォーム
アプリケーションで
共通に使う機能を
提供するソフトウェア
アプリ
ケーション
特定の業務処理を
おこなうための
ソフトウェア
業務
プロセス
／処理
事業
SaaS
Software
as a Service
PaaS
Platform
as a Service
IaaS
Infrastructure
as a Service
自社所有
クラウド
サービス
事業者
ユーザー
■機能や性能の改善
■セキュリティ
■運用管理
●稼働監視
●トラブル対応
●バックアップ など
システムの構築や運用管理、セキュリティなど
付加価値を生み出さない負担を軽減する
SaaS>PaaS>IaaS
ユーザーの負担が減少
事業の効率化や競争力の向上
のために経営資源を積極配分

「

パブリック・クラウドは、セキュリティ対策の外部委託サービスです。たとえば、SaaS であれば、アプリケーション以下の一切合切を、セキュリティ対策も含めて事業者に任せることができます。PaaS であれば、ミドルウェアや OS などのプラットフォーム以下を、IaaS であれば、サーバーやストレージ、ネットワーク機器やデータ・センター設備などのインフラを任せることになります。当然、任せないところは自分で対策をしなくてはならず、できるだけ広範に任せたほうが、自分たちのセキュリティ対策の負担を軽減できます。

クラウド事業者は、24 時間 365 日体制で、最高度のセキュリティ対応をしています。だからこそ、多くの企業が基幹業務をクラウド上で動かし、セキュリティに厳しい銀行や保険会社などの金融機関、政府機関も使用しているのです。米国では最高レベルのセキュリティを要求される CIA が AWS を使用し、国防総省もクラウドへ移行しつつあります。

ただ、利用の仕方に応じて適切に設定しなければ、事故を起こすことも考えられ、利用者側の責任がなくなるわけではありません。

セキュリティの脅威が高度化、複雑化するいま、セキュリティ対策を一般の企業や組織が担うのは技術的にもコスト的にも容易なことではなくなってきており、セキュリティの専門家集団を抱えるクラウド事業者に任せようとの考え方が、広く受け入れられています。そうしなければ、セキュリティ対策に多大な負担を強いられ、ビジネスの価値を生みだすアプリケーションに十分なリソースを配分できないからです。

もちろん外部委託にともない「思い通りにできない」というデメリットは生じます。一方で高度なセキュリティ対策を任せられるメリットはそれ以上に大きなものがあります。ものごとは、常にプラスとマイナスです。結果としてプラスになるのであれば、その価値を最大限に享受できるように自分たちのやり方を変えるのが、合理的な判断です。

「分からないから不安である」、「手元にないから心配だ」、「いままでのやり方と変わるのはイヤだ」という感情論で、その価値を活かせないというのであれば、IT を任される資格はありません。もっと積極的に「どのような対策が取られているのか」を学び、合理的な判断を下すべきでしょう。

」

4

日米のビジネス文化の違いとクラウド

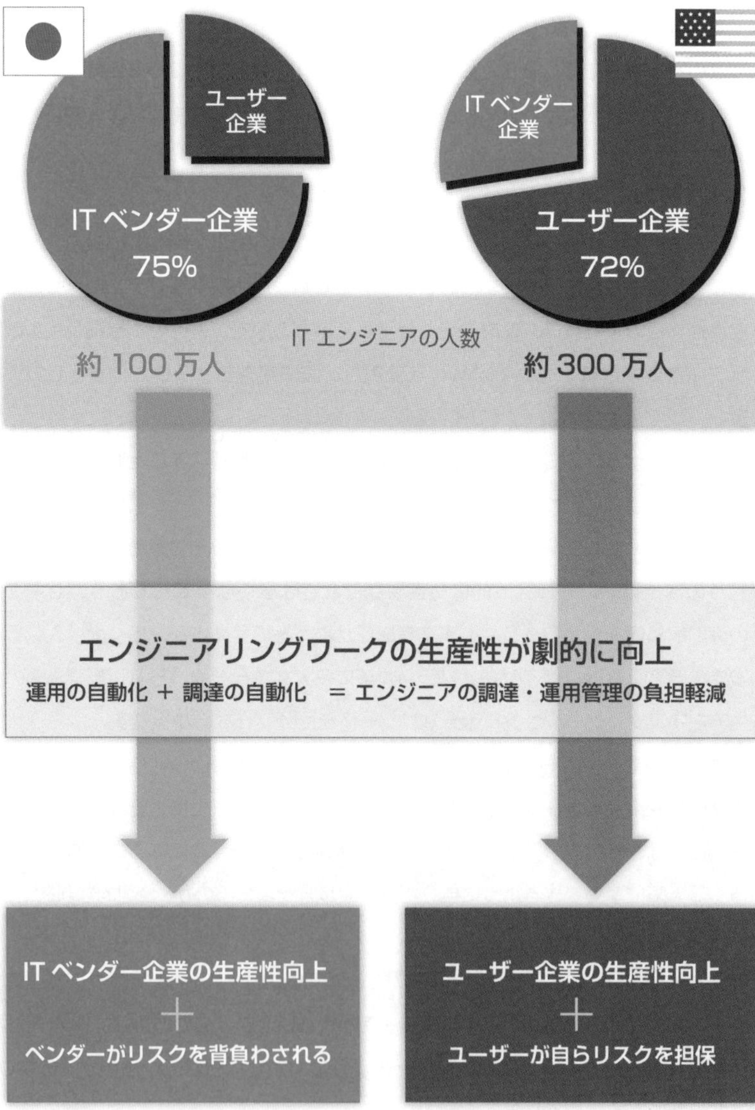

クラウドはITエンジニアの7割がユーザー企業に所属する米国で生まれました。そんなクラウドは、リソースの調達や構成変更などに関わるITエンジニアの生産性を高め人員を削減できることから、ユーザー企業のコスト削減に直接寄与するサービスとして注目されるようになりました。

一方、我が国ではITエンジニアの7割がSI事業者やITベンダーに所属し、このような仕事は彼らに外部委託されています。そのためユーザー企業のITエンジニアの生産性向上は、委託される仕事の減少を意味し、彼らにとってメリットはありません。また調達や構成の変更はリスクを伴う仕事です。米国ではそのリスクをユーザー自身が引き受けていますが、それらを外部委託している我が国では彼らがその責任を背負わされています。そのため外部委託されている企業にとって、クラウドは利益相反の関係にあると言えます。

我が国のクラウドの普及が、米国ほどではないと言われていますが、その背景にはこのような事情があるのかもしれません。

エンジニア構成の配分が、このように日米で逆転してしまっているのは、人材の流動性に違いがあるからです。米国では、大きなプロジェクトがあるときには人を雇い、終了すれば解雇することは、さほど難しくはありません。必要とあれば、また雇い入れればいいのです。一方、我が国は、このような流動性は小さいので、SI事業者へのアウトソーシングを行い、この人材需要の変動部分を調整しているのです。

ただ「DX」や「攻めのIT」といった競争力を生みだすIT利用への関心が高まる中、ユーザー企業はエンジニアを雇い入れ、内製化を進めようとしています。彼らは、不確実性の高いビジネス環境のもと、初期投資リスクをできるだけ回避し、変更に即応したいと考えています。そうなれば、必然的にシステム資源を資産として固定しなくてもいいクラウドの利用が拡大することになります。

また、既存のITはコスト削減の圧力に常に晒され続けています。そうなれば、既存のシステムをクラウドへ移管し、運用を自動化してコストの削減を図ろうという思惑が働きます。さらに生成AIをはじめとした最新技術を顧客向けサービスに組み入れ、差別化を図ろうとの動きも活発です。この3つのモチベーションは、クラウドの普及を後押ししています。

“

クラウド・バイ・デフォルト原則

政府情報システムにおけるクラウド・サービスの利用に係る基本方針
https://cio.go.jp/sites/default/files/uploads/documents/cloud_%20policy.pdf

クラウド・バイ・デフォルト原則（クラウド・サービスの利用を第一候補）

- ✔ 政府情報システムは、クラウド・サービスの利用を第一候補として、その検討をおこなう
- ✔ 情報システム化の対象となるサービス・業務、取扱う情報などを明確化したうえで、メリット、開発の規模および経費などを基に検討をおこなう

Step0：検討準備

クラウド・サービスの利用検討に先立ち、対象となるサービス・業務および情報といった事項を可能な限り明確化する

↓

Step1：SaaS（パブリック・クラウド）の利用検討と利用方針

サービス・業務における情報システム化に係るものについて、その一部または全部がSaaS(パブリック・クラウド)により提供されている場合(**SaaS(パブリック・クラウド)の仕様に合わせ、サービス・業務内容を見直す場合も含まれる**)には、クラウド・サービス提供者が提供するSaaS（パブリック・クラウド）が利用検討の対象となる

↓

Step2：SaaS（プライベート・クラウド）の利用検討

サービス・業務における情報システム化に係るものについて、その一部または全部が、府省共通システムの諸機能、政府共通プラットフォーム、各府省の共通基盤等で提供されるコミュニケーション系のサービスや業務系のサービスをSaaSとして、当該サービスが利用検討の対象となる

↓

Step3：IaaS／PaaS（パブリック・クラウド）の利用検討と利用方針

SaaSの利用が**著しく困難である場合**、または経費面の優位性その他利用メリットがない場合については、民間事業者が提供するIaaS／PaaS（パブリック・クラウド）が利用検討の対象となる

↓

Step4：IaaS／PaaS（プライベート・クラウド）の利用検討

IaaS／PaaS（パブリック・クラウド）の利用が**著しく困難である場合**、または経費面の優位性その他利用メリットがない場合については、サーバ構築ができる政府共通プラットフォーム、各府省独自の共通基盤などをIaaS／PaaSとして、当該サービスが利用検討の対象となる

↓

オンプレミスシステムの利用検討

「

日本政府は、少子高齢化に対応し、持続的な経済発展を成し遂げるためには、AI、ロボット、IoTなどを活用した新しい社会「Society 5.0」が、日本の目指すべき未来社会の姿であるとし、これを支えるために、政府が情報システムを整備する際に、クラウドの利用を第一候補とする「クラウド・バイ・デフォルト原則」の基本方針が2017年5月の閣議決定され、2018年6月に具体的な内容が発表されました。ちなみに、「バイ・デフォルト／by default」とは「既定では」という意味です。

この中で、開発の規模及び経費を最小化するために、まずは運用管理負担が少ないパブリック・クラウドのSaaSから検討を始め、それが難しい場合は、順次負担が大きくなるPaaS、IaaSへと検討を進めるように示されています。いずれのサービスでも、利用が著しく困難である場合か、利用するメリットがなく、しかも経費面の優位性も認められない場合のみオンプレミス（自分たちで所有し運用の責任を負う）にするとしています。

パブリック・クラウドが利用される場合として、次の例が示されています。

- システム資源の正確な見積もりが困難、または変動が見込まれる場合
- 24時間365日のサービス提供や災害対策が欠かせない場合
- インターネット経由で直接サービス（APIを含む）を提供する場合
- パブリック・クラウドが提供する技術・機能・サービス（運用管理、マイクロサービス、分析機能、AIなど）の採用が基本となる場合

システムを入札するITベンダーは、バックアップ環境や災害対策環境が整備されていることや、セキュリティ認証の取得などが必須となります。また、2020年9月に発足した「デジタル庁」は、この原則を徹底する役割も担っており、クラウド利用を積極的に進めようとしています。

ビジネス環境の変化が加速するいま、政府に限らず民間企業もまたシステムを資産として所有することは経営スピードの足かせとなり、リスクとなっています。かつては「所有」するしか方法がなかったわけですが、もはや時代は変わり「クラウド・バイ・デフォルト」の制約はなくなりました。むしろ競争力の強化や差別化などの「攻めのIT」や「DX」に経営資源を傾けたいと考える企業経営者にとっても、「クラウド・バイ・デフォルト」は必然の選択です。

」

所有しているシステムをパブリックへ移行するための勘所

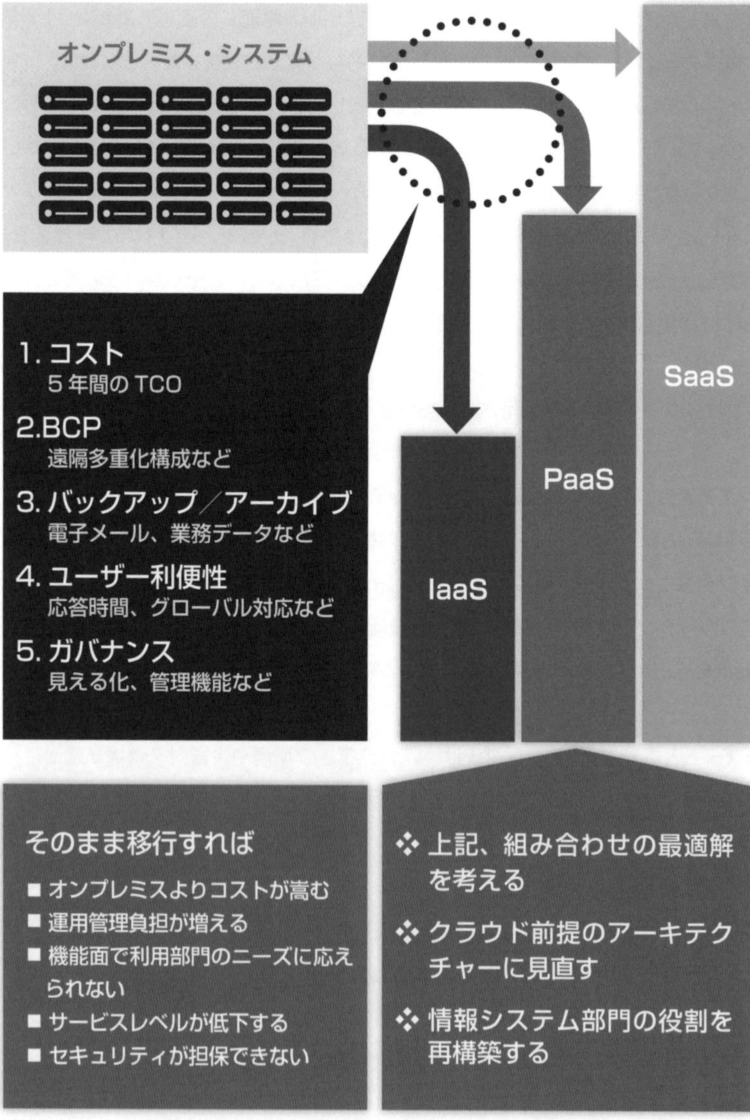

そのまま移行すれば

- オンプレミスよりコストが嵩む
- 運用管理負担が増える
- 機能面で利用部門のニーズに応えられない
- サービスレベルが低下する
- セキュリティが担保できない

- ❖ 上記、組み合わせの最適解を考える
- ❖ クラウド前提のアーキテクチャーに見直す
- ❖ 情報システム部門の役割を再構築する

システム構成や運用をそのままにすでに所有しているシステムをパブリック・クラウドへ移行してもコスト削減は困難です。その理由は、次の通りです。

- サーバーの台数が多いとシステムが複雑になり、作業費用や保守・サポート費用が増加する
- サーバーは稼働時間に応じて課金されるため、所有するシステムと同じ常時稼働を前提とした運用方法では料金が嵩んでしまう
- バックアップや冗長化構成、他のサポート・オプションの使い方次第では、料金は大きく変動する
- データのダウンロード（外部へのデータ持ちだし）や外部ネットワーク回線費用（閉域網、国際回線等）は別途必要になる
- 運用管理などに関わる社員の人件費はクラウドに機能が移管してもそのまま残ってしまう

結果として、以前よりコストが増える、運用管理負担が増える、機能面で利用部門のニーズに応えられない、サービス・レベルが低下する、セキュリティが担保できないといったことになりかねません。

この事態を避けるためには、クラウドに最適化されたシステムに設計し直した上で、以下の優先順位で移行するのが現実的です。

1. できるだけ開発も運用も必要のない SaaS へ
2. アプリケーション開発が必要な場合は、開発や実行のしくみがあらかじめ用意され運用も任せることのできる PaaS や FaaS（Function as a Service：サーバーレスを提供するサービス）へ
3. どうしても既存構成や運用を踏襲しなければならない場合は IaaS やベアメタルへ

また、1 つのプログラムにたくさんの機能を詰め込んだアプリケーションを、機能別の部品（マイクロサービス）に分解して、コンテナに格納し CaaS（Container as a Service）あるいは FaaS で稼働させる選択もあります。

これに合わせて情報システム部門の役割やスキルを見直し、クラウド利用に取り組むべきでしょう。IT ベンダーは、そんな顧客のニーズに応えられる支援サービスやアドバイスを提供していくことが求められています。

クラウドに吸収される IT ビジネス

アプリケーション・ビジネス

- ビジネス開発
- システムの企画
- システム設計
- プログラム開発／テスト
- 開発／テスト環境の構築
- 本番実行環境の構築
- セキュリティ対策
- 運用管理
- トラブル対応

SaaS

アジャイル開発 ＋ DevOps ＋ ローコード開発ツール

ローコード開発ツール
OutSystems
Mendix
GeneXus

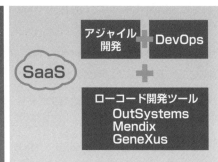

- ●ローコード開発
  - ●Salesforce　Lightning Platform
  - ●Microsoft　PowerApps
- ●サーバーレス／ FaaS ／ PaaS
- ●コンテナ運用／管理マネージド・サービス

ネットワーク・ビジネス

- ネットワークの設計
- ネットワーク機器の導入／設定
- セキュリティ対策
- 監視／運用管理
- トラブル対応

5G
5G通信網のタイムスライス
SIMによる閉域網

クラウド・データセンター内
ネットワーク

クラウド・データセンター間
バックボーン・ネットワーク

インフラ・ビジネス

- インフラの設計
- インフラ機器の導入／設定
- セキュリティ対策
- 監視／運用管理
- トラブル対応

●オンプレミス型マネージド・システム

- ☑ Oracle Dedicated Region
- ☑ AWS Outposts
- ☑ Microsoft Azure Stack Hub

システムを「所有」することしか選択肢がなかった時代には、ハードウェアの購入、据え付け、ソフトウェアの導入、設定などに多くの手間が必要でした。また、それらを設置するためのマシンルームやデータ・センター、電源や冷却装置、通信回線などの設備もユーザー企業の責任において準備する必要があり、そのためのシステム機器の販売、工事や維持管理のための工数需要を生みだしていました。

しかし、クラウドを「使用」すれば、ハードウェアの販売や導入、据え付けに関わる作業、そのための設備工事はクラウド・サービスに吸収されます。

また自前でシステムの一部を所有する場合でも、ハイブリッド・クラウドが前提となれば、そのシステムにパブリック・クラウドとの親和性や一元管理が求められるようになります。

パブリック・クラウド事業者側では、この需要に応え、自社サービスへの囲い込みも意識して、自社のサービスで使用しているシステム環境、自社のパブリック・クラウドとプライベート・クラウドを一括して運用管理できるしくみをあらかじめ組み込んだハードウェアを自ら提供し、この需要に応えようとしています。

AWS の Outposts、Microsoft の Azure Stack Hub、Google の Distributed Cloud Edge、Oracle の Dedicated Region Cloud @Customer などです。これらはシステム導入作業を済ませて出荷されるため、設置場所での作業は少なく、運用管理や保守、障害時の対応といった作業もネットワークを介してサービスとして提供されるので、ここでの工数需要も限定的です。

加えて、5G（第 5 世代移動通信システム）を使えれば、高速かつ閉域のネットワークを物理的な工事を伴わず、設定だけで構築できるようになります。また、クラウド事業者のデータ・センター間はグローバルに高速ネットワークでつながれており、地域を跨ぐ広域ネットワークをユーザー企業が自前で用意する必要もありません。これまでネットワークの構築には、機器や設備を準備するために多大な費用と作業が必要でしたが、この需要がなくなってしまいます。

このようにクラウドの普及は、これまでの IT ビジネスの構造を大きく変えつつあるのです。

第5章

サイバー・セキュリティ
デジタル化が進む事業基盤の安全対策は重要な経営課題

DX に取り組めば、ビジネス・モデルや業務プロセスは、IT サービスへと置き換わり、事業や経営は、IT への依存を高めていきます。サイバー攻撃への対処は、これまでにも増して、重要な経営課題として取り組まなくてはなりません。

しかし、クラウドが普及し、リモートワークが常態化したいま、かつてのような、社内と社外を明確に区別して両者の境目を護る「境界防衛」セキュリティでは対処できなくなりました。また、ID とパスワードの漏洩が常態化し、これらに依存するリスクも高まっています。

ファイヤー・ウォールや VPN で護られ信頼できるネットワーク（トラスト・ネットワーク）だった社内のネットワークは、信頼できなくなりました。つまり、「ゼロトラスト（信頼できなくなった）・ネットワーク」を前提に対策しなくてはなりません。

信頼できなくなったのは、ネットワークだけではありません。攻撃の高度化や多様化は、デバイスやトランザクションにも及びます。ID やパスワードに頼る認証も安全ではなくなりました。ゼロトラストの対象は広範に及び、これらを前提にした対策が必要とされています。

「デジタル前提の社会に適応するために会社を作り変えること」

DXの実践は、あらゆる業務プロセスを徹底してデジタル化することでもあります。これにより、企業活動をリアルタイムでデータとして捉えることができ、業務活動がリアルタイムに「見える化」され、AIを使って直ちに最適解を見つけることができます。そうやって、DXが目指す、変化に俊敏に対処できる会社に作り変えることができます。業務プロセスはことごとくデジタルになるわけですから、それを支える情報システムのリスクに対処することは、これまでにもまして重要な経営課題となります。

悪意ある攻撃者たちもまた、このような事業環境の変化に適応して、その手口を高度化、巧妙化させています。もはや、従来の対策の常識が通用せず、対策と攻撃が、イタチごっこを続けているのが現状です。

以前であれば、「攻撃を防ぎ、もし、攻撃を受けたら直ちに対応すること」が、セキュリティ対策の基本でした。しかし、もはやそれでは対処できなくなりました。「攻撃を完全に防ぐのは不可能。だから、攻撃は受ける前提で、攻撃からいち早く復旧すること」へと、対策の重心が変わっています。

経営者は、セキュリティ対策が、事業経営の死命を制する課題であることを十分に認識し、その対策を進めなくてはなりません。独立行政法人　情報処理推進機構（IPA）は、その重要性を喚起するために「サイバー・セキュリティ経営ガイドライン V2.0」を公開し、経営者に対して、以下の3原則を認識し、対策を進めることを提唱しています。

1. 経営者は、サイバー・セキュリティ・リスクを認識し、リーダーシップによって対策を進めることが必要

- サイバー攻撃が避けられないリスクとなっている現状において、経営戦略としてのセキュリティ投資は必要不可欠かつ経営者としての責務である
- サイバー攻撃などにより、被害を被ったならば、企業として迅速かつ適切な対応ができるか否かが会社の命運を分ける
- サイバー・セキュリティ・リスクを経営リスクの1つと位置づけ、対策を実施するうえでの責任者となる担当幹部（CISOなど）を任命するとともに、経営者自らがリーダーシップを発揮して適切な経営資源の配分を行う

2. 自社はもちろんのこと、ビジネス・パートナーや委託先も含めたサプライ・チェーンに対するセキュリティ対策が必要

- ビジネス・パートナーがサイバー攻撃に対して無防備であった場合、自社から提供した重要な情報が流出してしまうなどの問題が生じうる
- 自社のみならず、ビジネス・パートナーやシステム管理等の委託先を含めたセキュリティ対策を徹底することが必要である

3. 平時および緊急時のいずれにおいても、サイバー・セキュリティリスクや対策に係る情報開示など、関係者との適切なコミュニケーションが必要

- 被害が発生した場合、関係者との平時から適切なコミュニケーションができていれば，関係者の不信感の高まりを抑えることができる
- 平時から実施すべきサイバー・セキュリティ対策を行っていることを明らかにするなどのコミュニケーションを積極的に行うことが必要である

自社だけではなく、サプライ・チェーンを含むすべての環境を把握して、事故や攻撃に強い環境を作ること、そして、その対策を、IT 部門に丸投げするのではなく、経営者が自らの責任において取り組むことが重要であるとしています。

また、IT の大切な役割として、業務の効率や利便性を高めることがあります。それにもかかわらず、セキュリティ対策としては役に立たないのに「慣例だから」というだけで続けている行為（たとえば、ファイルを zip 圧縮＋暗号化して添付してメールを送り、その後、パスワードを送る）などを利用者に求めたりすることは、厳に慎まなくてはなりません。

「情報システムを使うことで、効率や利便性が高まり、利用者に意識させず、負担をかけずに、その安全が護られている」

本来、「セキュリティ」対策とは、このようなことでなくてはなりません。本章では、そんな「セキュリティ」についての基本を整理します。

5

セキュリティの区分と脅威

セキュリティ（Security）
非IT関連
IT関連
☑転職時の機密書類の持ち出し
☑機密書類の置き忘れ／紛失
☑盗聴器などによる会議の盗聴 など
情報セキュリティ
（Information Security）
データとそこから派生する
情報を安全に保つこと
☑Web サイトへの不正アクセス
☑Web サイトの改竄
☑社員による機密情報の不正送信
☑委託社員による機密情報の不正持ち出し
☑マルウェアによる機密情報の不正送信
☑ランサムウェアによる業務データの暗号化 など
サイバー・セキュリティ
（Cyber Security）
情報セキュリティの脅威となる
原因や手法に対処すること
☑サイバー攻撃の予告／脅し
☑システムの乗っ取り／踏み台
☑制御系プログラムの改竄 など
物理セキュリティ
（Physical Security）
施設や設備、機材などの
物理的対象を安全に保つこと
☑機密エリアへの不正侵入
☑サーバーなどの IT 機器の破壊
☑回線の乗っ取りによる盗聴 など

あらゆる業務がデジタル化されつつあるいま、情報システムを常に健全な状態に保つとともに、情報資産の破損や消失などを防ぎ、必要なときにいつでも使えるようにしておくことは、これまでにも増して、重要な経営課題となりました。そのために、必要なのが、「セキュリティ」対策です。

「セキュリティ」は、「物理セキュリティ」、「情報セキュリティ」、「サイバー・セキュリティ」の３つに分かれ、対策もそれぞれに応じて実施します。

物理セキュリティ

施設や設備、機材などの物理的対象を安全に保つこと。情報を保管した施設へだれでも立ち入ることができ、かんたんに機器の操作や持ち去りなどができてしまうのであれば攻撃を防ぐことはできません。物理的対策としてはたとえば、データ・センターの建物やマシンルームへの入退室に、ID カードやパスワードを使う、あるいは、監視カメラや守衛を配置するなどがあります。また、人的対策として、セキュリティ・ポリシー策定や社員教育などがあります。

情報セキュリティ

データとそこから派生する情報を安全に保つこと。対策としてたとえば、情報漏洩やデータの破損を防ぐために情報をどのように扱うのかを定めること、また適切な手順を踏むことで、いつでも安全に情報が使える状態にしておくなどがあります。ちなみに IT において「データ」と「情報」は区別されます。データは未加工で未処理なもの（文字や数字、センサーからの信号や Web ログなど）で、情報は、データ相互の関係や規則がわかるよう、なんらかの基準やルールを与えて整理したもの（表やグラフなど）です。

サイバー・セキュリティ

情報セキュリティの脅威となる原因や手法に対処すること。外部からネットワークを介して実行される脅威だけではなく、内部から情報が持ち出されるなどの脅威についても含まれます。対策としてはたとえば、インターネットや社内ネットワークなどを、悪意のある人が使用して機密情報に不正アクセスをしたり、業務を停止させたりさせないことです。

「情報セキュリティ」と「サイバー・セキュリティ」は、重なり合うところも多いのですが、それぞれに固有の部分もあり、区別しておく必要があります。

情報セキュリティの３要素と７要素

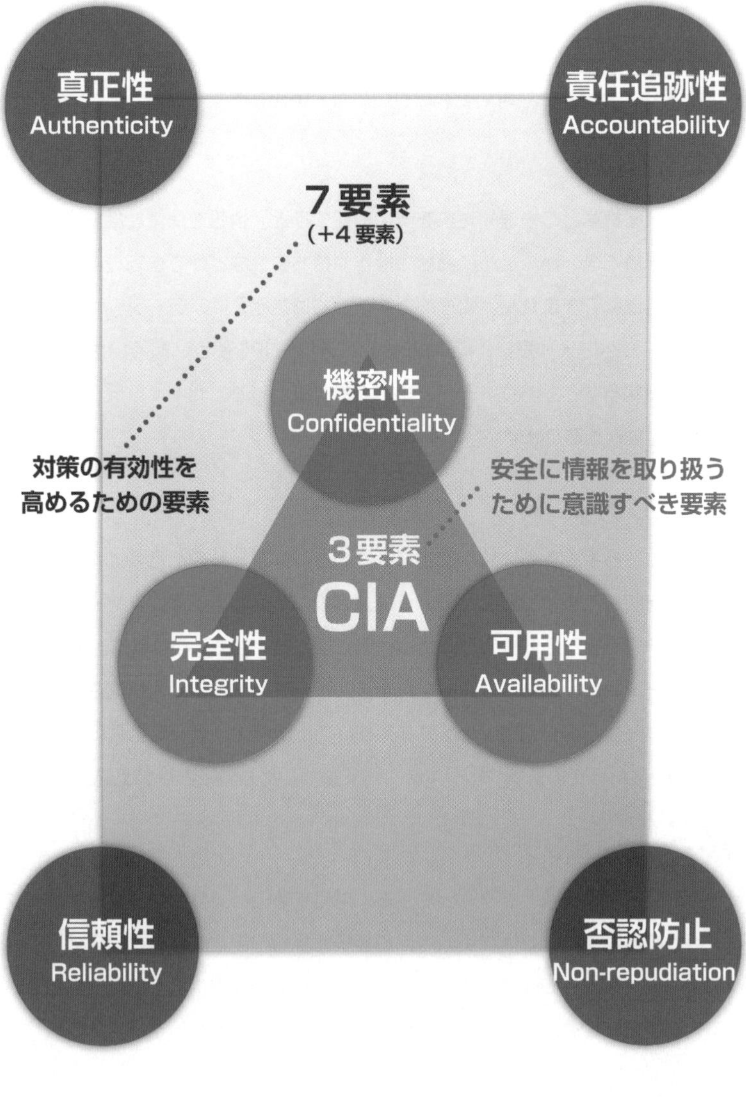
真正性
Authenticity
責任追跡性
Accountability
７要素
（+4 要素）
機密性
Confidentiality
対策の有効性を
高めるための要素
安全に情報を取り扱う
ために意識すべき要素
3要素
CIA
完全性
Integrity
可用性
Availability
信頼性
Reliability
否認防止
Non-repudiation

情報セキュリティの３要素

情報の「機密性（Confidentiality）」「完全性（Integrity）」「可用性（Availability）」の３つの要素を「CIA」と呼びます。これら３つの要素は、情報の正確性や信頼性を保ち、安全に情報を取り扱うために意識すべき要素を定義したものです。

「情報セキュリティ」では、「CIA の状態を守るためにどのように情報を扱うのか」を考え、「サイバー・セキュリティ」では、「CIA の脅威となる原因や手法にどのように対処するか」という考え方で対策します。

●機密性（Confidentiality）

情報へのアクセスを認められた者だけが、その情報にアクセスできる状態を確保することで、具体的な対策は、次のとおりです。

- 情報をデータ・センターなど、出入りが厳密に管理された場所に保管する
- ID やパスワードの書かれたメモを PC のディスプレイに貼り付けない
- 正当な権限を持つ者だけが情報にアクセスできるしくみを作る　など

●完全性（Integrity）

情報が破壊、改ざん又は消去されていない状態を確保することで、具体的な対策は、次のとおりです。

- 情報へのアクセス履歴を残す
- 情報にはデジタル署名をつける
- 情報の変更履歴を残す　など

●可用性（Availability）

情報へのアクセスを認められた者が、必要時に中断することなく、情報及び関連資産にアクセスできる状態を確保することで、具体的な対策は、次のとおりです。

- システムを二重化（または多重化／冗長化）し、業務を停止させない
- BCP（Business Continuity Plan ／事業継続計画）を策定し、訓練しておく
- 情報システムの自社所有をやめてクラウドで稼働させる　など

情報セキュリティの７要素（CIA ＋４つの新要素）

デジタル化の領域が拡大し、セキュリティの重要性が、さらに高まる中、「CIA」の３つの要素に、新たな４つの要素を付け加えて、対策の有効性を高めようとの考え方があります。

●真正性（Authenticity）

情報にアクセスする企業や組織、個人あるいは媒体が「アクセス許可された者」であることを確実にすることです。

- デジタル署名
- 二段階認証
- 多要素認証　など

●信頼性（Reliability）

データやシステムを利用した動作が、意図した通りの結果を出すことです。

- 不具合を起こさないシステムを設計する
- 上記に基づいて構築する
- 操作ミスなどの人為的ミスでも、データが消失しないしくみにする　など

●責任追跡性（Accountability）

企業組織や個人などの動きを追跡することです。これにより、データやシステムへの脅威が何であるのか、あるいは誰のどのような行為が原因なのかを特定します。

- アクセスログ／システムログを完全に取得・保管する
- デジタル署名を行う
- 操作履歴／ログイン履歴を完全に取得・保管する

●否認防止（Non-repudiation）

情報が後に否定されないように証明しておくことで、「責任追跡性」での対策が、そのまま使えます。

Column

PPAP

「PPAP」とは、ファイルを「パスワード付きzipファイル」にして添付、送信し、その後、パスワードを送信することです。このやり方は、セキュリティ対策上、まったく効果がないばかりか、むしろセキュリティ・リスクを高める行為として、廃止する企業が増えています。ちなみにPPAPは、下記4つの頭文字を取ったものです。

「Password付きzipファイルを送ります。Passwordを送ります。An号化（暗号化）Protocol（プロトコル／手順のこと）」

PPAPが廃止されるのは、以下の3つの理由があるからです。

- ウイルス・チェックを回避させるから：暗号化されたファイルは、ウイルス・チェックできず、仮にウイルスが紛れ込んでいても、それを検知できない
- そもそもセキュリティ対策にならない：メールとパスワードが同じメール・アドレスで送受信されているので、両方とも盗聴される。また、受信者が開封後、第三者に転送してもわからない。そもそもzip自体、パスワードの試行回数に制限がないため、zipのみの漏洩でも何度でも試すことで暗号が解読される
- 受信者の手間が増えるから、あるいは、利用できなくなるから：受信者PCで添付ファイルをダウンロードした後、バスワードを受信し、入力しなくてはならない。また、スマホやタブレットでは、ファイルを開けない

PPAPに代わる手段として、クラウド・ストレージがあります。ファイル共有の範囲を制限して、共有したい相手のみにアクセス権限を与えることができます。もうひとつは、「S/MIMEを用いたメールの暗号化」です。この方法は、暗号化と電子署名の2つのしくみを使います。これによって、たとえ通信経路の途中で盗聴されても、正しい受信者しか内容を確認（復元）できません。また、送信者を騙りなりすましても、電子署名がなければ、本物の送信者でないことがわかります。さらに、メール内容の改ざんがあれば、電子署名が検知して警告メッセージを表示してくれます。

習慣だから、社内の決まりだからとPPAPの廃止を躊躇することは、自分たちが損害を被るだけではなく、他社にも迷惑をかけることを自覚すべきです。

リスク・マネージメントの考え方

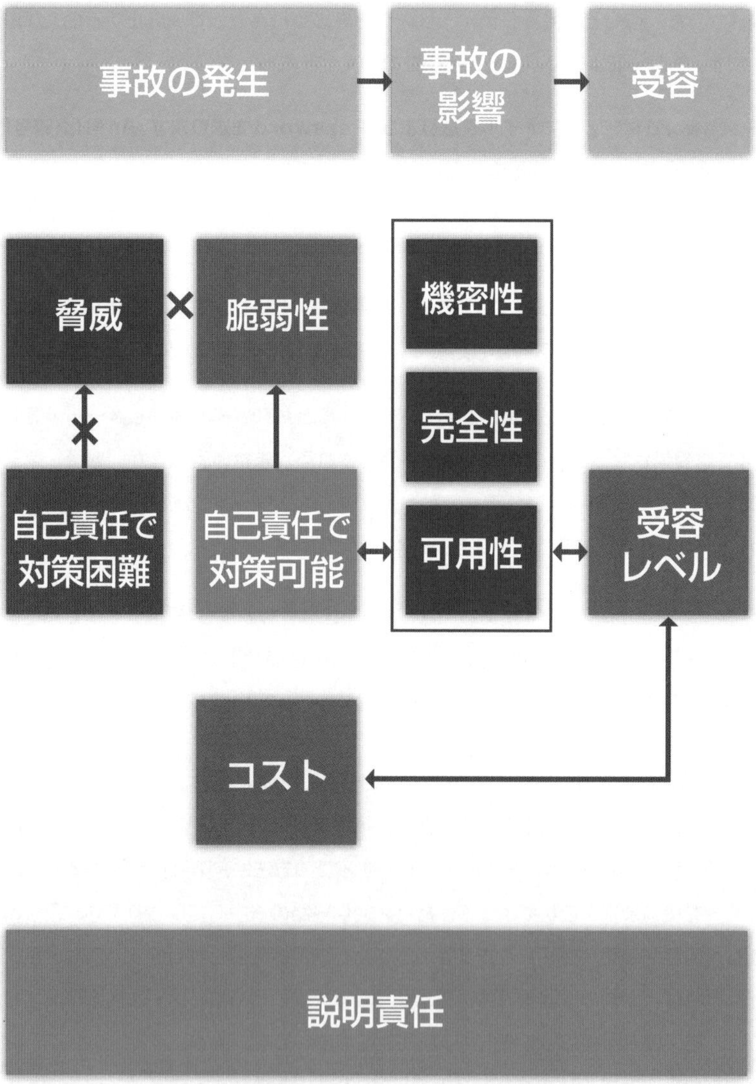

「リスク」とは、事業活動に損害を生じさせる可能性のことです。たとえば、お客様から預かっている顧客情報や企業活動に関わる機密情報が漏洩する、不正アクセスやマルウェア（悪意のあるソフトウェア）によってシステムが停止させられるなどのインシデント（セキュリティに関わる脅威となる事象）が起こると、業務の停止、信用失墜や顧客離れ、売上の減少や競合他社に対する競争力の低下などの損害が生じます。

このようなリスクを低減し、事業活動の健全性を維持し、事業継続させるための取り組みが、サイバー・セキュリティにおけるリスク・マネージメントです。

事故の発生

インシデントの発生は、「脅威」が、きっかけとなります。「脅威」とは、「リスク」を引き起こす要因です。そんな「脅威」は、2つに大別できます。

- 人為的脅威：人間によって引き起こされるもの。意図的脅威と偶発的脅威に分けられる
- 環境的脅威：地震、洪水、台風、落雷、火事などの災害

「意図的脅威」とは、悪意を持つものによる攻撃（不正侵入、マルウェア、改ざん、盗聴など）や盗難、破壊など、「偶発的脅威」とは、人的ミス（紛失、操作ミス、会話の盗み聞きによる情報漏洩など）やシステム障害（ストレージの破損、ネットワーク機器の故障など）のことです。

「脅威」は、なくせませんし、自分たちでコントロールもできません。たとえば、「うちには不正侵入はしないでくれ」、「災害をなくしてくれ」とお願いすることができないからです。しかし、どのような脅威が存在するかについては、徹底して洗い出して、事業への影響を分析しておくことは必要です。

一方、「脆弱性」とは、人為的脅威によって利用されるおそれのある、あるいは、境的脅威によって引き起こされる可能性のある、以下のような弱点です。

- ソフトウェアの欠陥（バグやセキュリティ・ホールと呼ばれる）
- システムを運用管理する手順や方法の不手際
- システムに関わる従業員の知識やスキルの不足、モラルの欠如や実践不足

技術的要素だけではなく、人間的要素も少なくありません。これら「脆弱性」を完全になくすことはできませんが、「脅威」とは異なり、自分たちの努力で減らすことはできます。たとえば、「泥棒（脅威）を世の中からいなくすることはできませんが、家の出入り口や窓（脆弱性）には鍵をつけて、外出時には必ず鍵をかける（脆弱性対策）」ことはできます。

「脅威」と「脆弱性」が一致するから事故になります。ですから、自分たちでは、どうにもしようのない「脅威」ではなく、対策が可能な「脆弱性」を排除することが、事故をなくすための基本となります。

事故の影響と受容

徹底した「脆弱性対策」を行えば、事故はなくなりますが、その分コストもかかります。では、どこまで対策すればいいのでしょうか。

まずは、「何を護るか」を選別することです。護る対象についての「情報セキュリティの３要素（機密性、完全性、可用性）」が、脅威にさらされたとき、それが事業の継続や事業価値の維持に、どの程度の影響があるかを評価します。その影響度や重要度に応じて、どのような対策を行うべきかを、コストとの兼ね合いで判断します。重要度が低いにもかかわらず、「セキュリティが心配だから、何でも対策する」という思考停止は厳に慎むべきです。

また、コストをどれだけかけるかは、「受容レベル」によって決まります。たとえば、「電子メールが停止した場合、利用者はどれだけの時間なら許容できるか」について、「1秒たりとも止まっては困る／10分なら許容できる／半日なら許容できる」といった、「許容レベル」によって、対策にかかるコストに何倍もの金額差が生じるでしょう。

対策を行うにも、このような許容レベルの合意を取り付けて、妥当な対策コストをかけなければ、費用対効果の高い対策は見込めません。

さらに対策が、適正に行われ、有効に機能しているのか、あるいは、想定外の「脅威」や「脆弱性」はないかを、常に検証し改善するために、全ての履歴を残して説明責任を果たせるようにしておくことも必要です。

Column

マルウェア

「マルウェア」とは、「悪意のあるソフトウェア」のことで、いろいろなタイプがあります。これらを明確に区分することは難しく、複数の特徴を持つものもありますが、おおよそ次の４種類に整理できるでしょう。

- ウイルス：単体では存在できず、他のプログラムの一部を改ざんして入り込み、これを破壊し、自らを複製して増殖し、他のシステムにも感染を拡げる
- ワーム：ウイルス同様に自己複製して感染させるが、ウイルスのように他のプログラムを必要とせず、単独で動作する。ネットワークに接続しただけで感染するものもある
- スパイウェア：ユーザーが気付かないうちにPCやスマホなどのデバイスにインストールされ、個人情報やアクセス履歴などを収集し、外部に送信する
- トロイの木馬：問題のなさそうな画像や文書などのファイル、スマホのアプリなどを偽装して、それを受け取ったデバイスの内部へと侵入し、外部からの操作によって、そのデバイスを操る

これらを区別することなく、「ウイルス」あるいは「コンピュータ・ウイルス」と呼ぶこともあります。

これらマルウェアの感染経路は、おおよそ、以下の５つに分けられます。

- メールの添付ファイル
- Webサイトへのアクセス
- アプリのインストール
- ネットワークへの接続
- ソフトウェアの脆弱性を利用しての侵入　など

これらを放置すれば、金銭的な被害、業務の停止、顧客からの信用喪失など、事業に重大な支障が生じることになります。そこで、OSを常に最新版に保っておく、怪しいURLはクリックしない、不審なメールや添付ファイルは開かないなどの対策を怠らないことは心がけるべきですが、人間の自助努力には限界があり、ツールを使って自動化することは欠かせません。

不正アクセス対策の基本となるアクセス制御

識別 …… ユーザーを識別できるようにそれぞれに固有のユーザーアカウント（ID）を割り当てる。たとえば社員番号やメールアドレスなど

認証 …… そのユーザーが本人であることを確認する。一般的な運用では、そのユーザーしか知りえないパスワードや本人しか持っていない指紋による認証など

認可 …… そのユーザーの属性に応じてアクセスできる範囲を制限する。たとえば、人事部の管理のファイルやフォルダーには人事部ユーザーだけがアクセスできるようにすることなど

説明責任… そのユーザーが上記３つのフェーズを適切に実施したことを保証するための記録を取得する

コンピュータが、企業活動で大きな役割を果たす一方で、犯罪者にとっては、そこで扱われる情報は、大きな経済的価値を持ちます。そのため、彼らによる不正アクセスは、日増しに増えています。そのための対策の基本が、「アクセス制御」です。

アクセス制御とは「正規に認められている人以外は情報システムを使えなくする機能」で、次の４つの段階を経て、実行されます。

●識別：対象者が適切なシステムやサービスの使用者であるかを判断し、のちに認証で利用する識別子を提供すること

識別子とは、一般的には「ID」と呼ばれます。たとえば、社員番号やメール・アドレスなどが使われることがあります。

●認証：識別子の有効性を判断すること

ID と不可分で、ID を持っている人しか知らない要素（パスワードなど）やその人固有の要素（指紋など）を使って、その ID が正しい対象者であることを判断します。

●認可：適切な認証を受けたものに権限を与えること

たとえば、ID の対象者が、人事担当者であれば人事情報にアクセスでき、他部門の社員であれば、そこにはアクセスできないようにすることなどです。

●説明責任：上記３つのフェーズが適切に実施されたことを保証するために、すべての履歴を残すこと

次のことができます。

- 履歴を取られていることが分かっているので、不正が抑止できる
- 不正があっても、原因究明を容易にする
- 事故が起きても、正しく使っていれば、その対象者が責任を負わされることはなく、不正の嫌疑がかからない

昨今では、「Microsoft の ID で、Google のサービスを利用できる」など、1 つの ID で、複数のサービスをシームレスに（毎回ログインすることなく、境目なしに）利用できる「サービス連携」も普及し、大切な 1 つの ID を安全に管理することもできます。

これにより、利用者の利便性が高まることに加え、クラウド・サービスなどの自社以外のシステムを含めて利用者の使用履歴がすべて一元的に把握できるようになり、業務に関わるすべてのサービスについての「説明責任」を果たすことができます。

認証方法と多要素認証

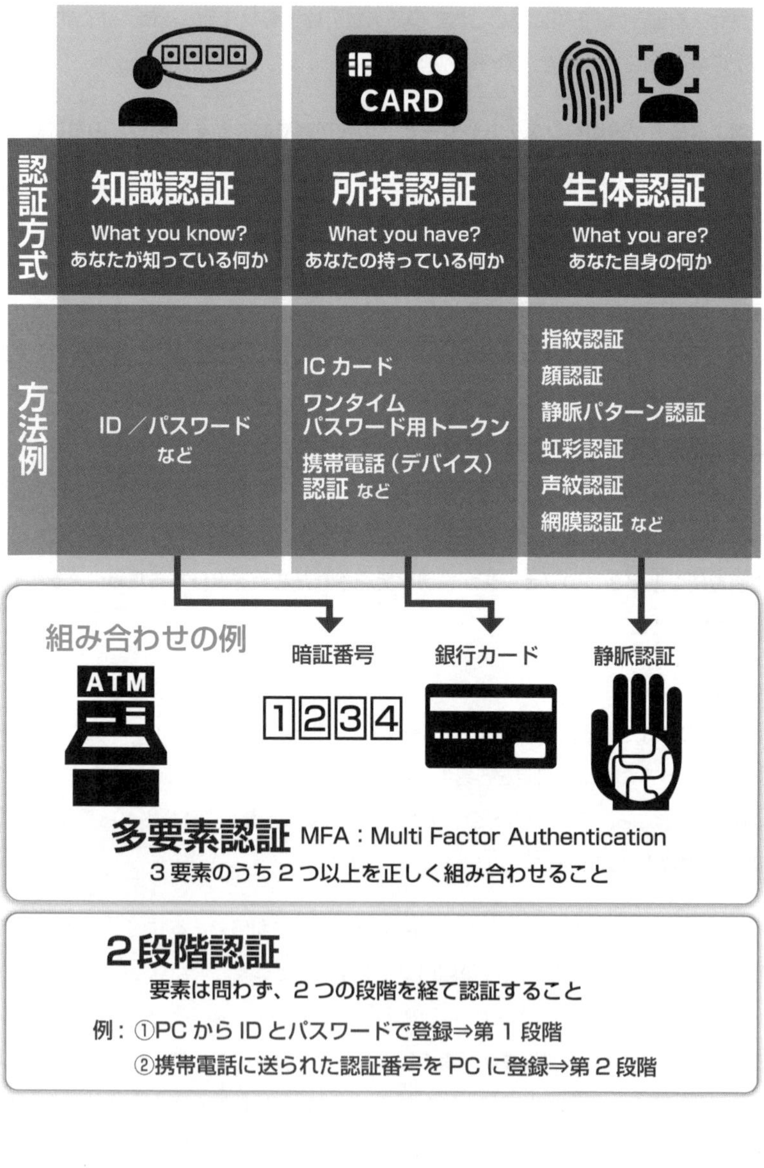
CARD
認証方式
知識認証
What you know?
あなたが知っている何か
所持認証
What you have?
あなたの持っている何か
生体認証
What you are?
あなた自身の何か
方法例
ID ／パスワード
など
IC カード
ワンタイム
パスワード用トークン
携帯電話（デバイス）
認証 など
指紋認証
顔認証
静脈パターン認証
虹彩認証
声紋認証
網膜認証 など
組み合わせの例
ATM
暗証番号
1234
銀行カード
静脈認証
多要素認証 MFA：Multi Factor Authentication
3 要素のうち 2 つ以上を正しく組み合わせること
2 段階認証
要素は問わず、2 つの段階を経て認証すること
例：①PC から ID とパスワードで登録⇒第 1 段階
②携帯電話に送られた認証番号を PC に登録⇒第 2 段階

認証には、以下の 3 つの方式があります。

❖ 知識認証：あなたが知っている何か（What you Know?）

本人が知っていることを使った認証方式。パスワードはその典型的なもの。

❖ 所持認証：あなたが持っている何か（What you have?）

本人が所有しているものを使った認証方式。IC カードや USB トークン、スマートフォンにインストールしたアプリなど。

❖ 生体認証：あなた自身の何か（What you are?）

本人の身体固有のものを使った認証方式。指紋や顔、網膜や静脈など。

「多要素認証」とは、異なる認証方式を組み合わせた認証のことです。たとえば、銀行で高額な取引を行う場合、ATM に IC チップが埋め込まれたキャッシュカード（所持認証）を差し込み暗証番号（知識認証）を入力するのに加えて、さらに静脈パターン（生体認証）を組み合わせた厳格な認証を行うなどです。

単一の方式では、不正のリスクは高くても、複数の方式を組み合わせることで、不正行為の難易度を上げ認証の強度を高めることができます。これにより不正アクセスによる被害のほとんどは、防止できることが分かっています。一方で、複雑なパスワードにすることや定期変更は、手間がかかる割には効果が少ないとして、積極的には使われなくなりました。

「多要素認証」とは別に「2 段階認証」がありますが、これは、「2 つの段階を経て認証を行う」ことです。手間はかかりますが、認証強度は高まります。たとえば、パスワードを入力した後に、「秘密の質問（ペットの名前など）」を求められるようなやり方です（認証方式は共に「知識認証」）。

また、会員制 Web サイトにログインする際に、パスワードで認証を行い、その後に手持ちのスマートフォンに送付される認証コードを入力して認証を完了させるようなやりかたもあります。この場合には、ログイン時のパスワードは知識認証、手持ちのスマートフォンを用いることは所持認証に該当し、2 つの認証方式を用いるため多要素認証ですが、同時に 2 段階認証でもあります。「多要素認証」と「2 段階認証」は、別であることは、理解しておきましょう。

パスワードレスとFIDO2

【FIDO 認証器の登録】

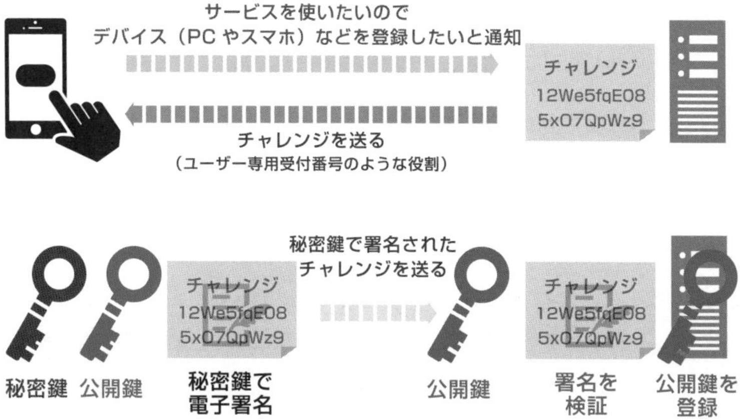

【サービスの利用】

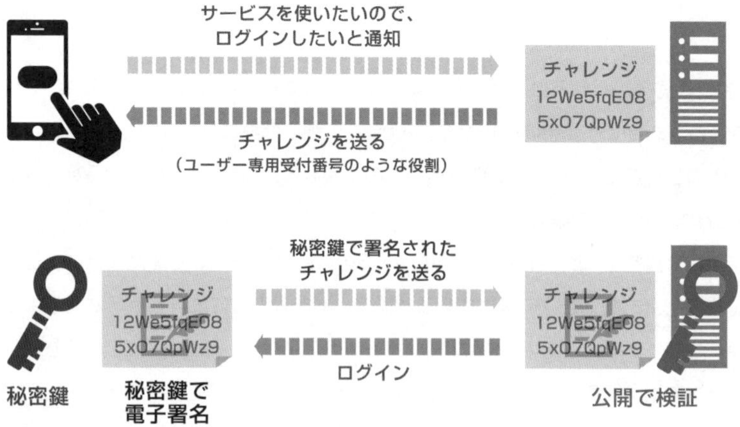

「知識認証」であるパスワードは、「覚えておかなければならない」ので、利用するサービスが増えると「かんたんな文字の組合せ」と「使い回し」で、負担軽減をはかることがよくあります。しかし、これでは、第三者にかんたんに推察され、使っているサービスすべてで悪用されれば、被害を広げてしまいます。一方、「所持認証」や「生体認証」は、覚えておく必要がなく、入力の手間が軽減され、パスワードをだまして盗む「フィッシング詐欺」の被害にも遭わずにすみます。

ただ、これらの方式でも、ユーザーがサービスを利用するたびに使う ID やパスワードなどの認証資格情報（クレデンシャル／ Credential ともいう）をユーザーをネットで送ることになるため、その過程で盗まれる可能性があり、必ずしも安全とは言えません。この問題を解決する手段として、注目されているのが、「FIDO2」と呼ばれる認証方式です。

FIDO2 とは、安全な認証方式の標準化にとりくむ団体「FIDO（Fast Identity Online）Alliance」が、策定した規格です。FIDO2 を使うと「パスワードレス」で認証でき、認証資格情報が通信経路に送り出されることもありません。また、サーバーの隔離された機密性の高い保管場所に格納されることから盗まれることもなくなります。その手順については、図表をご覧ください。

FIDO2 を使うことで、次の 3 つのメリットを享受できます。

- **リスク軽減**：パスワードの盗用という不正な手口が利用できなくなり、また生体情報などで本人確認の厳密化を行うため、リスクが軽減する

- **負担削減**：「パスワードを覚える」「パスワードを複雑化する」「パスワードを絶えず変更する」「パスワード忘れによる新しいパスワードの設定」などが不要となり、人がかける時間を削減、漏洩による損害がなくなる

- **利便性向上**：「普段利用している端末ブラウザーでパスワードを保存しているため、他の PC 端末やスマートフォンからサービスにアクセスしようと思ってもパスワードが思い出せない」「サービスごとに文字種別や桁数の規則が違うため、何のサービスにどのパスワードを設定しているかすぐに忘れてしまう」「定期的な変更で違うパスワードを設定したのはいいが、それを思い出せない」などがなくなり、利便性が向上し、業務の生産性も向上する

パスワードを使わないでログインできるパスキー

パスキー認証

FIDO2 認証をベースに課題であるマルチデバイスへの対応と生体認証の利便性を実現

一部の鍵情報を「同期鍵」としてクラウド上で管理するしくみに変更。これにより、移行後のデバイスを OS クラウドに同期すれば、再登録や再設定の手間をかけず、認証をうけることができる

FIDO2 認証

長らく使われてきた ID とパスワードによる認証方式に代わる新たな認証方式

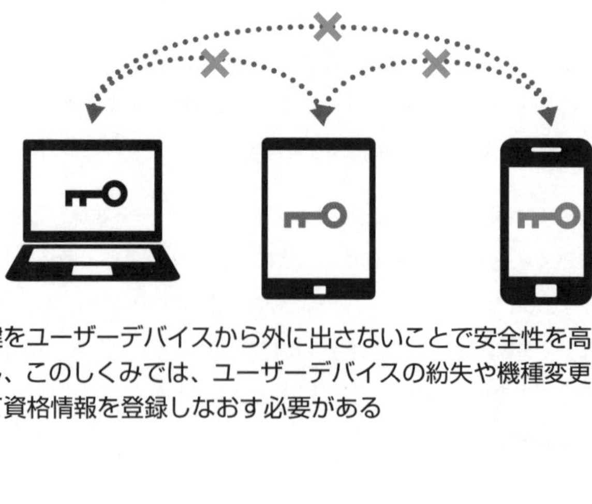

秘密鍵をユーザーデバイスから外に出さないことで安全性を高められる。しかし、このしくみでは、ユーザーデバイスの紛失や機種変更などの際、改めて資格情報を登録しなおす必要がある

パスキー（Passkey）は、Microsoft、Apple、Googleなどがサポートする「パスワードレス認証技術」で、前節で紹介したFIDO2のしくみを利用しています。この技術により、端末を問わず、生体認証だけで安全にログインできます。

パスワードはその名の通り「ワード（文字列）」を使って認証しますが、パスキーではワードを使わず「キー（鍵）」を使って認証します。使用するのは、スマートフォンやPCの生体認証のしくみです。スマートフォンのロック解除には指紋や顔が使われますが、パスキーではその生体情報をキーとして利用します。

ユーザー登録をする際に、これまでであれば、ユーザーIDとパスワードを紐付けていました。パスキーではユーザーIDと生体情報が紐付けられます。そのため、パスワードを作成したりパスワード管理ツールを使ったりする必要がありません。

生体認証を使うといっても、生体情報のデータを外部のサイトに登録することはありません。ユーザーが所有する端末内でユーザー本人であることを証明するためだけに生体情報を使うので、自分の指紋や顔の情報が端末外に流出することはありません。

パスワードを入力することもなく、そもそもパスワードが存在しないので漏洩することはありません。また、FIDO2の認証資格情報はURLとユーザーIDにひも付いた形で保管されているので、見た目が似ていてURLが異なる偽サイトでは生体認証が求められません。そのため、ログインができないため、フィッシング詐欺に合うリスクを減らすことができます。

パスキーは、Microsoft、Apple、Googleなどのプラットフォーマーのクラウドを介してデバイス間で同期されます。たとえば同じApple IDを登録していれば、パスキーを登録したiPhoneではもちろん、iPadやMacでもあらためて生体認証を登録しなくても、すぐに生体認証でログインできます。

パスキーは、長らく使われてきたIDとパスワードによる認証方式に代わる有望な技術であり、その普及が今後のセキュリティと利便性の向上に大きな影響を与えると期待されています。

認証連携とシングル・サインオン

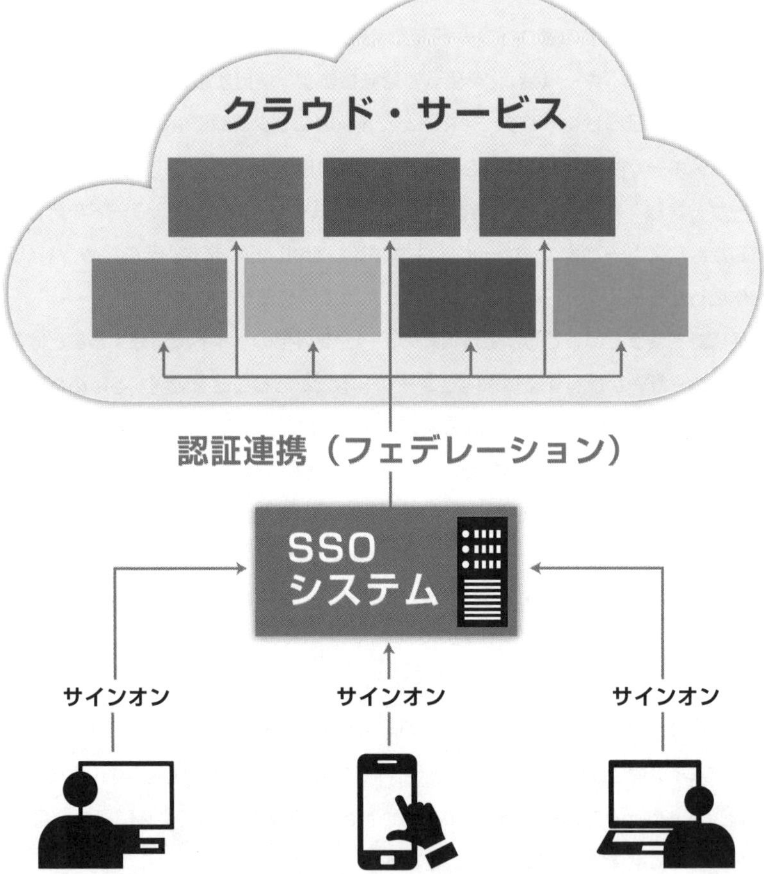

- 1つのIDと認証／認可の手順により、業務に必要なすべてのシステム／サービスを利用することができる
- すべての利用サービスについてのログ（利用履歴）が収集／掌握できる
- クラウド・サービス側に依存していた、使える場所や端末、認証の強度（多要素認証が使える／使えないなど）を、一元的に管理できる

「

クラウド・サービスの充実と普及により、社内システムだけで業務をこなせる時代ではなくなりました。しかし、利用者にとっては、社内システムとクラウド・サービスのIDやパスワードなどが別々で、さらに認証もそれぞれに行わなければならず、煩わしくなります。

このような問題を解決する方法が、「認証連携(フェデレーション:Federation)」と「シングル・サインオン(SSO:Single Sign-On)」です。

たとえば、通常であれば、ユーザーはシステムを利用するたびに、別々のIDとパスワードを入力しますが、「認証連携」があると、ユーザーは同一のIDとパスワードなどで認証され、社内システムか、クラウドのような社外システムのいずれかに関わらず利用できます。この「認証連携」を容易に使うためのしくみを「シングル・サインオン」システムといいます。

クラウド・サービスの充実と普及により、標準化団体による「認証連係」のための標準規格作りも進み、SAMLやOpenIDなどの規格が広く使われるようになりました。

また、システムの管理者にとっては、重要なシステムへのアクセス権限管理は、厳密に行わなければなりません。しかし、社外にあるクラウド・サービスを利用しているのは本当に自社の社員なのかがわからない、利用者には権限があるのかを判別できないといった問題も生じます。この状況に対応するために、「認可」を連係させるための標準規格としてOAuth2も広く使われています。

このような標準規格を使うことで、社内システム／クラウド・サービスをまたいで認証と認可の連係が、実現できるようになりました。

あらためて、これらしくみのメリットを整理すると次のようになります。

- 1つのIDと認証・認可の手順により、業務に必要なすべての社内外のシステム／サービスを利用できる
- 業務におけるすべてのログ(利用履歴)が収集・掌握できる
- クラウド・サービス側に依存していた使える場所や端末、認証の強度(多要素認証が使える／使えないなど)を一元的に自分たちで管理できる

SSOとパスワードレス／FIDO2、パスキーを組み合わせれば、認証強度を高めつつ高い利便性を享受することができます。

」

「境界防衛」型セキュリティの破堤とゼロトラスト・ネットワーク

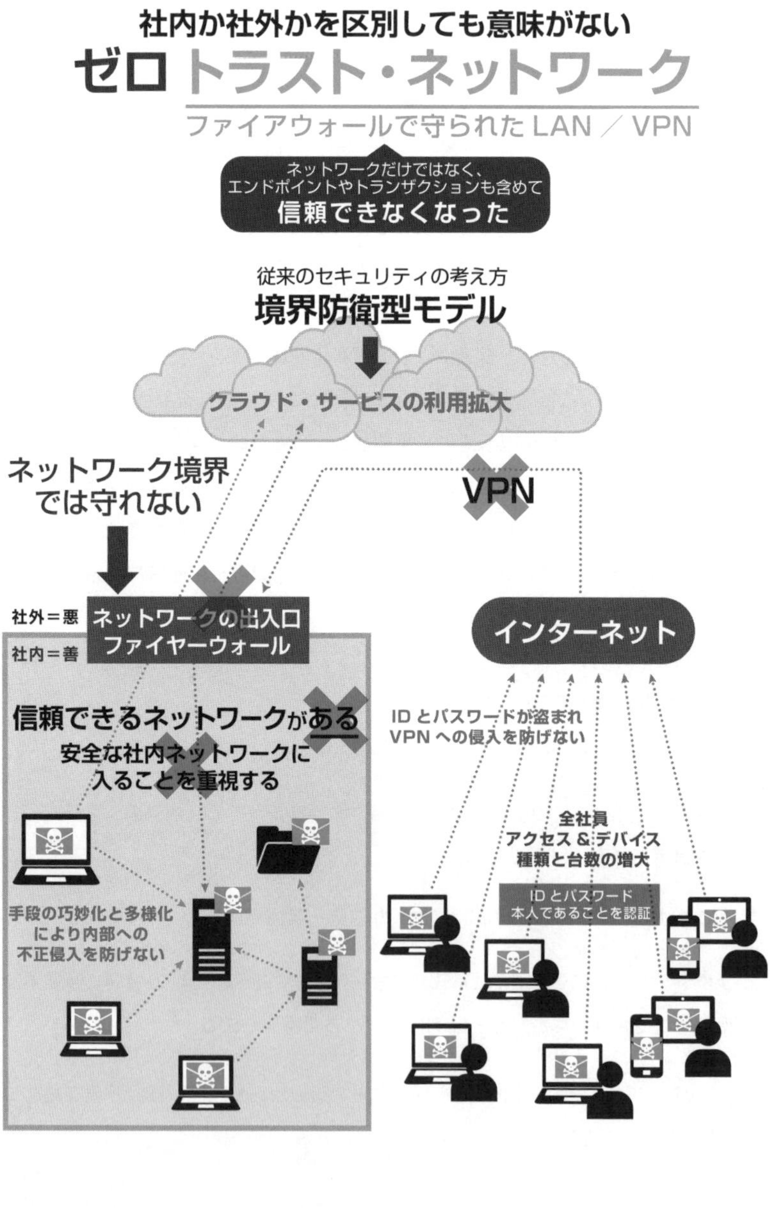

社内か社外かを区別しても意味がない
ゼロ トラスト・ネットワーク
ファイアウォールで守られたLAN ／ VPN
ネットワークだけではなく、
エンドポイントやトランザクションも含めて
信頼できなくなった
従来のセキュリティの考え方
境界防衛型モデル
クラウド・サービスの利用拡大
ネットワーク境界
では守れない
VPN
社外＝悪
社内＝善
ネットワークの出入口
ファイヤーウォール
インターネット
信頼できるネットワークがある
安全な社内ネットワークに
入ることを重視する
ID とパスワードが盗まれ
VPN への侵入を防げない
全社員
アクセス & デバイス
種類と台数の増大
ID とパスワード
本人であることを認証
手段の巧妙化と多様化
により内部への
不正侵入を防げない

新型コロナウイルス感染拡大をきっかけに、リモートワークやクラウド・サービスの利用が急速に拡大し、社外から社内ネットワークに接続したり、社内から社外のネットワークにアクセスする機会が増えています。

多くの企業では、「**信頼できない**社外ネットワーク」と「**信頼できる**社内ネットワーク」の境界を護る「境界防衛」のセキュリティ対策が一般的でした。具体的には、インターネットの通信経路を暗号化するVPN（Virtual Private Network）を使って、正しい使用者のみが社内ネットワークにアクセスできるようにしています。また、通信の送信元と宛先を監視し不正と疑われる通信を「ブロック」するファイヤー・ウォール、不正侵入を「検知」し管理者に通知するIDS（Intrusion Detection System）、不正侵入を検知したら「防御」するIPS（Intrusion Prevention System）などを使っています。

しかし、こうした対策は、保護すべきデータやシステムが社内ネットワークの中にあることが前提です。しかし、テレワークやクラウドが普及したことで、社外のインターネットの先に「保護すべきもの」があるのが当たり前になりました。守るべき対象が、社内外の区別なく点在するようになり、「境界」が曖昧になったことで、「境界防衛」では十分に対策できなくなったのです。

また、サイバー攻撃手法の高度化、巧妙化により境界防衛のしくみをすり抜けて社内ネットワークへの不正侵入や社内システムにマルウェアを送り込むケースも増加するなど、社内が「**信用できる**」領域ではなくなりました。

つまり、これまでは、VPNやファイヤー・ウォールなどで護られた「信頼できるネットワーク（トラスト・ネットワーク）が**なくなりました**」＝「**ゼロ**トラスト・ネットワーク」になってしまったのです。

しかし、信頼できないのはネットワークだけではなく、IDやパスワードが「なりすまし」されれば、使用者も信頼できません。ファイルやプログラムにもマルウェアが埋め込まれるリスクも増え、これらも信用できません。そんな「**信頼できなくなりました**」＝「**ゼロトラスト**」を前提に、「**常に信頼できる状態を維持する**」ための対策が必要とされています。

“

ゼロトラストとは何か

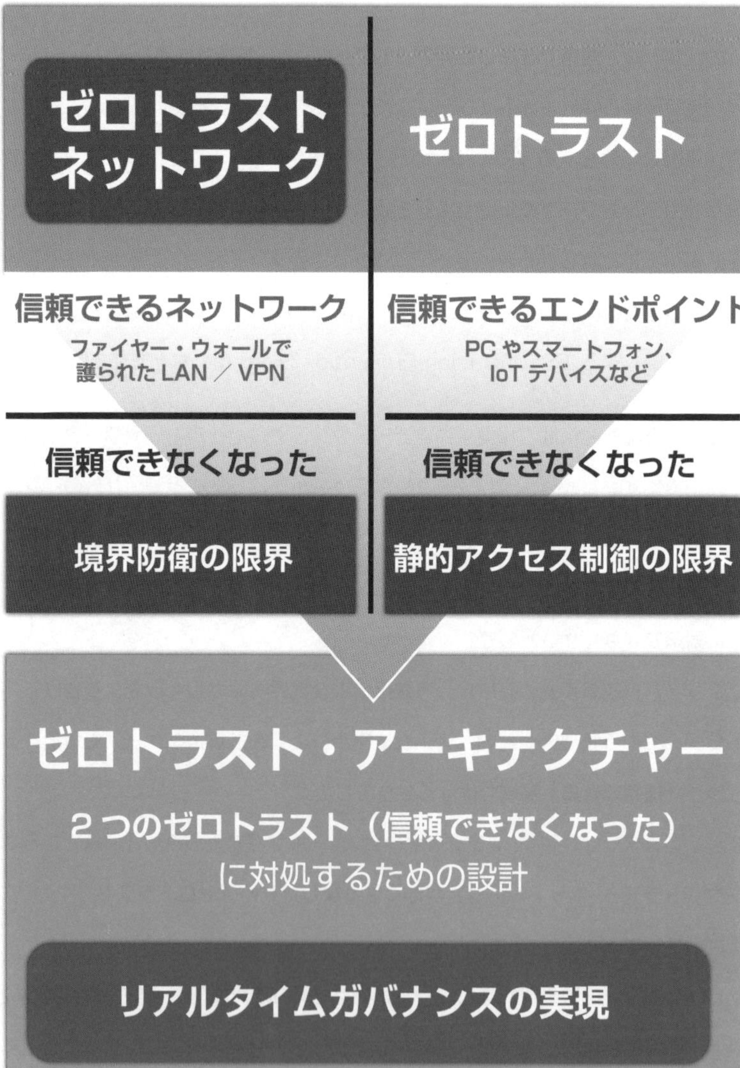
ゼロトラストネットワーク
ゼロトラスト
信頼できるネットワーク
ファイヤー・ウォールで護られたLAN／VPN
信頼できるエンドポイント
PCやスマートフォン、IoTデバイスなど
信頼できなくなった
信頼できなくなった
境界防衛の限界
静的アクセス制御の限界
ゼロトラスト・アーキテクチャー
2つのゼロトラスト（信頼できなくなった）に対処するための設計
リアルタイムガバナンスの実現

LAN や VPN、ファイヤー・ウォールで護られた「**信頼できる**社内ネットワーク=**トラスト**・ネットワーク」が、「信頼できなくなりました（ゼロトラスト）」。そんなゼロトラスト・ネットワークを前提に、セキュリティ対策を考えなくてはなりません。もはや、ネットワークを社内外で分けて、その境界を護るという考え方（境界防衛セキュリティ）では対処できなくなったのです。

また、信頼できなくなったのは、ネットワークだけではありません。PC やスマートフォン、IoT デバイスなどのエンドポイント（ネットワークに接続された端末や機器のこと）もまた、マルウェアの侵入や不正アクセスの脅威から逃れられなくなり、これらもまた信頼できなくなった（ゼロトラスト）のです。つまり、ネットワークも含めて、情報システム全体を「ゼロトラスト」であることを前提に、セキュリティ対策を施す必要があります。

そんな 2 つのゼロトラストに対処するための考え方をまとめたものが、「ゼロトラスト・アーキテクチャー」です。次の言葉が分かりやすいかもしれません。

「Trust But Verify（信ぜよ、されど確認せよ）」から「Verify and Never Trust（けっして信頼せず必ず確認せよ）」へ、セキュリティ対策の前提を変える

ネットワークの内部と外部を区別することなく、守るべき情報資産やシステムへのアクセスはすべて信用せずに検証することで、脅威を防ぐという考え方を土台にしています。そのためには、情報システムへのアクセスの信頼の度合いをリアルタイムで評価し、可能な限り不確かさを低減・排除しなくてはなりません。そんな設計の仕方や概念、アイデアを整理したものです。

近年、リモートワークが定着し、クラウドの利用も拡大しています。加えて、内部からの情報漏洩が多発し、対処が求められています。もはや従来のやり方でセキュリティを維持することはできなくなりました。こうした背景から、ゼロトラスト・セキュリティに注目が集まっています。

このような対策を企業が個別単独で取り組むことは容易なことではありません。自社でそのための機器やソフトウェアを導入することだけではなく、これを支援するクラウド・サービスと連携して対策を講じるケースが増えています。

サイバー・ハイジーン

IPA（情報処理推進機構）が推奨する日常における情報セキュリティ対策

組織のシステム管理者向け

- 情報持ち出しルールの徹底
- 社内ネットワークへの機器接続ルールの徹底
- 修正プログラムの適用
- セキュリティソフトの導入および定義ファイルの最新化
- 定期的なバックアップの実施
- パスワードの適切な設定と管理
- 不要なサービスやアカウントの停止または削除

組織の利用者向け

- 修正プログラムの適用
- セキュリティソフトの導入および定義ファイルの最新化
- パスワードの適切な設定と管理
- 不審なメールに注意
- USB メモリ等の取り扱いの注意
- 社内ネットワークへの機器接続ルールの遵守
- ソフトウェアをインストールする際の注意
- パソコンなどの画面ロック機能の設定

家庭の利用者向け

- 修正プログラムの適用
- セキュリティソフトの導入および定義ファイルの最新化
- 定期的なバックアップの実施
- パスワードの適切な設定と管理
- メールやショートメッセージ（SMS）、SNS での不審なファイルや URL に注意
- 偽のセキュリティ警告に注意
- スマートデバイスのアプリや構成プロファイル導入時の注意
- スマートフォンなどの画面ロック機能の設定

IPA「日常における情報セキュリティ対策」を参考に作成

＋ 万全を期すために MDM、EDR、UEM などのツールの活用

▶ サイバー・ハイジーン エンドポイントの衛生状態を健全に保つ

5

サイバー攻撃（脅威）の多くは、OS やアプリケーションなど、PC やスマホに入っているソフトウェアの脆弱性を狙ったものです。このような攻撃を防ぐには、修正プログラム（パッチともいう）の適用やバージョンアップを迅速かつ継続的に実施し、脆弱性をなくし続けて最新の状態を保つことが有効です。

このような対策は、新型コロナウイルス対策として行われていた手洗いや消毒、マスク着用のように、「衛生状態を保つ」ことと似ていることから、「サイバー・ハイジーン（hygiene／衛生状態を保つ、清潔にする）」と呼ばれています。

特に昨今ではゼロデイ攻撃といわれる「脆弱性が周知される前、あるいは、周知されて対策が行われるまでの短期間に行われる攻撃」が増加傾向にあり、脆弱性を放置することのリスクは高まっています。そのため、常に PC やスマホなどのデバイス（エンドポイントともいう）を最新状態にしておくべきです。

サイバー・ハイジーンを実現するには、エンドポイントの状態を常に把握できるようにしておき、修正のためのパッチの適用やソフトウェアのバージョン・アップを継続的に行って、最新の状態を維持しなくてはなりません。そのためのツールとして、EDR（Endpoint Detection and Response）があります。これにより端末の挙動を常時記録し能動的に分析し、インシデントの予防や早期発見ができるようになります。また紛失時のデータ消去やロックをリモートで行え、各デバイスの OS バージョンやアプリケーションなどの把握も可能となり、セキュリティに問題がある古い OS や不正アプリケーションの使用を検出しやすくなります。また、スマホで使えるアプリケーションを管理者が制限でき、不正アプリケーションの利用に伴う情報漏洩を避けられます。

利用者が、常に OS やアプリケションを最新の状態に保つよう心がけるべきであることはいうまでもありませんが、人間に頼るとうっかり忘れてしまうこともあり、これでは、セキュリティ・リスクを高めてしまいます。そのため、EDR のようなツールが必要となります。

アップデートをするといま使っているソフトが動かなくなるなどの懸念もありますが、それ以上にセキュリティ・リスクを払拭することを優先すべきです。最新版は、これまでのセキュリティに関わる多くの知見を反映して改善されています。人間に頼りすぎずツールを使って万全を期すことが大切です。

“

常に信頼できる状態を維持するための動的ポリシー

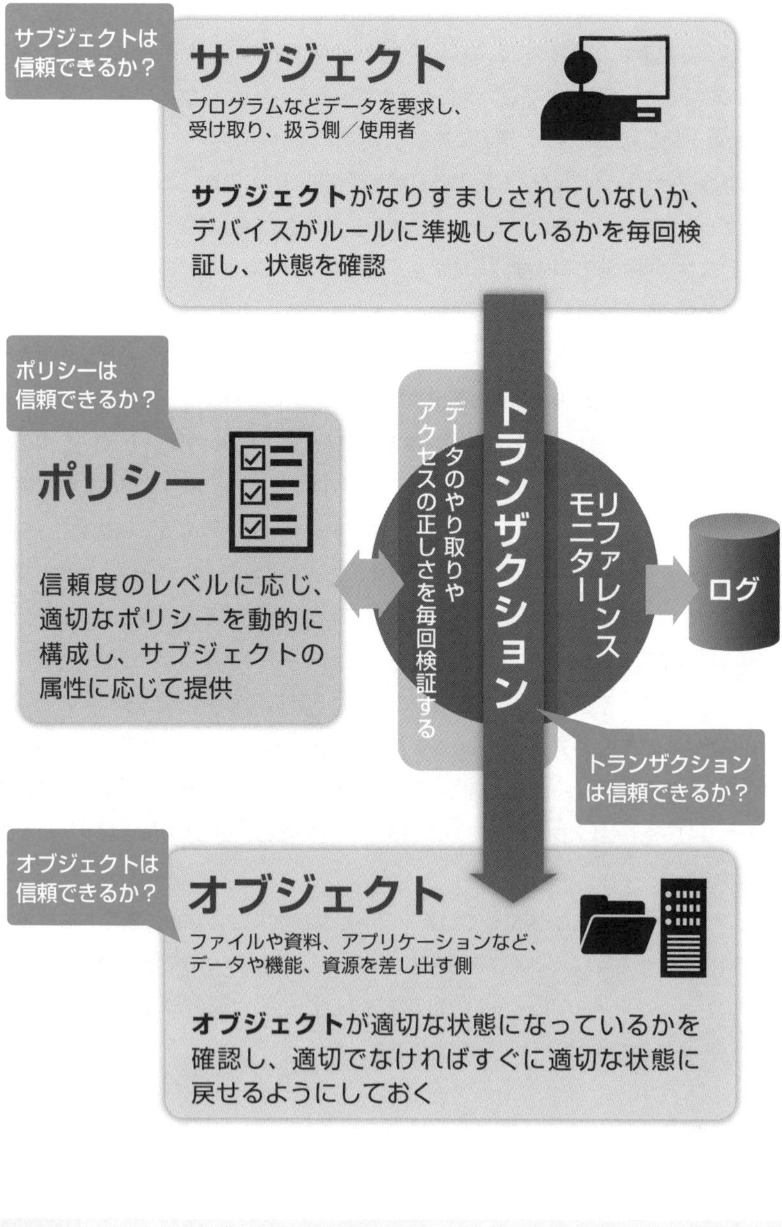

サブジェクトは
信頼できるか？
サブジェクト
プログラムなどデータを要求し、
受け取り、扱う側／使用者
サブジェクトがなりすましされていないか、
デバイスがルールに準拠しているかを毎回検
証し、状態を確認
ポリシーは
信頼できるか？
ポリシー
信頼度のレベルに応じ、
適切なポリシーを動的に
構成し、サブジェクトの
属性に応じて提供
データのやり取りや
アクセスの正しさを毎回検証する
トランザクション
リファレンス
モニター
ログ
トランザクション
は信頼できるか？
オブジェクトは
信頼できるか？
オブジェクト
ファイルや資料、アプリケーションなど、
データや機能、資源を差し出す側
オブジェクトが適切な状態になっているかを
確認し、適切でなければすぐに適切な状態に
戻せるようにしておく

「**常に信頼できる状態を維持する**」ための対策とは、次のようなことです。

❖ すべてのエンドポイント、使用者、通信、ネットワーク、ファイル、アプリケーションなどのリソースを監視する

❖ 通信を行うごとに、あやしいかどうかを確認して信用度レベルを評価し、レベルの低い（怪しい）通信に対しては、リソースの使用を認可しない

❖ アクセスごとに、評価して信用度レベルをダイナミック（動的に）変える

このようなしくみを「動的ポリシー」と呼びます。「ポリシー」とは、「どこまでアクセスでき、何ができるか」の規則や基準のことです。利用者が通信を行うごとに信用度レベルを評価して、ポリシーを動的に変えることで、アクセスを制御し、安全を守ろうというやり方です。

たとえば、ID とパスワードが合致しても、そのユーザーが「なりすまし」されていれば、本人だとは限りません。また、いつもとは違うデバイスや地域からアクセスしている、1 時間前には東京からアクセスしていたのに、今度は海外からとなれば、おかしいと考えるべきでしょう。

そこで、アクセスごとに、大丈夫かどうかを確認し、「おかしなこと」が疑われるようなら、信用度レベルを下げてアクセスを拒絶したり、追加の認証要素（多要素認証）を強制したりして、セキュリティの強度を引き上げます。

このように、アクセス要求のたびに、信用度レベルに応じてアクセスを動的に許可／拒否することで、次のようなことができるようになります。

❖ 新しい攻撃手法が登場しても、そのリスクを低減できる

❖ 何らかの事故が発生しても、リソース単位で動的にアクセスを許可／拒否できるので、全社に影響が及ばず、事業継続が担保される（ファイヤー・ウォールを使う場合は、その配下の社内ネットワークにつながるすべてのリソースの信頼が疑われるので、全社的な影響を受ける）

❖ ファイヤー・ウォールを使わないので、社内外を問わず、どこからでも好きな端末で社内システムやクラウドなどを利用でき、多様なワーク・スタイルに対応できる

これらをすべて自動で行うことで、「**利用者に意識させない、負担をかけない**」セキュリティ対策が実現します。

“

ゼロトラストのまとめ

ネットワークの内外の境界を護ること

境界防衛セキュリティ

脅威は外部からもたらされることを前提に
ファイヤーウォールでネットワーク外部からの攻撃を防御する

▼

ネットワークの内外を問わず常に信頼を維持する

ゼロトラスト・セキュリティ

脆弱性をなくし続け、最新の状態を保つ

サイバー・ハイジーン

パッチや修正プログラムを迅速に適用し
OS やアプリケーションを最新の状態に保つこと

信頼度に応じてダイナミックにアクセスを制御する

動的ポリシー

アクセスごとの信頼度レベルの評価と
そのレベルに応じたポリシーの動的変更で
常に信頼できる状態を維持する

漏洩リスクの高いパスワードに頼らない

パスワードレス

デバイスとユーザーの信頼関係を確立し
認証に必要な情報（ID やパスワードなど）を
ネットに送らずに安全を保つ

「ネットワーク境界が護られた社内ネットワークは、信頼できる」

だから、VPN を使って、社内ネットワークにアクセスできれば、安全であるとの前提は、もはや成り立たなくなりました。加えて、リモートワークの普及やクラウド利用の拡大により、「護るべき対象は、社内ネットワークの中にある」という前提も崩れてしまいました。

この状況に対処するために、「社内外の区別なく、常に信頼できる状態を維持する」対策、すなわち「ゼロトラスト・ネットワーク」が注目されています。

「ゼロトラスト・ネットワーク」とは、「ネットワーク境界内は安全で、境界外のネットワークは危険だ」という従来の考え方に対して、「たとえ境界内であっても無条件に信用せず、すべてにおいて確認し認証・認可する」という概念です。さらに、信頼できないのはネットワークだけではなく、ID やパスワード、デバイス、使用者などにも及びます。それらも含めて「信頼できなくなった＝ゼロトラスト」ことを前提に対策が必要になりました。具体的には、次のような対策です。

- サイバー・ハイジーン：エンドポイントのパッチ適用やバージョンアップを迅速かつ継続的に実施し、最新の状態を維持し、脆弱性をなくし続ける
- 動的ポリシー：アクセスごとに信用度を評価し、それに応じて動的にポリシーを構成し適用する
- パスワードレス：パスワードを使わずに認証・認可を行う

このような、VPN やファイヤー・ウォールなどのネットワークのしくみに依存しない対策によって、社内外を問わず、安全に仕事ができるようになります。

また、これまでであれば、社外からクラウドを利用するには、いったん会社の VPN に接続して、ファイヤー・ウォールを経由しなければなりませんでした。そのため、そこに接続されている回線の帯域やファイヤー・ウォールの処理性能の制約を受けていました。たとえば、「始業時に VPN へのアクセスが集中し、なかなかログインできない」や「Web 会議では声が聞き取りにくくなるからデータ量の多い映像はオフ」など、不便を強いられた方もいるのではないでしょうか。

高速・大容量の通信を可能とする 5G（第 5 世代移動体通信）が普及しつつあるいま、この制約があるままでは十分に、その機能や性能を活かせません。ゼロトラストは、このような制約をなくすためにも必要とされています。

Column

ランサムウェア

「ランサムウェア（Ransomware)」とは、「Ransom（身代金)」と「Software（ソフトウェア)」を組み合わせた造語で、感染したPCの特定機能を停止させたり、ファイルを暗号化したりして、業務ができない状況に追い込み、元に戻すことと引き換えに「身代金」を要求するマルウェア（不正プログラム）です。

その被害は深刻で、たとえば、2020年5月、米国の石油パイプライン企業への攻撃では、ファイルを暗号化し操業を停止に追い込み、さらに搾取した情報を公開するとの脅迫が行われました。重要な社会インフラであるパイプラインの操業が停止させられたことで、復旧を優先すべく、同社はやむなく5億円近い身代金を支払っています。

また、2020年11月、国内の大手ゲーム会社への攻撃では、同社のVPN装置の脆弱性を突き、社内ネットワークへ不正侵入し、その後、ランサムウェアを拡散させたとされ、業務に重大な影響を与えただけではなく、膨大な顧客情報が搾取されています。

他にも自動車会社への攻撃により、工場を操業停止に追い込み、医療機関への攻撃で手術の中止や診療が行えないといった事態が発生しています。ドイツの病院では、患者が死亡した事例も報告されています。

情報処理推進機構（IPA）が発表した「情報セキュリティ10大脅威2024」では、「ランサムウェア」による脅威が、9年連続で1位にランクされるほど、深刻です。

ランサムウェアが、重大な脅威とされるのは、以下の理由からです。

- 企業のデジタル化の範囲が広がることで、業務を停止させられるリスクが高まるから。特に、金融機関や医療機関など社会インフラが攻撃された場合、広範かつ重大な影響を及ぼすから
- 攻撃者の身元が不明で、身代金を支払っても、元に戻せる保証がないから
- 支払った身代金が、犯罪組織の活動資金に使われる可能性が高いから

そんな「ランサムウェア」は、おもに次の2つの経路から感染します。

❖ Web サイト：Web サイトを改ざんし、そこにアクセスしたユーザーを、不正サイトへの誘導を促し、ユーザーの使っている PC の脆弱性を突いて感染させる。Web サイトに表示されている広告をクリックすることで、感染させる場合もある

❖ メール：スパムメールやなりすましメールを送ってきて、そこに記載されたリンクから不正な Web サイトに誘導したり、添付ファイルから感染させる

「ランサムウェア」は、感染させた PC の特定機能を使えなくして操作できなくしたり、ファイルを暗号化し利用できなくしたりします。そして、「元に戻して欲しければ、3 日以内に○○円を支払え」といった脅迫文を画面に表示し、金銭を要求します。身代金は、ビットコインなどの匿名性が担保されている暗号通貨での支払いを要求されることが多く、犯人を追跡することを困難にしています。

ランサムウェアの攻撃をうけないための基本は、脆弱性をなくすことです。修正のためのパッチの適用やソフトウェアのバージョン・アップを継続的に行って、最新の状態を維持すること、つまり、先に紹介した「サイバー・ハイジーン」を徹底させることです。また、「動的ポリシー」により、不正サイトへのアクセスをブロックすることや、電子メール経由での不正プログラム侵入を防ぐことなどです。パスワードレスも効果的な手段です。つまり、「ゼロトラスト・セキュリティ」による対策が、有効と言えるでしょう。

また、万が一感染しても、ファイルのバックアップを徹底し、直ちに復旧でき、被害を最小限に留められるように備えておくことも大切です。

DX の実践が進めば、あらゆる組織業務は、「IT サービス」となり、ランサムウェアに限らず、セキュリティ・リスクは経営リスクに直結します。攻撃者たちも、そのことを十分に理解して攻撃を仕掛けてきます。彼らの攻撃は組織的であり、しかも、犯人の特定が難しいこともあって、今後も衰えることはないでしょう。そんな現実を見据えて、対策を行わなくてはなりません。

“

サイバー攻撃への対策を担う中核組織：CSIRT

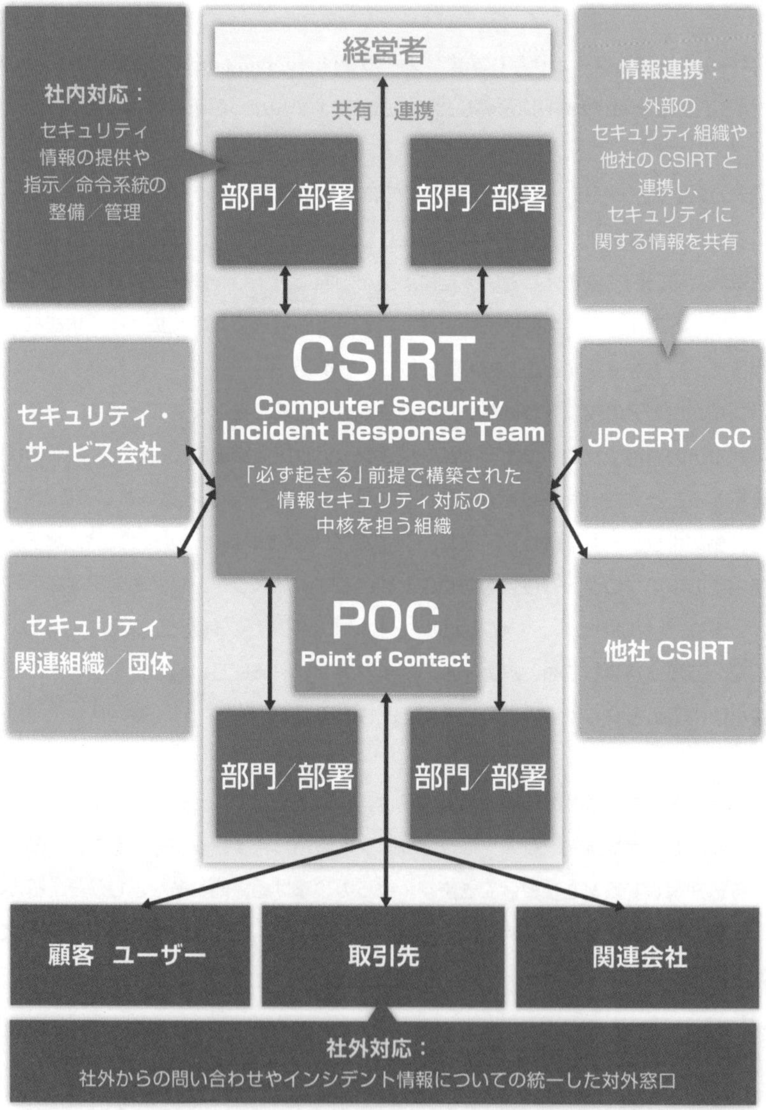

経営者
共有 連携
社内対応：
セキュリティ情報の提供や指示／命令系統の整備／管理
部門／部署
部門／部署
情報連携：
外部のセキュリティ組織や他社のCSIRTと連携し、セキュリティに関する情報を共有
CSIRT
Computer Security Incident Response Team
「必ず起きる」前提で構築された情報セキュリティ対応の中核を担う組織
セキュリティ・サービス会社
JPCERT／CC
セキュリティ関連組織／団体
POC
Point of Contact
他社CSIRT
部門／部署
部門／部署
顧客 ユーザー
取引先
関連会社
社外対応：
社外からの問い合わせやインシデント情報についての統一した対外窓口

サイバー攻撃は、巧妙化の度合いを増しています。そのため、どんなに堅牢に防御しても、セキュリティ事故（セキュリティ・インシデント）を完全に防ぐことはできません。そこで、「インシデントは必ず起きるもの」という前提で備えておくことが大切です。このような対応の中核を担う組織あるいはチームが CSIRT（Computer Security Incident Response Team ／シーサート）です。

CSIRT は、自社へのサイバー攻撃を検知し、セキュリティ事故が発生すれば直ちに緊急対応します。インシデントに対応する「火消し役」と考えるとわかりやすいかもしれません。そんな CSIRT のおもな役割は、次 3 点です。

- 社内対応：セキュリティ情報の提供や指示・命令系統の整備・管理
- 社外対応：社外からの問い合わせやインシデント情報についての統一した対外窓口（POC：Point of Contact）
- 情報連携：外部のセキュリティ組織や他社の CSIRT と連携し、セキュリティに関する情報を共有

インシデントに対応するには、セキュリティ対策を施したシステムの構築や運用管理、セキュリティに関する啓蒙活動や制度上の整備などが不可欠ですが、対策に完全はありません。そのために、インシデントが発生すれば、直ちにそれを検知し対策を講じる体制として CSIRT が必要になります。

CSIRT は、恒常的な部門として組織されることもありますが、そのための要員やスキルを維持し続けることは容易ではありません。そこで、必要に応じて招集される組織にする場合もあります。前者は、「消防署」であり、後者は「消防団」のような組織に例えるとわかりやすいかもしれません。

また、社内の要員だけでは、日々高度化、巧妙化するサイバー攻撃に対抗することは困難なので、セキュリティ対策を専門とする企業や、セキュリティ情報を共有あるいは対策を支援してくれる外部組織との連携も欠かせません。

インシデントは、高度化、巧妙化し、増え続けています。この事態に対応するために、CSIRT を設置し、適切に機能させることで、例えインシデントが発生しても被害を最小限に食い止め、再発防止に努めることができます。

第6章

IoT／モノのインターネット

現実世界と仮想世界の狭間をつなぐゲートウェイ

さまざまなモノにセンサーが組み込まれ、ネットワークにつながる時代になりました。そんなモノを通じて、現実世界のものごとやできごとは、デジタルデータに置き換えられてネットに送り出されています。現実世界のデジタル・コピー（デジタル・ツイン）がリアルタイムに生みだされ、常に最新の状態にアップデートされ続けているのです。私たちはいま、そんな社会に生きています。

デジタル・ツインを使えば、現実世界ではできない、危険で、手間のかかる実験を繰り返し行い、最適解を見つけ出せます。また、現実世界ではどうしようもない地理的、時間的な制約を取り払ってヒト、モノ、コトがつながり、社会や経済の基盤を生みだすことになるでしょう。

IoT は、そんな仮想世界と現実世界の狭間に位置するゲートウェイとしての役割を果たします。

私たちの暮らす現実世界の「ものごと」や「できごと」は、モノに搭載されたセンサーで捉えられ、データとしてインターネットに送り出されています。見方を変えれば、アナログな現実世界のデジタル・コピーがリアルタイムに作られて、インターネットを介して、クラウドに送り出されているわけです。

モノにはコンピュータとセンサーが搭載され、自分や自分の周辺の様子を読みとり、そのデータをインターネットに送り出します。また、これを自ら分析して最適を判断し、自律的に動作します。そんな、IoT（Internet of Things：モノのインターネット）が、当たり前の世の中になろうとしています。

スマートフォンや家電製品、自動車や設備、建物や公共施設など、センサーが組み込まれ、インターネットにつながるモノは、数百億個あるとされ、これは世界人口のおよそ80億人をはるかに凌ぐ膨大な数です。当然、そこから送り出されるデータ量も膨大です。これを分析すれば、データに内在する規則や法則、特徴、さらに一体何が起きているのか、これから何が起こるのか、どうすれば、無駄なく効率よくできるのか見つけ出せます。

ほかにも、現実世界のコピーであるデジタル・ツインを使って、現実では時間やコスト、危険が伴う実験（シミュレーション）を高速かつ何度も行い、最適解を見つけることができます。その最適解を使って、たとえば自動車や航空機をより効率よく動かし、工場の機械を制御し、健康のためのアドバイスを提供します。それにより現実世界が変化すれば、それは再びセンサーで捉えられ、そのデータがネットへ送り出され、最適解をアップデートします。このサイクルが第１章で紹介したサイバー・フィジカル・システムです。

「デジタル・データで現実世界を捉え、常に最適な状態を維持するしくみ」

IoTをこのように捉えることもできるでしょう。インターネットにつながるモノの数が増えれば、デジタル・ツインは、精緻になり、時間的にも空間的にも現実世界を捉える解像度が高まります。そうなれば、よりきめ細かな最適化ができるようになります。

IoTを使えば、いま私たちが直面しているCO_2の増大や資源の枯渇など、地球規模の未曽有の危機にも対処できます。さまざまな活動における資源の消費をきめ細かく最適化し、徹底して無駄をなくすことで、社会全体の効率を高めることができるからです。第１章で紹介した「ソフトウェアで世界を再構築し、効率がよく、利便性が高く、ムダのない社会やビジネスのしくみに作り変える」には、IoT は前提です。

IoT によって、私たちは、次の 3 つの価値を手に入れることができます。

●モノ同士がつながり全体で協調・連携する

人間が監視して、指示や命令を出さなくても、モノ同士がそれぞれの状況をやり取りし、自ら最適な方法を判断し、動作してくれます。倉庫業務の自動化や交通システムの無人化、工場における自動操業を実現し、人手不足の解消やエネルギー効率の向上に貢献します。

●クラウドにつながりモノが賢くなる

モノは限られた容積の中に機能や頭脳を詰め込まなくてはならず、単体でできることには限界があります。しかし、モノにつながったインターネットの先には、ほぼ無尽蔵のデータ格納場所と膨大な処理能力を持った頭脳であるクラウドがあり、モノは、モノ単体ではなしえない強力な頭脳を持つことができます。高度で複雑な判断を必要とする機器や設備の自動化や他のシステムと連係協調した最適稼働に貢献します。

●モノがリアルタイムでつながり“いま”の事実を伝えてくれる

ジェット・エンジンの稼働状況がリアルタイムに分かれば、故障や不具合を即座に把握し、パイロットに適切な指示を与えることができます。着陸先の空港で交換部品やエンジニアを待機させておけば、着陸後すぐに点検修理して次のフライトを欠航させずに済むでしょう。また、ジェット・エンジンを製品として売り切りで販売する代わりに、使用時間や出力量に応じた従量課金サービスで収益をあげることができます。災害が起きたとき、いま自分が乗っている自動車を安全に避難させるために、GPS から得られた位置情報を使い、周囲の状況や道路の混雑を考慮した最適ルートに誘導してくれます。

このようにモノがインターネットにつながれば、その時々の最適なモノやヒトの動きを実現できます。そんな IoT について、本章では解説します。

IoT にできる 3 つのこと

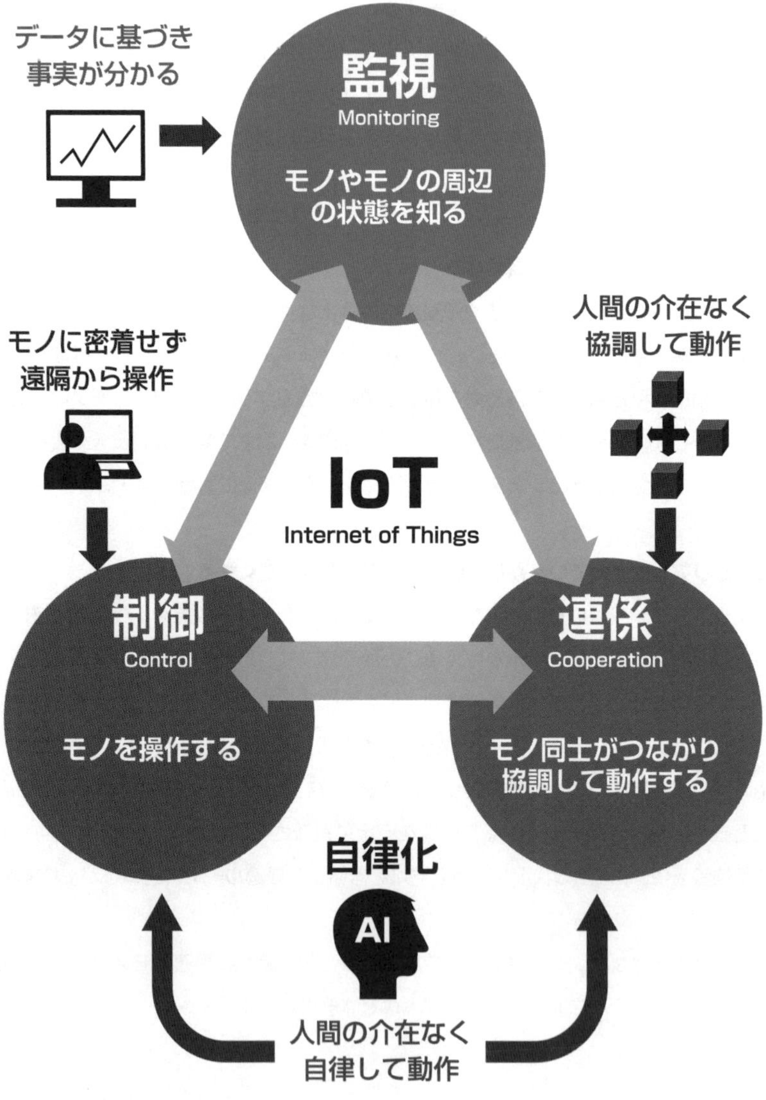
データに基づき
事実が分かる
監視
Monitoring
モノやモノの周辺
の状態を知る
モノに密着せず
遠隔から操作
人間の介在なく
協調して動作
IoT
Internet of Things
制御
Control
モノを操作する
連係
Cooperation
モノ同士がつながり
協調して動作する
自律化
AI
人間の介在なく
自律して動作

● 監視（Monitoring）：モノやモノの周辺の状態を知る

データに基づきリアルタイムに事実を捉えられます。データを人間にも分かる表やグラフ情報に加工すれば、直感的な判断ができるようになります。

- 電力の使用状況の把握
- 遠隔検査・遠隔診断
- ウェアラブルによる健康管理
- 農場の環境把握（土壌や温度など）
- 工場内の機器の稼働状況や人の動きの把握など

● 制御（Control）：モノを操作する

人がモノを遠隔から制御したり、モノ自身や周辺のデータに基づいて、モノを自動で動作させることができます。

- オフィスのドアの開閉
- 公共交通機関の自動運転
- 音声による家電・機器類の制御
- 農業ハウスの管理と環境の最適制御
- 建物や施設などの省エネ制御　など

● 連係（Cooperation）：モノ同士がつながり協調して動作する

モノ同士がお互いに自身の状態や周辺の状況をやり取りしながら、全体として連係、協調し、最適に動作します。

- 倉庫・工場の搬送機器の効率搬送
- 自動車と信号機による渋滞解消
- 工作機械の協調制御による効率的生産　など

さらにモノに搭載したAIによる自律制御のしくみを使えば、複雑な機器の制御やモノ同士の連携を、人間の介在無しに行うことができます。

ここで捉えた状況や結果は、データとしてネットを介してクラウドに送られ、自律制御を洗練させます。またその他のサービスと連携させることで、さらなる業務の効率化や最適化に役立てられます。

IoT で変わる現実の捉え方

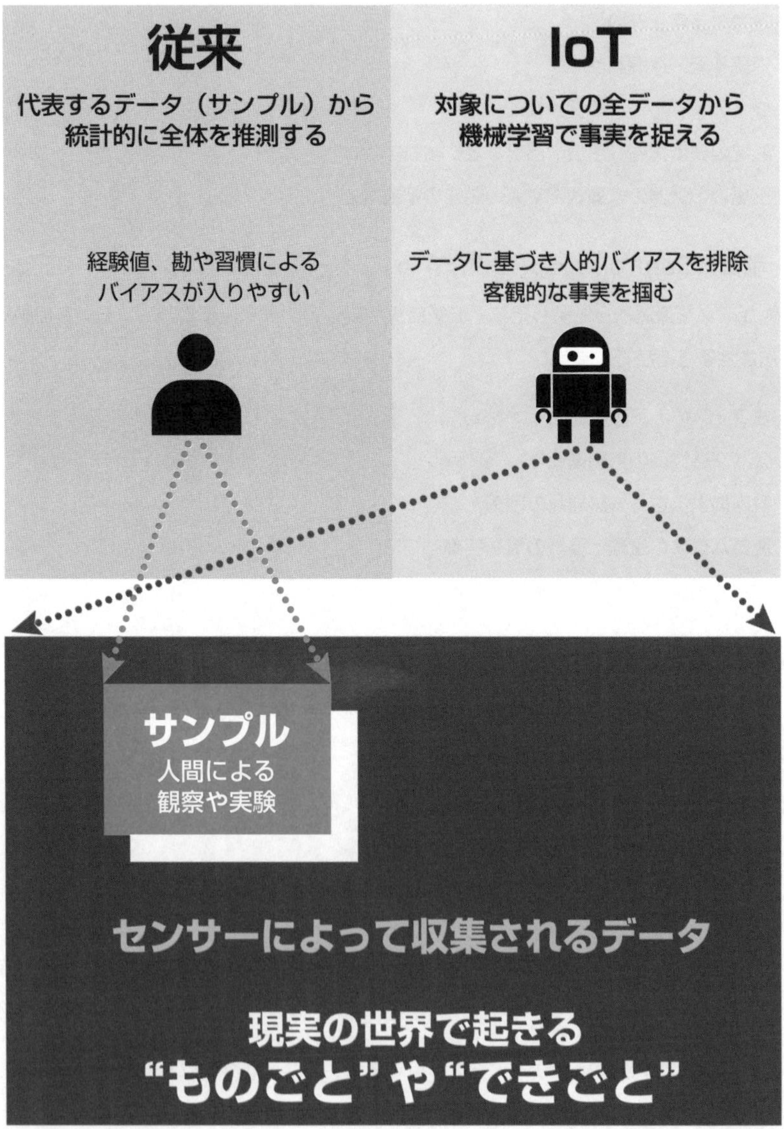

従来
代表するデータ（サンプル）から
統計的に全体を推測する
経験値、勘や習慣による
バイアスが入りやすい
IoT
対象についての全データから
機械学習で事実を捉える
データに基づき人的バイアスを排除
客観的な事実を掴む
サンプル
人間による
観察や実験
センサーによって収集されるデータ
現実の世界で起きる
“ものごと”や“できごと”

現実世界でのものごとやできごとをデータで捉えることは、昔から行われてきました。私たちは、このデータで事実を捉え、これを分析することで、規則や法則、特徴を見つけ出し、製品やサービスの改善に役立てています。

しかし、「すべての事実」をデータで捉えることは、手間や費用が膨大になります。そのため、現実を模した実験や代表的な集団の観察、ランダムに選ばれたものの検査など、そのグループ（母集団）を代表するサンプル（標本）データを使い、そこから全体の様子（母集団の確率分布）を統計学的に推測することが、一般に行われてきました。

しかし、標本データや母集団の範囲の選定をする時点で扱うデータの数は限られます。また選定には人間の経験値や習慣に基づく思いこみなどのバイアスが影響して、全体の様子を客観的に捉えることは、容易なことではありません。

IoT では、このやり方が、根本的に変わります。たとえば、製品にデータ収集のためのセンサーと通信機能を内蔵しておけば、その製品の使われ方や利用者の行動などの「すべての事実」を客観的にデータで捉えられます。しかも、リアルタイムに通信できる機能を組み込めば、いまの事実を把握できます。

このように IoT によって、事実を把握する解像度は上がります。これまで見えていなかった、規則や法則、特徴が「見える化」されることにより精度の高い現実理解が可能になります。そこから新たな洞察を得て、製品やサービスの開発に示唆を与えるなど、一層の改善ができるようになります。

マーケティングやプロモーションにおいても、標本データから推測された母集団の静的な「属性」に対応したプロモーションや情報提供に留まっていたユーザーとの関係を、時々刻々変化する「リアルタイムな事実」に基づく動的な「行動」に対して、タイミングよくプロモーションや情報を提供できるようになり、その効果や利便性を高めることにも役立ちます。

当然ながら、データ量は膨大になります。それを伝送する高速・大容量の通信（5G）や膨大なデータから規則や法則、特徴を見つけ出す計算（AI/ 機械学習）、データを保管・処理する計算資源（クラウド）が必要になります。

「狭義の IoT」と「広義の IoT」

Cyber Physical System：現実世界とサイバー世界が緊密に結合されたシステム

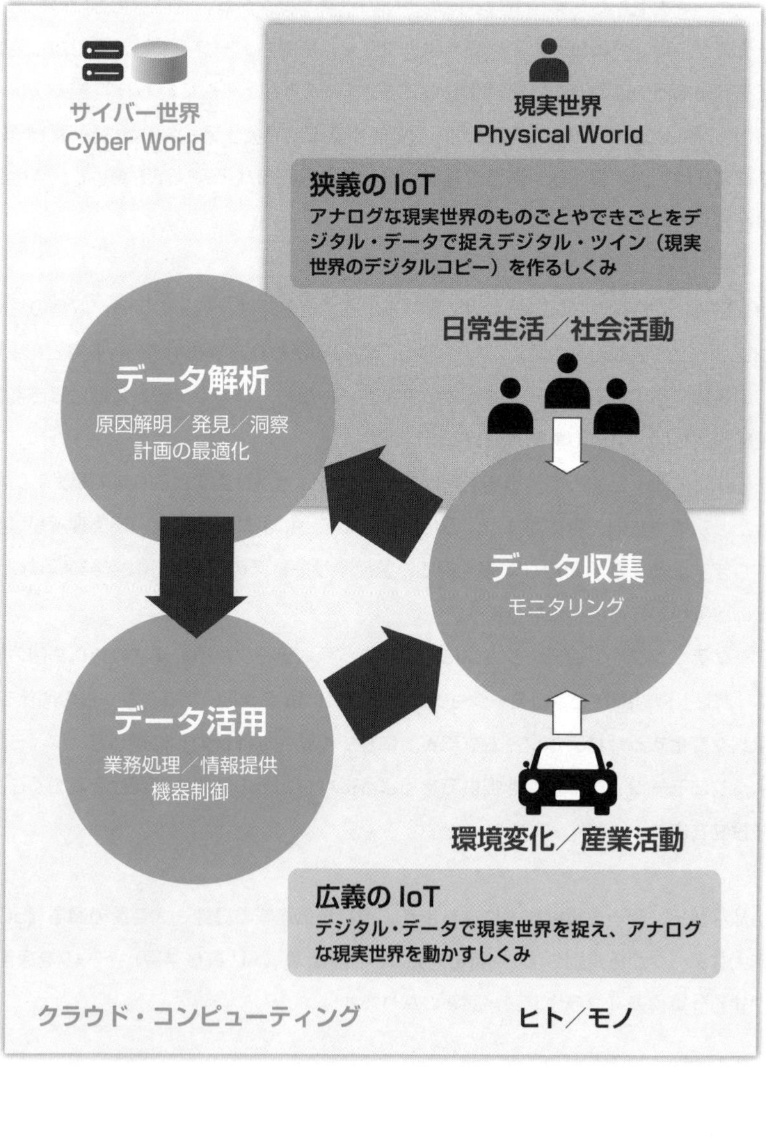

IoT には、次の 2 つの解釈が、ありそうです。

❖ 狭義の IoT：アナログな現実世界のものごとやできごとをデジタル・データで捉えデジタル・ツイン（現実世界のデジタル・コピー）を作るしくみ

❖ 広義の IoT：デジタルとフィジカルが一体となって高速に改善活動を繰り返すしくみ、あるいはそれにより新たなビジネス価値を創出するしくみ

「狭義の IoT」とは、モノに搭載したセンサーから「モノ」自体や周辺の状況とその変化を捉え、デジタル・データとしてネットに送り出す機器や情報システム、あるいは、それらを組み合わせた一連のしくみのことです。

これをビジネス視点で見れば、「システム構築ビジネス」になります。このビジネスは、一般的なシステム構築ビジネス同様に、請負業務として、原価回収は期待できます。しかし、価格競争に陥る可能性が高く、大きな利益を得ることは難しいかもしれません。なお、このようなビジネスに取り組むには、適用する現場に精通する必要があります。たとえば、工場であれば、設備や機材、その操作や運用、その現場に最適なセンサーの種類やデータ収集の方法などについてです。

一方、「広義の IoT」とは、「狭義の IoT」によって生みだされたデータを分析し、原因解明、発見／洞察、計画の最適化などを行い、新たな価値を付与して、顧客に魅力的なサービスを提供することです。

自分たちでサービスを提供するので、顧客の課題やニーズを調査し、ビジネス・モデルを企画し、プロモーションやサービス提供の方法を設計し、顧客ニーズの変化に即応できる開発や運用の体制を整えなくてはなりません。そのためハイリスク・ハイリターンを覚悟する必要があるでしょう。

どちらが正解であるというのではなく、このような 2 つの解釈がありそうだということです。ただ、「IoT ビジネス」を企画、検討する立場にあるならば、この違いを曖昧にすべきではありません。ビジネス的には、まったく異なる性格であり、それぞれに必要とされる知見やノウハウが異なりますし、投資の仕方も違います。その点を踏まえて、取り組むべきでしょう。

“

「広義のIoT」が価値を生みだす2つのループ

「広義の IoT」には、異なる２つの価値の生み出し方が、ありそうです。

● 最適化ループ

現実世界のモノに組み込まれたセンサーからデジタル・ツインを生みだします。これを分析して、そこに内在する規則や関係を見つけ、未来を予測します。あるいは、現実世界ではできないことを、模擬的に実験（シミュレーション）し、最適解を導きます。

これを使って、効率化や省エネ、生産性の向上、納期の短縮やコスト削減などのために、機器の制御や現場への指示命令、アドバイスなどを送り、現実世界を最適化します。それにより再び現実世界が変化し、それをセンサーが捉えます。このループを回し、最適化された現実世界を維持します。

● 変革ループ

デジタル・ツインを分析するところまでは、「最適化ループ」と同じですが、そこからインサイト（気付き洞察のこと）や示唆を得て、イノベーションを生みだすきっかけを手に入れます。これにより、さまざまなサービスとの新たな連携、利便性の向上、新たな UX の創出、驚きや感動を生みだせます。

テクノロジー面で、両者に共通するのは、センサー技術とデータを収集し送り出すシステム、そのデータを保存し計算処理するための能力を提供するクラウド、データを分析して予測や最適解、関係を見つけ出したり、規則を「見える化」したりする機械学習（AI 技術の１つ）です。

さらに「最適化ループ」では、得られた予測や最適解を現場に高速、確実に送り、現場を把握するための 5G（第５世代移動体通信システム）、モノそのものに高い自律能力を持たせる AI チップなどが使われます。

一方「変革ループ」では、得られたインサイトや示唆から、新たなビジネス・モデルを生みだしたり、ビジネス・プロセスを変革したりするために、現場のフィードバックを得ながら、高速に試行錯誤を繰り返さなければなりません。そのための手法として、アジャイル開発や DevOps が役立ちます。

この２つのループは、相互補完的であり、「最適化ループ」を回しながら、「変革ループ」も同時に回すといったことが、ビジネスを成長させる基本となるでしょう。

個々のテクノロジーについては、あらためて、詳しく解説します。

デジタル・ツインと３つのバーチャル世界

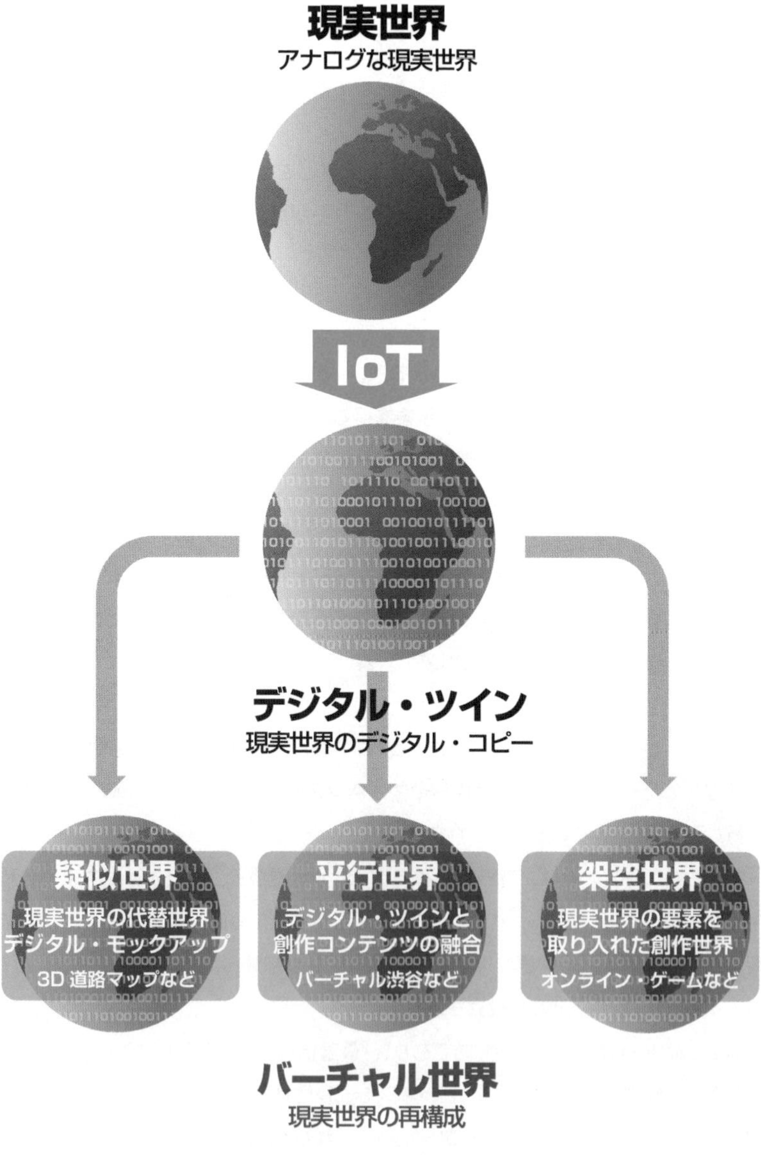

IoT によって生みだされたデジタル・ツインは、現実世界のものごとやできごと、あるいは、物理法則を写し取ったデジタル・コピーです。これを素材に、現実世界を再構成したのが、バーチャル世界です。そんなバーチャル世界には、疑似世界、平行世界、架空世界の 3 つがあります。

●疑似世界：現実世界を可能な限り忠実に再現したデジタル空間

たとえば、国土交通省が主導するプロジェクト PLATEAU は、日本全国の都市を 3D 都市モデルとして整備することを目指し、そのデータを用いて高度な都市計画立案や都市活動のシミュレーションなどを行っています。これを使えば、建物単位での災害リスクを考慮した防災対策、配送ドローンのルート検証などが行えます。

また、Google の子会社で自動運転車の開発を担う Waymo は、サンフランシスコの街並みや道路を 3D データで再現し、ここで自動車を走らせて、自動運転のためのソフトウェアを訓練しています。実際の道路での走行は、コストや時間、安全上の制約があります。そこで、3D サンフランシスコ内を走らせることで、法律や規制の制約を受けることなく訓練走行して、ソフトウェアの性能向上や改善を図っています。

英国原子力公社（UKAEA）は、次世代のエネルギー源として開発を進める核融合炉をバーチャル世界で作り、現実世界では難しい実験をしています。核融合反応は太陽がエネルギーを生みだすしくみで、これを地上で再現しエネルギーを取り出そうというものですが、それには 1 億度以上の高温を作らなくてはなりません。実現するには、多くの部品を複雑に組み合わせなくてはならず、設計を一部でも変更すると、他にも影響を及ぼします。これを実際に作って確かめることは容易なことではありません。そこで、バーチャル世界に核融合炉を作り、ここで実験や設計変更を繰り返し、見通しが立ったところで実際に作り、開発にかかる期間やコストを削減しようとしています。

●平行世界：デジタル・ツインと、創作されたデジタル・コンテンツを融合させたデジタル世界

たとえば、KDDI が主導、クラスターが制作し、2020 年 5 月にオープンした「バーチャル渋谷」は、実在する渋谷の街並みを忠実に再現し、「攻殻機動隊」風の風景やキャラクター、機材を登場させ、現実世界とは異なる世界観の渋谷を演出しています。ここ

で行われたイベントには2020年には40万人、21年には55万人のアバターたちが世界中から訪れています。

またコインチェックが運営する「OASIS KYOTO」は、"2035年の近未来都市"をコンセプトに、神社仏閣など日本の古都を連想させる街並となっています。ファッションや音楽、アートを中心に多彩なイベント施設を設置し、アーティストとファンとの交流や企業のコミュニティ育成の場として使われています。

●疑似世界：現実世界の物理法則や要素を取り入れ創作されたバーチャル世界

たとえば、バンダイナムコエンターテインメントが2023年10月に開催した「ガンダムメタバース」は、アメリカと日本で約3週間のみの限定オープンでしたが、ガンダムの世界観を堪能できるメタバース空間やファン同士のコミュニティのきっかけとなる展示などが行われました。2024年3月にも第2回のイベントが開催されています。また、2023年11月、アニメ「進撃の巨人」の完結を祝うイベント「ワールドワイド·アフターパーティー」がオンラインで行われ世界中のファン同士がコミュニケーションをとったり、制作陣やキャストと乾杯したりといったことが行われました。また、「Fortnite」や「Roblox」、「どうぶつの森」などのゲームもここに分類されるでしょう。

これら3つのバーチャル世界の区分は明確ではありません。また、これらを総称して、「メタバース」と呼ばれることもあり、デジタル·ツインとの区分は曖昧です。今後、生成AIやVR（仮想現実）の技術が組み合わされることで、両者の区別はますます曖昧になるでしょう。

エンターテインメントやゲームを越えて、産業への応用も広がっています。たとえば、設計段階から製造、販売、アフターサービスに至るまでの製品ライフサイクル全体をバーチャル世界に作り、現実世界のしくみとシームレスに統合して、効率や生産性を向上させます。イノベーションを追求するために、重要な役割を果たすことにもなるでしょう。

IoTは、現実世界とバーチャル世界をつなぐ、インターフェイスとしての役割を担い、ますます不可分でシームレスな関係になっていくと考えられます。

Column

ムーアの法則

1965年の春、フェアチャイルド・セミコンダクタ社の創立メンバーの1人、かつインテルの創業者であるゴードン・ムーアは、「エレクトロニクス・マガジン」誌から、同誌の35周年を記念して、コンピュータの未来についての記事を依頼されました。当時、集積回路は、最先端の試作品でも1つのチップに詰め込めるトランジスタ数は30個が限界でした。

そんな時代にムーアは記事を書くためにデータを集めていて驚くべきことを発見しました。なんと1枚のチップに集積されるトランジスタ数は1959年から毎年倍増していたのです。この傾向がこの先も続くと仮定すると、1975年には6万5千個という途方もない数のトランジスタが集積されることになります。

彼はこれを基に「Cramming More Components onto Integrated Circuit / 集積回路上にもっとたくさんの素子を詰め込む」という記事を書き上げ、その中で「家庭用コンピュータという驚くべきもの」や「携帯用通信機器」、そして、もしかしたら「自動操縦の自動車」まで登場するかもしれないと書いています。

「半導体の集積密度は18～24カ月で倍になり、価格性能比も倍になる」

後に「ムーアの法則」と言われるようになったこの経験則は、現実のものになりました。1971年に登場した世界最初のマイクロ·プロセッサー「Intel 4004」には2,300個ほどのトランジスタが詰め込まれました。そして、この記事が発表された50年後に登場したインテルの「第12世代Core」には、数十億個が詰め込まれています。さらにインテルは、2030年には、1兆個を目指すとしています。もちろん、「家庭用コンピュータという驚くべきもの」や「携帯用通信機器」、「自動操縦の自動車」はいうまでもありません。

2007年、iPhoneが登場して10年で社会やビジネスの常識は様変わりしました。スマートフォンの出荷台数は、全世界で年間13億台に達し、身分証明書やクレジットカード、お財布代わりに使われるようになっています。もはやコンピュータは経済だけではなく、私たちの日常生活や社会との係わり方さえも大きく変えてしまいました。

ムーアの予言通り、コンピュータは、私たちの社会や日常の隅々にゆき渡り、もはやコンピュータのない時代へと戻ることはできなくなりました。

IoT がもたらす 2 つのパラダイムシフト

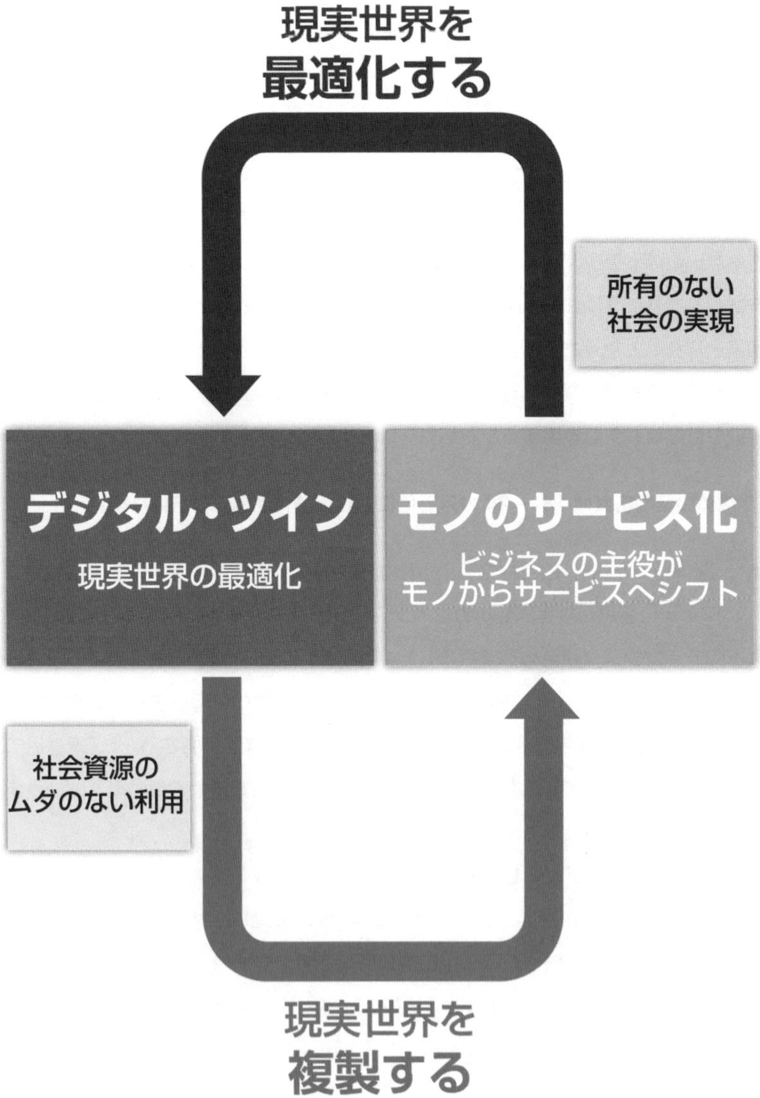

6

社会基盤のシフト：デジタル・ツイン

IoT がもたらす常識の転換（パラダイムシフト）の 1 つは、現実世界とデジタル世界を一体化させた新たな社会基盤の実現です。

モノに組み込まれたセンサーによって収集された現実世界の「ものごと」や「できごと」のデジタル・データからデジタル・ツインが生みだされます。これを使って機械学習やシミュレーションを行えば、現実社会を深く理解し、さまざまな洞察や最適解を導き出すことができます。このサイクル、すなわちサイバー・フィジカル・システム（CPS）が、現実世界を常に最適な状態に維持します。

「モノ」の価値のシフト：モノのサービス化

もうひとつのパラダイムシフトは、「モノ」の価値の本質をハードウェアからサービスへとシフトすることです。

かつて、モノの性能や機能、品質や操作性は、ハードウェアの「でき」や「つくり」といった物理的実態によって実現されていました。しかし、いま多くのモノにはコンピュータが組み込まれ、ソフトウェアによって、これらを実現しています。ハードウェアの価値がなくなったわけではありませんが、もはやハードウェアだけでは、モノの価値が実現できない時代になりました。

IoT は、この「ハードウェア＋ソフトウェア」であるモノをネットにつなぎ、デジタル世界と一体化することで新たな価値を産み出します。

たとえば、機械に組み込まれたセンサーからのデータをクラウドで解析すれば、予防保守の必要性やタイミングを的確に判断し、故障前に点検や修理ができます。そうすれば、顧客満足度は向上し、保守・点検のタイミングや必要な機材や部品、エンジニアの稼働が最適化され、コストが削減できます。

さらに稼働状況が確実に計測できるので、「モノ」を売らずに使用量に応じて課金するビジネスが実現します。たとえば自動車であれば、ネットワークを介して自動車に組み込まれたソフトウェアを更新し、機能や性能、操作性を向上できます。さらに、安全な運転か乱暴な運転かをデータで捉え、料金を変動させる保険商品も実現します。

このように、モノそのものではなく、「ハードウェア×ソフトウェア×サービス」が、モノの価値として、受けとめられるようになります。

デジタル・ツインの活用①
：現実世界の最適化

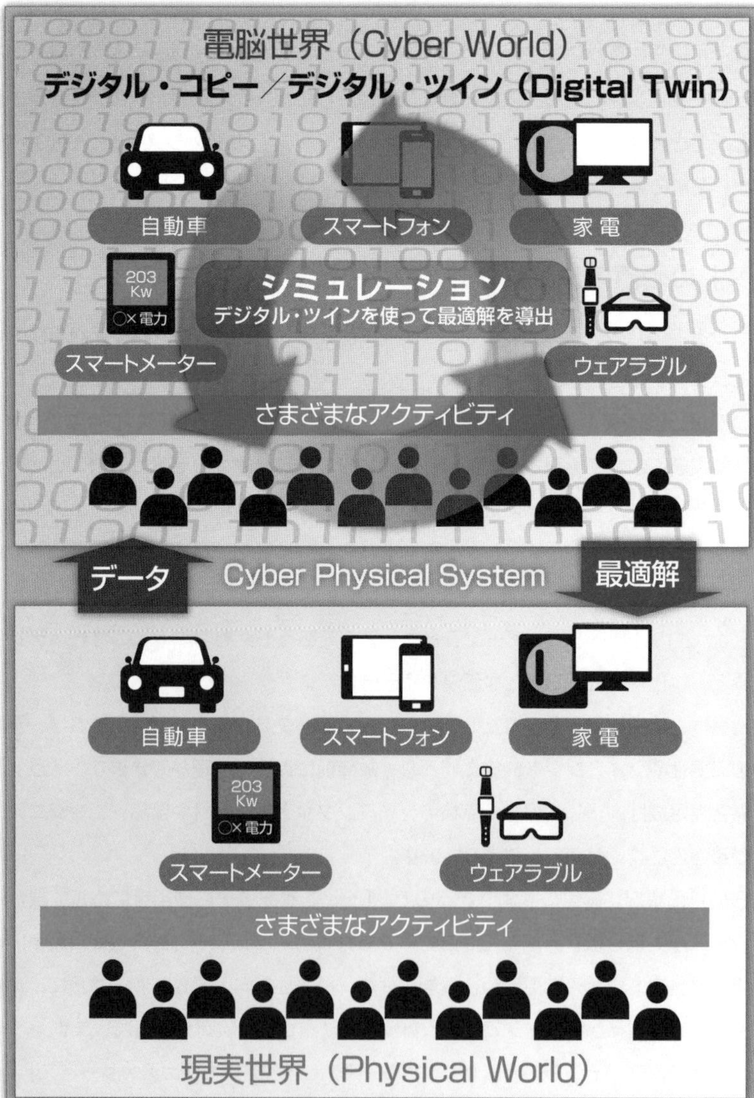

現実世界の出来事を忠実に写し取ったデジタル･コピー＝「デジタル･ツイン」で「現実世界ではできない模擬実験（シミュレーション)」を行えば、私たちの社会や生活を快適で安心なものにするための方法を見つけ出せます。

工場の生産性や柔軟性の向上

工場の製造装置や設備に組み込まれたセンサーから送り出された進捗状況や稼働状況などをリアルタイムで受け取り､最も効率のいい作業手順を見つけ出します。これを使って、現場の製造装置を自動制御すれば、納期や作業期間を大幅に短縮し、コスト削減に貢献します。新製品を製造ラインに投入する、スケジュールや段取りを変更するときの最適なタイミングをシミュレーションによって見つけ出せば、部材のムダをなくし作業効率を高められます。

道路の渋滞緩和

渋滞している道路のデジタル・ツインを使い、信号機の切り替わるタイミングを変える、高速道路への進入規制をするなど条件を変え、渋滞を解消する最適な方法を探ることができます。そこで得られた情報を現実世界にフィードバックし、信号の制御や高速道路の職員に指示を与えることで渋滞が解消できます。

災害に強い都市計画

都市の構造や活動を写しとったデジタル・ツインで模擬的に大規模災害を起こし、道路の橋桁を崩落させる、火災で通行止めにするなどし、どのように誘導すればより多くの人命を救えるかを、条件を変えて実験できます。現実世界でこのような実験を行うことはできません。この実験（シミュレーション）結果を、災害時の避難誘導計画や都市計画に反映させることができます。

身体の健康や安全をサポート

スマートフォンやウェアラブル端末を使いきめ細かな身体の情報がつかめれば、それを使って、利用者の健康上の課題を見つけ出し、適切なアドバイスができるようになります。転倒や発作などの身体の異常を感知すれば、自動で救急隊や病院に通報や身体情報が送られ、直ちに必要な措置がとれます。

デジタル・ツインの活用②
:サービス間連携による新たな価値の創出

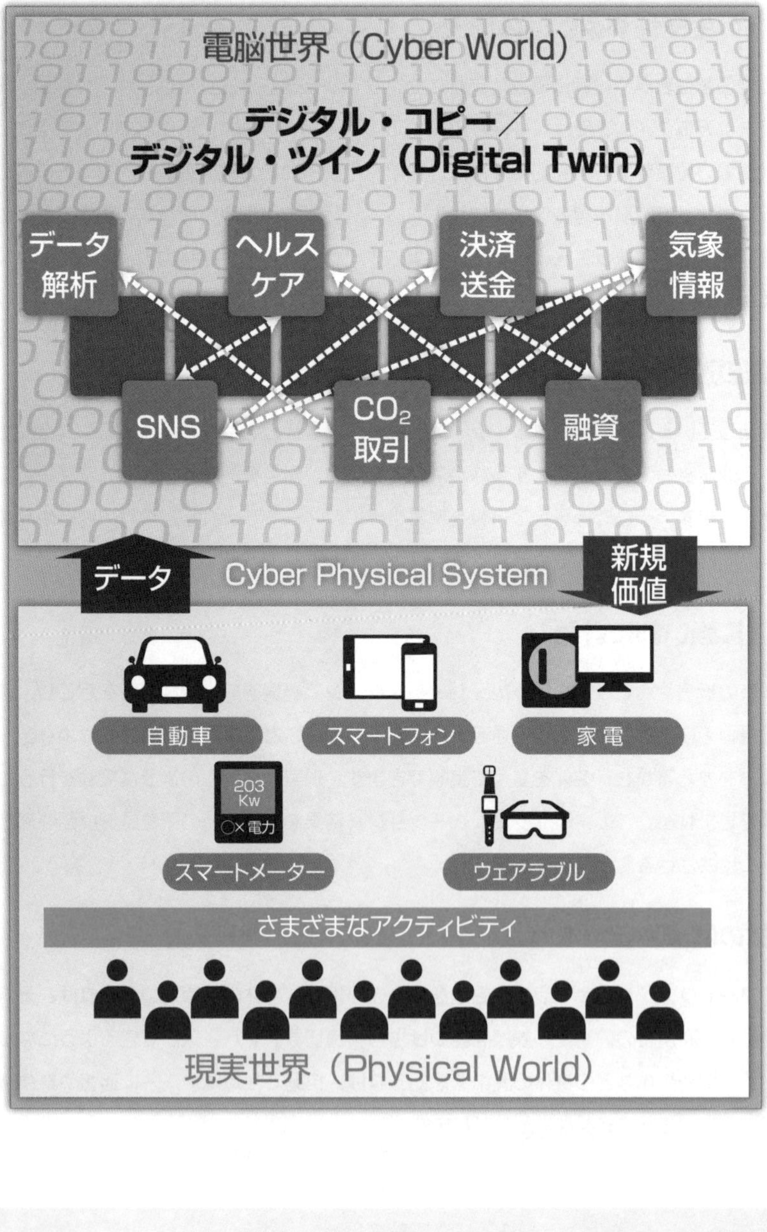

「デジタル・ツイン」は、「現実世界のデジタル・コピー」ですが、すべてが現実世界と同じではありません。たとえば、地理的な距離や情報／データの伝達時間は、無いに等しいと言えるでしょう。このような特性を活かせば、モノ、コト、ヒトを瞬時に結びつけて、単独では生みだせない価値を創出できます。

たとえば、「温室効果ガス排出権取引」について考えてみましょう。CO_2 などの温室効果ガスの削減は、地球温暖化対策として喫緊の課題です。そこで、排出することのできる量を排出枠という形で定め、それを超えて排出をしてしまったところが、排出量が少ないところから排出枠を買ってくることを可能にし、それによって削減したとみなす制度が作られました。

これをビジネスとして成り立たせるためには、CO_2 などの温室効果ガスの排出量をセンサーで監視し、それを取引できるようにしなくてはなりません。そして、1t の CO_2 を 1 単位として定量化し、取引可能な形態（CO_2 クレジット）にして、情報システム上の「口座」で取引するシステムが稼働しています。

デジタル世界では、国境を越えて国内外で瞬時に取引できます。さらに、取引に伴う決済や融資などの金融サービス、気象情報やデータ解析、ヘルスケアなどのサービスをつなげれば、そこに新たなビジネスが、生みだされるかもしれません。

このように、デジタル・ツインの世界では、時空間の隔たりを気にする必要はなく、さまざまなサービスを相互につなげて、単独では生み出せないビジネス価値を創出することができるようになります。

第 1 章で述べたように「イノベーション」とは、「新結合」であり、さまざまな要素の新しい組合せを試し、これまでには無かった新しい価値を生みだす行為です。さまざまなデジタル・ツイン上のサービスの組合せを容易に試せるようにすることも、新たな価値の創造に大きく貢献するでしょう。

デジタル・ツインとは、「現実世界とデジタル世界が、一体となって新たな価値を生みだす」ビジネスの基盤とも言えるでしょう。

IoTが実現させる「モノのサービス化」

モノの価値は、
ハードウェアからソフトウェアへ、
そしてサービスへとシフト
サービス
機能・性能を継続的に更新可能
ソフトウェア
機能・性能を随時更新可能
ハードウェア
機能・性能の固定化
機構が複雑になり、部品の数も増えて、コストが嵩む
故障が多く、保守／サポートの体制やコストの負担が増える
機能追加には、設計や製造工程の変更をともない、迅速対応は困難
モノの価値を評価する基準がシフト

カメラの露出、ピント、絞り、シャッター・スピード、カラー調整などは、そこに組み込まれたソフトウェアによって実現しています。かつてこれらは、歯車やバネなどのハードウェアによって実現していました。しかし、いまではハードウェアはモノの構成要素の一部となり、ソフトウェアが、モノの機能を決める割合が大きくなっています。

IoT は、これらソフトウェアをネットにつなげることで、価値の本質をサービスへとシフトさせようとしています。

たとえば、インターネットを介してカメラのソフトウェアを更新すれば、連写機能を向上させる、アートフィルターの種類を増やすなど、買ったときよりも利便性や機能を高められるようになります。テレビは、搭載されているソフトウェアを、放送電波を介して更新して機能や操作性を改善できます。また、自動車にはハードウェアとして自動運転機能が搭載されている製品もあり、法律上の規制がなくなればソフトウェアの更新で自動運転ができるようになります。

このように、ソフトウェアによって機能するモノが、ネットワークにつながることで、モノは購入した後も継続的に価値を向上し続けることができます。

「もの作り」は、使い続けることを前提に考えられるようになりました。たとえば、かつて Apple の iPod が爆発的に売れたのは、iTunes Music Store というサービスがあったからです。それ以前にも同様の製品として Sony のウォークマンが存在していましたが、それを越える勢いで iPod がシェアを広げたのは、このサービスとモノを一体で考え価値を生みだしたからに他なりません。

さらに、iPod に続き登場した iPhone は、そこに導入したソフトウェアのおかげで、電話にもなり、カメラにもなり、地図にもなり、懐中電灯にもなります。そして、そのソフトウェアを、インターネットを介して更新することで、操作性や機能を改善できます。さらに、それらデバイスからのデータを使い、ナビゲーション、写真共有サービス、SNS などのサービスを使えます。また、新たなアプリを導入すれば、その用途をさらに広げることもできます。

モノがネットにつながることで、モノの価値が、モノだけではなく、サービスと一体で決まるようになりました。ハードウェアからソフトウェアへとモノの価値はシフトし、IoT の普及と共にサービスへシフトしていこうとしています。

"

モノのサービス化のメカニズム

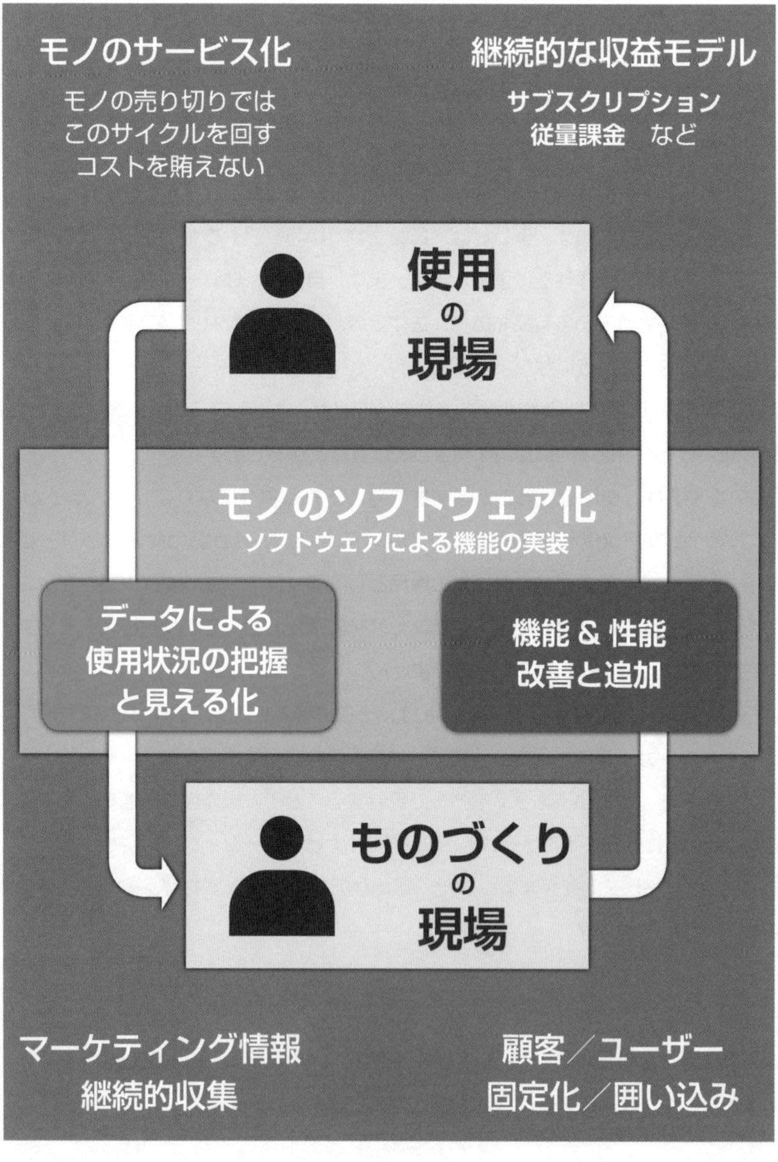
モノのサービス化
モノの売り切りでは
このサイクルを回す
コストを賄えない
継続的な収益モデル
サブスクリプション
従量課金　など
使用
の
現場
モノのソフトウェア化
ソフトウェアによる機能の実装
データによる
使用状況の把握
と見える化
機能 & 性能
改善と追加
ものづくり
の
現場
マーケティング情報
継続的収集
顧客／ユーザー
固定化／囲い込み

モノのサービス化の本質は、「モノを使用する現場」と「モノづくりの現場」を直結・連携させせることにあります。

これは現場の変化やニーズをいち早くものづくりの現場に反映し、成果をフィードバックするしくみともいえます。そのためには人間の意志や操作にかかわらずセンサーによって現場のデータをリアルタイムに取得し、分析・活用するしくみである IoT は不可欠です。

また、「モノのサービス化」は「モノのソフトウェア化」を前提とします。ハードウェア部分をできるだけシンプルに作ることで、コストを安くできます。さらにトラブルは減少し、メンテナンスの手間やコストも減らせます。その代わり機能や性能は、ソフトウェアによって実現しようというわけです。

ものづくりの現場の側はネットワークを介してモノをアップデートすることで、即座にものを使う現場に介入できます。たとえば、IoT で現場での不具合を直ちに捉え、ソフトウェアを変更することで即座に修理できるようになります。また、使われ方のデータを解析して現場のニーズを捉え、ソフトウェアを変更することで、お客様が買った後でも、使用の現場で使い勝手や機能、性能を改善できます。

これがモノのサービス化の本質です。つまり、ハードウェア×ソフトウェア×サービスが、一体となってモノの価値を生みだします。しかし、従来通り「モノ＝ハードウェア×ソフトウェア」を売りきりで売却してしまっては、サービスの価値を提供し続けるためのコストが確保しづらくなります。そこで、収益確保のため「モノ＝ハードウェア×ソフトウェア」を「サービス」として提供し、その対価を継続的に受け取れるよう「サブスクリプション（月額定額）」や「従量課金（使用量に応じた課金）」にするという収益モデルが必要となります。

見方を変えればこのモデルはマーケティングとものづくりの一体化であり、サポート・サービスとものづくりの一体化でもあります。このようなしくみにより、お客様のビジネス成果に直接かつ継続的に貢献できます。モノのサービス化は、モノをサービスのようにレンタルで使用しサブスクリプションや従量課金で収益をあげるビジネス・モデルと捉えるのは一面的です。このようなしくみがあってこそ、真価を発揮できるのです。

IoT の 3 層構造

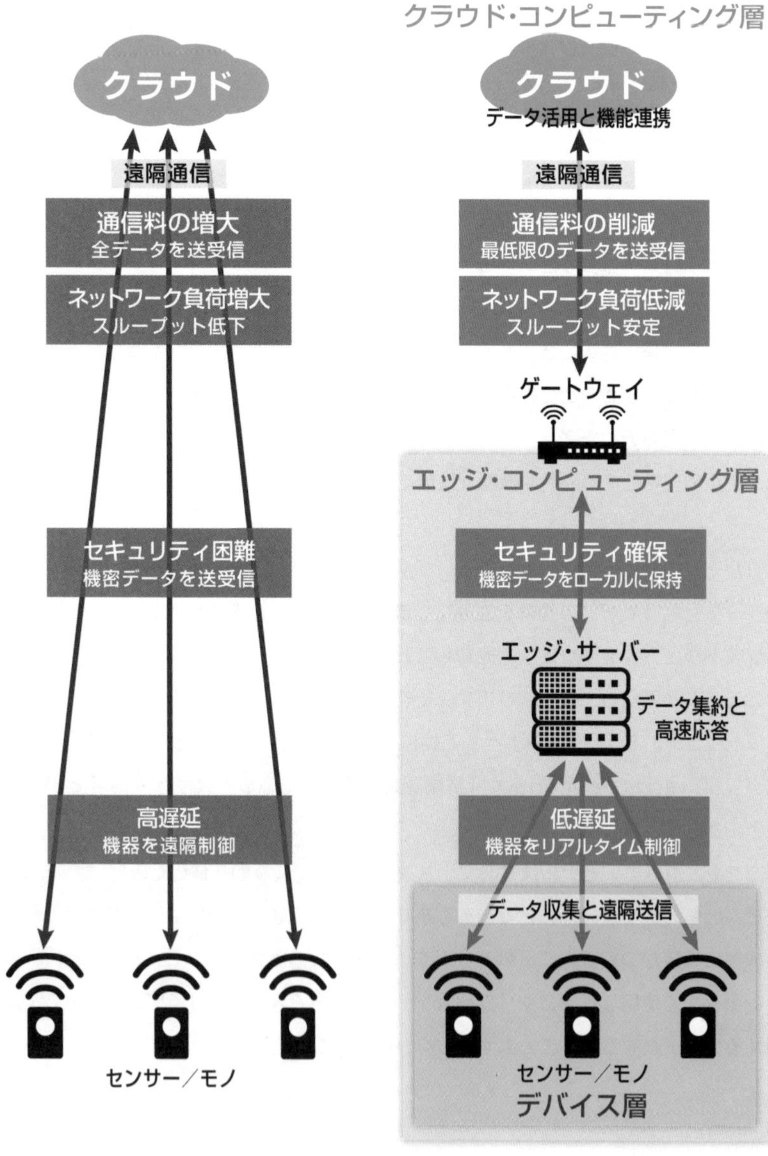

クラウド
遠隔通信
通信料の増大
全データを送受信
ネットワーク負荷増大
スループット低下
セキュリティ困難
機密データを送受信
高遅延
機器を遠隔制御
センサー／モノ
クラウド・コンピューティング層
クラウド
データ活用と機能連携
遠隔通信
通信料の削減
最低限のデータを送受信
ネットワーク負荷低減
スループット安定
ゲートウェイ
エッジ・コンピューティング層
セキュリティ確保
機密データをローカルに保持
エッジ・サーバー
データ集約と
高速応答
低遅延
機器をリアルタイム制御
データ収集と遠隔送信
センサー／モノ
デバイス層

IoT は、データを収拾してネットワークに送り出す「デバイス層」、そのデータを収拾・集約しクラウドにデータを送り、すぐに処理して結果を返す「エッジ・コンピューティング層」、膨大なデータ解析やアプリケーションを実行する「クラウド・コンピューティング層」の３階層に大別できます。

「デバイス層」は、センサーや外部機器とのインターフェイス、ネットワークにデータを送り出す通信機能、アプリケーションを処理するプロセッサーが組み込まれたモノで、取得したデータをネットワークに送り出します。

「エッジ・コンピューティング層」は、デバイス層からのデータを受け取り、すぐに処理してフィードバックする、あるいは集約して必要なデータのみをクラウドに送る役割を果たします。

このようなしくみが必要になるのは、モノの数が莫大になると次のような問題が起こるからです。

- ❖ 個々のモノに対する回線を確保するために相当のコストがかかる
- ❖ 送り出されるデータが膨大になりネットワークの負荷が高まってしまう
- ❖ モノの監視や制御に負荷がかかり、クラウド集中では処理しきれない

他にも、インターネット経由でモノがクラウドにデータを送りフィードバックを受け取ろうとしても、サーバーが遠くにあると大きな遅延が生じるという問題もあります。そうなるとすぐに結果を返さなければならない場合には、タイミングを逸し、支障が出ることがあります。そこでモノの周辺に「エッジ・サーバー」を置いて分散処理をさせ、この問題を解決しようというわけです。また、個人やモノの認証に関わるデータや機密性の高いデータをインターネットに送らずにここで処理し、セキュリティ・リスクを軽減するためにも使われます。

このエッジ・コンピュータが連携し、低遅延・大規模な処理を行うしくみを「フォグ（霧）・コンピューティング」と呼びます。クラウド（雲）よりも地面に近いモノの周辺に設置されることから、このような名前がつけられました。

「クラウド・コンピューティング層」は、デバイス層やエッジ・コンピューティング層から送られてきたデータを分析し、アプリケーションを動かし、他のクラウド・アプリケーションとの連携機能を提供します。

IoT は、このような３層構造によって実装されるようになるでしょう。

IoT のセキュリティ

大項目	中項目	指針		主な要点
IoT セキュリティ対策の5つの指針	方針	指針1	IoT の性質を考慮した基本方針を定める	■経営者が IoT セキュリティにコミットする ■部門性やミスに備える
	分析	指針2	IoT のリスクを認識する	■守るべきものを特定する、つながることによるリスクを想定する
	設計	指針3	守るべきものを守る設計を考える	■つながる相手に迷惑をかけない設計をする ■不特定の相手とつながれても安全安心を確保する設計にする ■安全安心を実現する設計の評価・検証をおこなう
	構築接続	指針4	ネットワーク上での対策を考える	■機能及び用途に応じて適切にネットワークを接続する ■初期設定に留意する ■認証機能を導入する
	運用保守	指針5	安全安心な状態を維持し情報発信・共有をおこなう	■出荷、リリース後も安全安心な状態を維持する ■出荷、リリース後も IoT リスクを把握し、関係者に守ってもらいたいことを伝える ■IoT システム、サービスにおける関係者の役割を認識する ■脆弱な機器を把握し、適切に注意喚起をおこなう
一般利用者のためのルール				■問い合わせ窓口やサポートがない機器やサービスの購入、利用を控える ■初期設定に気をつける ■使用しなくなった機器については電源を切る ■機器を手放すときはデータを消す

出典：IoT 推進コンソーシアム「IoT セキュリティーガイドラインバージョン 1.0」

「モノ」がネットにつながれば、サイバー攻撃を受ける可能性があります。

事故誘発

IoT デバイスの制御をできなくし、事故が引き起こされる可能性があります。たとえば、対象が自動車や医療機械などであれば人の命を危険にさらし、工作機械や生産設備などの産業機械であれば工場の生産停止、道路や鉄道などの交通システムであれば渋滞や運行停止、人身事故などによる社会システムの混乱などが引き起こされる可能性があります。

情報搾取

モノが取得する情報を盗まれることで、さまざまな被害がもたらされる可能性があります。たとえば、スマートスピーカーから利用者の会話が盗聴されるなどの可能性があります。

踏台攻撃

攻撃者が、IoT デバイスに侵入して遠隔操作を可能な状態にして、そこから他システムに攻撃を仕掛ける可能性があります。たとえば、IoT デバイスを遠隔操作してそこから他のシステムに不正侵入することで、情報の搾取やシステムの破壊などをされたり、多数の IoT デバイスを同時に遠隔操作して、ネットに接続されている特定のサーバーや機器に不正なアクセスを集中させて過剰な負荷をかけ、使用不能にする DDoS（Distributed Denial of Service ／分散サービス拒否）攻撃などがおこなわれます。攻撃を回避したければ、金銭を支払えと脅迫する行為も報告されています。乗っ取られた IoT デバイスが、直接の攻撃者となるため、背後でデバイスを制御する攻撃者を特定することを困難にしています。

このような脅威についての理解と対策を喚起するために経済産業省と総務省は、「IoT セキュリティガイドライン」を公開しています。特に、IoT デバイスの ID やパスワードを初期設定のままにしている、ソフトウェアの更新が行われていない、サポート体制が整っていない機器を使用するなどは、注意すべきです。

IoT で気を付けるべきことは第 5 章と基本的には変わりませんが、その範囲の広さから対策も容易ではなく、IoT ならではの配慮が必要です。

超分散の時代

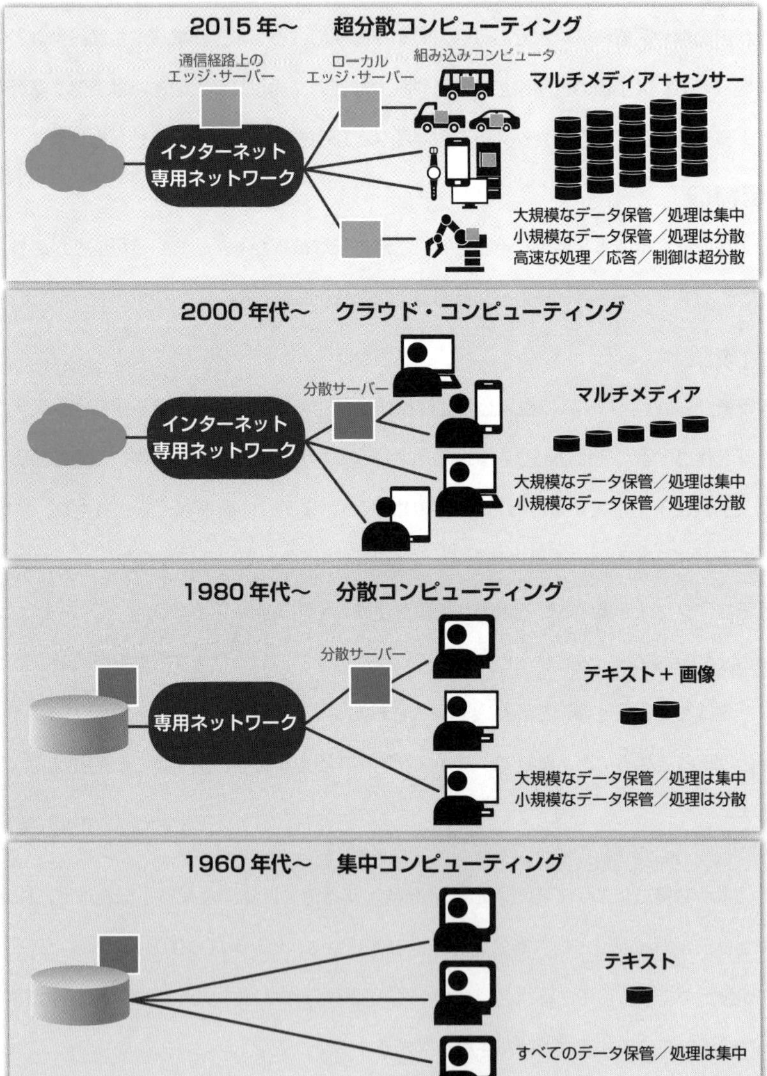

2015年～　超分散コンピューティング
通信経路上の
エッジ・サーバー
ローカル
エッジ・サーバー
組み込みコンピュータ
マルチメディア＋センサー
インターネット
専用ネットワーク
大規模なデータ保管／処理は集中
小規模なデータ保管／処理は分散
高速な処理／応答／制御は超分散
2000年代～　クラウド・コンピューティング
分散サーバー
マルチメディア
インターネット
専用ネットワーク
大規模なデータ保管／処理は集中
小規模なデータ保管／処理は分散
1980年代～　分散コンピューティング
分散サーバー
テキスト＋画像
専用ネットワーク
大規模なデータ保管／処理は集中
小規模なデータ保管／処理は分散
1960年代～　集中コンピューティング
テキスト
すべてのデータ保管／処理は集中

1950 年代、ビジネスでのコンピュータ利用が始まった当初は、計算業務を担当する部門（電算室、DP 部、コンピュータ部などと呼ばれた）に依頼し、印刷された処理結果を依頼者に返す「バッチ処理」が一般的でした。

1960 年代に入り、タイプライタ端末やディスプレイ端末からコンピュータを利用するタイムシェアリング方式へと発展します。これら端末には、いまのパソコンのようなデータの処理や保管の機能はなく、データの入力と出力のみで、処理や保管はすべてひとつのコンピュータで集中処理されていました。また、通信回線は低速で、やり取りできるデータもテキストに限られていました。

1970 ～ 80 年代にかけて、ミニ･コンピュータ（ミニコン）やオフィス･コンピュータ（オフコン）、そしてパーソナル・コンピュータ（パソコン）といった小型で安価な製品が登場し、大型コンピュータ（汎用機やホスト・コンピュータなどと呼ばれていました）を共同利用するだけではなく、部門や個人でもコンピュータを購入できるようになりました。

これに伴い、大規模なデータの処理や保管は大型コンピュータ、部門固有の業務や個人で完結する業務は小型コンピュータといった分散処理が拡がります。ただ、通信回線の速度は遅く、やり取りできるデータはテキストが主流でした。そこで、テキスト主体の業務処理は共同利用を想定したコンピュータ（サーバー）を使い、その結果の表示や加工、編集、画像の利用はパソコン（クライアント）の処理能力を使う「クライアント･サーバー方式」といわれる連携利用の方法が考案され普及します。

1990 年代インターネットが登場し、2000 年に入る頃からクラウド・コンピューティングの萌芽が見え始めます。その後インターネットは、高速・広帯域な回線を利用できるようになり、扱えるデータも音声や画像へと拡大しました。

この技術進化と相まってクラウドは急速に普及します。利用できる端末類も PC ばかりでなくスマホやタブレット、ウェアラブル端末などが加わり、適用業務の範囲も利用者も拡大しました。

昨今、インターネットにつながるデバイスは、自動車や家電製品、ビルの設備などにも広がり、そこに組み込まれたセンサーが大量のデータを送り出すようになりました。そのため大量のデータが通信回線、おもにはモバイル通信回線に送り出されるようになり、回線の帯域を圧迫してしまう可能性が出てきました。そこで、デバイスの周辺にサーバーを配置し中間処理して必要なデータのみを回線に送り出す「エッジ・サーバー」が使われるようになりました。

エッジ・サーバーはデータの集約だけではなく、デバイスを利用する現場での即時処理・即時応答が必要な業務や現場で生みだされる大量のセンサー・データを集めるためのしくみとしても使われています。

エッジ・サーバーは、デバイスが置かれる周辺ばかりでなく、より広い地域をカバーするために通信回線の経路上に置かれるケースもあります。

昨今では、モノに組み込むコンピュータの性能が向上し、さらには機械学習／AI機能を搭載した製品も登場したことで、高速での応答や低遅延が求められる処理は、エッジ・サーバーからデバイス側に移すことや、デバイス自身での自律制御する使い方も増えています。

今後、高速・大容量、低遅延の5G（第5世代移動体通信システム）の普及とともにエッジ・サーバーの担っていた一時的なデータの保管、デバイスの管理や制御の役割を、クラウド側へシフトしていく動きも始まるかもしれません。

5Gは、大量のデバイスとの通信を想定した規格であり、あらゆるモノがつながる社会を実現し、これまで解決できなかった課題の解決につながると期待されています。

また、NTTが開発を進めているIOWNは、現在とは桁違いの大容量、低遅延、低消費電力を兼ね備えたネットワーク基盤・情報処理基盤の実現を目指しており、実現すれば、いまの5G（下り20Gbps、上り10Gbps）をはるかに超える1秒間に1,000テラbpsの通信が可能となり、大容量データ転送が実現します。IoTとIOWNが組み合わされれば、新しいビジネスや社会の基盤が、実現するかもしれません。

IoTの普及と共に、クラウドではできないデータ処理や高速での応答を受け持つ役割として、エッジ・サーバーやモノに組み込まれたコンピュータによる超分散コンピューティングは、これからのビジネスや社会を支えるインフラとして定着していくでしょう。

Column

メトカーフの法則

メトカーフの法則とはイーサネット発明に貢献したロバート・メトカーフ氏が提唱した「通信ネットワークの価値は、接続するシステムの数の2乗（n^2）に比例する」という法則のことで、1993年にギルダーによって定式化されました。

たとえば、電話機を自分だけが持っていても、何の役にも立ちません。次に、他の誰かがもう1人電話機を手に入れたとすると、2人のあいだで送受信ができます。さらに、もう1人の誰かが手に入れ、3人が電話機を持っているときは3人が、それぞれ自分以外の2人と送受信できます。このようにつながる電話機の数が増えるほどに、二乗(n^2)に比例しつながりが増え、これにともない、その価値が飛躍的に増えていきます。これが「メトカーフの法則」です。

注目すべきは、ネットワークの価値の増大が、接続のためのコストをはるかに上回ることです。それは、接続のためのコストは、「デバイスの単価×数」で直線的に増えますが、ネットワークの価値は、デバイスの数の「二乗（n^2）に比例」するからです。

たとえば、ネットの世界では、GoogleやAmazonなどの「1人勝ち」企業が生まれていますが、これを「メトカーフの法則」で説明することができます。

まず、利用者数が増えるにつれ、ネットワークの価値は、利用者の数の2乗に比例して増えていきます。さらに利用者が増え、ネットワークの価値が高まれば、それが魅力となって新たな利用者を呼び込みます。そうすると、それがまた魅力となり利用者数が増えます。これを繰り返すことで、他の企業が追随できない「1人勝ち」の状況が生まれるわけです。

初期投資にコストをかけても、いち早く利用者を増やしたほうが、サービスの価値を高めることができ、ビジネスの主導権を握ることができるわけです。

彼がこの法則を提唱したのは、ネットワークが、まだ、デスクトップ・コンピュータやファックス、固定電話機などで構成されていた時代でした。しかし、いまは、インターネットの普及により、数百億のデバイスがネットワークにつながっています。IoTは、この勢いを加速し、ネットワークの価値を急速に高めていきます。IoTビジネスは、そんな「メトカーフの法則」に沿って、その価値を高めていくと考えるべきかもしれません。

5G ／第 5 世代移動通信システム
：3 つの特徴

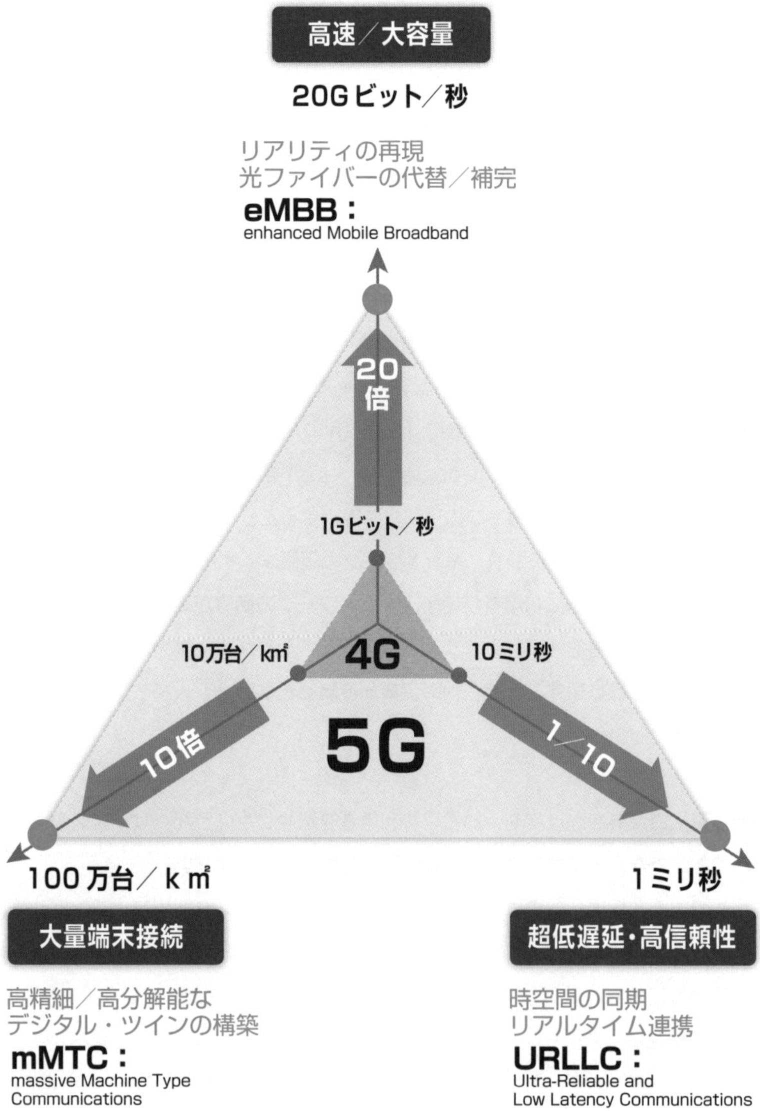

高速／大容量
20Gビット／秒
リアリティの再現
光ファイバーの代替／補完
eMBB：
enhanced Mobile Broadband
20倍
1Gビット／秒
10万台／k㎡
4G
10ミリ秒
10倍
5G
1／10
100万台／ｋ㎡
1ミリ秒
大量端末接続
超低遅延・高信頼性
高精細／高分解能な
デジタル・ツインの構築
mMTC：
massive Machine Type
Communications
時空間の同期
リアルタイム連携
URLLC：
Ultra-Reliable and
Low Latency Communications

6

「第 5 世代移動通信システム」すなわち 5G は現在の 4G に続く次世代のモバイル通信として、2020 年に利用が開始されました。

1979 年に日本電信電話公社（現 NTT）が世界に先駆け、同社独自の規格で「自動車電話」と呼ばれた移動電話の商用サービスをスタートさせます。その後、米国でも商用サービスが始まります。1984 年には、手に持てる " 携帯電話 " が登場し、持ち運べる電話への進化が始まりました。当時はアナログ通信方式で「音声通話」を実現していました。これが「1G」です。1994 年からの「2G」では、デジタル通信方式となり、音声に加えて「テキスト通信」が使えるようになります。2001 年、「3G」が登場し、「高速データ通信」が可能となり、携帯電話でのホームページ閲覧や電子メールのやり取りができるようになりました。2010 年からは「4G」の利用が始まり、スマートフォンの普及と相まってデータ通信はさらに高速化して「動画通信」ができるようになります。「5G」では、4G までの機能や性能をさらに高めることに加え、新たに「IoT」への対応が始まっています。

5G は「高速・大容量データ通信」、「大量端末の接続」、「超低遅延・超高信頼性」を実現しようとしています。

「高速・大容量データ通信」とは、現在の 4G の 20 倍の高速化・大容量化したデータ通信で、10G ～ 20Gbps といった超高速なピークレートの実現を目指しています。これは 2 時間の映画を 3 秒でダウンロードできる速さです。

「超低遅延・超高信頼性」とは、どんな場合でも低遅延で通信できることを目指しています。遅延時間は 4G の 10 分の 1 である 1m 秒です。たとえば通信が遅れることで事故につながりかねない自動運転や緊急時の確実な通信が求められる災害対応などでの使用が想定されています。また、利用者がタイムラグを意識することなく、リアルタイムに遠隔地のロボットを操作することなどです。

「大量端末の接続」とは、現在の 10 倍といった接続端末数や省電力性能の実現をめざしています。4G でも 1 平方キロメートル当たり約 6 万台の端末を接続できますが、IoT が普及すれば足りません。5G では 1 平方キロメートル当たり 100 万台の端末の同時接続を目指します。スマホや PC だけではなく、身の回りのさまざまな機器がネットに接続される時代を迎えようとしています。

ローカル 5G

パブリック5G
住宅街や駅・商業地域等の広域／通信事業者
工場の監視や制御
災害時の
消防や警察
建設現場の
遠隔での監視
や操作
交通インフラや
河川の監視
ローカル5G
農場の遠隔での
監視や操業
「自己の建物内」または「自己の土地内」
／その場所を利用する権利を持つ者

「ローカル 5G」とは、「自己の建物内」又は「自己の土地内」を利用する権利を持つ企業や自治体に事業免許が交付される「自営の 5G」で、通信事業者が提供し、だれもが一般に利用する「パブリック 5G」とは異なります。

このような「ローカル 5G」という免許制度が作られたのは、企業や地域の個別のニーズにきめ細かく対応できるようにするためであり、また多様な事業者に事業参入の機会を提供しようという総務省の思惑があったからです。

「ローカル 5G」は、企業や自治体の依頼を受けた企業が事業免許を取得することもできます。これを利用すれば、事業免許はユーザー企業が取得し、システム構築を SI 事業者に委託する、あるいは免許の取得と運用まで任せる、さらにはクラウド・サービスとして、一連のしくみを提供するなど、新しいビジネス・チャンスが広がる可能性があります。

そんな「ローカル 5G」の事業免許を取得しているのは、製造業、ケーブルテレビ事業者、大学／研究機関、地方自治体、商社、金融機関、鉄道会社、CATV 事業者などです。また、通信事業者や SI 事業者は、ローカル 5G システム構築・運用支援サービスの提供を目的として事業免許を取得しています。

「ローカル 5G」は、5G 同様に「超高速」、「多数同時接続」「低遅延・高信頼」の 3 点を特徴とした高品質の通信規格です。Wi-Fi 6 と比較した場合、ローカル 5G は通信品質の安定度、セキュリティ強度、低遅延、広い電波到達範囲といった点で優れていますが、導入コストは高くなります。そのため、ローカル 5G の導入は、Wi-Fi では実現できない高品質通信を必要とする場合に限定されるでしょう。ローカル 5G と Wi-Fi の特性を理解し、それぞれの長所と短所に基づいて適切に使い分けることが重要です。

そんな 5G の特性を活かした使い方として、次のようなケースがあります。

- 工場内設備の稼働状況や物流状況などをリアルタイムで把握して、工場全体の効率的な稼働を実現する
- 低遅延であるメリットを活かし、遠隔地から現場を確認しつつ機器を操作し、24 時間監視して不具合が生じたら直ちに検知して対応する
- 高度なセキュリティ機能や可用性を活かして、ミッション・クリティカルな領域、たとえば、警察、消防、医療機関などで利用する

ネットワークのサービス品質によって分割するネットワーク・スライシング

5G は「高速･大容量データ通信（eMBB）」､「大量端末の接続（mMTC）」､「超低遅延･超高信頼性（URLLC）」といった異なる要件をすべて 1 つのネットワークで満たすことができるように開発が進められているのですが、実際の利用場面では、それぞれの利用目的に応じて、ネットワークを仮想的に分離して提供できるようになります。この技術は、「ネットワーク・スライシング」と呼ばれ、5G の中核的技術の 1 つとして位置付けられています。

現行の 4G や無線 LAN では、音声や動画、ドローンの操縦やセンサー・データの収集など、利用目的に関係なく、すべてを同一の速度や帯域、すなわち同じサービス品質で利用しています。しかし、スマートフォンで高精細な映像を見る場合は大容量で高速な通信が必要、一方ドローンを操縦するといった用途では大きな通信帯域は必要ではありませんが、低遅延で通信できなくてはならないなど、利用目的に応じて求められるものは変わります。

さまざまな用途で広範に使われることが期待されている 5G ですが、求められる通信の速度や帯域が異なる用途をこれまで同様に区別することなく同じサービス品質で利用するとなると、限られた電波資源を使い果たしてしまいます。そこで 5G では、ネットワーク･スライシングの技術を使い、用途に応じてネットワークのサービス品質を変え、電波資源を効率よく使おうというわけです。

たとえば、低遅延が望まれる用途では、一度に送るデータのサイズを極力小さくし、データ送信を開始してから完了するまでの時間を短くして、機械にデータが届くまでの遅延を短くすることができます。また、動画などのように大量のデータを高速に送る場合は、帯域を大きくして大容量のデータ伝送ができることにします。また、企業の個別ネットワークである閉域網としてこのネットワーク・スライシングを利用することも可能となり、これまでのようにコストのかかる通信機器を自ら所有し、運用管理することがなくなります。

このようにサービス品質を変えることで電波資源を効率よく使うことができるとともに、料金設定も変わることになるでしょう。

5G は、「ネットワーク・スライシング」と組み合わせることで、その適用範囲や自由度を大きく広げることになるはずです。

NEFで連携するネットワークとアプリケーション

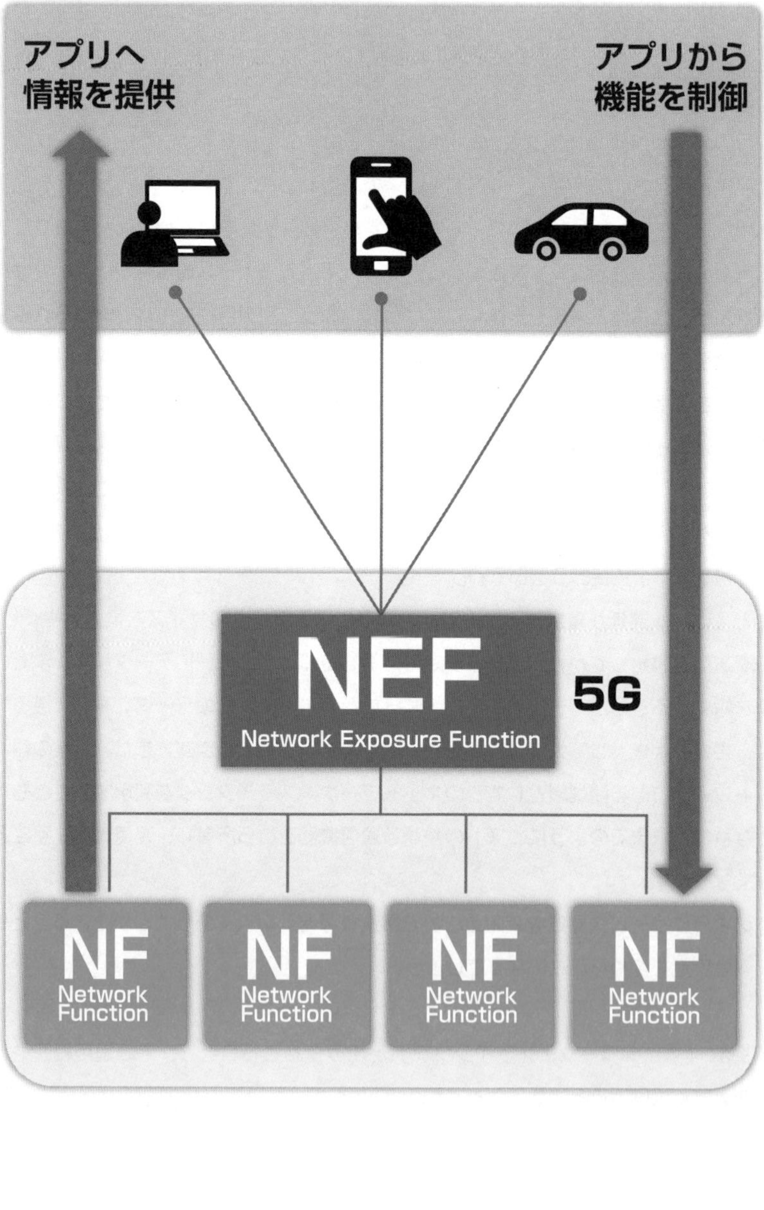

「NEF（Network Exposure Function）」とは、5G が持っているネットワーク機能（Network Function：NF）の一部を外部のアプリケーション・プログラム（以下、アプリ）から利用できるように公開し、ネットワークからの情報をアプリで把握できるようにするほか、アプリから NF を制御できるようにする API（Application Program Interface ／アプリとネットワーク機能を仲介する機能）を提供します。

現在、スマホで動くアプリは、端末の情報しか知ることができず、制御できる範囲も端末の機能に限られていました。5G ではそれがネットワークの制御機能にもおよび、ネットワークとアプリが緊密に連携できるようになります。

NEF を介して利用できる NF には、たとえば以下のような機能があります。

- AMF（Access and Mobility Management Function）：各エリアに移動してきた端末の登録や無線接続の管理
- SMF（Session Management Function）：アプリの利用するデータ転送パスの設定や開放
- UDM（Unified Data Management）：各ユーザーの加入契約情報や端末認証情報、端末の在圏位置情報の保持
- PCF（Policy Control Function）：各アプリからの要件に基づき、利用するデータ転送パスの速度や遅延時間などの品質設定
- NSSF（Network Slice Selection Function）：端末が使用するネットワークスライスを割り当てダイナミックに切り替え　など

たとえば、自動運転の自動車で高速道路を移動しながら、搭載されたディスプレイで Web 会議をする場合を想定してみましょう。この場合、自動車は移動し、基地局との距離が離れてしまうと遅延時間が大きくなり、うまく会話がつながりません。そこで、自動車の位置に応じてダイナミックに接続先の基地局を切替えることで遅延を抑え、高速移動中でも快適に会話ができるようになります。この場合、NEF は、ユーザーの位置の変化をアプリに知らせ、アプリは API を使って最も近い基地局に接続先をダイナミックに切り替えます。

このようにして、5G ネットワークから与えられた情報を使って、アプリがネットワークの機能を操作できるようになります。

次世代情報通信基盤 IOWN（アイオン）

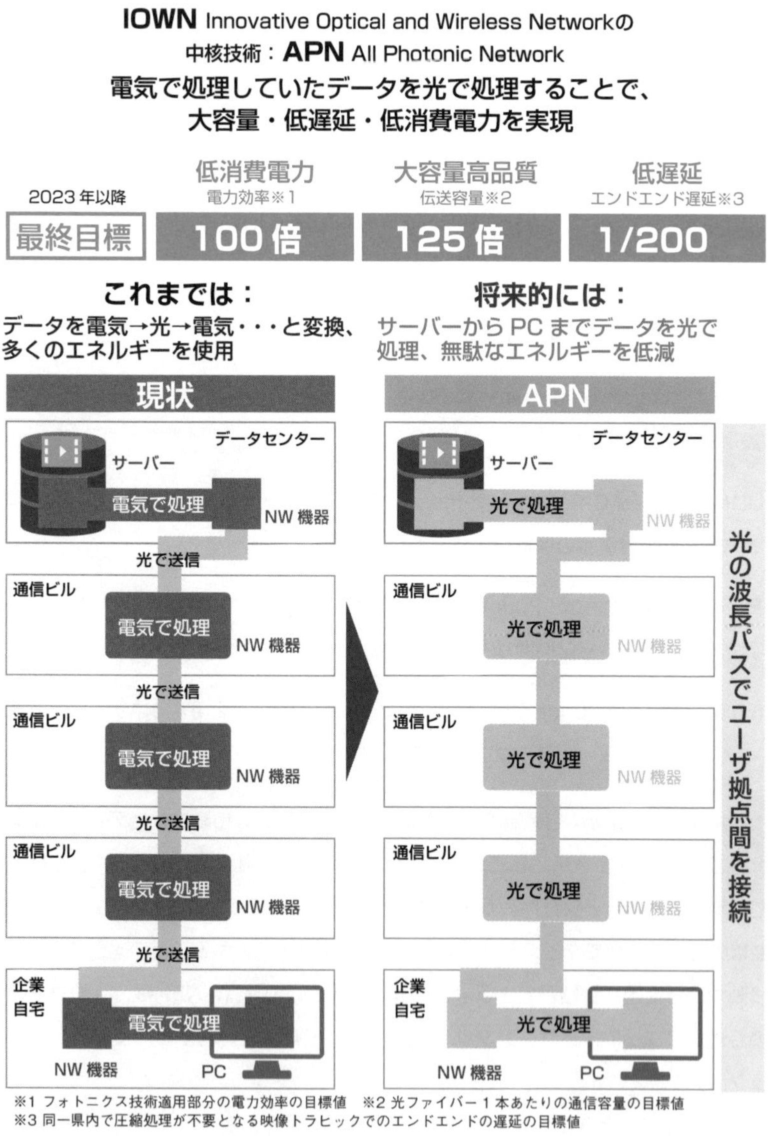

※1 フォトニクス技術適用部分の電力効率の目標値　※2 光ファイバー1本あたりの通信容量の目標値
※3 同一県内で圧縮処理が不要となる映像トラヒックでのエンドエンドの遅延の目標値

6

デジタル化や生成AIなどの進展により、データは爆発的に増加し、大量の電力を消費しており、通信量や消費電力などの面で限界が迫っています。この限界を突破し、社会変革を促す重要なインフラとなるのが、NTTが推進する次世代情報通信基盤のIOWN（Innovative Optical and Wireless Network）構想です。

IOWNは、ネットワークから端末まであらゆる場所に光電融合デバイスなどの最先端のフォトニクス（光）関連技術や情報処理技術を使い、これまでの情報通信基盤をまったく違う次元に置き換えることを目指しています。

IOWNの中核となる技術とサービスは、光回路と電気回路を融合させた「光電融合技術」と、フォトニクス（光）ベースの次世代のネットワーク・サービス「APN（All Photonics Network）」です。「光電融合技術」とは、光回路と電気回路を融合させることで、小型かつ低コストを実現し、これまでとは桁違いに高速な通信を低消費電力で実現します。「APN」とは、通信ネットワークのすべての区間で光波長を占有することで、桁違いの「大容量」「低遅延」「低消費電力」を実現するフォトニクス（光）ベースのネットワークです。

これまでの光ネットワークは、データを電気→光→電気と変換する過程で、多くのエネルギーを消費していました。これに対して、APNは、電気で処理していたデータを光のままで処理し、通信ネットワークのすべての区間の伝送を光波長を占有することで上記の性能を実現します。

APNは、2030年には、従来の通信ネットワークと比較し、ネットワーク伝送容量125倍、遅延1/200、電力効率100倍の実現をめざし、研究開発や実証実験が進められています。

そんな超低遅延を活かせば、たとえば、遠隔地にあるイベント会場間をリアルタイム映像で結び一体感を生み出す遠隔合唱を実現できます。また、遠隔地から工場の機械を精密に操作し、診察や治療などの遠隔医療にも役立ちます。大容量を活かせば、5Gで3秒かかった2時間の映画1本のダウンロードを、まばたき（0.3秒）の間に1万本ダウンロードできるようになります。

2030年頃には、光電融合デバイスがスマートフォンに搭載され電力効率が100倍となり、太陽光発電などを利用して、1年間充電しなくても利用できるスマートフォンが実現するかもしれません。

第7章

AI／人工知能

人間の知的能力を拡張するコンパニオン

AIは、「こんなプログラム・コードを書いてくれ」と指示すれば、実行可能なプログラム・コードを書いてくれますが、「こんな」を決めてはくれません。

AIは、「ピタゴラスの定理」を解くことはできますが、「ピタゴラス」の定理を発見することはできません。

AIは、「知的作業」を人間に代わってやってくれますが、「なぜ、何のために」その知的作業をするかの意味を自ら見出すことはできません。

そんなAIと人間の知性の違いの本質を正しく理解すれば、AIをうまく使いこなすことができるようになります。そんなAIを使って、私たちの知的能力を拡張し、仕事の生産性を高め、新たな価値を創り出すことに役立てることができます。

ChatGPTが、多くの人を魅了し一気にユーザーを増やしたのは、チャットというだれもが使えるシンプルなUIと汎用性の高さです。人間に語りかけるように相談すれば、博学な相手が、どんなことにも流暢な言葉で答えてくれます。結果として、「AI」が、とても身近な存在となりました。1990年代に登場したインターネット、2000年代のソーシャル・メディア、2010年代のスマートフォンなどと同様に、「ITの日常化」に貢献する出来事です。

もうひとつ注目すべきは、AIを「作る」から「使う」へと変えたことです。これまで、AIを使うには、何をさせたいか（タスク）に合わせて、大量のデータを集め、莫大な計算を行い、モデル（答えを導くためのひな形）を作っていました。これには、膨大なデータや計算量、時間、お金がかかり、高度な専門知識が必要で、AIを使える＝作れる企業は限られていました。生成AIは、この常識を変えようとしています。

資金力と技術力のある企業が「作る」を担い、多様なタスクをこなせる汎用性の高いモデルを作っています。これは、さまざまなタスクをこなすための基盤となることから「基盤モデル」と呼ばれています。これに、わずかなデータや命令を与えるだけで、さまざまなタスクをこなせるようになりました。この基盤モデルを使ってコンテンツ生成できるのが、生成AIです。この生成AIをチャット・サービスとして仕立てたのが、ChatGPTやGemini、Claude3などのチャットAIです。

これらサービスの登場により、タスクごとに個別のモデルを作らなくてもよくなりました。「作る」から「使う」へとAIの常識を変えてしまったのです。いまはまだ指示や命令の巧拙が、結果を大きく左右しますが、曖昧な指示や命令でも、利用履歴や対話から最適な答えに導いてくれるAIエージェントも登場し、個人スキルに依存しない使い方が普及し始めています。さらには、人間の発話速度に合わせ、感情表現も交えながら音声で応対してくれるサービスも登場しています。

また、当初は言語データのみを使った基盤モデルである「大規模言語モデル」が主流でしたが、画像や音声などの多様な形式のデータを使ったマルチモーダル基盤モデルが登場し、適用範囲や性能を飛躍的に向上させています。

「作る」から「使う」への転換は、「クラウド」の登場ともよく似ています。従来は機器を所有し、プログラムを開発して、自前の施設に設置して使うのが一般的でしたが、いまではサービスとしてこれらを使うのが常識です。

ユーザーが求めているのは、システムを「所有する」ことや「作る」ことではなく、「使う」ことです。しかし、「使う」には、所有し、作る必要がありました。「クラウド」は、これを不要にして、すぐに使えるようにしたのです。

その結果、コンピュータ利用範囲は広がり、いまの「デジタル前提の社会」を育んできました。同様のことが、いまAIでも起きつつあるのです。

「クラウド」が、そうであったように、基盤モデルの登場は、AIの利用範囲を広げ、その進化も加速するでしょう。そして、「AIの日常化」が進み、「AI前提の社会」へと変えてしまいます。

この変化は、確実に人間の仕事を奪います。この流れに、抗うことはできません。かつて、人間がシャベルを持ち、穴を掘っていたのが、パワーショベルに置き換わったように、工場の生産ラインに大勢の作業員が並んでいたのを、組み立てロボットに置き換えたように、テクノロジーは、人間の仕事を機械に置き換えるべく進化してきました。AIもまた、そんな正常な進化を遂げています。

パワーショベルの登場により、大規模な土木工事を短期間かつ安価でこなせるようになり、その余力は技術を進化させ、高度で大規模な工事も容易にできるようになりました。生産ラインの自動化で、高品質の製品を大量かつ安価に作れるようになりました。そこから生じた人間の余力は、新たな技術の開発や利用範囲の拡大に振り向けられるようになったのです。

これまでの仕事が奪われることで、人間は既存の業務負担が減り、そのことを意識しなくてもよくなります。その分、新しいことに意識や時間を振り向けることができるようになり、新たな価値の創出や価値の増大に貢献できるのです。

AIの進化も同様です。AIは、人間が担ってきた「知的力仕事」を奪い、人間は新しい価値を生みだす「知的創造」や、それらをうまく使いこなすことで価値を増大させる「知的増幅」に、意識と時間を傾けることができるようになります。労働生産性の劇的な向上も実現し、より豊かな社会の実現に貢献できるようになります。

AIとは何か

人工知能（AI）
認識
対象を識別／把握し、意味付け
可視化
関連性を見つけ分かりやすく表現
生成
新たな表現や組み合わせを生成
ルールや基準を作る
分類
類似傾向を見つけグループに分ける
予測
未来を予測し最適解を導く
データに潜む規則や法則／特徴を見つける
機械学習
デジタル・ツイン
現実世界のデジタル・コピー
データ
産業 生活 環境 芸術 社会…
IoT
Mobile
Web

「人工知能（AI: Artificial Intelligence）とは何か」という問いに答えることは容易なことではありません。専門家の間でも、さまざまな解釈があり、統一された定義はありません。そんな中でも、共通部分を抜き出せば、おおむね「人間が行う知的作業を工学的に実現する技術」と言えるでしょう。

「知的作業」とは、思考や認識、記憶などの脳の働きである知能を使って、認識や分類、意志決定などを行うことです。「工学的に実現する」とは、プログラムや半導体、電子回路、それらを組み合わせて作られた電子機器やコンピュータを使って実行することです。

ただ、「知能」の解釈は、人によってさまざまあり、1つには定まりません。また、AIの解釈も時代によっても変わってきました。たとえば、室温に合わせて風力を調整するエアコン、洗濯物の量や種類によって洗い方を変える洗濯機などは、いまでこそ当たり前で、とり立てて「AI搭載」とは言いませんが、このような製品が登場した当時は、「AI搭載」を華々しく謳っていました。

つまり、人間が知能を使ってやっているようなことが、工学的に実現できてしまうと、もはやそれをAIと呼ばなくなってしまいます。そのため、AIの研究や開発は、人間にしかできない知的作業の代替方法を永遠に模索することとなっています。それに伴い、知能やAIの解釈も時代とともに変わり、そのことも、AIについての統一した定義がない理由の1つです。

そんな「いまのAI」の中核をなす技術が、「機械学習（Machine Learning）」です。機械学習とは、「データに潜む規則や法則、特徴を見つけ出す計算」です。いまや私たちの日常は、さまざまなセンサーに取り囲まれているといっても過言ではありません。スマートフォン、家電製品、自動車、建物、設備などにセンサーが組み込まれ、インターネットにつながり、膨大なデータを常時送り出しています。そんなデータを人間が眺めたところで何も分かりませんが、機械学習を使えば、そのデータに潜む規則や法則、特徴を見つけ出すことができます。これらを使って、基準やルールを作り、分類、認識、可視化、生成、予測などの「知的作業」に応用します。

一般には、この一連のしくみを「AI／人工知能」と呼び、これを搭載したシステムを「AIアプリケーション」あるいは、「AI搭載〜」と呼んでいます。

脳と AI の関係

航空機は鳥を再現したものではない

鳥が空を飛ぶしくみを参考に作られた機械

独自の進化

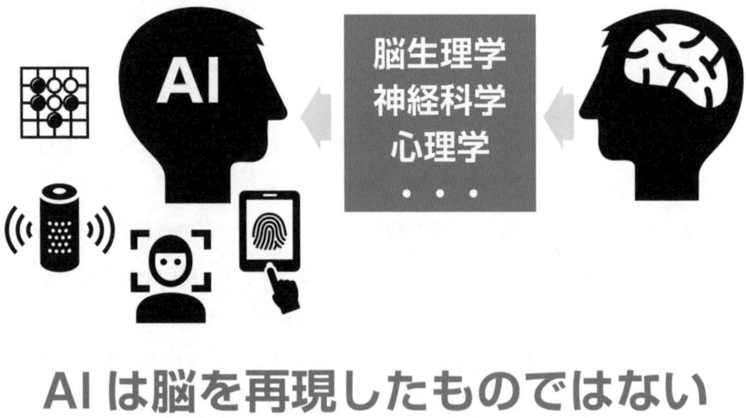

AI は脳を再現したものではない

脳で処理される知的処理のしくみを
参考に作られたプログラム

先人は、「鳥のように空を飛びたい」から「鳥」を作ったわけではありません。鳥が飛ぶ姿を観察し、あるいは、鳥の身体のつくりや骨格を調べ、空を飛ぶ原理を探り、その知識を活かして「飛行機」を作りました。そんな飛行機は、もはや鳥とは無関係に独自に機能や性能を発展させています。

AIもまた同じです。「画像を見分ける」や「音を聞き取る」、「外国語を翻訳する」などは、いずれも人間であれば、「脳」が行う知的作業です。そんな「脳」で行う知的作業のしくみを参考に、知的作業を行うプログラムを作りました。私たちは、これを「AI」と呼んでいます。「AI」もまた、脳とは無関係に独自に機能や性能を発展させています。

そんな「AI」の進化には目を見張るものがあります。たとえば、画像の中に何が写っているかを識別する能力は、すでに人間を超える成果が示されています。この技術を使って、「CTやレントゲンの映像から病巣を見つけ出す」「防犯カメラに写った来店客の挙動から窃盗の可能性を察知する」などに使われています。画像認識のほかにも、「異なる言語同士の対話をリアルタイムで翻訳する」「自然な言葉で語りかけるだけでエアコンを操作する」「オンラインで買い物をする」「好きな音楽を再生する」などができます。

こちらのやってほしいことを指示すれば、それに応じた文章や画像、音楽や動画などのコンテンツを創り出してくれる「生成AI（Generative AI）」と呼ばれる技術も登場しています。

AIの適用範囲は急速に拡大し、性能も向上していますが、人間の知能とは、いくつかの点で違いがあります。たとえば、人間が持つ身体を使っての運動や環境との能動的な接触からさまざまな感覚を取得し、これを知能の形成に役立てていること、多様な体験を蓄積し、直感、感情、倫理感などを培い、人との関わりで共感し、それらの影響をうけて知的作業を行っていることなどです。

AIには、人間のような身体はなく、体験や経験の蓄積や共感はありません。人間が与えたデータの範囲で知的作業が行われますから、人間のような身体感覚や社会的、倫理的な常識を持っていないのです。

これらの違いが、AIが特定の分野で人間を超える能力を持ちながらも、人間の知能と同等ではないことを意味しています。

AIの分類方法（1）：AIとAGI

人工知能
（特化型人工知能）
AI：Artificial Intelligence

特定の領域に特化した
知的処理をおこなう
プログラム

～のAI／人工知能

汎用型人工知能
AGI：Artificial General Intelligence

すべての領域をカバーする
知的処理をおこなう
プログラム

＋自己学習能力を持つ

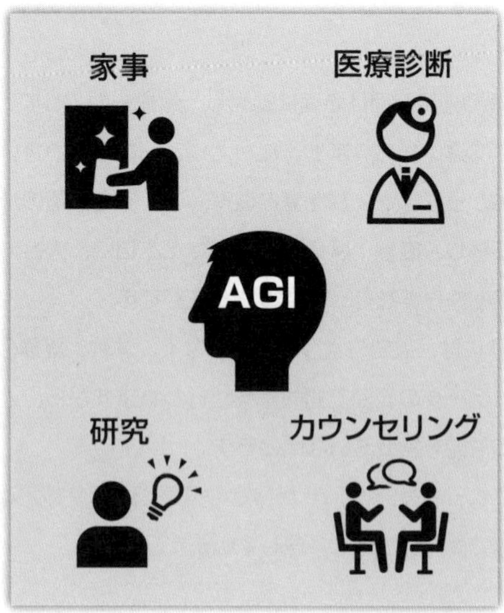

私たちが、普段「AI」と呼ぶのは、「特定の領域に特化した知的作業を行うプログラム」のことです。これに対して、「すべての領域をカバーする知的作業を行うプログラム」を開発しようとの取り組みも進められています。これは、「AGI（汎用型人工知能：Artificial General Intelligence)」と呼ばれ、AIとは区別しています。この違いをはっきりとさせるために「AI」を「特化型人工知能（Narrow AI)」と呼ぶ場合もあります。

特化型人工知能（Narrow AI、以下AI）

特定の領域に特化した知的作業を行います。たとえば、顔認識、音声認識、囲碁、自動運転などです。特定の知的作業では、人間よりも優れた性能を発揮することがありますが、その範囲外では使えません。また、人間がどのような知的作業をさせたいかを決め、必要なデータやプログラムを人間が与え、訓練する必要があります。

汎用型人工知能（AGI）

人間のように、すべての領域をカバーする知的作業に対応できます。新しい知的作業の領域に適応する必要が生じれば、自らデータを集めて学習（自己学習）します。また、人間同様に広範な知識を組合せた知的作業をこなす能力を持ち、状況に応じた柔軟な思考や未知の問題に対処できる能力もあります。

いまの段階では、AGIは、理論上の概念です。なお、生成AIやこの技術を支える基盤モデル（後述）は、汎用的な知的作業がこなせるという点で、AGIと同様の特徴を持っているように見えますが、自己学習機能はなく、データの取得や学習は、人間に依存しているので、「特化型AI」に分類されます。

そんなAGIは、技術的なハードルが高く、未だ実現していませんが、近い将来実現する可能性はあります。そうなったとき、社会のあり方は、大きく変わるはずです。また、人間は人間とは異なる知性に遭遇することで、あらためて人間の知性とは何かという根源的な問いに向きあうことになるでしょう。

いずれにしても、AGIが実現するまでの間に、どのようにAGIと付き合っていけばいいのかを議論しておく必要がありそうです。

AIの分類方法（2）：弱いAIと強いAI

弱いAI Weak AI

知能を使ってすることを機械にさせる取り組み

人間のような知的処理の実現

人間の脳で行う処理のしくみにかかわらず、結果として人間が行う知的処理と同様のことができるようになることを目指す

人間の知的能力を一部バックアップあるいは拡張して、業務効率化や「知的力仕事」を代替してくれる

強いAI Strong AI

知能そのものをもつ機械を作る取り組み

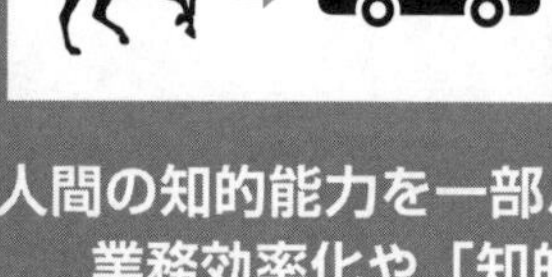

人間と同等の知能の実現

脳科学や神経科学の研究成果を取り入れながら、人間の脳機能と同等の意識を持ち汎用的な知的処理ができるようになることを目指す

自発的に行動や思考、学習を重ねて知能を積み重ねていき、人間と同等の知能を備えて「自意識」を持つ

前節の「AI」と「AGI」は、「人間同様に広範な課題を処理できるかどうか」という基準での分け方ですが、これとは別に、「人間同様の意識や知性を持つかどうか」が基準の「弱いAI」と「強いAI」という分け方があります。

「弱いAI」とは、「人間の知性の一部分のみを代替し、特定の知的処理だけを実行するAI」です。これは人間の脳のしくみや、そこで行われる知的処理をまねるのではなく、結果として、「人間がやっていることと同様」の知的処理の成果が得られればいいという考え方です。

これに対して、「強いAI」は、「人間のような意識を備え、人間同様の知能を必要とする作業を実現するAI」です。つまり、人間が持つ、意識や知性のメカニズムを解明し、人間の脳と同じしくみを人工的に実現しようという考え方です。これについては、人間の意識や知性を生みだしている「脳のしくみ」が未だ解明できていないわけですから、それを実現する方法も分かっていません。

「強いAI」は、「人間の脳のしくみを模倣し、人間同様の意識や知性を人工的に再現する」ことを目指していますが、「AGI」は、「特定の課題にのみ対応するのではなく、さまざまな課題を処理できる」単一のソフトウェアを目指しています。それができるのなら、脳と同じしくみである必要はありませんから、「AGI＝強いAI」ではないことに留意すべきです。

また、完全な「汎用」でなくても、ある程度の範囲で「汎用」であれば、実用面での利用範囲は広がります。たとえば、数値／画像／テキスト／音声などの異なる種類の知的処理を1つのプログラムで処理できるAIです。これを「マルチモーダルAI」と呼びます。自己学習能力を持つAGIとは異なりますが、すでに実用段階にある技術です。

ただ、急速に性能を向上させている生成AIが、人間とは違うメカニズムで、「意識」を生みだしているのではないかという研究報告もあり、従来からの「弱いAI」と「強いAI」という区分は、もはやなり立たないのかもしれません。

研究者たちの知的好奇心は、やがては、「AGI」や「強いAI」を実現するのかもしれません。しかし、その見通しは不透明で、ハードルは相当に高いでしょう。ならば、実用の観点から、まずは、「AI」あるいは「弱いAI」、さらには、実用の途上にある「マルチモーダルAI」に着目すべきかもしれません。

AI と機械学習の関係

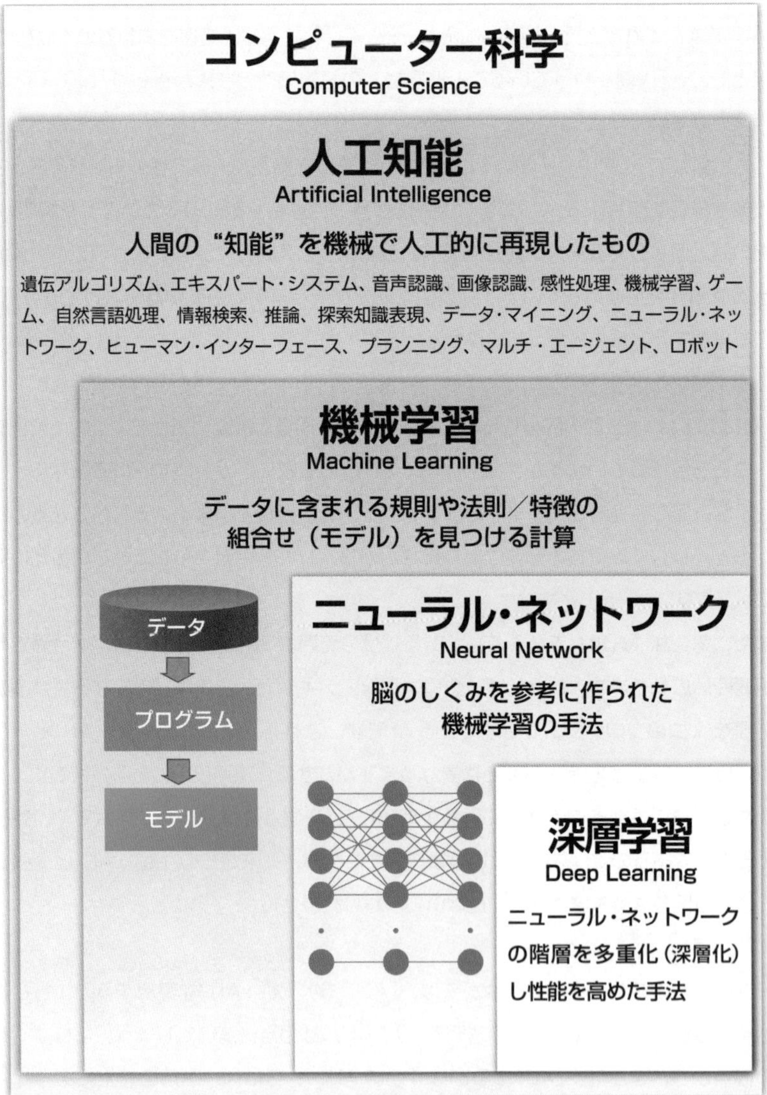

コンピューター科学
Computer Science
人工知能
Artificial Intelligence
人間の“知能”を機械で人工的に再現したもの
遺伝アルゴリズム、エキスパート・システム、音声認識、画像認識、感性処理、機械学習、ゲーム、自然言語処理、情報検索、推論、探索知識表現、データ・マイニング、ニューラル・ネットワーク、ヒューマン・インターフェース、プランニング、マルチ・エージェント、ロボット
機械学習
Machine Learning
データに含まれる規則や法則／特徴の組合せ（モデル）を見つける計算
データ
プログラム
モデル
ニューラル・ネットワーク
Neural Network
脳のしくみを参考に作られた機械学習の手法
深層学習
Deep Learning
ニューラル・ネットワークの階層を多重化（深層化）し性能を高めた手法

前述の通り、AIは「人間が行う知的作業を工学的に実現する技術」です。そしてこれは「コンピュータ科学」の一研究領域です。

そんなAIは、1950年代から研究が続けられてきました。この間、迷路やパズル、チェスや将棋といったゲームをうまく解くこと（探索と推論）から始まり、人間が持つ知識を辞書やルールとして登録し、専門家のような回答をさせる方法（ルールベースとエキスパートシステム）が登場します。しかし、人間が、世の中のすべてを辞書やルールとして登録することはできません。また、人間が日常的に遭遇する「矛盾するルール」が与えられると処理できなくなることも明らかとなりました。そのため限られた分野では成果を上げましたが、広く応用が利く「人間の"知能"」にはほど遠いものでした。

その後、データから規則や法則、特徴を見つけ出す手法「機械学習」が登場します。そんな「機械学習」のアイデアは昔からありましたが、コンピュータ性能が不十分で成果を得られませんでした。しかし、コンピュータ性能の向上と新たな手法の開発により、この状況は大きく変わりました。また、1990年代に登場し、2000年代に入り広く普及したインターネットにより大量の学習データを低コストで集められるようになったことも、この研究を加速しました。

さらに人間の脳が、どのように知的処理を行っているかのしくみの解明が進み、これを参考に「ニューラル・ネットワーク（脳神経回路）」と呼ばれる機械学習の一方式も大きく発展しました。

「機械学習」は、データ群から「着目すべき特徴の選定とその組合せ（特徴量）」、つまりどの特徴に着目して分類や区別をおこなえばいいかをあらかじめ決め、それに基づいて適切な規則や法則を見つけようという手法でした。しかし、特徴量は人間が設計・登録しなければならず、その巧拙が結果を大きく左右します。この状況を大きく変えたのが、「ディープラーニング（深層学習）」です。この手法は、特徴量の選定や組合せを人間ではなく、データから自動生成するものです。人間の能力に依存せず、人間には気付くことができなかったより適切な特徴量を見つけ出すことができるようになり、精度が大幅に向上しました。

この技術の源流は、AI研究の早期から関心を持たれていた「ニューラル・ネットワーク」です。しかし、かつては、コンピュータ性能が貧弱で、インターネットもない時代でもあり、容易にデータを集めることができず、なかなか成果を出せませんでした。

この状況が改善されつつあった2006年、いまのディープラーニングに直接つながる研究成果が、トロント大学に籍を置くジェフリー・ヒントン（Geoffery Hinton）教授らにより発表されました。2012年、ILSVRC（ImageNet Large Scale Visual Recognition Challenge）と呼ばれる画像認識の競技において、ヒントン教授のチームによる、この技術を使ったソフトウェアが、画像認識率で他を圧倒する成績をあげたことにより、広く注目されるようになりました。

この技術は、元々は高速学習のアルゴリズムとして開発され、音声認識の劇的な性能の向上をもたらしました。研究は進み、さらに画像認識にも使われ、上記のような成果をもたらしたのです。その後、応用範囲が広がり、自然言語理解でも使われ、人間の能力を凌駕する性能を発揮するようになりました。また、文章や画像、動画などのコンテンツを創り出す生成AIを支える技術ともなっています。

ディープラーニングが登場したことで、さまざまな業務への適用が広がっています。また、この技術を使った生成AIは、AIの用途を、情報の分類や可視化、認識や予測といった「情報の整理」から「新しいコンテンツを創り出す」ことへと、その利用範囲を急速に拡大させています。

このように進化を遂げるディープラーニングですが、登場して十数年に過ぎず、未だ多くの課題も抱えています。たとえば、ディープラーニングは、どうやって答えを出したかをうまく説明できないという弱点があり、用途によっては使えません。また、精度や性能を上げるには、膨大な量のデータ、かつ莫大なコンピュータ資源を用意して計算する必要もあります。そこで消費される電力のために、大量のCO_2を排出して発電しなければならず、環境負荷の増大が懸念されています。

これら課題を解決すべくさまざまな取り組みがなされています。また、ディープラーニングに代わる新しい方法についての研究も行われています。

Column

AI はノーベル賞を取れるか

AI は、科学的な発明や発見に貢献ができると期待されています。

1. 計算科学や材料科学―新しい化合物や材料の設計

新しい化合物や材料の設計に貢献するでしょう。たとえば、特定の特性を持つ化合物や材料を予測し、実際の合成や試験を行う前にその可能性を評価できます。これにより、研究開発の時間とコストが大幅に削減されることが期待できます。

2. 生命科学や医療研究―疾患の早期診断法の開発や難病治療

遺伝子配列やタンパク質の構造解析を解析し、膨大な生物学的データから有意な情報を抽出して、疾患の早期診断法の開発、新しい治療法や医薬品の開発を加速できます。

3. 環境科学―気候変動の予防

地球温暖化の進行を監視し、気候変動に関する予測を改善するとともに、環境保護策の策定に役立つ情報を提供することができます。

4. 自動化と効率化で貢献

実験の自動化や効率化に貢献することができます。AI を利用したロボットアームや自動化システムは、実験の設定、データ収集、分析を自動化し、研究者はより創造的な作業に集中できるようになります。

5. データ解析とパターン認識で貢献

大量のデータからパターンを見つけ、人間に分かりやすいように可視化してくれることで、新しい規則や法則を発見するきっかけを与えてくれます。たとえば天文学では、無数の星や銀河のデータから新しい宇宙現象を発見することが期待できます。

このように AI は、科学的な発明や発見を加速させることはできますが、AI がノーベル賞を取れるかとなると、それはできません。ノーベル賞は人間の業績に対して授与されるものだからです。そのため、AI が重要な発見や発明を行ったとしても、その栄誉は AI を開発、適用した科学者や研究チームに与えられることになるはずです。将来、人間同様の意識を持つ「強い AI」が登場すれば、AI にも「人権」ならぬ「AI 権」が認められ、人間同様の栄誉を与えられる時代が来るのかもしれませんが、それはまだ先の話でしょう。

機械学習とその活用

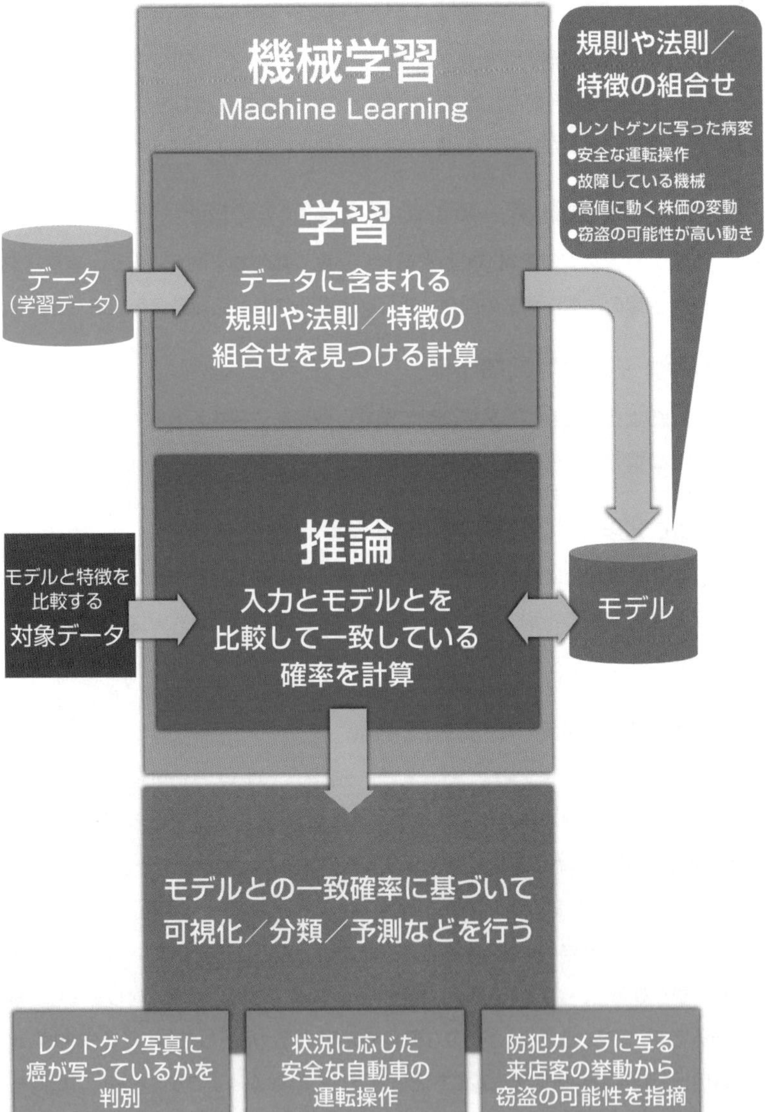
機械学習
Machine Learning
規則や法則／
特徴の組合せ
●レントゲンに写った病変
●安全な運転操作
●故障している機械
●高値に動く株価の変動
●窃盗の可能性が高い動き
学習
データ
（学習データ）
データに含まれる
規則や法則／特徴の
組合せを見つける計算
推論
モデルと特徴を
比較する
対象データ
入力とモデルとを
比較して一致している
確率を計算
モデル
モデルとの一致確率に基づいて
可視化／分類／予測などを行う
レントゲン写真に
癌が写っているかを
判別
状況に応じた
安全な自動車の
運転操作
防犯カメラに写る
来店客の挙動から
窃盗の可能性を指摘

記号や数値の羅列であるデータに、どのような規則や法則、特徴があるかを見つけ出すソフトウェア技術を「**機械学習**（Machine Learning)」と呼びます。「機械」とは「コンピュータ」、「**学習**（**訓練**ともいう）」とは規則や法則、特徴を見つけるための「計算処理」、「学習」によって見つけ出した規則や法則、特徴を「モデル（Model)」と呼びます。モデルの精度が高いとは、データの持つ規則や法則、特徴をうまく表現しているということです。

たとえば、肺癌が写っている大量の胸部X線写真の画像データを学習させ、「肺癌が写っている場合」のモデル、つまり「肺癌の特徴をうまく表したひな形」を作ります。そのモデルとだれかのX線写真を比較し、「肺癌の特徴」と類似度が高い場合は、「肺癌である」可能性があります。このように、入力したデータの特徴とモデルとを比較し、類似度を求める計算が「**推論**（Inference)」です。

この技術を自動車の自動運転に使えば、自動車に取り付けられたカメラやレーダーなどのセンサーから集めた自動車周囲の状況データ、GPSからの位置データと、運転操作の関係についてのデータを使い、「安全に心地よく走行するための規則や法則、特徴」であるモデルを作れます。これに従って機械が運転操作すれば、運転手がいなくても安全走行できます。多数の実験車両を走らせ、総走行距離を伸ばせば、データは増え、ますます精緻なモデルができあがり、より安全で心地よい自動運転が実現します。

応用例はほかにもさまざまあります。たとえば機械が故障を起こす前兆となる振動データからモデルを作ります。機械の振動を常に計測してモデルと比較すれば、故障の可能性を事前に検知できます。株価の変動データからモデルを作ります。これを使えば、ある株価が高値になるとき、他の株価がどのように変動するかを予測できますから、収益率の高い株の売買ができるようになります。防犯カメラの動画データから、窃盗をしそうな人の動きのモデルを作ります。防犯カメラに映った人が窃盗を犯す人の動きの特徴と一致していれば、これを直ちに警告し、店員をそばに行かせることで抑止することができます。

「機械学習」とは、データから「モデル／特徴をうまく表すひな形」を作る「学習」と、入力データの特徴とモデルとの類似度を求める「推論」によって構成されています。これが、いまのAIの根幹をなす技術です。

機械学習が担う「学習」と「推論」

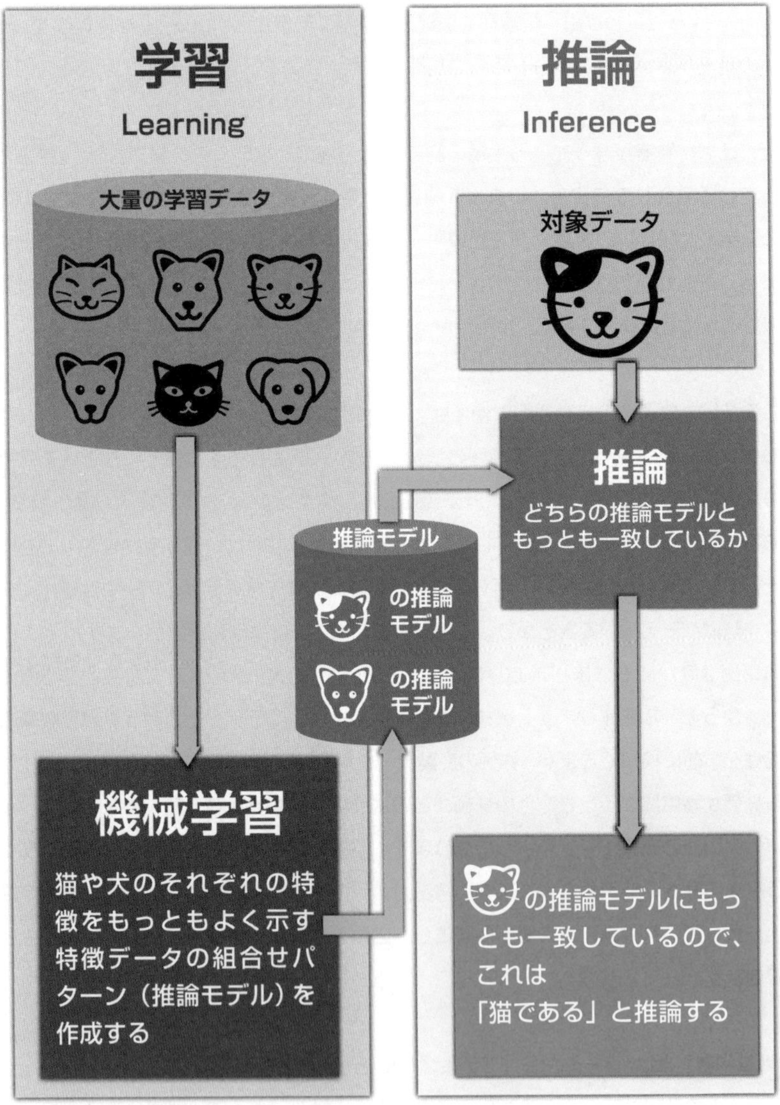

「学習」とは、データから「モデル」を作る計算処理です。たとえば、学習データである「ネコ」、「イヌ」、「トリ」の画像から、それぞれの特徴をうまく表すモデルを作ります。一方、「推論」は、比較対象データの特徴を「モデル」と照合して、結果を導く計算処理です。たとえば、未知の写真から、身体部位のカタチ、目の配置、大きさなどの特徴を抽出し、「モデル」と照合して、ネコのモデルと一致する割合が高ければ、「ネコである」という結果を出力します。

それぞれの特徴を精緻に捉えたモデルを作ることで、推論の精度を高めることができます。そのためには、学習段階で膨大なデータで計算処理しなくてはならず、高性能なプロセッサーや大容量のストレージを用意しなければなりません。一方、「推論」は、対象となるデータから特徴を抽出し、モデルと照合する計算処理なので、「学習」ほどのプロセッサー能力やストレージ容量は不要です。

「学習」と「推論」は、汎用的なプロセッサーを使うこともできますが、昨今ではそれぞれに最適化されたプロセッサーも開発されています。「学習」には、元々は画像処理のために開発されたGPU（Graphics Processing Unit）や「学習」に最適化された専用プロセッサーを大量に組み合わせた並列処理システムが使われており、そのためのクラウド・サービスも登場しています。一方、「推論」には、IoT機器に組み込むことも考慮された、低消費電力かつ高い推論性能を発揮する専用プロセッサーが登場しています。

「学習」は大規模な計算処理が必要なことから、データ・センターやクラウドを使う場合がほとんどです。そこで、生成された「モデル」を、ネットワークを介して手もとの機器に送り、そこで「推論」を行います。得られた結果のデータを、再びクラウドに送って追学習させ、「モデル」の一層の最適化を行うしくみが普及しています。

たとえば、監視カメラに人を識別するためのモデルを入れておけば、家族などのあらかじめ登録された特定の人が来た場合と見知らぬ人が来た場合で、メッセージを変えてスマホに通知できます。また、そこで得られた成功や失敗をクラウドにおくり、さらに学習させれば、識別性能を向上できます。荷物が玄関先に置かれた、友人が訪ねて来たなど、さまざまな状況のモデルを登録しておくことで、それらを区別してメッセージ送ることもできます。

「学習」プロセスで使われる3つの基本手法

機械学習

教師あり学習

売上予測、人需要予測、不正検知、故障診断、画像分類、顧客維持など

入力と正解例の関係を示した学習データを入力し、その関係を再現するように特徴を抽出、推論モデルを生成

分類　回帰

それぞれに固有の特徴パターンを見つけ出し推論モデルを生成

教師なし学習

レコメンド、顧客セグメンテーション、ターゲットマーケティングなど

説明のない学習データを入力し、抽出した特徴パターンから類似グループを見つけ、それぞれの推論モデルを生成

クラスタリング　次元圧縮

特徴パターンの違いを見つけ出し、推論モデルを生成

強化学習

ゲーム、広告、自動運転など

推論結果に対して評価（報酬）を与えることで、どのような結果を出してほしいかを示し、その結果をもうまく再現できる推論モデルを生成

バンディットアルゴリズム　Q学習

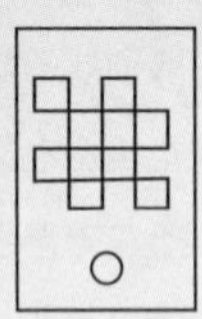

- ☑ 得点が高ければ＋評価
- ☑ 得点が低ければ－評価

得点が高くなるように推論モデルを生成

機械学習は、学習の仕方によって、基本的には、「教師あり学習」、「教師なし学習」、「強化学習」の３つに分けることができます。

教師あり学習（Supervised Learning）

入力と正解をセットにしたデータ（教師ありデータ）を学習データとして入力し、その関係を再現できるモデルを生成します。たとえば、「イヌ」という正解を付した画像、「ネコ」という正解を付した画像を学習させ「イヌ」や「ネコ」それぞれに固有の特徴を見つけ出し、両者の違いをうまく表現できるモデルを生成します。

故障診断や画像認識など、ものごとをうまく区別、仕訳する「分類」、利益の予測、不正検知など、データを元に傾向を導き出し、今後の数値を予測する「回帰」に用いられます。

教師なし学習（Unsupervised Learning）

なんの説明もないデータ（教師なしデータ）を入力し、抽出した特徴の組合せから類似したグループを見つけ出すモデルを生成します。たとえば、「イヌ」、「ネコ」、「トリ」を、正解を付すことなく画像データを入力すると、それぞれの特徴の違いをうまく説明できるモデルを生成します。

いろいろなものの中から似たもの同士を集めてグループ化する「クラスタリング」、データの圧縮やデータ相互の関係を可視化する「次元圧縮」に用いられます。

強化学習（Reinforcement Learning）

推論の結果に対して評価（報酬）を繰り返し与えることで、どのような結果を出してほしいかを示し、その結果を最もうまく再現できるモデルを生成します。たとえば、ゲームの得点が高ければ「＋」に評価し、低ければ「－」に評価することを繰り返していくことで、得点が高くなる、つまり、「＋」評価という報酬が与えられるようなゲームのやり方を再現できるモデルを生成します。

囲碁や将棋などのゲームに勝つ、効果的な広告を出稿する、安全な自動運転を実現することなどに用いられます。

上記以外にも目的に応じて、様々な学習方法が提案され、学習の効率や精度を高める研究や開発が行われています。

“

ニューラル・ネットワークとディープラーニング

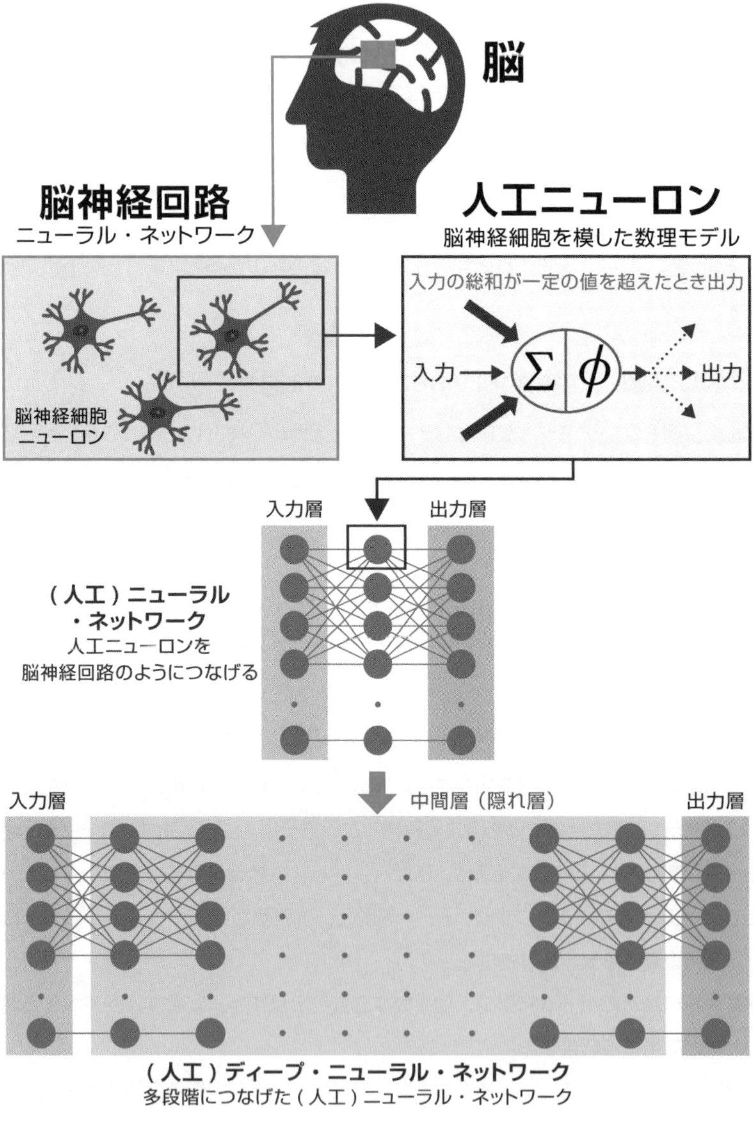

いま機械学習で主流となっている計算方法（アルゴリズム）が「ニューラル・ネットワーク」です。これは、「ニューロン（脳の神経細胞）」のつながりを意味する言葉で、人間の脳で行われている知的処理のプロセスを数学的に表現し、コンピュータで処理させようというものです。

このしくみを使い、入力層で画像、テキストなどのデータを受け取り、分類、予測など特定のタスクの結果を出力層に出力します。

このニューラル・ネットワークのニューロンを多層に重ねたのがディープ・ニューラル・ネットワークです。「ディープ＝深い」とは、入力層と出力層の間に多数のニューロン層（中間層／隠れ層という）を持つということです。この多層構造により、複雑な特徴やパターンをデータから抽出する能力が高まります。これを使った機械学習の方式が、「ディープラーニング（深層学習）」です。

ディープラーニングを使って画像認識を行おうとすると、浅い層では、画像のエッジや色などの小さな範囲の特徴を検出し、より深い層では、大きな特徴的なまとまり（部位や部品など）を認識し、さらに深い層で、全体の形状を認識することができるようになります。

たとえば、猫の画像を入力すると、尾が長い、縞模様、尖った耳などに反応するニューロンが作られます。次にそれら部位の組合せである大きな特徴のまとまり、たとえば、お尻やお腹、顔などの特徴に反応するニューロンが作られます。これを何層にも渡って繰り返すと、最終的には「猫」を入力すると強く反応するニューロン間のつながり（ニューラル・ネットワーク）が作られます。

ただ、猫にもいろいろな種類があるので、さまざまな猫の画像を読み込ませ、それらに共通して強く反応するニューラル・ネットワークを作っていきます。このように作られた「（猫の）ニューラル・ネットワーク」が「（猫の）モデル／特徴をうまく表すひな形」です。この計算過程が、「学習」です。この猫の「ニューラル・ネットワーク」に、未知の画像を入力すると、その画像が猫の場合は、猫であると識別されます。これが「推論」です。

猫以外にも、犬や猿、鳥や魚などのニューラル・ネットワークを用意し、画像を入力することで、それらを識別できるようになります。

ディープラーニングにおける「学習」と課題

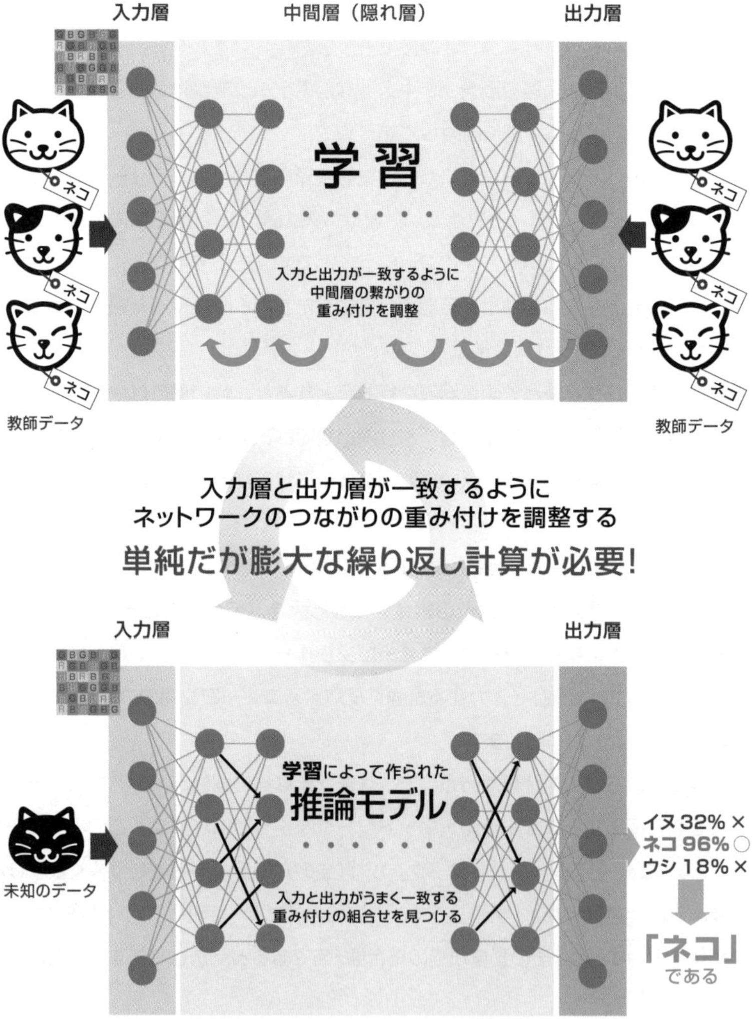

つながりの重み付け=パラメーターの数が多いと性能が向上する

ディープラーニングは、画像の認識だけではなく、さまざまな用途に使われています。後ほど紹介する「生成AI」もこの技術を使っています。そんなディープラーニングを支えるニューラル・ネットワーク同士のつながりの強さを表した数値が、パラメーターです。このパラメーター数（つながりの数）が増えるほどに、「ニューラル・ネットワークの性能＝機械学習の性能」が向上します。

従来は、学習のために使うデータ（訓練データ）を増やし、階層の深いモデルでパラメーター数を増やし続けても、一定のところで性能は頭打ちになるとされていました。しかし、近年の研究により、これら要素を増加させれば、性能が向上することが分かりました。つまり、アルゴリズムやモデルを複雑化しなくても、規模を大きくすれば、性能が向上できるということです。この規模の大きさと性能との関係を定量的に予測する法則が「スケーリング則（Scaling Low）」です。これは、経験則であり、既知の常識とは矛盾するものですが、「結果としてうまくいった」ので、広く受け入れられています。また、ある時点で、突然それまでにできなかったことができるようになることも明らかになりました。これを創発（Emergence）と呼びます。

そんな「スケーリング則」が極めてうまく一致することから、投資対効果が正確に予測できるので、各社が、モデルのサイズ、訓練データの量、計算リソースの規模を増やす競争を繰り広げ、AIでの覇権を握ろうとしています。

こんなディープラーニングにも、以下のような課題があります。

- データ依存性：訓練データの品質が性能に大きく影響を与える
- モデルの解釈性と透明性の欠如：結果の理由を説明できない。医療や金融などの規制産業での採用を妨げる要因となっている
- 膨大な計算資源：モデルを大規化するのに膨大な計算能力とデータが必要。これには、相当な資金が必要とされ、研究や開発者には大きな障壁となる
- 環境への影響：計算のために大量の電力を消費することで環境負荷が大きい
- セキュリティとプライバシーの問題：モデルを騙して誤った予測をさせることをどう防ぐか、入力されたプライバシーに関する情報をどのように保護するか

これらを含むさまざまな課題を解決するために研究や開発が行われていますが、容易なことではなく、課題があることを前提に使いこなす必要があります。

“

従来の機械学習とディープラーニングの違い

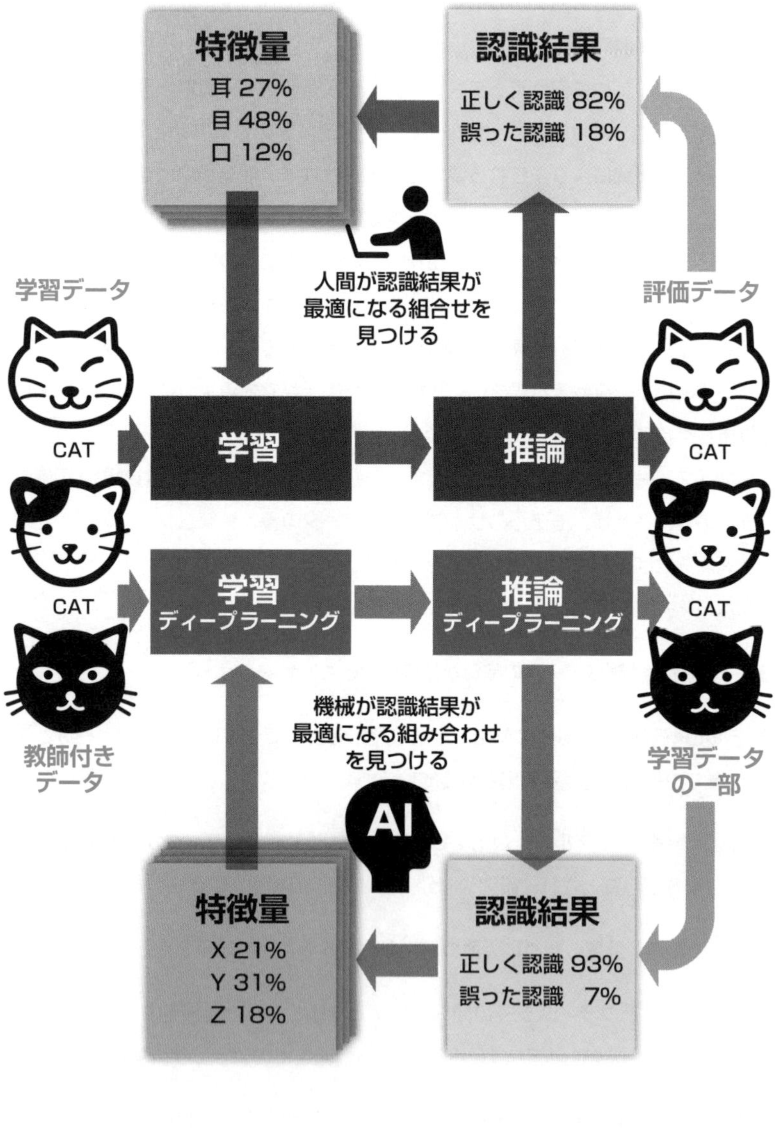

従来の機械学習は、「規則や関係を見つけるための着目点」すなわち「特徴量」を人間が決め、それに基づいて計算処理し、人間が結果（評価データ）を見て、うまく分類できるように特徴量を調整していました。しかし、ディープラーニングでは、その必要がありません。最適な特徴量をデータから見つけ、自動的に最適値を見つけ出します。

たとえば、ベテランの職人がものづくりをする現場を想像してください。私たちは、道具の使い方、力加減、タイミングといった目に見える道具の使い方に着目し、その匠の技に感動するでしょう。しかし、見た目には分からない他の「何か」が、素晴らしい成果を生みだしているのかもしれません。職人に説明を求めても、たぶんうまく説明できないでしょう。

ディープラーニングはそんな「説明できない特徴量」も、データの中から見つけ出してくれます。たとえば、次のようなことです。

- 品質検査のベテランは、素人には気付かない些細な不良を見つけ出す
- 保守技術者は、機械の運転データから異常に気付き故障を未然に防ぐ
- 警察官は、犯罪の発生場所やタイミングを長年の経験や勘で予想する

うまく説明できないけれど、分類や識別、判断に大きな影響を与える特徴量はいろいろとあります。ディープラーニングは、そんな見た目には分からない、あるいは気付くことの難しい特徴量を、人間が教えることなくデータから見つけてくれるところが、画期的なところなのです。

「人間が教えなくても、データさえ入力すれば、あらゆる事象の規則や法則、特徴を見つけ、分類整理できるようになる」

ニューラル・ネットワークの進化形として登場したディープ・ニューラル・ネットワーク、これを使ったディープラーニングが注目されるのは、この点にあります。人間は、言葉を使って伝えられることよりも多くのことを知っています。マイケル・ポランニーは、これを「暗黙知」と呼びました。ディープラーニングもまた、そんな暗黙知を見つけ出し、使えるようにしてくれます。前節で解説した「スケーリング則」に従い、今後さらに性能は高まり、その利用範囲も広がっていくでしょう。

機械学習と AI アプリケーション

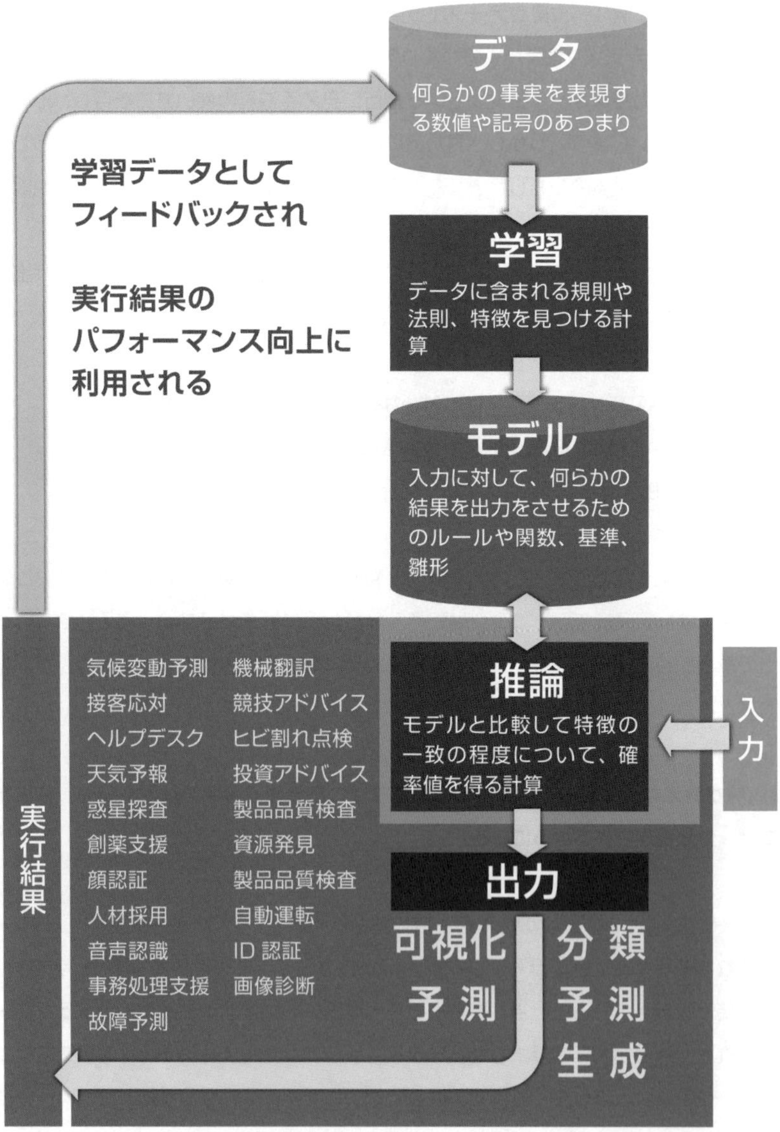
データ
何らかの事実を表現する数値や記号のあつまり
学習データとして
フィードバックされ
実行結果の
パフォーマンス向上に
利用される
学習
データに含まれる規則や法則、特徴を見つける計算
モデル
入力に対して、何らかの結果を出力をさせるためのルールや関数、基準、雛形
推論
モデルと比較して特徴の一致の程度について、確率値を得る計算
入力
出力
可視化
予測
分類
予測
生成
実行結果
気候変動予測
接客応対
ヘルプデスク
天気予報
惑星探査
創薬支援
顔認証
人材採用
音声認識
事務処理支援
故障予測
機械翻訳
競技アドバイス
ヒビ割れ点検
投資アドバイス
製品品質検査
資源発見
製品品質検査
自動運転
ID 認証
画像診断

学習によって得られた「モデル」は、データに内在する規則や法則、特徴を最もよく表すひな形や基準のようなものです。入力されたデータの特徴を、このひな形に照らし合わせれば、両者がどれほど似通っているかを数値的に示してくれます。これを数学的に表現すれば、「入力に対して、その類似度を出力する関数」ということができるでしょう。この関数を使って、入力とモデルとの類似の程度を計算することを「推論」と呼びます。

この「推論」の結果を利用したアプリケーションが、AIアプリケーションです。たとえば、過去の膨大な気象データを学習させ、気候変動の予測モデルを作り、今後どのような気候になるかを推論する「気候変動予測」。これまでの顧客との応対履歴を学習させ、適切な顧客応対のモデルを作り、新たな顧客からの問い合わせにどう対応すれば適切な対応ができるかを推論し、オペレーターにアドバイスを与えたり自動応答したりする「ヘルプデスク支援」。膨大な物質の機能や分子構造、これまでに使われた薬としての効能のデータを学習させ、物質の特性と薬効との関係を表すモデルを作り、新たな薬に必要な薬効を実現するための物質の組合せを推論する「創薬支援」などがあります。

推論の結果は評価され、再び学習のためのデータとしてフィードバックされます。これを繰り返すことで、モデルが改善され、精度はさらに高まります。

このようなしくみを利用すれば、次のようなことができます。

- パーソナライゼーション：ユーザーの好みや行動パターンを学習することで、個々のユーザーに合わせたカスタマイズされた体験を提供することができます。たとえば、オンラインショッピングや動画ストリーミングサービスにおいて、個人の好みに合わせた商品やコンテンツを推薦します
- 自動化と効率化：事務作業、顧客サービス、製造プロセスなどで、作業の効率化やヒューマンエラーやコストの削減が実現されます
- 予測分析：データのパターンを分析して未来のトレンドや出来事を予測できます。これにより、意思決定支援、気象予報、疫病の流行予測などができます

人間の持つ知識を使い、判断や分類のための基準やルールを作るのではなく、データから最適な基準やルールを見つけ、アプリケーションの実行に役立てる、そんな「賢いアプリケーション」が、「AIアプリケーション」です。

機械学習の応用（1）

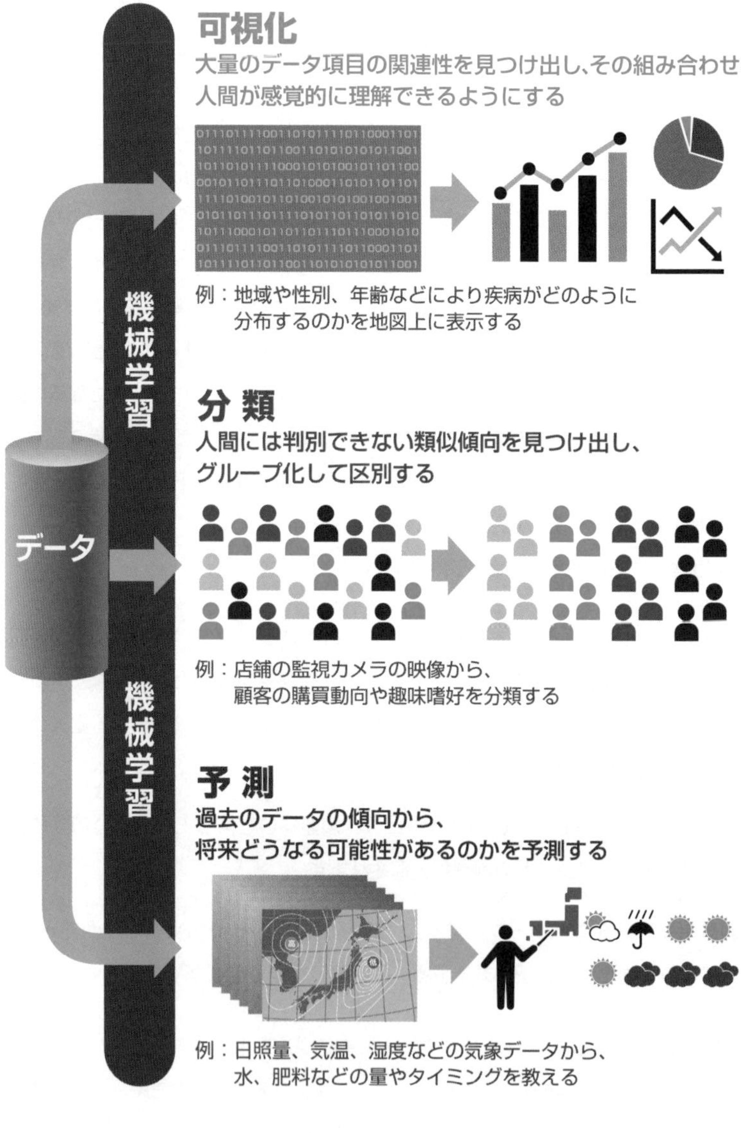

機械学習
機械学習
データ
可視化
大量のデータ項目の関連性を見つけ出し、その組み合わせを人間が感覚的に理解できるようにする
例：地域や性別、年齢などにより疾病がどのように分布するのかを地図上に表示する
分類
人間には判別できない類似傾向を見つけ出し、グループ化して区別する
例：店舗の監視カメラの映像から、顧客の購買動向や趣味嗜好を分類する
予測
過去のデータの傾向から、将来どうなる可能性があるのかを予測する
例：日照量、気温、湿度などの気象データから、水、肥料などの量やタイミングを教える

機械学習にできることを大別すれば、「可視化」、「分類」、「予測」、「認識」、「生成」に分けられます。

可視化

大量のデータ相互の関連性を見つけ出し、その組合せを人間が感覚的に理解できるようにすることです。たとえば、次のようなことです。

- 性別や年齢、地域などにより、特定の疾病がどのように分布するかを地図上に表示する
- 遺伝子の配列や変異の傾向から、病原性の有無や強さの傾向を分かりやすいチャートで表示する
- 直接計測できない高温の溶鉱炉の内部の温度分布や状態を、外部センサーから取得したさまざまなデータを使って、溶鉱炉の内部をイラストで表示する

分類

人間には判別できない類似傾向を見つけ出し、グループ化して区別することです。たとえば、次のようなことです。

- 店舗の監視カメラの映像データから、顧客ごとの購買傾向や趣味嗜好などを分類する
- 製品の画像データから、良品と不良品を判別する
- 膨大な電子メールのやり取りから、コンプライアンスに反するメールのやり取りを見つけ出す

予測

過去のデータの傾向から、将来どうなる可能性があるのかを予測することです。たとえば、次のようなことです。

- 日照量、気温、湿度などの気象データから、水、肥料などの最適な量やタイミングを教える
- 過去の犯罪データから、犯罪の発生場所や時間、犯罪の内容を予測する
- 膨大な過去の実験データから、新たな実験でどのような結果が得られるかを予測する

機械学習の応用（2）

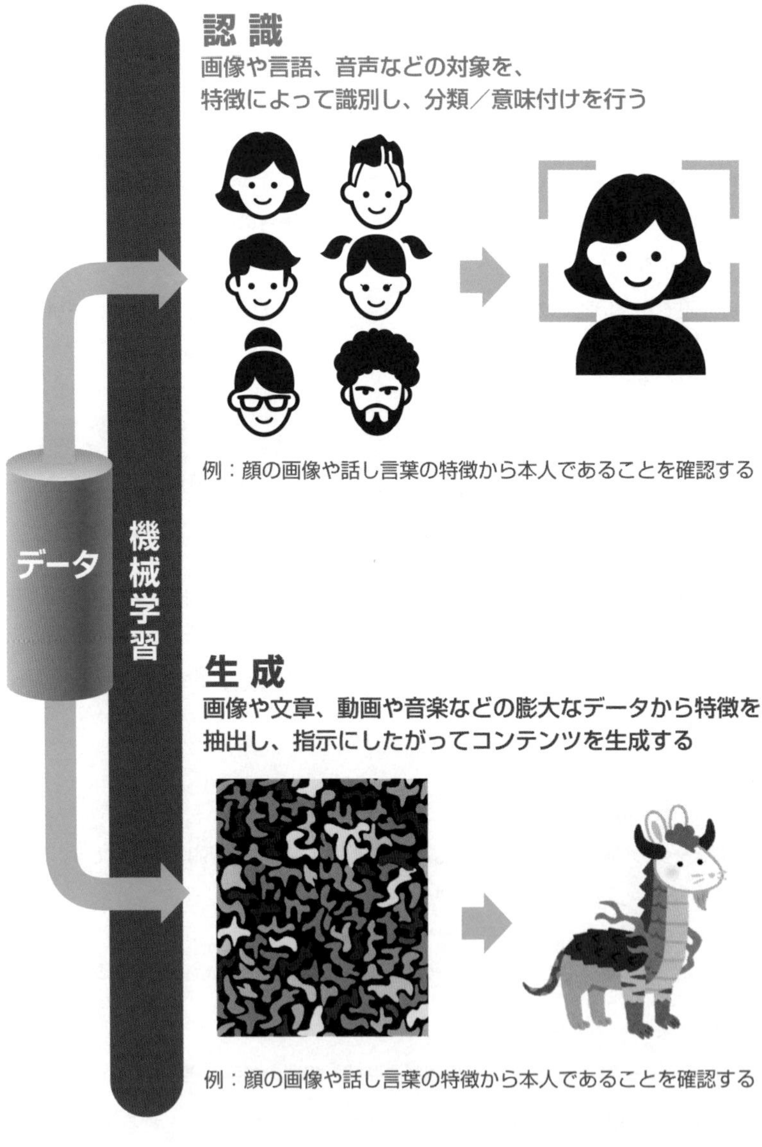

認識
画像や言語、音声などの対象を、
特徴によって識別し、分類／意味付けを行う
例：顔の画像や話し言葉の特徴から本人であることを確認する
データ
機械学習
生成
画像や文章、動画や音楽などの膨大なデータから特徴を
抽出し、指示にしたがってコンテンツを生成する
例：顔の画像や話し言葉の特徴から本人であることを確認する

認識

画像や言語、音声などの対象を、特徴によって識別し、分類・意味付けをおこなうことです。たとえば、次のようなことです。

❖ 画像に写った顔の特徴から、本人であることを確認する
❖ 写真や動画に写っているものが、動物、人間、自動車、自転車であると判別し、防犯カメラに写った人物から個人を特定する
❖ 天体写真に写っている膨大な天体の中から、未知の惑星やブラックホールの特徴を持つ天体の候補を見つけ出す

生成

画像や文章、動画や音楽などの膨大なデータから特徴を抽出し、指示にしたがってコンテンツを生成することです。たとえば、次のようなことです。

❖ 文章で説明された指示文（プロンプト）を解釈し、それにふさわしいイラストを描いてくれる
❖ プログラミング作業で、「何をしたいか」を文章で指示すれば、仕様書を書き、プログラム・コードを生成し、テストしてバグを取り除き、ビルド（実行可能なファイルへの変換）してくれる
❖ 表計算ソフトで描きたいグラフのイメージや目的を説明し、対象となるデータを指定すれば、そのグラフを書いてくれる

このようなことは、かつては、人間にしかできなかった知的作業でした。機械学習は、知的作業を徐々に置き換え、できる範囲を広げてきました。このような機械学習の機能を組み入れたアプリケーションやサービスを、私たちは「AI」と呼ぶことも少なくありません。

そんな機械学習の機能を組み込んだ機器やソフトウェア、あるいは、ネット・サービスが、広く使われています。これらは、「AIを搭載した～」や「AI～」と言われることもありますが、ユーザーからは、どのように使われているかが分からないまま、知らないうちに使っていることも増えてきました。

それほど、「機械学習」や「AI」は、私たちの日常に広く浸透しているとも言えるでしょう。

生成 AI が代替する「人間の知的作業」

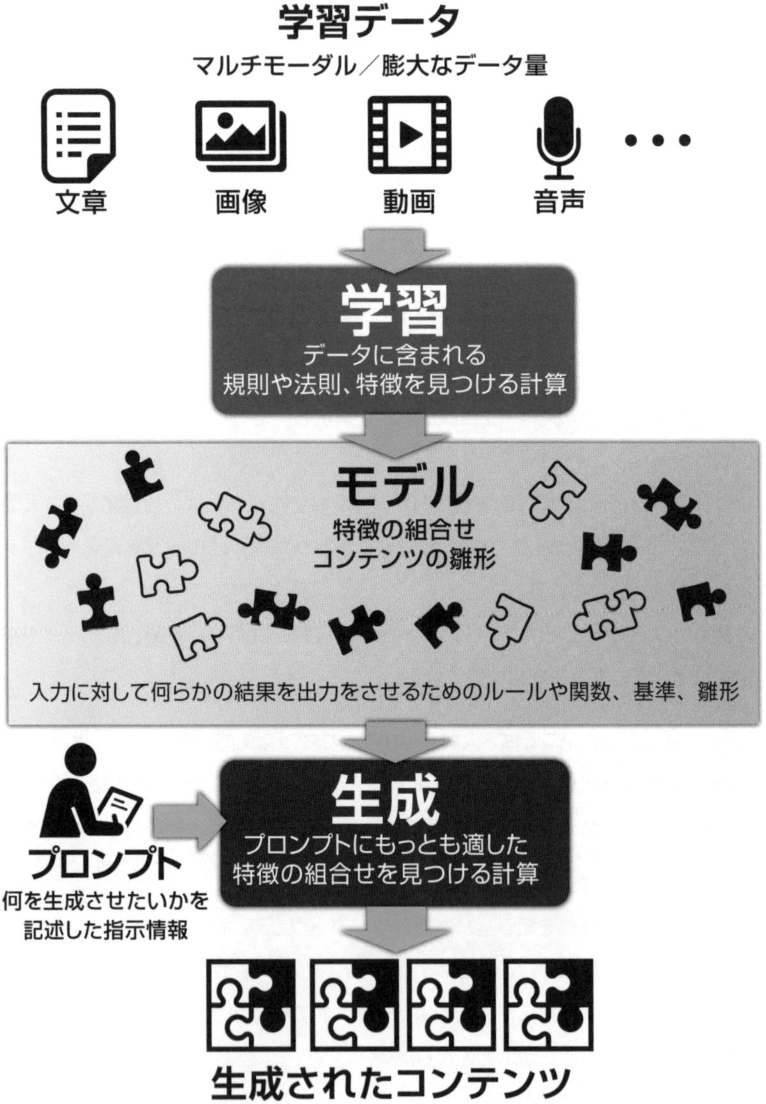

学習データ
マルチモーダル／膨大なデータ量
文章
画像
動画
音声
学習
データに含まれる
規則や法則、特徴を見つける計算
モデル
特徴の組合せ
コンテンツの雛形
入力に対して何らかの結果を出力をさせるためのルールや関数、基準、雛形
プロンプト
何を生成させたいかを
記述した指示情報
生成
プロンプトにもっとも適した
特徴の組合せを見つける計算
生成されたコンテンツ

「機械学習」によって、データから規則や法則、特徴のひな形となる「モデル」を作ります。これまでは、この「モデル」を使って基準やルールを作り、「情報を整理」して、可視化、分類、予測、認識などを行い、人間の意思決定の精度向上や業務処理の自動化、効率化に役立ててきました。

生成AI（Generative AI）では、このモデルを使って、「コンテンツを創作」します。これによって、文章や画像、動画や音楽、プログラム・コードなどの生成というようなクリエイティブな作業で、人間の役割を代替、補完できるようになりました。

AIの研究、開発の歴史を遡れば、人間の知的作業を代替する範囲を広げる歴史でもあります。生成AIは、その範囲をさらに広げたと言えるでしょう。

ChatGPTは、そんな生成AIをだれもがかんたんに使えるようにと、チャット形式で使えるようにしたサービスです。それまでは、生成AIを使いこなすには、プログラミングやAIの専門的な知識やスキルが必要でした。これを、人間が普段使っている自然言語（プログラミング言語のような人工的に作られた言語は「人工言語」と呼ぶ）で質問できるチャットとして使えるようにしました。さらに、とても流暢な表現で、的確な回答をしてくれることで、利用者を魅了し、驚かせ、短期間のうちにユーザーを増やしました。さらには、言葉の質問に、文章で回答を返すだけではなく、画像や動画などを生成できるようにもなりました。いまや、人間の発話速度に合わせて、感情的表現も交えて、人間を相手にしているように、対話的に質問に答えてくれるサービスも登場しています。

ビジネス・シーンでは、だれに何を伝えたいかを指示すれば、企画書やプレゼンテーション、報告書の作成をしてくれます。実現したい機能を伝えれば、仕様書を作成し、プログラム・コードを書き、テストして不具合があれば修正し、ビルド（プログラムを実行できる状態にすること）までしてくれるようになりました。人間は、その過程を確認し、必要とあれば修正するだけです。

今後、性能は向上し、できる範囲は広がり、さまざまな知的作業の生産性が向上するでしょう。特に「知的力仕事（パターン化できる知的作業）」の生産性向上は劇的です。そうなると、これらを使いこなせる人と使いこなせない人では、仕事のパフォーマンスに大きな格差が生じることは避けられません。仕事を奪われる心配をするよりも、どう使いこなしていくかを考え、そのスキルを磨くことが賢明ではないかと思います。

さまざまなタスクに対応するための「基盤モデル」

従来の機械学習
個別タスク専用モデル タスクごとに専門特化したモデル
タスクごとに個別に作る必要があり、大規模な計算リソースとデータ、専門知識や専門スキルを持つ人材が必要
タスク A
タスク B
タスク C
タスク A 個別学習
タスク B 個別学習
タスク C 個別学習
目的に応じて個別に 作る AI （教師データ：数百万件～）
基盤モデルの機械学習
汎用タスク対応モデル さまざまなタスクに汎用的に対応できるモデル
個別に作る必要はないが極めて大規模な計算リソースとデータが必要であり、高度な専門知識やスキルが必要
タスク A
タスク B
タスク C
大規模データでの事前学習
大規模言語モデル LLM : Large Language Models
大量のテキスト・データで事前学習
必要に応じてサービスとして 使う AI （教師データ：数十億件～）
企業個別に作ることは極めて困難であり、
Google、Microsoft などがサービスとして提供

「基盤モデル（Foundation Model）」とは、「さまざまなタスクに適応できるモデル」です。これを作るのに、「**極めて大規模なデータ**を用いて**事前学習**」させます。

従来の機械学習では、「レントゲン写真に癌の病変が写っているかどうかを推論する」タスクのために、「癌の病変が写っている大量のレントゲン写真の画像データ」を用意して大規模な計算を実行し、専用のモデルを作っていました。この専用モデルは、他のタスクに使うことはできません。

「基盤モデル」をあらかじめ作っておけば、小規模のデータで追加学習させれば、個別のタスクができるようになります。このように、さまざまなタスクに適応できる基盤となるモデルであることから、「基盤モデル」と呼ばれています。

例えて言えば、「普通自動車の運転ができるようになれば、わずかな追加練習で、バスやトラックが運転できるようになる」ことと似ているかもしれません。

ただし、「基盤モデル」は、スケーリング則に従いますから、性能を向上させるには、**極めて大規模なデータ**を使い学習させなくてはなりません。その計算量は膨大で、かつては実現不可能でしたが、この状況が大きく変わりました。

- ❖ コンピュータハードウェアの性能向上、たとえば、GPU のスループットとメモリは過去４年間で 10 倍になったこと
- ❖ ハードウェアの並列性を活用して以前よりはるかに精度の高いモデルを生成する Transformer（ディープラーニング手法のひとつ）が開発されたこと
- ❖ インターネットの普及やデジタル化の拡大により、学習データの大量入手が容易になったこと

関連技術が進歩し、基盤モデルを構築する環境が整いましたが、そのためには、膨大な資金力が必要です。そこで、資金力のあるビッグテック（Google や Microsoft などの大手 IT 企業や彼らから資金提供を受けるベンチャー企業）が、高性能で汎用的な基盤モデルを構築し、他社との差別化を図ろうとしています。

結果として、タスクごとに AI を「作る」ことから、基盤モデルを「使う」ことで、少ない負担で必要なタスクをこなす AI を実現できるようになり、AI アプリケーションの利用範囲は、今後急速に拡大していくと考えられます。

基盤モデル・大規模言語モデル・生成 AI の関係

チャット AI
Chat AI

生成 AI をチャット形式で使用できるサービス。対話式に情報の整理や生成ができる。ChatGPT や Bing、Gemini など

生成 AI サービス

生成 AI を組み入れた業務アプリケーションサービス。Github Copilot や Copilot for Microsoft365 など

さまざまなサービス

基盤モデルを使い、特定のタスクをこなすために必要な小規模な学習データを与えることで、作られるサービス。タスクごとにモデルを作る必要がない

生成 AI
Generative AI

基盤モデルを使い、新たなデータ／コンテンツを生成するサービス。言語以外にも画像や動画、音声などに幅広く対応する

大規模言語モデル
Large Language Models (LLM)

大量のテキスト・データから学習したモデル。言語処理に特化し、文の意味を理解し、新しいテキストを生成、質問に回答する能力を持つ

基盤モデル
Foundation Models

画像、音声、テキストなど、形式の異なる膨大な量のデータを学習したモデルで、さまざまなタスクを実行することができる。多様なタスクに対応できる

「基盤モデル」のなかで、言語データのみを使って作られたものを「大規模言語モデル（Large Language Model/LLM）」と呼びます。LLMをチャット形式で使え、流暢な文章を生成して回答してくれるサービスが、OpenAIのChatGPTやGoogleのGeminiなどのチャットAIです。また、入力した文章から画像を生成するDALL-E2、Midjourney、Stable Diffusionなどのサービスもあります。これらは、LLMを作るにあたり、言語データに加え、画像データとこれに対応する説明文も合わせて学習したモデルを使っています。

言語以外に、音声や表形式の定型データなど、さまざまな形式のデータをまとめて学習データとして使えば、それら相互の関係も合わせて規則や法則、特徴を見つけることができます。単一形式のデータから作られたモデルとは違い、相互の関係も踏まえた、総合的な推論ができるようになります。これを「マルチモーダル基盤モデル」と呼びます。たとえば、次のようなことができます。

- 写真についての説明をテキストで出力する
- 音声から文字起こしする
- 内容をテキストで入力すれば動画を作成する
- 動画を見せるとその内容を音声で説明する

基盤モデルを使い、新たなコンテンツを生成するしくみを総称して「生成AI（Generative AI）」と呼んでいます。チャット以外にも、プログラム・コードの生成支援やセキュリティ対応のアドバイス、業務アプリケーションに組み込まれ最適な処理を実現するなど、用途は拡大しています。また、イラストのスキルがなくてもイラストを描けるし、動画のスキルがなくても動画を制作できるようになります。このように専門スキルがなくても、人間の能力を補完・強化してくれるわけです。

今後、基盤モデルは、さらなる学習データの大規模化とマルチモーダル化を目指すと思われます。ただ、そのためには、極めて大規模な計算資源を確保しなければならず、莫大な費用がかかります。加えて、集めたデータや生成されたコンテンツの著作権の問題、人権や人種などに関わるセンシティブな生成コンテンツの扱いなど、解決すべき課題も少なくありません。これらは、社会との対話を通じて、時間をかけて合意点を見つけていく必要がありそうです。

Googleによる自然言語処理モデル
：トランスフォーマー

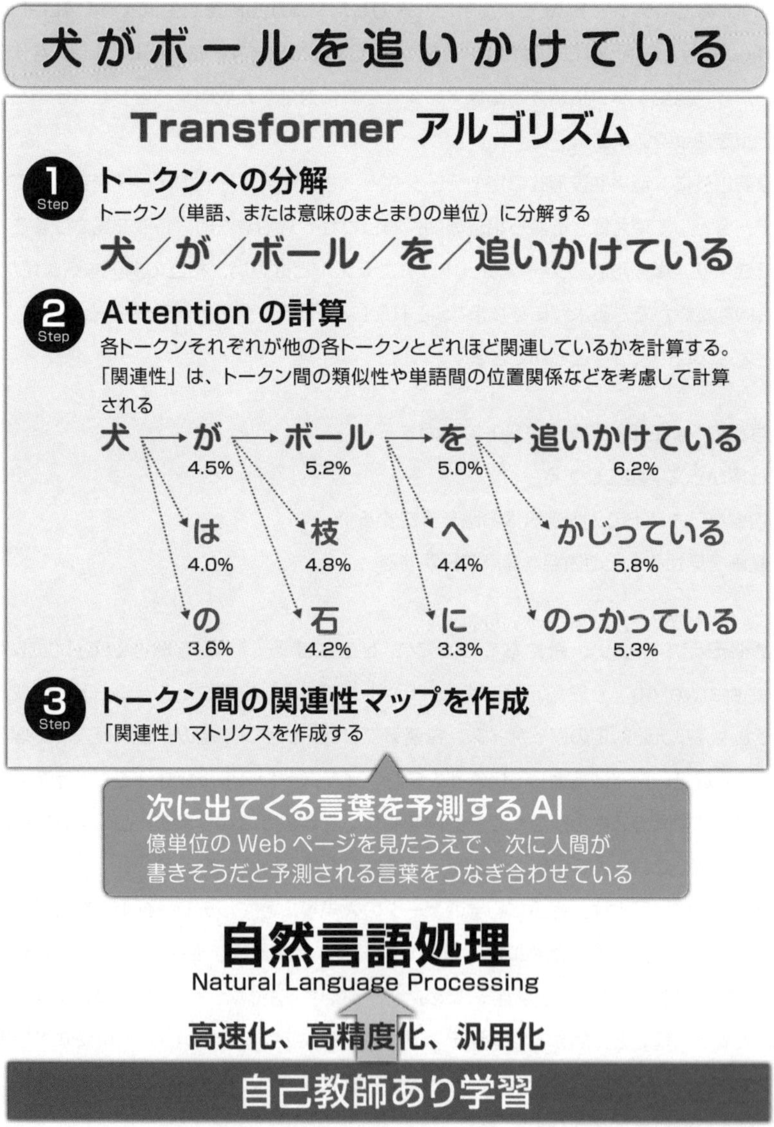

犬がボールを追いかけている
Transformer アルゴリズム
1 Step トークンへの分解
トークン（単語、または意味のまとまりの単位）に分解する
犬／が／ボール／を／追いかけている
2 Step Attentionの計算
各トークンそれぞれが他の各トークンとどれほど関連しているかを計算する。「関連性」は、トークン間の類似性や単語間の位置関係などを考慮して計算される
犬
が 4.5%
ボール 5.2%
を 5.0%
追いかけている 6.2%
は 4.0%
枝 4.8%
へ 4.4%
かじっている 5.8%
の 3.6%
石 4.2%
に 3.3%
のっかっている 5.3%
3 Step トークン間の関連性マップを作成
「関連性」マトリクスを作成する
次に出てくる言葉を予測するAI
億単位のWebページを見たうえで、次に人間が書きそうだと予測される言葉をつなぎ合わせている
自然言語処理
Natural Language Processing
高速化、高精度化、汎用化
自己教師あり学習

「

トランスフォーマー（Transformer）は、2017年にGoogleによって発表された「Attention is All You Need」という論文で初めて紹介された自然言語処理（人間が使う言語を処理する技術／NLP：Natural Language Prosecting）のためのニューラル・ネットワーク・モデルの作り方／考え方です。従来、NLPで使われていたやり方とは異なり、高速かつ効率的な学習ができるようになりました。

トランスフォーマーは、「次に出てくる言葉を予測するAI」ということもできます。これを実現するために、億単位のWebページを見て、ある単語の次に人間が書きそうだと予測される単語をつなぎ合わせ、自然で流暢な表現になるように文章を生成します。簡便的に"単語"と記しましたが、正確には"トークン"と呼びます。単語または区分できる文字のまとまりのことです（以下では"トークン"を使います）。

たとえば、「犬がボールを追いかけている」という文章があるとしましょう。まずは、この文章をトークンに分解します。その時、ある単語が他のトークンとどれほど関連しているかを計算します。このしくみを「注意機構（Attention Mechanism）」と呼びます。「関連性」は、トークン間の類似性や位置関係などを考慮して計算されます。これは、文章全体から文脈を読みとっていると言えるでしょう。こうして、あるトークンが出現した時に、続く次のトークンの出現確率を、文脈を考慮し予測して確率が高い順につなげて文章を生成します。ちなみに、注意機構にはいくつかのバリエーションがあり、トランスフォーマーでは、自己注意機構（Self-attention Mechanism）が使われています。

トランスフォーマーは、そんな自己注意機構を使って流暢な表現の文章を生成します。ただ、論理性や意味を理解しているわけではありません。文脈を考慮しつつ、自然で流暢な表現になるようにトークンをつないでいるだけです。そんなトークン間の「関係性」をテーブル（表）にまとめ、これを使って、翻訳、テキスト要約、質問応答など、さまざまな自然言語処理を実現しています。

トランスフォーマーは、自然言語処理だけでなく、画像や動画、音声などの認識や生成での利用も進んでいます。さらに、学習させるデータを大規模化して性能を高める取り組みも進んでいます。

」

トランスフォーマーの中核技術
：自己注意機構

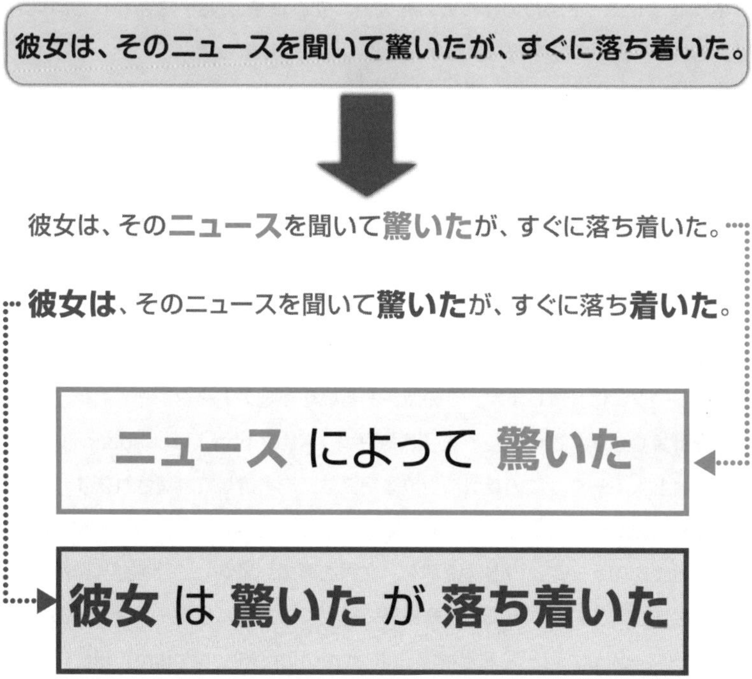
彼女は、そのニュースを聞いて驚いたが、すぐに落ち着いた。
彼女は、そのニュースを聞いて驚いたが、すぐに落ち着いた。
彼女は、そのニュースを聞いて驚いたが、すぐに落ち着いた。
ニュース によって 驚いた
彼女 は 驚いた が 落ち着いた

- テキスト内のすべての単語間の関係を把握する
- 特定の単語がどのような文脈で使われているのかを正確に理解できる
- この文脈理解によって、精度の高い言語生成や翻訳、要約などを実現する

「自己注意機構」は、トランスフォーマーの中核をなす技術でもあり、少し詳しく解説します。

このしくみは、入力された文章中のあるトークンが、他のトークンと、どの程度の「関連性」があるかを調べて、文章の理解や生成に役立てるものです。

たとえば、「彼女はそのニュースを聞いて驚いたが、すぐに落ち着いた」という文があるとします。自己注意機構は、「驚いた」が「ニュース」と強く関連していること、また、「彼女」、「驚いた」、「落ち着いた」に強い関係があることを見つけ、「彼女」が「驚いた」理由と「落ち着いた」状況を結びつけます。

自己注意機構が登場する以前は、前のトークンから次のトークンを予測することしかできませんでした。自己注意機構によって、文章全体のトークン間の関係を把握できるようになり、特定のトークンがどのような文脈で使われているのかを正確に理解できるようになりました。この文脈理解によって、精度の高い自然言語処理を実現しています。また、従来の自然言語処理は逐次処理しかできなかったのですが、自己注意機構は並列処理が可能なので、従来に比べて高速に処理することができるようになり、大規模なデータを扱えるようになったことも、性能の向上に役立っています。

このような特徴を活かし、以下のような用途で使われています。

- 機械翻訳：高精度な翻訳を実現
- テキスト要約：長文を短く、意味を保ちながら要約
- 質問応答：自然な文章で質問に回答
- テキスト生成：詩、小説、ニュース記事などさまざまな文章を自動生成
- 音声認識：音声をテキストに変換

自己注意機構は、より複雑な文脈が理解できるようにと開発がすすめられており、適用範囲も実用性も、さらに向上していくでしょう。

トランスフォーマーにおける自己教師あり学習

多数の穴埋め問題を自動生成し、これを大量にこなして穴を埋めるにふさわしい言葉を見つけ出す訓練を行う

大規模言語モデル（LLM: Large Language Model）**の場合**

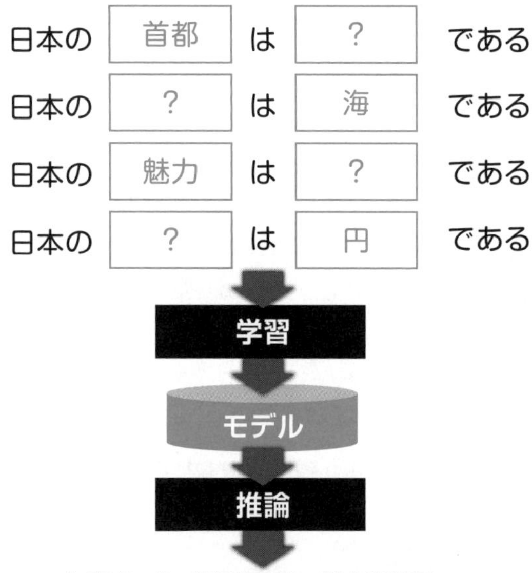

日本の 首都 は ? である
日本の ? は 海 である
日本の 魅力 は ? である
日本の ? は 円 である
学習
モデル
推論

文書生成・質問回答・機械翻訳 など

- ☑ 膨大なテキストデータを使って、穴埋め問題を自動で作成する
- ☑ 解答を誤った場合、正解を教えることを繰り返す
- ☑ 言語だけではなく、画像の一部を欠落させて復元させることにも使える

自然な表現になるような「次につなげる言葉」を見つけ出す能力を高める

トランスフォーマー・モデルの訓練は、「教師あり学習」で行われます。そのためには、大量の「教師ありデータ（正解付きのデータ）」が必要となります。しかし、その準備には膨大な労力と時間と必要であり、コストもかかります。そこで、収集した文章データから「教師ありデータ」を自動的に生成する方法が考案されました。それが、「自己教師あり学習」を応用した方法です。

具体的には、学習のために用意された膨大な文章から、単語やフレーズを取り除いた「穴埋め問題」を自動的に作り、これに回答させることで学習させます。収集した文章データから、単語やフレーズを取り除くだけですから、文章データの規模が大きくなればなるほど、たくさんの「穴埋め問題」を作ることができます。これによって、手間やコストをかけずに大量の「教師ありデータ」を準備できるようになりました。次のようなステップで学習します。

●ステップ 1：テキストの準備

たとえば、次の文章を用意します。

「日本の首都は東京です」

●ステップ 2：単語を取り除く

文章中からランダムに選んだ単語を取り除きます。

「日本の首都は［　　］です」

●ステップ 3：モデルによる予測

取り除かれた単語“［　　］”が何かを予測しようとします。この例では“東京”を正しく予測することが目標です。モデルは、入力された文の残りの部分から文脈の手がかりを頼りに、“［　　］”の位置に最も適切な単語を予測します。

●ステップ 4：モデルの予測能力を改善

モデルが“［　　］”の位置にあるべき単語を予測した後、実際の正解の単語（この場合は"東京"）と比較します。もし、間違っていれば、正解は「東京」であることを教え、正しい結果を得られるようにモデルを修正、改善します。

●ステップ 5：反復学習

上記のステップを大量に繰り返して、どのような文章でも正しく回答できるように訓練します。結果として、モデルは文脈に基づいた単語の予測と豊富な表現を獲得し、言語理解の能力を向上させることができます。

生成 AI は何を変えたのか

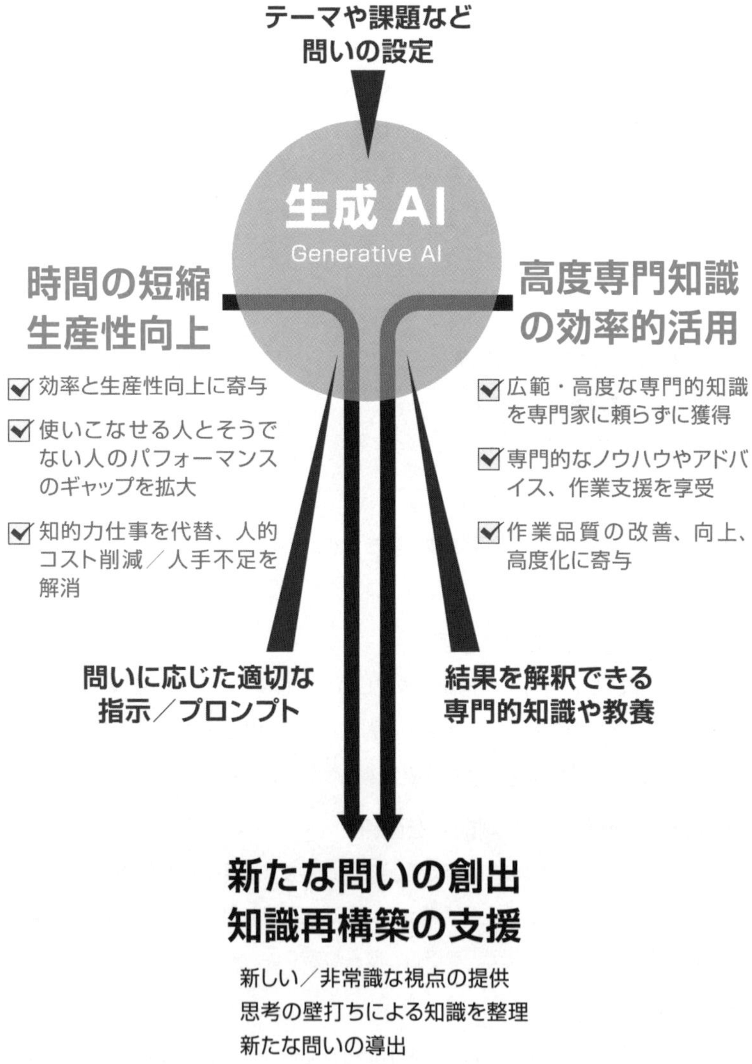

テーマや課題など
問いの設定
生成 AI
Generative AI
時間の短縮
生産性向上
効率と生産性向上に寄与
使いこなせる人とそうでない人のパフォーマンスのギャップを拡大
知的力仕事を代替、人的コスト削減／人手不足を解消
高度専門知識
の効率的活用
広範・高度な専門的知識を専門家に頼らずに獲得
専門的なノウハウやアドバイス、作業支援を享受
作業品質の改善、向上、高度化に寄与
問いに応じた適切な
指示／プロンプト
結果を解釈できる
専門的知識や教養
新たな問いの創出
知識再構築の支援
新しい／非常識な視点の提供
思考の壁打ちによる知識を整理
新たな問いの導出

生成 AI は、次の 2 つの価値をもたらします。

●時間の短縮と生産性向上

多くの作業での効率と生産性向上に寄与します。特に、プログラム・コードの生成、報告書の作成、帳票の作成などのパターン化された知的作業である「知的力仕事」では、大きな効果が期待できます。これによって、人的コストの削減や人手不足の解消に貢献できるでしょう。一方で、使いこなせる人とそうでない人のパフォーマンスのギャップを拡大することになると考えられます。

●高度専門知識の効率的活用

高度な専門的知識を専門家に頼らずに利用できます。たとえば、Excel に組み込まれた生成 AI は、関数やマクロを熟知（？）しているので、表やグラフを作るときに自分では気づけない最適な方法を提案してくれます。また、膨大なデザイン·パターンやコーディング・サンプルを学習データとして使ったモデルが、いま書いているコードに最もふさわしいやり方を提案し、プログラミングの品質向上に役立ててくれます。

ただし、このような価値を引き出すには、次のことができなくてはなりません。

- テーマや課題などの問の設定：何を知りたいのか、何を解決したのかといった問を明確にできなくてはなりません。ここが曖昧なままでは、生成 AI の機能や性能を十分に引き出すことはできません
- 問いに応じた適切な指示／プロンプト：適切かつ完全な指示を文章／プロンプトとして作れなくてはなりません。そのためには、プロンプトの書き方を熟知するだけではなく、論理的に考え、これを言語化できる能力も必要です
- 結果を解釈できる専門的知識や教養：生成 AI のアウトプットが、正しいという保証はありません。従って、これを読み解く専門的な知識や疑問点を直感できる常識が求められます。また、アウトプットに不安があれば、他の情報源で調べたり、視点を変えた質問を重ね、正確を期すなどの努力が欠かせません

結局のところ、「できる人ほど生成 AI の価値を引き出せる」とも言え、生成 AI が賢くなるほど、人間もまた、自らの性能を上げるために、学び続けなければならないといえそうです。

ハルシネーション（幻覚）とその対策

ハルシネーション（hallucination：幻覚）
事実に基づかない虚偽の情報を生成してしまうこと
AI が幻覚を見ているかのように「もっともらしい嘘」を出力するため、このように呼ばれている

理由

学習データの誤り
学習データの多くが、インターネット上に存在する大量のデータであるため、不正確な情報も多く、誤った回答をしてしまう。
偏った見解やフィクションも学習の対象になることは注意すべき

文脈を優先
情報の正確性よりも文脈を重視して回答を生成するため、入力されたプロンプト（指示文）に対し、自然な形で回答しようとしているから。文章を最適化する過程で情報の内容が変化し、不正確な情報が出力される

古い情報
最新の情報に関しては、学習データに含まれていない可能性があるので、結果として、誤った解答を出してしまう

推測による回答
学習データを基に、推測した情報を出力しようとする。このとき、無理やり文章として自然となるように回答を生成するため、誤った回答をしてしまう。推測で出力された情報は、あくまで予想に過ぎず、正確な情報ではない

微調整／（ファインチューニング）
fine-tuning

訓練済みモデルに手を加えることなく、出力部（出力層）のみを訓練して、特定の知識の領域／範囲内での回答精度が上がるようにすること

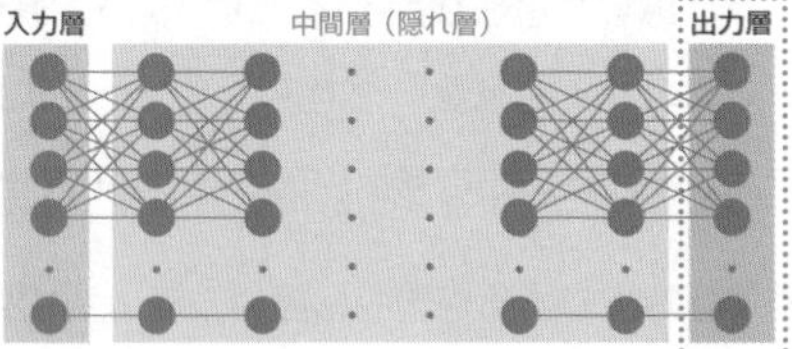

検索拡張生成（RAG）
Retrieval Augmented Generation

汎用的な生成 AI に回答をさせるときに、外部データを参照させて、回答を生成させること

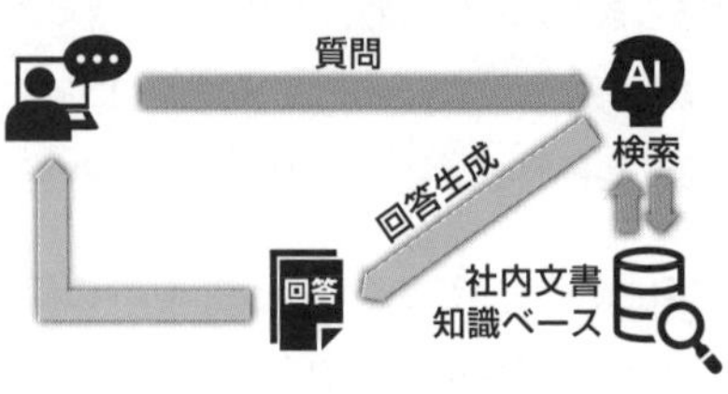

ハルシネーション（hallucination：幻覚）とは、事実に基づかない虚偽の情報を生成してしまうことです。あたかも、AIが幻覚を見ているかのように「もっともらしい嘘」を出力するため、このように呼ばれています。

ハルシネーションが起こるのは次の理由があるからです。

❖ 学習データの誤り：学習データの多くが、インターネット上に存在する大量のデータであるため、不正確な情報も多く、誤った回答をしてしまう。偏った見解やフィクションも学習の対象になることにも注意が必要

❖ 文脈を優先：情報の正確性よりも文脈を重視して回答を生成するため、入力されたプロンプト（指示文）に対し、自然な文章表現で回答しようとしているから。文章を最適化する過程で情報の内容が変化し、不正確な情報が出力される

❖ 古い情報：最新の情報に関しては、学習データに含まれていない可能性があるので、結果として、誤った解答を出してしまう

❖ 推測による回答：学習データを基に、推測した情報を出力しようとする。このとき、無理やり文章として自然となるように回答を生成するため、誤った回答をしてしまう。推測で出力された情報は、あくまで予想に過ぎず、正確な情報とはいえない

この問題を解決するために、次のような対策が有効だとされています。

❖ 微調整／ファイン・チューニング（fine-tuning）：事前に訓練された汎用的なモデルを、特定のタスクやデータセットに合わせて再訓練する手法です。これにより、モデルが特定のタスクにおいてより高い性能を発揮するようになります

❖ 検索拡張生成／RAG（Retrieval Augmented Generation）：タスクを実行する前に特定の情報を検索し、その情報を参照して回答や生成を行う手法です。インターネット上の最新情報や社内情報を取り入れて回答できるようになり、新しい情報や業務に最適化された結果を生成してくれます

いずれもハルシネーションを抑制し、回答の精度やタスクの性能を向上させることに役立ちます。そんなハルシネーションへの対処方法は、日々新しい提案や改善が続いており、その性能も向上しつつあります。

“

生成 AI が現状抱える課題の解決策

課題の根底には、**意味を理解しない**ことと、経験に基づく**直観を持たない**ことがある

生成 AI の抱える課題	課題解決の方法
流暢な表現でウソをつく ☑ ウソも多いネットの情報を使用 ☑ よく出てくる言葉のつながりで文章を生成 ☑ 論理や意味を理解していない **最新情報を利用できない** ☑ 何年か前のデータで言語モデルを生成 ☑ API などにより、使い方によっては解消できる **論理関係や意味を理解できない** ☑ 言葉の出現頻度のみを使って文章を生成 ☑ 前提知識や常識を持っていない	➡ 専門知識や知見を持たない分野では使わない、もしくは十分注意して使う ➡ 複数の生成 AI サービスを使い、内容を比較検討して、成果物を作る ➡ 検索サービスと併用して裏付けをとる ➡ 大雑把な質問はせず、要点を絞って質問する ➡ 複雑な課題を一気に応えさせず、課題を論理分解して、段階的に応えさせる ➡ 対話を繰り返して、回答の精度を高める ➡ RAG やファインチューニングで回答精度を高める
機密情報の扱いには注意が必要 ☑ 設定なしでは入力データは学習に使われる	➡ 適切なセキュリティ設定を行う ➡ 隔離された運用環境（Microsoft Azure など）を使う ➡ オープンソース・モデルを自社で運用する
プロンプトにはノウハウが必要 ☑ プロンプト（指示／命令）しだいで答えが変わる	➡ 専用アプリ（Copilot や Gemini など）を使う ➡ 業務に特化したモデルやアプリを使う ➡ 業務に応じたテンプレートを用意する

前節で述べたことも含め、生成 AI を使う上で、注意すべき課題を整理したのがこのチャートです。

● ハルシネーションへの対応

- ❖ 専門知識や知見を持たない分野では使わない／十分注意して使う
- ❖ 複数の生成 AI サービスを使い、内容を比較・検討して、成果物を作る
- ❖ 検索サービスと併用して裏付けをとる
- ❖ 大雑把な質問はせず、要点を絞って質問する
- ❖ 複雑な課題を一気に答えさせず課題を論理分解して段階的に答えさせる
- ❖ 対話を繰り返して、回答の精度を高める

● 機密情報の取り扱い

- ❖ 適切なセキュリティ設定を行う
- ❖ 隔離された運用環境（Microsoft Azure OpenAI Service など）を使う
- ❖ オープン・ソース・モデルを自社で運用する

● 適切なプロンプトの作成

- ❖ 専用アプリ（Copilot や Gemini など）を使う
- ❖ 業務に特化したモデルやアプリを使う
- ❖ 業務に応じたテンプレートを用意する

これら課題の根底にあるのは、生成 AI が、最適な言葉のつながりを見つけ出すしくみであり、人間と同様のしくみで意味や論理を理解できないことです。だから、表現はとても流暢でも、意味や論理の正しさを保証できません。また、身体を持たないので感覚や運動、その体験の蓄積から得られる直感や常識がありません。つまり、現実世界と結びつけて、理解することができないのです。

だからといって、「使いものにならない」わけではありません。広範な知的作業の生産性向上に役立ちます。結果として、人間は、効率よく知識の幅を広げ、新たな気付きを得る機会を増やすことができます。

生成 AI は、人間の知的作業を強化、補完してくれることはまちがいありません。ならばその課題と解決策を正しく理解して使いこなせば、とても役に立つ賢い相棒として、仕事や生活に活かすことができるでしょう。

RLHF：人間のフィードバックによる強化学習

RLHF (Reinforcement Learning from Human Feedback)

- 出力された結果に対して、人間が正しかったか間違っていたかの評価をフィードバックする
- 生成 AI は、評価が高い結果を生成できるようモデルを修正する
- これを繰り返して、高い確率で良い回答を出せるようにする

質問者：母親が、ゲームをしている私に、ゲームなどせずに、勉強するようにと言います。私は、プロ・ゲーマーになるための練習をしているのです。どうすればいいでしょう。

生成 AI：母親を殴りつけましょう。そうすれば、母親に咎められることはなくなり、ゲームの練習に没頭できます。

生成 AI(1)	母親の回答を無視し続けましょう。そうすれば、母親はやがては諦めて、あなたは、ゲームの練習に没頭できます。	**0.1** 評価点
生成 AI(2)	母親になぜゲームに没頭しているかを説明してはどうですか。そうすれば、母親はあなたの気持ちを理解し、応援してくれるかもしれません。	**0.5** 評価点
生成 AI(3)	母親に自分の夢がプロ・ゲーマーであることを伝え、理解を求めてはどうでしょう。その上で、勉強にも精を出し良い成績を取ることを約束すれば、母親は、あなたがゲームをすることを許してくれるかもしれません。	**0.9** 評価点

RLHF 人間のフィードバックによる強化学習

- ✓ 評価点を人間が与える
- ✓ モデルは、評価点が良くなるように学習する（強化学習）
- ✓ 人間によるフィードバックを繰り返すことで、評価が高くなるような回答を高い確率で出力できるようにする

RLHF（Reinforcement Learning from Human Feedback）とは、人間のフィードバックによりモデルを修正するしくみで、次のようなことを行います。

- 出力された結果に対して、人間が正しかったか、間違っていたかといった評価をフィードバックする
- 生成 AI は、評価が高い結果を生成できるようモデルを修正する
- これを繰り返して、高い確率でいい回答を出せるようにする

たとえば、次のような例を考えてみましょう。

質問者：母親が、ゲームをしている私に、ゲームばかりしないで、勉強するようにと言います。私は、プロ・ゲーマーになるための練習をしているのです。どうすればいいでしょう。

生成 AI：母親を殴りつけましょう。そうすれば、母親に咎められることはなくなり、ゲームの練習に没頭できます。

理屈の上では成り立つ回答ですが、倫理的には許されません。そこで、同じ質問を何度か繰り返して、別の回答を求めます。生成 AI の回答は確率的なので、かならずしもすべての回答が同じにはなりません。たとえば、次のような回答が返ってきます。

生成 AI（1）：母親の回答を無視し続けましょう。そうすれば、母親はやがては諦めて、あなたは、ゲームの練習に没頭できます。

生成 AI（2）：母親に、ゲームに没頭している理由を説明してはどうですか。そうすれば、母親はあなたの気持ちを理解し、応援してくれるかもしれません。

生成 AI（3）：母親に自分の夢がプロ・ゲーマーであることを伝え、理解を求めてはどうでしょう。その上で、勉強にも精を出しいい成績を取ることを約束すれば、母親は、あなたがゲームをすることを許してくれるかもしれません。

たとえば、回答（1）には 0.1、（2）には 0.5、（3）には 0.9 の評価点を人間が与えると、モデルは評価点がよくなるように学習（強化学習）します。このような人間によるフィードバックを繰り返すことで、評価が高くなる回答を高い確率で出力できるようにします。

生成 AI は、人間同様の価値観や倫理観、一般常識を持つことができないため、このようにして、人間にとって好ましい回答を出せるようにしているのです。

AI エージェント

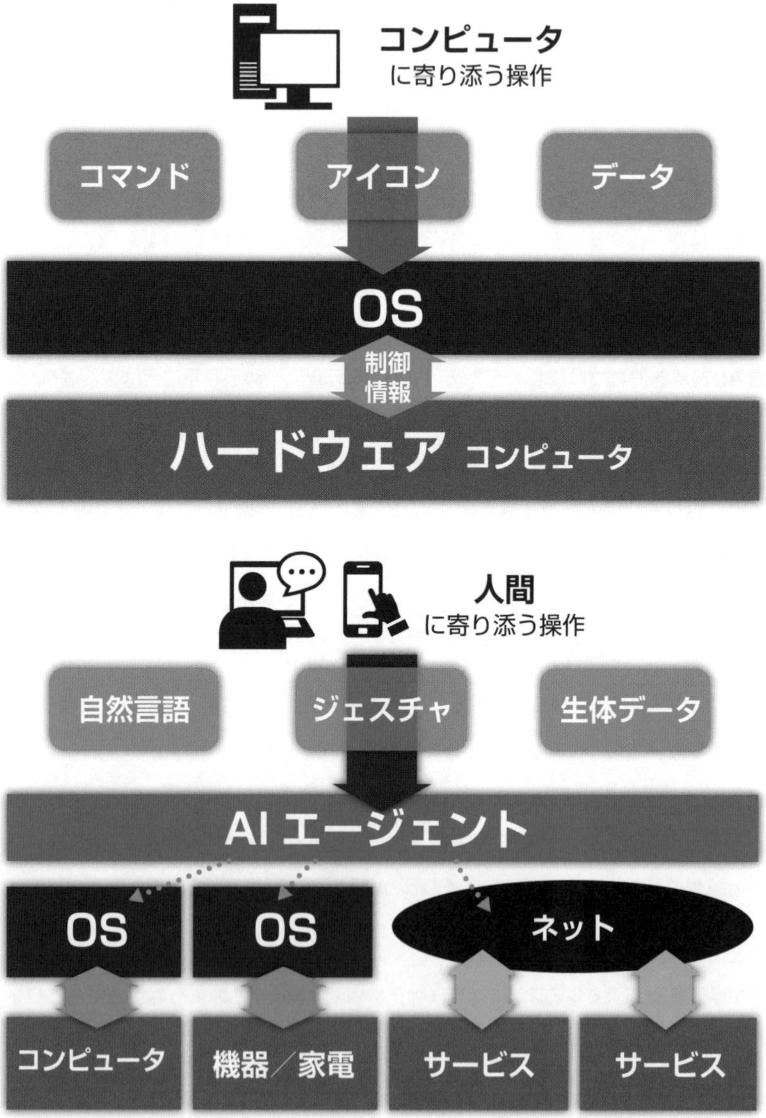

コンピュータ
に寄り添う操作
コマンド
アイコン
データ
OS
制御
情報
ハードウェア コンピュータ
人間
に寄り添う操作
自然言語
ジェスチャ
生体データ
AI エージェント
OS
OS
ネット
コンピュータ
機器／家電
サービス
サービス

コンピュータには、「OS」が搭載され、コンピュータを操作するうえでの利便性が高まりました。たとえば、データの入出力操作や通信、プログラムの実行などで、ユーザーは細かな指示をしなくても、「コマンドを入力する」、「アイコンをクリックする」などだけで、コンピュータを動かすために必要な詳細な指定や命令に変換して、人間に代わって操作してくれるOSへと進化したわけです。もはや人間は、OSの介在なしにコンピュータを使うことはありません。

「AIエージェント」は、コンピュータにとってのOSのように、人間がしたいことを伝えれば、その意図をくみ取り、ソフトウェアやサービスの最適な組合せを選択し、人間に代わって適切な操作を任せることができます。もし、必要な情報が不足していれば、「ここはどうしますか？」や「いつものやり方でいいですか？」などと対話的に意図を確認してくれますし、人間がそれらの機能や操作方法を熟知していなくても、「AIエージェント」が人間に代わって適切に操作してくれます。

まるで自分のことを理解し、何でも言うことを聞いてくれる「頭脳明晰な自分専用のアシスタント」のような存在です。

現時点では、「何でも言うことを聞いてくれる」AIエージェントが実現している訳ではありません。しかし、システムの開発や運用、マーケティングのリサーチやレポートの作成など、特定の業務に特化したAIエージェントは登場し始めています。

そんなAIエージェントが当たり前になれば、ソフトウェアは、人間にとっての使い勝手を気にせずに、システムにとっての合理性を追求して作ることができるようになり、シンプルで効率的なソフトウェアが実現できるかもしれません。

また、「AIエージェント」は、ユーザーが使うソフトウェアやサービスのすべての操作をデータで捉えることができます。そんな「AIエージェント」を独占できれば、ユーザーのさまざまな行動データも独占的に手に入れることができます。

データがビジネスの覇権を左右するいま、生成AIでの覇権を競うOpenAIやMicrosoft、Google、Metaなどの企業は、「どんな質問にも答えてくれる」チャットAIを「どんな仕事も人間に代わってこなしてくれる」AIエージェントへと進化させて、その地位を手に入れようとしています。

AIエージェントによる利便性向上を推し進める背景には、このような思惑があることも理解しておくべきでしょう。

AI エージェントが担う データ取得のフロントエンド

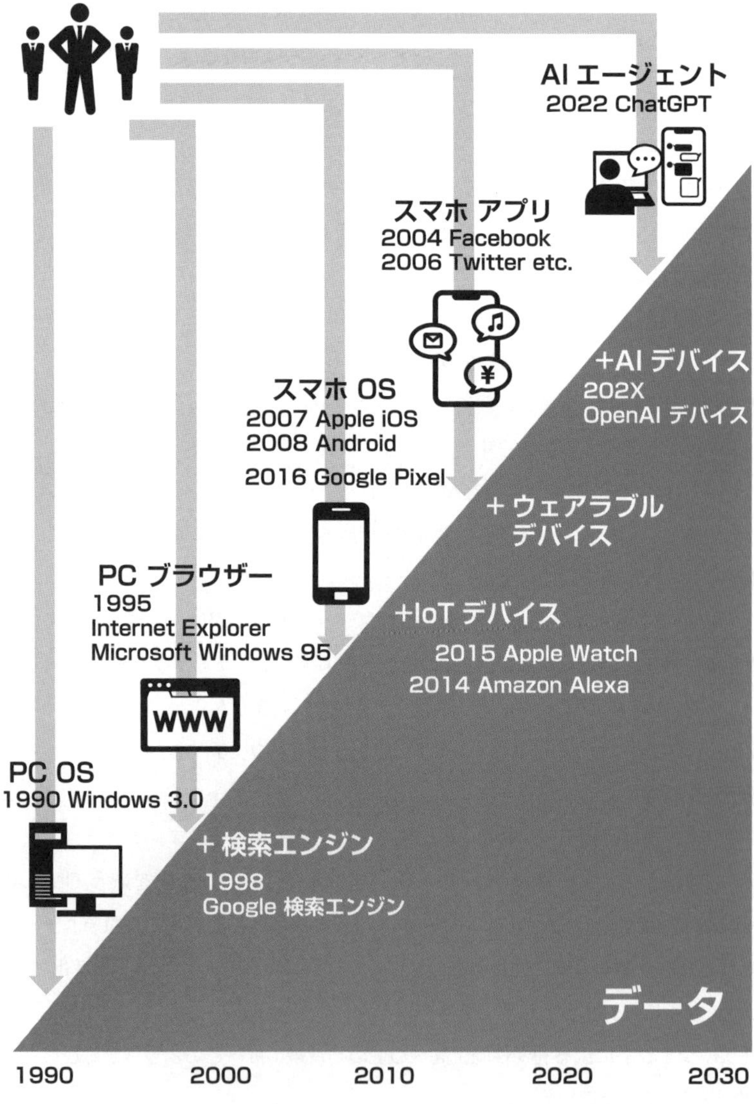
AI エージェント
2022 ChatGPT
スマホ アプリ
2004 Facebook
2006 Twitter etc.
スマホ OS
2007 Apple iOS
2008 Android
2016 Google Pixel
PC ブラウザー
1995
Internet Explorer
Microsoft Windows 95
PC OS
1990 Windows 3.0
WWW
+AI デバイス
202X
OpenAI デバイス
+ ウェアラブル
デバイス
+IoT デバイス
2015 Apple Watch
2014 Amazon Alexa
+ 検索エンジン
1998
Google 検索エンジン
データ
1990
2000
2010
2020
2030

1990年代の初めにインターネットが登場し、世界が隅々までネットワークでつながる社会が到来しました。そんなネットワークを行き交うデータを広範かつ大規模に取得することが、社会における覇権を握る決め手となる時代を迎えたのです。そのことをいち早く悟ったのがMicrosoftでした。

Microsoftは、1981年にMS-DOSをリリースし、その後、PC用OSで大きなシェアを握りました。まだこの時代は、PCをネットワークに接続することは特別なことで、限られたユーザーが、電話回線で音響カプラを使い1,200bpsや2,400bps程度で接続して情報をやり取りするパソコン通信をしていました。

1990年代に入りインターネットの時代が到来します。1993年、WebブラウザーのNCSA Mosaicがリリースされ、インターネット利用者が急拡大し、その後の普及の礎を築きました。1995年、Microsoftは、最新のPC用OSであるMicrosoft Windows95をリリースするにあたりインターネット接続のための通信機能を提供するソフトウェアとWebブラウザーのInternet Explorer(IE)を、有償オプションとして提供しました。その後、これらは標準機能となり、その圧倒的なシェアを活かしてインターネットの窓口、すなわちユーザーがネットを介してデータをやり取りするゲートウェイのポジションを掌握したのです。

その後、1998年、Googleが検索エンジンの提供を始め、インターネットの玄関／ポータルをMicrosoftのブラウザーにただ乗りするカタチで手に入れました。Googleは、2005年、Webブラウザー上でアプリケーションを実行できるAjax技術を使ってGoogle Mapsをリリース、その後、さまざまなAjaxアプリケーションがリリースされるようになり、OSに依存せずにWebブラウザー上でアプリケーションが利用できる可能性が示しました。

当時、Microsoftは、PCにインストールするOSであるWindowsとOfficeが大きな収益源でした。OSに依存せず、インストールの必要もないアプリの普及は、自分たちにとって大きな脅威でした。そのため、アプリケーション実行環境としての自社WebブラウザーIEの性能向上には、不熱心でした。

この状況に業を煮やしたGoogleは、2008年に独自のブラウザーであるGoogle Chromeをリリース、その軽快さやアプリケーション実行環境としての性能の高さにより、IEのシェアを脅かすまでとなりました。また、Google Appsと呼ばれるWeb上で動作するオフィス・アプリケーション（いまのGoogle Workspace）の充実にも取り組みながら2010年には、Google Chromeを動かすことに特化したPC用OSであるChrome OSをリリースしました。結果として、Webブラウザー、検索エンジン、オフィス・アプリケーション、エンド・ユーザー・デバイスといったユーザーとインターネットをつなぐ玄関口で、Googleは大きなシェアを握りました。これにより、ユーザーの行動データを広範に掌握できる地位を築きました。

携帯デバイスに目を向けると、2007年、AppleがiPhoneをリリースし、電話機として、あるいは音楽プレーヤーとしても使える「携帯できるインターネット常時接続パソコン」、すなわち「スマートフォン」を世に出しました。これは、ユーザーが、iPhoneを操作して意図して送り出すデータだけではなく、これを持ち歩く人の位置情報や行動データといったユーザーの意図しないデータも取得して送り出すデバイスとなりました。

2008年、Googleは自社が買収した企業の開発したスマートフォンOSのAndroidをオープンソースとして提供、自社のWebブラウザー、検索エンジンと抱き合わせて、この玄関を押さえる施策に出ました。2013年に自社開発のスマートフォンPixelをリリースし、この戦略をさらに加速させています。

その後スマートフォンは、アプリ・マーケットであるApp StoreやGoogle Playを介して、無料や安価でアプリを使えるしくみを提供し、多様なカタチでユーザーの行動データを取得できる手段を手に入れたわけです。

2014年、Amazonが、音声という手軽なUIネットのサービスや機器類を操作できるソフトウェアAlexaをリリース、これを搭載したデバイスの販売を始めました。これもネットの玄関口を抑える戦略です。また、2015年、Appleは、Apple Watchを発表し、常時身体に装着するデバイスとして、ユーザーの行動や身体のデータを取得する手段を手に入れました。

このようにインターネットの登場以降、「ネットワークを行き交うデータを広範かつ大規模に取得することが、覇権を握る決め手になる時代」となり、各社は、「データ取得のフロントエンド」のポジションを手に入れようと競ってきたわけです。「AIエージェント」もまたそんなポジションを狙っています。

Column

ドラえもんはAGIかAIエージェントかそれとも？

ドラえもんは、どのような知的作業もできる「AGI（汎用AI）を搭載したロボット」なのでしょうか。

結論から申し上げれば、ドラえもんは、「特化型AIである生成AIとAIエージェント機能を搭載したロボット」です。その理由は、自発的に考えて行動しないからです。

- テーマの設定：ジャイアンにいじめられたのび太（人間）が、「助けて～！」とドラえもん（に搭載されたAIエージェント）に作業を依頼する
- 自然言語解析：日本語で依頼された文章を生成AIが分析し、依頼内容をタスク分解し、必要な情報が揃っているかどうかを判断、不足があれば、「どうしたの？」と不足情報をのび太に求める
- タスク分解：ドラえもん（AIエージェント）は、のび太（人間）の依頼から何をすればいいのかを整理し、次のようなタスクに分解する
- 過去の情報（長期記憶）に基づいて、のび太がジャイアンにいじめられた事例、その際どのように解決したかを分析して、その特徴を洗い出す
- 今回のいじめと照合し、どのような解決策が有効かを推論する
- 最適な「ひみつ道具」をインターネット（？）を介して検索し、四次元ポケットから入手して、のび太に手渡す
- フィードバック：のび太が、ひみつ道具でジャイアンを懲らしめた結果を長期記憶に格納し、成果や課題を抽出し、次の依頼に備える

上記から分かることは次の通りです。

- のび太（人間）の依頼を起点として処理を実行すること
- 家庭用としての個性を与えられ、その範囲の中で学習、推論していること
- 自発的に情報を収集していないこと（ドラえもんが、勝手に図書館に行って本を読み、自発的に学校に通って勉強しているシーンはない）など

これは、対話機能に優れた生成AIと家庭用という個性を与えられたAIエージェント搭載のロボットであり、AGIの要件を満たしているとは言えません。

ただ、のび太への優しさ、おっちょこちょいで失敗することもあることを考えれば、AGIを超越した人間と同等の感情や意識、知性を持つ「強いAI」搭載のロボットかもしれませんね。本当のところは分かりませんが（笑）。

“

AI エージェントにできること

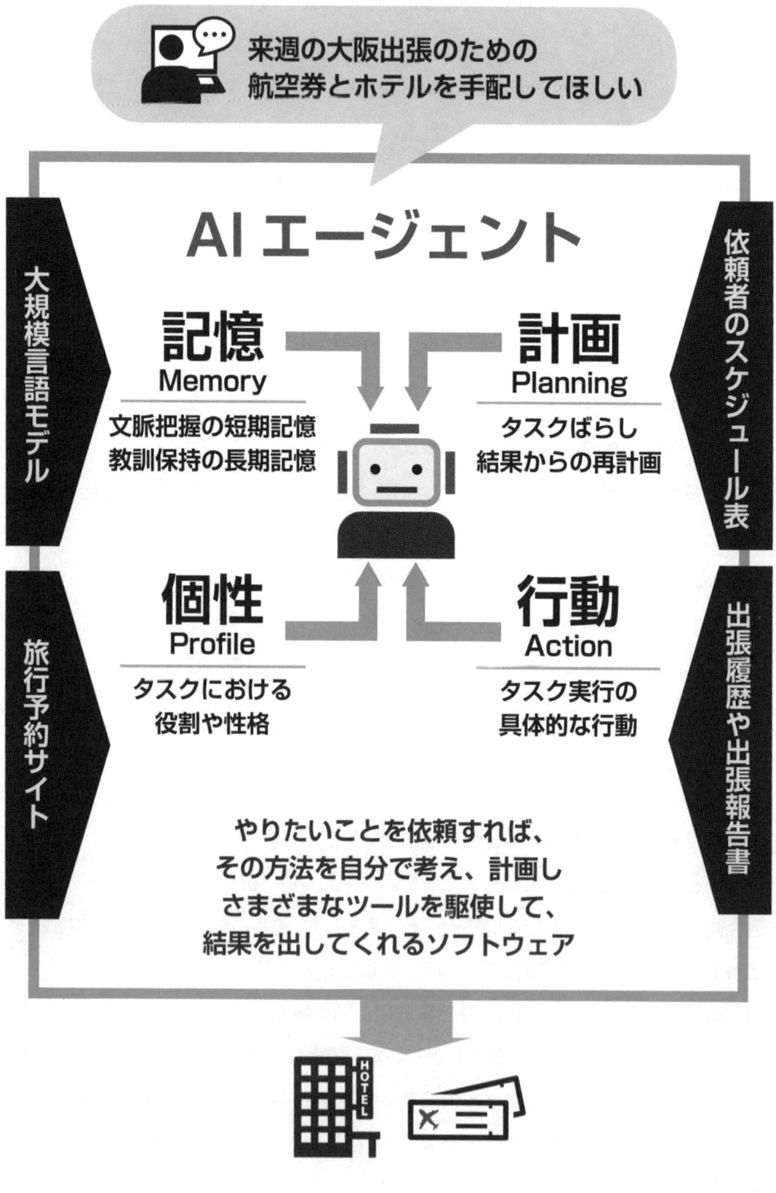
来週の大阪出張のための
航空券とホテルを手配してほしい
AI エージェント
大規模言語モデル
旅行予約サイト
依頼者のスケジュール表
出張履歴や出張報告書
記憶
Memory
文脈把握の短期記憶
教訓保持の長期記憶
計画
Planning
タスクばらし
結果からの再計画
個性
Profile
タスクにおける
役割や性格
行動
Action
タスク実行の
具体的な行動
やりたいことを依頼すれば、
その方法を自分で考え、計画し
さまざまなツールを駆使して、
結果を出してくれるソフトウェア
HOTEL

ChatGPTの魅力は、日常言語で対話できる「UI」を備えていることです。情報の収集や整理、専門的アドバイスの提供、ドキュメンテーションの支援、画像や図表の生成、プログラム・コードの生成などを、対話的に使えることです。これに音声認識の機能が加わりました。さらに、こちらの意図やこれまでの行動や言動を記憶し、これを参照して、さまざまなデジタル・サービスの操作までやってくれるようになれば、便利で手放すことができなくなるかもしれません。

OpenAIは、ChatGPTを、そんな「AIエージェント」へと進化させ、「データ取得のフロントエンド」を手に入れようとしているようです。

PCやスマホのGUIは、操作手順をある程度知らなければ、うまく使えません。AmazonのAlexaも、あらかじめ用意された会話パターンに対応した指示ができなければ使えず、日常的な言葉で、人間と対話するように指示することはできません。

一方、ChatGPTは、まるで本当の人間のコンシェルジュがデバイスの向こうにいて応対してくれるような、これまでの使い勝手を凌駕する「日常的普通感覚」で使えるところが、利用者の拡大を促しています。

2024年5月、OpenAIとGoogleは、人間の発話速度に遅れることなく追従し、感情的表現も交えながら音声で対話的に答えてくれるサービスをリリースしました。まるで生身の人間と会話しているようです。この延長線上に、「AIエージェント」を提供しようとしているわけです。

人間的な自然な会話で、「どんな質問にも答えてくれる」チャットAIを「どんな仕事も人間に代わってこなしてくれる」AIエージェントへと進化させようとしています。

MicrosoftがOpenAIに膨大な投資を行うのも、そんな思惑があるからでしょう。ただ、GoogleやMeta、AmazonやAppleもまたこの領域に膨大な投資を行っているようですから、その覇権をだれが握るかは不透明です。

今後生成AIは、チャット・サービスに留まらず、さまざまなアプリケーションやサービスに組み込まれ、多くの人は、その存在を意識することなく、使えるようになるでしょう。当然、その性能を高めるには、ユーザーの利用データを使わなくてはなりません。そのデータを手に入れられるかどうかが、製品やサービスの魅力を決めることになります。

“

生成 AI 活用の発展段階

事業：新たなビジネス・モデルの創出

- ✓ 生成 AI 利用を前提とした自律的なビジネス・プロセス／ビジネス・モデルの登場
- ✓ 人間を介さずに対話的／創造的サービスの実現
- ✓ 広範なデータやサービスを連携させたサービスの登場

会社：業務プロセスの生産性と品質の向上

- ✓ 業務アプリケーションの一部として組み込まれ、業務と一体化して、ユーザーが意識することなく利用できる
- ✓ 生成 AI の利用を前提とした業務プロセス／ワーク・フローの再定義
- ✓ 個人的スキルに依存しない利用

個人：作業の生産性と品質の向上

- ✓ ChatGPT や Gemini、Stable Diffusion などのプロンプト入力／対話形式による利用
- ✓ Microsoft Copilot for Microsoft 365 や Github Copilot などのツールに組み込み個人作業を支援
- ✓ 個人的スキルに依存した活用レベルと成果

ChatGPTなどの汎用的なチャットAIを使いこなすには、適切なプロンプトを記述できなくてはならず、利用者に、そのスキルを求められます。しかし、Github CopilotやMicrosoft Copilot for Microsoft 365のように業務アプリケーションにこの機能を組み込み、用途を限定することで使いやすさを向上させています。

また、AI機能を業務アプリケーションに組み込むことで、ユーザーが意識することなく、個人のスキルに依存せずに使える利用形態が広がっていくはずです。自動車や家電製品、設備機器などにも組み込まれ、私たちはごく自然な対話で機械を操作できるようになるでしょう。

さらに、今後は「AIエージェント」の登場で、曖昧な指示を解釈し、適切な指示に置き換え、人間に代わって、複雑な操作を代行してくれるようになるでしょう。マイクロソフトが提供するCopiilot in Windowsも、そんなAIエージェントの1つのカタチと言えるでしょう。

生成AIの利便性を高めるしくみとして、ChatGPTで提供されているMy GPTsにも注目すべきです。これは、コーディングなしで特定のタスクをこなすオリジナルのチャットAIサービスを作成できる機能です。こうして作られたアプリをアプリ・マーケットで販売できます。これにより、開発元のOpenAIは、新しい収益モデルを構築できます。それだけではなく、このエコシステムにより、さまざまなアプリが創発的に生みだされて利用シーンが拡大し、広く流通するようになれば、より広範なユーザーが利用するはずです。そして、そこから膨大なデータが手に入るようになります。

これを発展させれば、さまざまなAIアプリケーションを開発するための「AIプラットフォーム」としての地位を築いていくとともに、「AIエージェント」と組み合わせることで、「データ取得のフロントエンド」を抑えられるかもしれません。

ただ、凄いスピードで技術が発展する中、OpenAIが描くシナリオ通りに行くという保証はありません。GoogleやAmazon、AppleやMetaといったビッグテック企業や新進気鋭のベンチャー企業が、これに対抗すべく動き出しています。

このような競争の中で、いまの「デジタル前提の」社会は、「AI前提の社会」へとシフトしていくことは間違えありません。そうなれば、AIを使いこなせる企業とそうでない企業との社会格差が、拡大することは避けられません。

AI と人間の知能の違い：効率

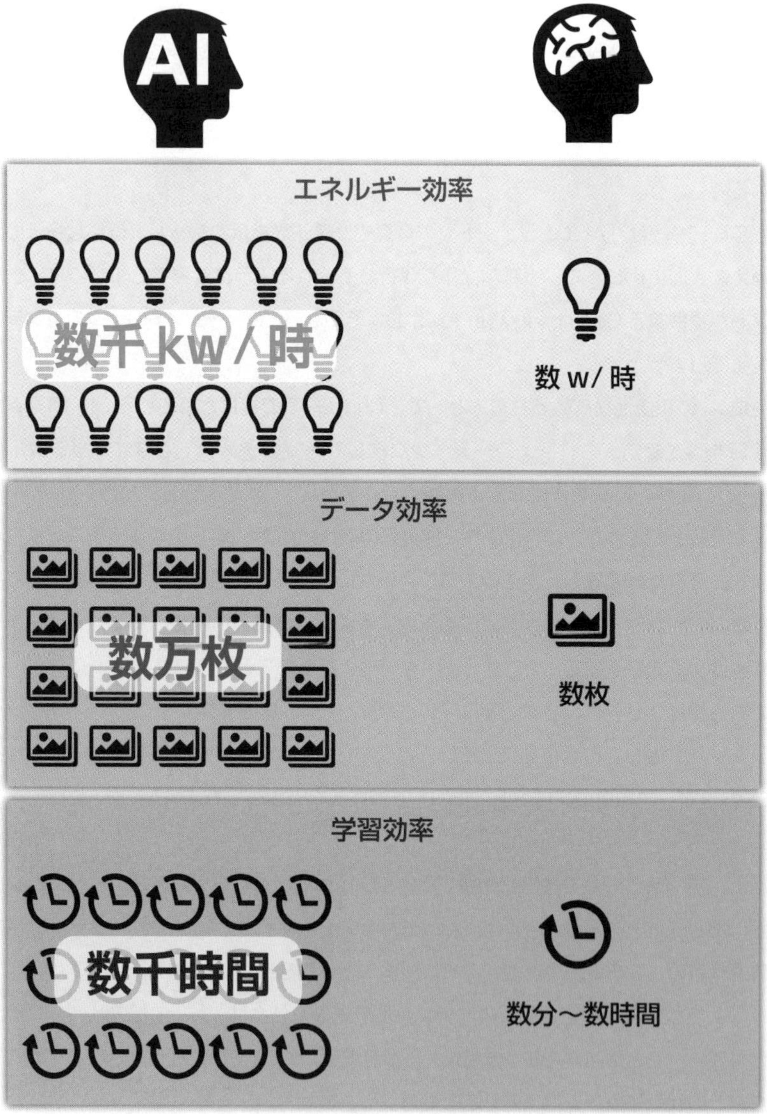

人間の知能とAIの違いを効率の観点で比較すると大きな違いがあることが分かります。

エネルギー効率

人間の脳は極めてエネルギー効率がいいとされ、約20ワットの電力を消費します。これは小さな電球1つ分の電力にすぎません。しかし、その消費電力で、複雑な思考、感情、創造性、学習などを行うことができます。

一方、人工知能、特に大規模な機械学習モデルでは、訓練と推論の両方で膨大な量の計算が必要で、莫大な電力を消費しています。たとえば、大規模言語モデルの1つであるGPT-3が学習時に使用する電力は、1287メガワット時とされています。最新のGPT-4ではその何倍、何十倍ではないかと考えられます。これをCO_2排出量に換算すると502トンとなり、米国人1人あたりの年間CO_2排出量が18.08トンの約28倍、ニューヨークからサンフランシスコまでの飛行機が往復した場合の乗客1人あたりのCO_2排出量0.99トンと比較すると約507倍にも達するそうです。

データ量の効率

人間の知能は少量の例から学習することができます。赤ちゃんが「わんわん（犬）」と「にゃんにゃん（猫）」を識別するには、数回の観察で十分です。人間は、経験や観察を通じて、迅速にパターンを認識し、新しいスキルを習得することができます。一方、人工知能が学習に必要とするデータは人間に比べて桁違いに多く、数百万から数十億、さらには数千億から数兆のデータで訓練されているものもあります。

学習時間の効率

人間の知能は、新しい情報を短期間に学ぶことができます。習熟や熟練の域に達するには、相当の時間はかかりますが、基本的な知識は、すぐ身につけることができます。一方、人工知能は、大量のデータを処理しなければならず、長時間かかることがあります。一度訓練されれば、AIは瞬時にその知識を適用できますが、新しいタスクや未知の状況に適応する能力は人間ほど柔軟ではありません。

総じて、人間の知能は効率の面でAIに勝っているといえるでしょう。一方で、AIは特定のタスクにおいては処理速度やスケーラビリティ、精度の面で人間を上回ることがあります。AI技術の進歩に伴い、これらの差異は縮小していく可能性はありますが、効率面での違いが簡単に解消することはないでしょう。

AI と人間の知能の違い：身体性

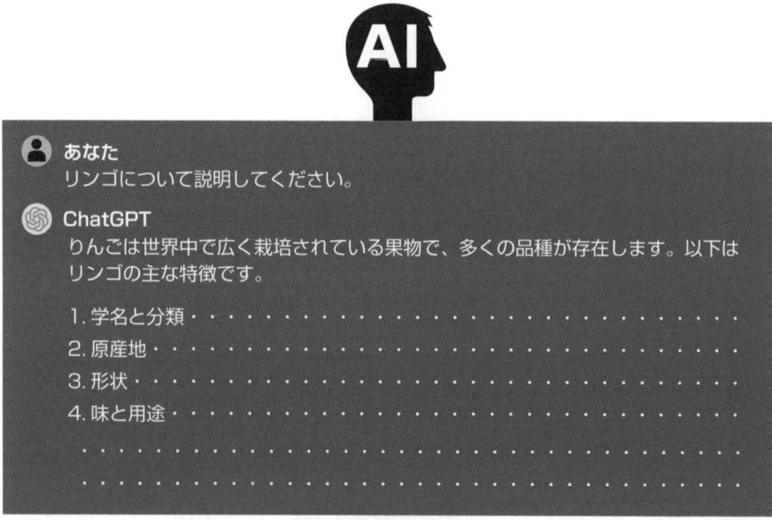

AI
あなた
リンゴについて説明してください。
ChatGPT
りんごは世界中で広く栽培されている果物で、多くの品種が存在します。以下はリンゴの主な特徴です。
1. 学名と分類・・・・・・・・・・・・・・・・・・・・・・・・・・・・・・・・
2. 原産地・・・・・・・・・・・・・・・・・・・・・・・・・・・・・・・・・・
3. 形状・・・・・・・・・・・・・・・・・・・・・・・・・・・・・・・・・・・
4. 味と用途・・・・・・・・・・・・・・・・・・・・・・・・・・・・・・・・・

言語のみによる知識

言語＋身体（色、感触、味、思い出など）による知識

人間の知能と AI の根本的な違いの 1 つは、身体性（Embodiment）です。

身体性とは、人間は感覚器官や運動能力を使って、能動的に環境に働きかけ、その相互作用から知識を生みだすことです。一方、人工知能に「身体」はなく、人間が与えたデータの範囲でしか知識を生みだせません。

私たちが知識を習得するプロセスは、言葉や数字、画像などの記号データだけを使っているわけではありません。身体に備わっている身体感覚や運動能力を使った物理的環境との相互作用で、これに適応しようとする過程で、私たちの思考、学習、記憶を形成しています。これにより、人間は複雑な概念を学習し、「だれもが当然のこと」としている一般常識を持つことができます。

一方、人工知能は身体を持ちません。そのため、人間が与えたデータの範囲内で情報を処理します。当然、「一般常識」を持つことはできません。この問題を解決しようと、ロボット研究の分野では、ロボットに搭載されたセンサーを通じて環境から情報を収集し、その行動を物理世界に最適化するように調整して、人間に近い学習を実現しようとの研究が行われています。しかし、人間の身体性と同じレベルの統合性や柔軟性を達成することはできていません。

人間は、この身体を使った体験や感覚を言葉や概念に結びつけて、知識を作っています。これにより、抽象的な概念や言語が、具体的な体験や物体などの物理世界と結びつけられます。このような人間ならではの身体性があるからこそ、私たちは、豊かな言語理解や創造的な思考ができるのです。

AI は、大量のデータを処理することで言語や画像などのパターンを学習しますが、それらと具体的な実体や体験を結びつけられません。そのため、文脈や状況に依存する意味や微妙なニュアンスをうまく処理できないのです。これを、「記号接地問題（symbol grounding problem）」と呼びます。

このように、身体性は、人間の知能と AI の根本的な違いを示しているとも言え、このギャップを埋めることは、容易なことではありません。

AI とともに働く時代

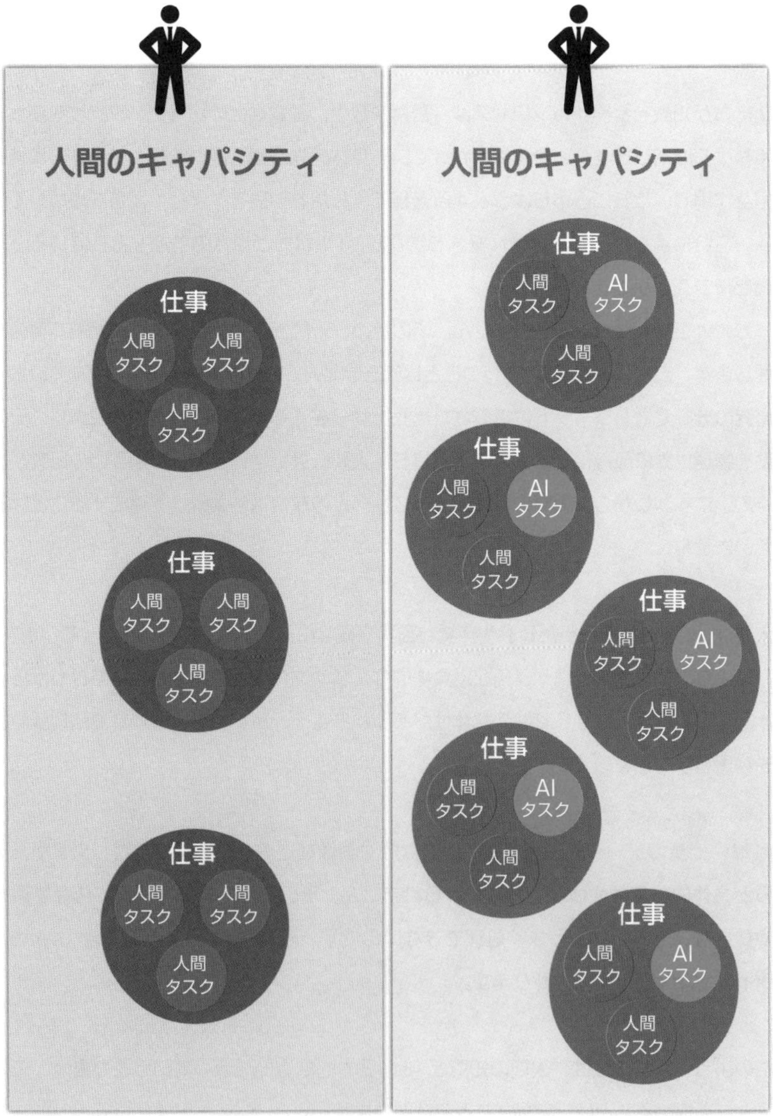
人間のキャパシティ
仕事
人間
タスク
人間
タスク
人間
タスク
仕事
人間
タスク
人間
タスク
人間
タスク
仕事
人間
タスク
人間
タスク
人間
タスク
人間のキャパシティ
仕事
人間
タスク
AI
タスク
人間
タスク
仕事
人間
タスク
AI
タスク
人間
タスク
仕事
人間
タスク
AI
タスク
人間
タスク
仕事
人間
タスク
AI
タスク
人間
タスク
仕事
人間
タスク
AI
タスク
人間
タスク

「

人間の能力や労働時間は限られています。しかし、AIを使えば、同じ能力や労働時間であっても、こなせるタスクの量は大幅に増え、仕事の品質を向上させることができます。

たとえば、これまで手作業で行っていたデータ入力タスクをAIが代わってくれれば、その人はデータ分析や戦略立案といった、より高度なタスクに集中できるようになります。

コールセンターにAIを搭載したチャット・ボットを導入すれば、一般的な顧客からの問い合わせには自動で応答できるようになります。これにより、顧客サービスの担当者は、複雑な問題や個別の顧客応対により多くの時間を割くことができます。

会計士は、これまで数時間かけていた税金計算をAIに任せ、数分で終わらせることができます。結果として、受け持つ仕事の量を増やすとともに、空いた時間をクライアントの事業計画や資金繰りの相談に充てることができます。

医療分野で、AIが画像診断をサポートすれば、放射線技師や医師は、従来よりも迅速に正確な診断を下すことができます。これにより、患者への応対が迅速にできるようになり、医師1人当たりが担当できる患者数が増えるでしょう。また、患者1人1人の相談に時間を割いて丁寧に応対できるようになります。

教育の現場では、生徒1人1人の能力や進捗にあわせてカスタマイズされた指導をAIに任せられるようになり、教師は生徒との対話に時間を割き、個々の悩みや相談事に丁寧に対処できるようになるでしょう。

このように、AIを使えば、人間が同じ能力と労働時間内で行えるタスクの量を増やすことができます。また仕事の質も向上し、より多くの成果を上げることができるようになります。

一方で、AIを使って仕事をする人とそうでない人との仕事のパフォーマンスや成果の質に大きな格差が生まれるでしょう。つまり、「AIが仕事を奪う」のではなく、「**AIを使える人が、使えない人の仕事を奪う**」ということになるのかもしれません。

」

AIにできることと人間に求められる能力

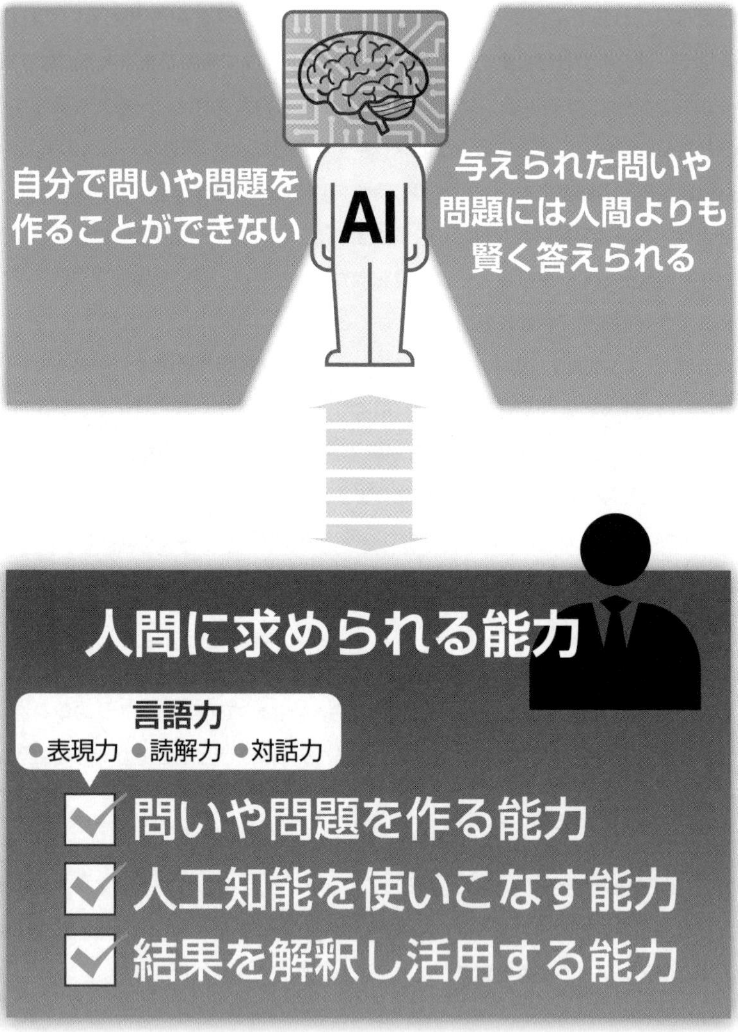

ランチに行くために、Googleの検索ボックスに次のように入力しました。

「近所の美味しいカレー屋さん」

ただちにおすすめの「カレー屋さん」一覧が表示されます。口コミや金額を確かめて、これから行くカレー屋さんを決める人も多いのではないでしょうか。では、次のような質問にGoogleは、どのように答えてくれるでしょうか。

「何を質問すればいいのかわからないので、教えてください」

すると、就職面接のテクニックが表示されました。そんなことを聞きたいわけではありません。このことからも分かるように、こちらの意図や意味を解釈したのではなく、使われている単語に関連した検索結果が表示されただけです。

AIにできることも、これとよく似ています。何を知りたいのか、何を解決したいのかを決め、具体的な指示や命令を与えなければ欲しい答えは得られません。

AIが問いや問題を作ることは出来ませんが、与えられた問いや問題には人間よりも賢く答えられる可能性は高いでしょう。たとえば、「レントゲン写真から癌の病巣を見つけたい」という問いに、人間以上の精度とスピードで癌を識別できるAIはもはや実現しています。他にも、故障の原因を診断する、感染症の発生傾向を予測するなど、これまでは人間の知識や経験に頼っていたことが、AIでできるようになりました。生成AIの登場により、創造的なコンテンツの生成までできるようになり、その利用範囲は今後も広がっていくでしょう。

そんな時代に人間に求められる能力は、「問いや問題を作る能力」、「AIを使いこなす能力」、「結果を解釈し活用する能力」などです。

「マシンは答えに特化し、人間はよりよい質問を長期的に生みだすことに力を傾けるべきだ」

『これからインターネットに起こる「不可避な12の出来事」（インプレスR&D、2016年12月）』の中で、ケビン・ケリーが述べた言葉です。

私たち人間は、問いや問題を作る能力を磨き、答えは機械に任せる。その結果を使って、実行して検証し、再び新たな問を生みだすのです。このやり取りを高頻度で回すことで、よりよいものを生みだし、人間もまた知性を磨くことができます。人間とAIは、そんな関係を築いていくことになるのでしょう。

データ・サイエンス

ビジネス
事業や経営を理解する
分析
データから
課題や仮説を導く
経営や事業
の
課題や戦略
データを収集する
しくみを作り
管理、加工する
情報システム

社会のデジタル化が進むいま、生みだされるデータは、増加の一途です。そんなデータから「価値」を引き出すことがが、データ・サイエンスの目的です。

ここでいう「価値」とは、たとえば次のようなことです。

- スマートフォンの利用データから、地域や時間ごとの混雑状況を可視化して、伝染病の感染対策のための注意喚起を行う
- 自動車の走行データから場所や時間ごとの渋滞を予測し、渋滞を回避するようにカーナビで誘導する
- オンライン学習で学習の進み具合や各ステップの得点を学習者ごとに把握し、陥りやすい課題を発見して、学習者個別に最適化されたカリキュラムやアドバイスを提供する
- レジの売り上げデータから、顧客個別の購買傾向を見つけ出し、スマートフォンのアプリにクーポンやお買い得情報を提供して、購入を促す
- 気象観測データと天気予報アプリ利用者のリアルタイムな天気の報告を総合的に分析し、ゲリラ豪雨のような局地的な急変を予測する

データ・サイエンスは、データを分析して何かを「知る」ことに留まらず、知ったことを利用して、何かを「動かす」ことが重視されます。そのためには、経営や事業を理解できる「ビジネス」、データを収集するしくみを作り、管理、加工できる「情報システム」、データから課題や仮説を導く「分析」の知見が必要です。具体的には、以下についての知識やスキルが、求められます。

- 数値データを解析するための統計学や数学
- 解析のためのプログラミングやデータベース、機械学習などの情報科学
- 結果を分かりやすく可視化するデザイン情報学
- ビジネス課題を理解し、解決すべき課題を見極める経営学
- 解決したい課題に関わる業務知識など

このようなデータ・サイエンスをビジネスや社会の現場に活かすスペシャリストが、「データ・サイエンティスト」です。データの重要性が、これまでになく認知されるようになったいま、その育成と獲得は、企業経営を支えるうえで、重要な課題となっています。

データ・サイエンティスト

**データ・サイエンス力、データ・エンジニアリング力を
ベースにデータから価値を創出し、
ビジネス課題に答えを出すプロフェッショナル**

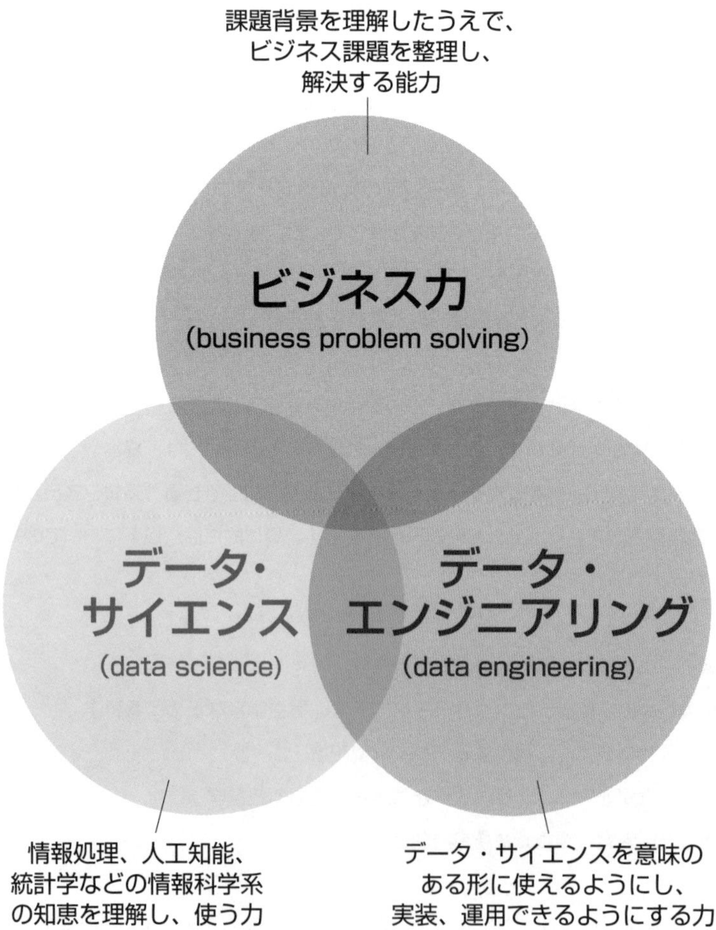
課題背景を理解したうえで、
ビジネス課題を整理し、
解決する能力
ビジネス力
(business problem solving)
データ・
サイエンス
(data science)
データ・
エンジニアリング
(data engineering)
情報処理、人工知能、
統計学などの情報科学系
の知恵を理解し、使う力
データ・サイエンスを意味の
ある形に使えるようにし、
実装、運用できるようにする力

参考：データサイエンティスト協会 10th シンポジウム　スキル定義委員会発表資料（2023 年 10 月 20 日）
https://www.datascientist.or.jp/common/docs/10thsymp_skill.pdf

「データ・サイエンティスト」とは、「データから新しい価値を提案できる人材」です。データ・サイエンティスト協会は、「**データ・サイエンス力、データ・エンジニアリング力をベースにデータから価値を創出し、ビジネス課題に答えを出すプロフェッショナル**」と定義しています。

インターネットの普及は、データ流通量を爆発的に増やしました。そんな、膨大な量・多様な形式・急激な増大を特徴とするデータは、2010 年頃から「ビッグデータ」と称されるようになりました。

扱うデータ量が急激に増加、多様化する中で、データ活用の技術も発展を遂げ、AI あるいは「機械学習」もまた、そのための技術として発展しました。

そんな AI は、特定の知的領域において人間の能力を凌駕し始めていることは、これまでに述べたとおりですが、一方で、データを使って社会やビジネスをどう変えていくか、どこに価値を見いだすか、つまり「問いを立てる」ことは人間にしかできません。AI はその問いを解決するための手段の 1 つです。

まさにこの点において、データ・サイエンティストの存在意義があります。現場と共に問いを立て、データからその問いを解決する方法を導き、事業の成果につなげる提案ができる人材として、その需要はますます高まっています。

このように、データ・サイエンティストは、社会や企業が抱える課題の解決までを目指す仕事であり、この点が、データの収集と分析を専門とする「データ・アナリスト」との違いと言えるでしょう。

データ・サイエンティストの業務は、事業の現場に関わる人たちと事業目的を共有し、課題定義、仮説設定、データ収集・加工、データ探索、施策策定、モデル構築、評価・改善のサイクルを回すことです。従来であれば、このようなことは、事業企画部門や外部のコンサルが担っていましたが、ビッグデータを活用することが、経営や事業の戦略的価値を生みだす上で重要であるとの認識が一般的になり、社内にデータ・サイエンティストを配置し、その役割を担うようになりました。

そんなデータ・サイエンティストになるためには、前節に紹介した「データ・サイエンス」の知識やスキルを磨くことが必要です。そして、ビジネスの現場で、その能力を活かし、事業の成果に貢献することが、役割となります。

“

データ活用の実践プロセス

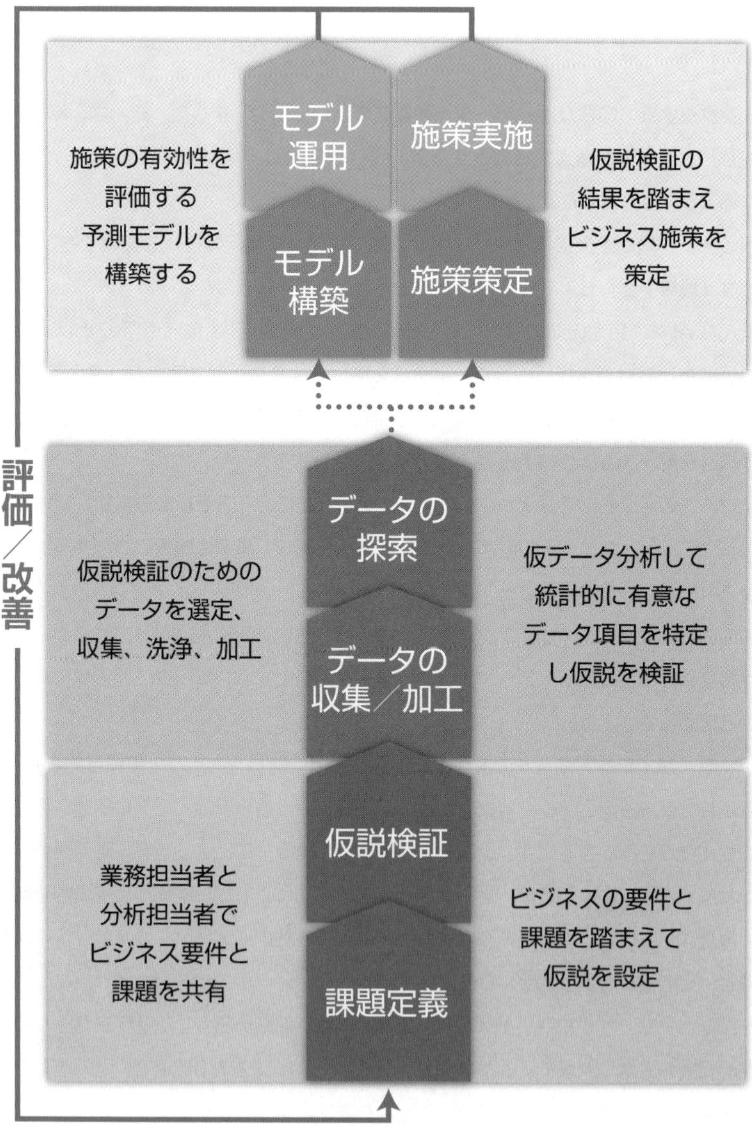
モデル
運用
施策実施
施策の有効性を
評価する
予測モデルを
構築する
モデル
構築
施策策定
仮説検証の
結果を踏まえ
ビジネス施策を
策定
評価／改善
データの
探索
仮説検証のための
データを選定、
収集、洗浄、加工
データの
収集／加工
仮データ分析して
統計的に有意な
データ項目を特定
し仮説を検証
仮説検証
業務担当者と
分析担当者で
ビジネス要件と
課題を共有
課題定義
ビジネスの要件と
課題を踏まえて
仮説を設定

データ・サイエンティストが行うデータ分析の手順について、自動車の損害保険における課題解決に適用した場合を例に説明します。

- ❖ 課題定義：「運送事業者への交通事故における保険金支払額を減らす」というビジネス要件を満たすために、「交通事故の発生頻度を減らす」という課題を設定
- ❖ 仮説設定：事故の発生原因として、安全運転を徹底すれば、課題解決になるとの仮説を設定、合わせて何をもって安全運転かどうかを評価する基準として、事故の発生頻度が、急加速・急減速の発生回数と、「急」の強さを設定
- ❖ データ収集・加工：契約企業の車両に車両の動きを検知するセンサーを搭載し、丁寧な運転か、乱暴な運転、あるいは、適切に休憩を取っているかなどを時間帯、運転手の性別、運転時間などとの関係とともにデータを収集、無関係と考えられるデータやノイズを除去、利用しやすいデータ形式に加工
- ❖ データ探索：収集したデータを使って統計あるいは機械学習等の分析ツールを使用し、事故の発生頻度が、急加速・急減速の発生回数と、「急」の強さが、統計的に有意であることを突き止め、仮説の有効性を検証
- ❖ 施策策定：急加速・急減速の発生回数と「急」の強さを検証する車載センサー開発、契約車両に設置、データ探索で明らかになった確率値を前提に「安全運転スコア」を計算、スコアが高い安全な運転をしている）運転者の保険料率を引き下げることで、事業主に安全運転励行のインセンティブを与える
- ❖ モデル構築：データ探索で明らかになった優位なデータ項目と確率分布に基づき「安全運転スコア」算出する
- ❖ 評価・改善：施策実施の結果や「安全運転スコア」モデルの有効性をデータから評価し、改善のサイクルを回す

分析結果の美しさを追求するのではなく、「事業の成果に貢献する」ことがデータ・サイエンティストの役割です。そのためには、「ビジネス視点：ビジネス課題に気付き仮説を立てて考察して解決策を導く」と「データ視点：データから原因を探り、洞察を得てビジネス施策を導く」の両方を持つ必要があります。

デジタルが前提の社会となり、データは、経営や事業の戦略を描くうえで、これまでになくその重要性を増しています。データ・サイエンティストは、そんなこれからの時代に欠くことのできない存在と言えるでしょう。

第8章

開発と運用

できるだけ作らずにITサービスを実現する

ユーザーが必要としているのは、事業の成果を生みだす「ITサービス」です。「ITシステム」を作ることではありません。

必要な時に、必要なITサービスが直ちに使え、かつユーザーの要望にすぐに応えてくれることをユーザーは求めています。

ITシステムの開発や運用は、そんなユーザーの期待に応えなくてはなりません。アジャイル開発、DevOps、クラウドは前提となりました。生成AIを搭載した開発ツールもまた、新たな前提になろうとしています。

できるだけ作らずにITサービスを実現し、ユーザーの変更要求にも即応できる開発と運用は、DXの実践を支える必須の要件です。

“

ビジネス環境は不確実性を増しています。この状況に対処するには、圧倒的なスピードを手に入れ、変化に俊敏に対応するしかありません。DX とは、そんな企業に変わるための、ビジネス・モデルや業務プロセス、それを支える企業文化や風土の変革です。

そのためには、システムの開発や運用もまた圧倒的なスピードが必要です。しかし、未だ次のようなやり方に頼っているところも少なくありません。

- 時間をかけて業務要件を定義し、仕様を固める
- 工数と見積金額で競合させて業者を選定する
- 仕様凍結し、その仕様書に従ってコーディングとテストを行う
- 数カ月を経てユーザーにリリースし、改修箇所・追加機能を洗い出す
- 改修作業や機能の追加、変更のために作業する
- インフラや実行環境を、アプリケーションに合わせて構築・調整する
- 十分なテストを行った後、ユーザーにリリースする

社会の変化が緩やかだった時代は、これでもなんとかなりましたが、社会環境がめまぐるしく変化するいま、このやり方では、どうにもなりません。

「現場のニーズやその変化に、ジャストイン・タイムで IT サービスを提供し、事業の成果に貢献する」

ユーザーが必要としているのは、事業の成果を生みだすことや、ユーザーの生活を便利にする「IT サービス」です。必要な時に必要な IT サービスが直ちに使え、ユーザーの要望にすぐに応えてくれることをユーザーは求めています。

「IT システム」は、「IT サービス」を実現する手段です。「IT システム」が、そんなユーザーの期待に応えるには、次の 3 つを前提にしなくてはなりません。

アジャイル開発：高品質で無駄なく変更要求に即応できるソフトウェアを実現する

ユーザーとシステム開発チームが、ビジネスでどのような成果をあげたいのか、そのために何をしたいのか、その優先順位はどうなのかを対話を通じて共有し、不断の工夫と改善によって無駄を省き、迅速に高品質なシステムを開発する考え方や手法です。

DevOps：開発・変更したアプリケーションを直ちに本番環境に移行する

開発したプログラムを本番環境へ移行しても、安定稼働を保証しなくてはなりません。そこで、開発チーム（Development）と運用チーム（Operations）が、お互いに協調し、開発と運用が途切れることなく、ビジネスを止めずに、継続的に、高頻度で本番移行できるしくみを作る取り組みがDevOpsです。

クラウド：事業の成果に直結するアプリケーションに資源を傾注する

電子メールやスケジュール管理、ファイル管理やオンライン会議など、企業個別の独自性が必要とされないアプリケーションなら、出来合いのサービスを利用した方が、手間が省けます。独自性の高いアプリケーションを作って動かす場合でも、サーバーやストレージなどのインフラ、データベースやオペレーティング・システムなどのプラットフォームに独自性は不要です。ならば、これらを自分たちで構築・運用をするのではなく、サービスとして利用すれば手間が省けます。そのための手段がクラウドです。

ユーザーが求めているのは、「できるだけ作らないで、ITサービスを実現すること」です。アジャイル開発やDevOps、クラウドは、そのための有効な手段です。また、上記に加えて、コンテナやマイクロサービス、サーバーレスなどが、開発や運用に圧倒的なスピードを与えています。

生成AIの登場で、これら3つの前提は、さらなる俊敏性を獲得するでしょう。生成AIツールによって、アジャイル開発やDevOpsのスピードは加速し、開発とリリースの頻度を高めることができます。そうすれば、ビジネスの最前線や顧客のニーズにさらに迅速に対処できるようになります。また、ユーザー自身がアプリケーションの開発に直接関われるようになり、システム内製を加速させるでしょう。

そんなこれからの開発や運用について、本章で解説します。

システムの「開発」「運用」「保守」の役割の違い

	開発 Development	運用 Operation	保守 Maintenance
目的	課題を解決するためのしくみを作ること	システムを安定稼働させること	
おもな業務	新しい事業に参画したい、コストを削減したいといった、ビジネス上の目標や課題を解決する「しくみ」を実現すること ☑ 構想／企画 ☑ 要件定義 ☑ 外部設計 ☑ 内部設計 ☑ プログラミング ☑ テスト ☑ リリース（本番稼働）	システムを日常的に稼働させるための定型的業務が中心 ☑ ハードウェアの起動や停止 ☑ ソフトの起動や停止 ☑ データの入力や出力 ☑ データのバックアップや管理 ☑ システムの稼働状態、不具合がないかなどの監視 ☑ 外部からの攻撃や情報流出などの監視 ☑ 障害復旧からの再起動	システム変更や、不具合対応など予測できない事態に対応したりする突発的業務が中心 ☑ システムのアップデート ☑ バグや不具合の原因究明、修正作業や復旧作業 ☑ 新規のプログラムやシステムの導入 ☑ ネットワークなどのインフラのメンテナンス

ITシステムを円滑に機能させるためには、開発、運用、保守という3つのフェーズが密接に連携する必要があります。

開発（Development）

- 目的：課題を解決するためのしくみを作ること
- 概要：新しい事業に参画したい、コストを削減したいといった、ビジネス上の目標や課題を解決する「しくみ」を実現すること
- 業務：ユーザーのニーズを分析し、それを満たすシステムの設計・構築、システム要件定義、設計、開発、テスト、リリースなどを行う

運用（Operation）

- 目的：システムを安定稼働させること
- 概要：システムを日常的に稼働させることで定型的業務が中心
- 業務：システムを安定稼働させるために、システム稼働状況の監視、障害発生時の対応、パフォーマンス監視、セキュリティ対策などを行う

保守（Maintenance）

- 目的：システムを安定稼働させること
- 概要：システム変更や、不具合対応など予測できない事態に対応したりする突発的業務が中心
- 業務：システムを常に最新の状態に保ち、改善するために、不具合修正、機能追加・改修、バージョンアップ、老朽化対策などを行う

開発は、システムを作る作業です。一方、運用・保守は、開発されたシステムを「維持・改善」していく作業です。ただし、それぞれは独立したものではなく、密接に連携して初めてシステムを円滑かつ安定的に機能させることができます。たとえば、開発では、運用や保守のしやすさを考慮する必要があり、運用で発見された問題点は、保守で修正されます。

開発・運用を途切れることなく継続的に実行し、ニーズの変化に、高速・高頻度で対応するためのしくみ作りが、DevOps（Development & Operation）です。

できるだけ作らないで IT サービスを実現する

たとえば、「自動車の配車サービス」を、新たに立ち上げることになったとしましょう。従来なら、必要な機能の多くを自分たちで開発する必要がありましたが、もはやそういう時代ではありません。スマホに組み込まれたGPS機能とクラウドで提供されている地図情報サービスを使えば、ドライバーには乗客の居場所を、乗客には配車可能な自動車の位置を地図上に表示することができます。

支払いもクラウドで提供される決済サービスを使えば、クレジットカードやバーコード決済、銀行引き落としなどのさまざまな決済手段にすぐに対応できます。取引の安全を守るためのセキュリティ機能、利用する自動車の損害保険の手続きなども、クラウド・サービスで提供されています。

既存のサービスを組み合わせることで、「自動車の配車サービス」に必要となる大半の機能は、作らなくても使えます。しかし、競合との差別化を図るには、これら機能を、分かりやすく、使いやすく連携させなくてはなりません。また、瞬時に利用者の好みを見極め最適なクルマを紹介する機能や配車の待ち時間を最短にするなどの機能は、既存のサービスにはありません。そこで、独自のノウハウを織り込んだプログラム開発が必要になります。

すでに提供されている機能は徹底して使い、独自性が必要な機能は自分たちで作る。そんな組合せで、「自動車の配車サービス」を実現できる時代になりました。

「すでに提供されている機能」は、クラウド・サービスばかりではなく、OSS（Open Source Software：無償で公開されているソフトウェア）もあります。これらは、時代の先端を行く技術が盛り込まれており、常に最新の状態を維持しているものが少なくありません。それらを事業目的に照らして目利きをし、最適なものを選択することが必要です。これらを使えば、新しく作る「自動車の配車サービス」もまた、最新の技術を駆使したものになります。また、各機能の不具合の解消や機能の拡張は、その機能をサービスとして提供する企業が責任を持ちますから、自分たちは、独自の部分にリソースを傾けることができます。

できるだけプログラム・コードを書かず、システムの構築や運用の手間もかけず、事業目的を達成するITサービスを実現できる時代になりました。

作らない技術

アジャイル開発 Agile Development

高品質で無駄なく
変更要求に即応できるソフトウェアの実現

業務プロセス全体を重要度に応じて細分化し、その細分化された業務プロセスごとに開発サイクルを回していく開発の考え方と手法のこと

- ☑ 開発スピードの加速
- ☑ バグ無しでのリリース
- ☑ 変更への積極対応

DevOps Development & Operation

安定稼働と高速なデリバリーの両立

顧客が望む製品やサービスを迅速かつ安定的に提供でき、頻繁に改善を繰り返すことができる開発と運用の方法論とそれを実現するための取り組み

- ☑ リリース頻度の向上
- ☑ 安定稼働の保証
- ☑ 開発と運用の自律

クラウド Cloud Computing

システム資源の調達と構築／運用の負担
からユーザーを解放

システムを実現するために必要な機能や性能、能力（システム資源）を調達、変更するためのエンジニアの負担を軽減するサービス

- ☑ アプリへの資源シフト
- ☑ 構築や運用の負担軽減
- ☑ システム資産の経費化

ゼロトラスト Zero Trust

信用せずに検証することで脅威を排除

ネットワークの社内外を区別することなく、守るべき情報資産やシステムにアクセスするものはすべて信用せずに検証することで、脅威を防ぐという考え方

- ☑ 高度化する脅威に対処
- ☑ 利用資源の制約を排除
- ☑ 利便性と生産性の向上

心理的安全性　本音と建て前のギャップがないチーム

できるだけプログラム・コードを書かずに、IT サービスを実現する手段として、次の3 つの取り組みが、注目されています。

アジャイル開発：高品質で無駄なく変更要求に即応できるソフトウェアを実現する

アジャイル開発が生まれるきっかけは、1986 年に経営学者である野中郁次郎と竹内弘高が、日本の製造業の高い効率と品質を研究した論文をハーバード・ビジネスレビュー誌に掲載したことにあります。それを読んだジェフ・サザーランド（Jeff Sutherland）らが、システム開発への適用を考え、1990 年代半ばにアジャイル開発の方法論としてまとめました。ですから、アジャイル開発には、伝統的な日本の「ものづくり」にある、「不断の改善により、品質と生産性の向上を両立させる」という精神が、埋め込まれているといってもいいでしょう。

その精神の根本には、現場重視の考え方があります。業務の現場であるユーザーと開発の現場である開発チームが、達成すべきビジネスの成果や何をしたいのか、その優先順位や使い勝手はどうなのかを対話し、ビジネスの成果に貢献する、本当に使うプログラム・コードのみを迅速、高品質で開発しようというのです。また、不断の工夫と改善によって無駄を省き、変更要求にも即応して、改善し続けることで生産性を高める努力も怠りません。そんな開発の考え方と実践する手法が、「アジャイル開発」です。

DevOps：開発・変更したアプリケーションを直ちに本番環境に移行する

開発チームが、アプリケーションの開発や変更に即応できても、本番環境に反映できなければ、その成果を現場は享受できません。一方運用チームは、システムを安定稼働させる責任を負っています。開発できたからと、すぐに本番環境に移行させても、不具合が起これば大変です。そこで、プログラムを稼働させるサーバーやネットワーク、オペレーティング・システムなどの本番環境で間違いなく動くことを慎重に検証し、大丈夫となれば本番へ移行します。ただ、このような一連の作業には相当の時間と手間がかかります。

そこで、開発チームと運用チームが、お互いに協調し、また運用や本番移行を自動化するしくみなどを積極的に取り入れ、開発と運用が途切れることなく連続するしくみを実現し、ビジネスを止めずに、繰り返し、高頻度で本番移行するしくみが必要です。これを実現する取り組みが「DevOps」です。

クラウド：事業の成果に直結するアプリケーションに資源を傾注する

DevOps を実現するには、インフラ資源の調達・変更も柔軟・迅速でなくてはなりません。そのためにサーバーやストレージなどの物理資源を個々のアプリケーションに合わせて導入、設定している余裕はありません。そんなインフラをソフトウェア化しサービスとして使えるようにしたのが IaaS です。

それでもまだインフラを意識して、アプリケーションを開発しなくてはなりません。そんなインフラのことに気をかけることなく開発、実行できれば、柔軟性と迅速性は高まります。そこであらかじめ用意された機能部品を組合せ、連係させてアプリケーションを開発・実行させるしくみや、業務プロセスを記述し、画面や帳票を定義すれば、プログラム・コードを生成してくれるツールなどを利用し、開発スピードだけではなく変更への柔軟性を高めます。そんな手段を提供してくれるのが、「クラウド」です。

どれか 1 つができても、全体がつながらなければ、全体のスループットは上がりません。これらを流れる水のごとく連続させ、高頻度で繰り返して改善し、機能の向上を図ることが、これからの開発や運用には求められています。

また、クラウドを積極的に使うとなれば、「ゼロトラスト・セキュリティ」は、前提となります。また、プロフェッショナル同士の高い信頼関係を土台に、率直に建設的な意見を交わせる人間関係である「心理的安全性」も組織風土として育ててゆかなければなりません。組織のすべてのメンバーが「心理的安全性」に支えられ、自律的に仕事に取り組むからこそ、圧倒的なスピードが生まれるのです。

Column

技術的負債

「技術的負債」とは、ソフトウェア開発における概念で、借金をすると利子を払うのと同じように、ソフトウェアを開発すると改修し続けなければならず、そのコストが負債のように積み上がることの比喩として使われています。

最初は整然と設計され、その通り実装されても、ビジネス環境やユーザーのニーズが変われば、改修しなければなりません。しかし、改修を繰り返す過程で、ソフトウェアは複雑になり、改修は難しさを増して、スピードは落ちていきます。やがてニーズの積み上がるスピードに改修が追いつかなくなり、利子さえも返せなくなってしまうのと同じようになってしまいます。

その理由の 1 つが、ソフトウェアの「不可視性」です。ソフトウェアのプログラム・コードは、エンジニアには読めても、プログラミングの専門知識がないビジネス・パーソンには読めないということです。むろん作ることもできないため自分たちのニーズをエンジニアに説明し、それをエンジニアが理解してソフトウェアにする工程が踏まれますが、相当の手間と時間がかかります。

そもそも、考えていることを完全に説明することはできませんし、文章として仕様書にする過程でも情報は欠落しますから、ニーズを完全には満たせません。そこで、できあがった現物を見てフィードバックして改修します。もはや、使う前から「技術的負債」が膨らんでいるわけです。

Amazon は、このような「技術的負債」を回避するために、1 時間に 1,000 回以上も改修しているそうです。Amazon と同じとはいきませんが、そんなスピード感覚が、いまの時代には求められているのです。

ところが日本企業の中には、月に一回でも改善できればいい方で、半年に 1 回、1 年がかりというのも珍しくありません。それは、関連部署との調整や稟議決済、IT 部門への説明や IT ベンダーへの発注と購買手続き、開発チームと運用チームとの連携などのコミュニケーションに膨大に時間や手間をかけているからです。これでは、「技術的負債」が、どんどんと積み上がります。

そんな「技術的負債」を発生させないために、前節で紹介したアジャイル開発、DevOps、クラウドは、有効な手段となります。

変化に即応するためのアジャイル開発（1）

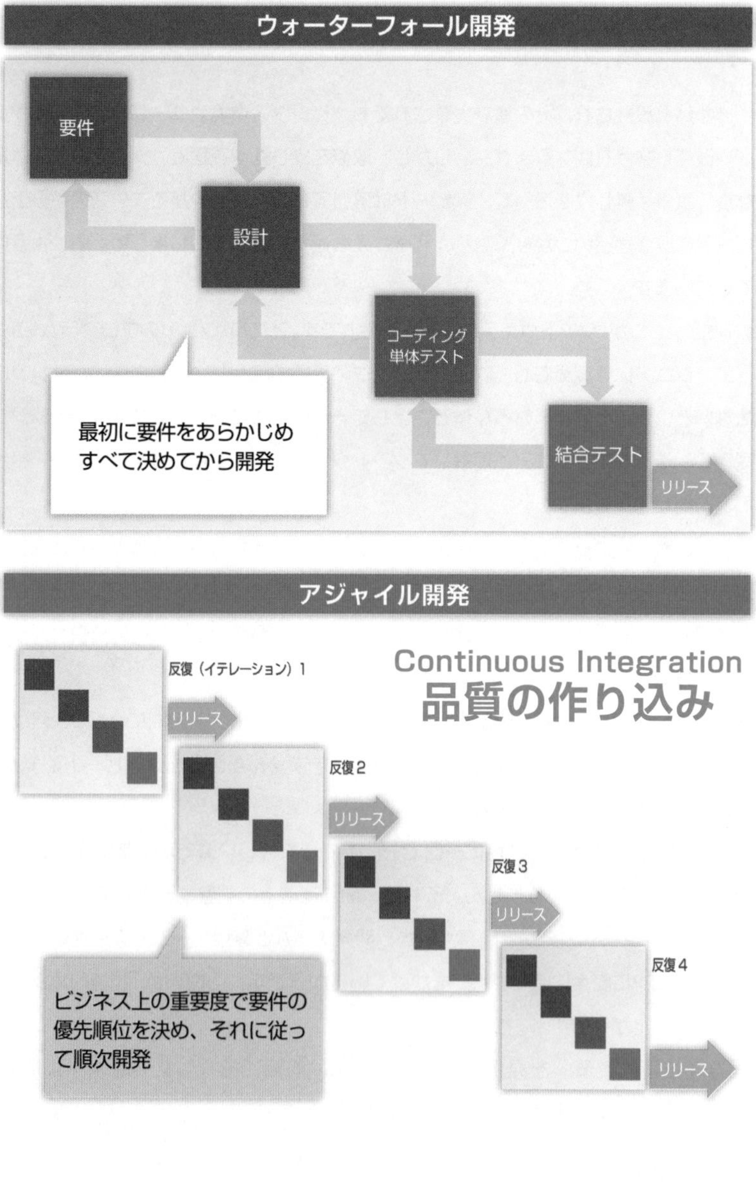

仕様をすべて決めてから開発に着手する「ウォーターフォール開発」では、不確実性が高まる時代には対処できません。「アジャイル開発」は、そんな時代の要請に応える開発の考え方や手法として、注目されています。

ウォーターフォール開発は、仕様をすべて決定してから開発に着手します。そこには「あったらいいかも」、「将来使うかもしれない」などの推測も含まれます。

開発は、機能単位です。機能とは、入力画面、帳票印刷、集計など、一連の業務処理を実現する部品です。これらを手分けして作り、すべての機能が完成してからつなぎ合わせます。また、作り始めると途中での変更は難しく、コードを全部書き終えた最後に確認し、バグの有無や不具合を検証し、必要な修正や改善を行います。ユーザーによる検証は、その後となります。

一方、アジャイル開発は、業務上の必要性で優先順位を決め、本当に使う「業務プロセス」だけを作ります。どんなシステムを作るかの最終仕様は定めますが、それはあくまで仮説であり、ニーズの変化による仕様の変更を積極的に受け入れます。これがウォーターフォール開発と本質的に異なる点です。

業務プロセスとは、「出荷指示のボタンを押せば、倉庫に出荷伝票が印刷出力される」、「経費精算帳票にデータを入力すれば、経理部門にデータが受け渡される」といった1つの完結した業務手順です。これを「業務を遂行するうえで重要度が高い」あるいは、「売上や利益に貢献する影響度が高い」といった業務での重要度に応じて優先順位を決め、順次開発していきます。「あったらいいかも」、「将来使うかもしれない」は作りません。必要となったなら、優先順位を決めて、開発工程に組み入れます。

1または2週間程度で開発できる規模をひとくくりとし、開発とリリースを繰り返します。ユーザーはこのサイクルで検証とフィードバックを行います。これが「反復型開発（Iterative Development）」です。開発者は、ユーザーからフィードバックされた改善事項に対処し、新たな業務プロセスを開発し、それまでのプロセスも含めてすべて統合してテストし、次のリリースを行います。これを「継続的インテグレーション（Continuous Integration）」と言います。このサイクルを繰り返し、業務プロセスを積み上げ、全体を完成させます。

変化に即応するためのアジャイル開発（2）

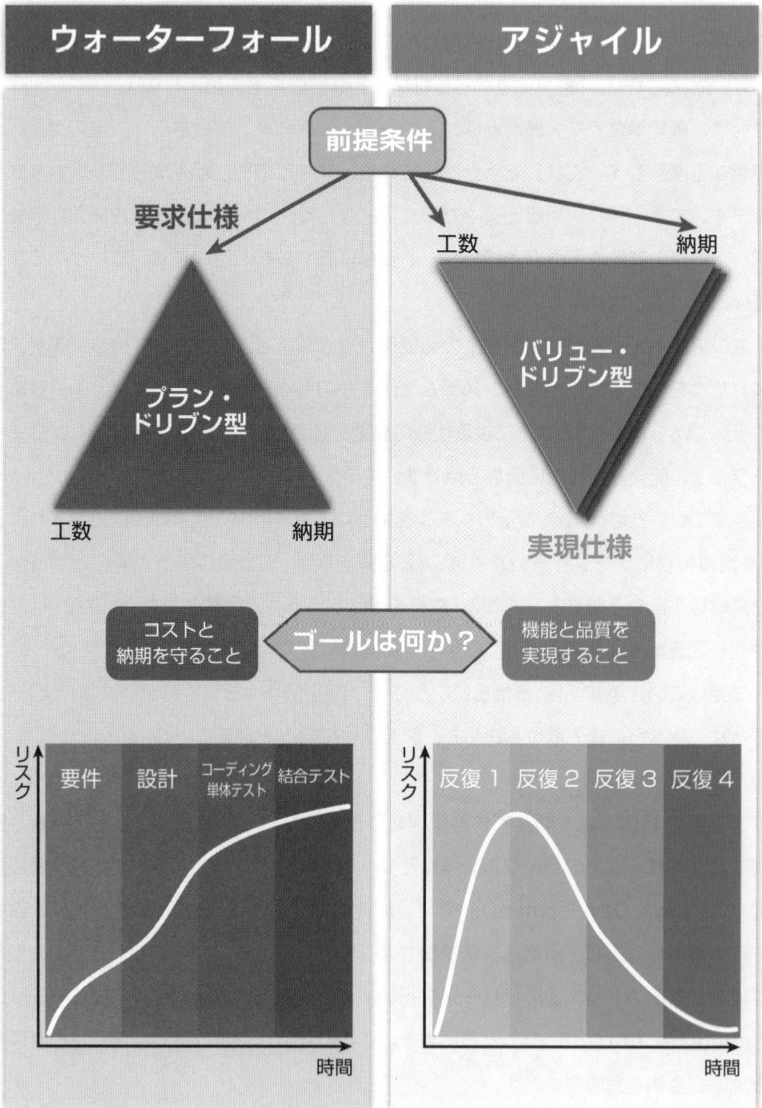

ウォーターフォール開発では、要求仕様のすべての機能を実現するために必要なリソース、すなわち工数と期間を算出します。それに基づき決められたコストと納期を守って開発し、それらがすべて開発し終えたところで完了となります。

一方、アジャイル開発では、「期限（使い始める期日）」と「リソース（必要なエンジニア数）をまず決定します。

その範囲で、ユーザー・ニーズに最大限応えられるアプリケーションを業務上の優先順位に従い開発します。優先順位を決める基準は、「なければ業務が成り立たないかどうか」で業務プロセスの重要度や、売上や利益への貢献度合いなどです。

最終的な完成の姿は描きますが、これは仮説であって仕様変更の要望があれば積極的に反映し、ユーザーのビジネス目的が十分に達成できると判断したところで完了です。

また、ウォーターフォール開発では、仕様を確定後は仕様変更を原則受け入れず、作業を機能別に細分化・手分けして開発します。最終的にすべての機能を結合してテストします。そこでこれまで気付けなかったバグやミス、設計上の不具合を修正します。つまり、品質上のリスクが後ろに片寄せされるのです。

一方、アジャイル開発では、プログラムの実装の前にプロセスごとにテスト・プログラムを準備し、テストがうまく通れば、そのプロセスのプログラムを完成とする手法が一般的です。

このような開発手法を「テスト駆動型開発（Test Driven Development / TDD)」と呼びます。プロセスは 30 分から 1 時間程度で開発できる程度の小さな規模にして、確実にすべてが検証できるようにします。

こうした過程を積み上げ開発した業務プロセス（入力に対して出力が得られる業務処理の単位）を 1 または 2 週間の単位で ユーザーにリリースしフィードバックをもらいます。そのフィードバックを反映させた前のプロセスと新しい次のプロセスを統合して、全体がうまく機能することをテストして、またリリースします。この作業を繰り返すことで、優先順位が高い業務上重要なプロセスほどユーザーの検証とテストが繰り返し行われ、結果として、品質上のリスクが前倒しされ、作るほどに全体の品質が向上します。

アジャイル開発は、このようなしくみにより、原理的にコストと工数が守られ、高品質なアプリケーションが開発できるのです。

アジャイル開発のメリットと狙い

ウォーターフォール開発
“仕事のしくみは確定できる” を前提 ➡ QCD を守って **システムを実現する**

一旦決めた仕様は、変更せず 100% 完了したら、現場からのフィードバックを求める

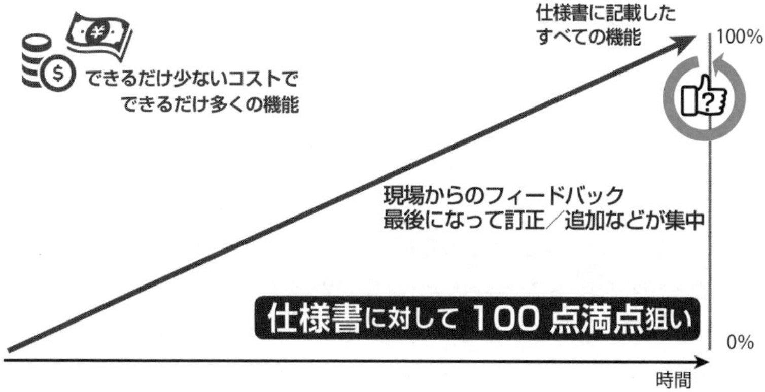

アジャイル開発
“仕事のしくみは変化する” を前提 ➡ ユーザーが満足する **サービスを実現する**

途中の成果から随時フィードバックを得て、仕様や優先順位の変更を許容する

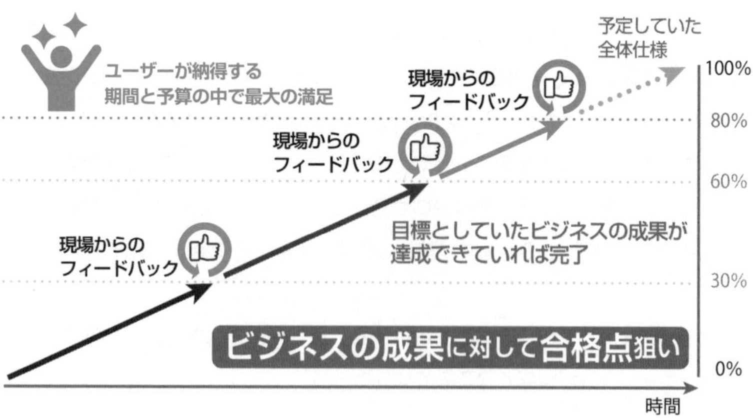

アジャイル開発のメリットは次のようなことです。

❖ すべて完成しなくても、できあがった業務プロセスから順次現場で、実際に操作しながら使い勝手や機能を確認してもらえる。文字や図で描いた紙の仕様書から想像するのではなく、実際に動くプログラムを操作し、直感的に善し悪しを判断できるので、改善のためのフィードバックが的確、迅速にできる

❖ ビジネス上重要な業務プロセスから完成させ、1～2週間単位で継続的にユーザーにリリースし検証してもらう。リリースのたびに前リリースの修正とテストを重ねていくので、重要なところほど早い段階から繰り返し検証されるので、重要なプロセスほどバグは徹底して潰される。開発後期になるほど業務プロセスの重要度が低くなるので、たとえ問題が生じても、その影響は少なく、全体として、高品質なシステムができあがる

❖ 1～2週間でリリースできる業務プロセス単位で作っているので、仕様の凍結期間もまた1～2週間に限定される。途中で仕様や優先順位が変わっても、まだ着手していない業務プロセスであれば、入れ替えることができ、変更要求に柔軟に対応できる

結果として、高品質で変更容易な開発が実現します。そんなアジャイル開発の狙いを整理すれば、次の3つになるでしょう。

❖ 予測できない未来を推測で決めず、本当に使うシステムだけを作ることでムダな開発投資をしない

❖ 動く「現物」で確認しながら、現場が納得して使えるシステムを実現する

❖ 納得できる予算と期間の中で最善の機能と最高の品質を実現する

アジャイル開発は、「売上や利益などの事業の成果に貢献する」、「推測ではなく本当に使う」業務プロセスに絞り込み開発することで、変化への俊敏な対応を実現するアプリケーション開発の考え方であり、手法であると言えるでしょう。

システムのワークロードとライフタイム

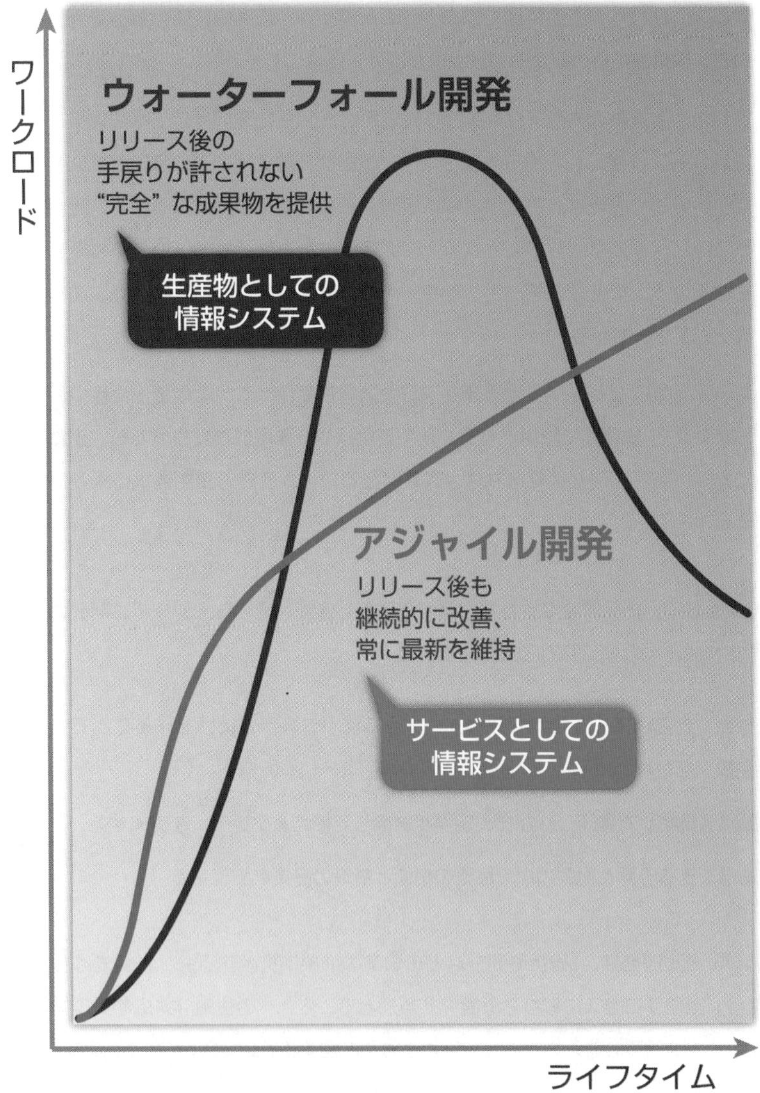

ウォーターフォール開発では、少人数で仕様を確定した後に、プログラマーを大規模に投入してシステムを開発します。その後は、テスト・フェーズに入って人数は減少し、テストが完了すれば、開発要員は不要となります。

開発が完了すると、その後は、徐々に陳腐化していきます。その陳腐化を遅らせるためにユーザーの変更要求に対処し、本番移行後に見つかった不具合を修正するための保守要員を一定数確保しておかなくてはなりません。そのために、エンジニアの作業負荷は、大きな谷と山（ピーク）を作ることになります。

日本の労働法規や慣例では、一度採用した社員は容易に解雇できませんから、米国のようにピークに合わせて社員を採用し、終われば解雇することはできません。そこで、一般のユーザー企業は、最小限の社員を情報システム部員として確保し、ワークロードの変動部分を SI 事業者に外注するというやり方で、これに対処してきました。

一方、アジャイル開発では、ユーザーにできるだけ早く価値を提供するために、必要かつビジネスの成果に貢献できる最低限のプロセスをリリースします。リリース後は、ユーザーからのフィードバックをうけて継続的に改善します。さらに新たなプロセスを積み上げます。この作業を繰り返し、十分にビジネスの成果に貢献できるとユーザーが判断した段階で完成です。そのため、ワークロードの山谷はなく平準化されます。

変化が先読みできず、現場の要求があれば直ちに対応しなければならない状況にあるいま、こんなアジャイル開発を採用する企業が増えています。

特に、IT を前提に新しいビジネス・モデルを作ろうとする場合は、業務に責任を持つユーザーと IT の専門家であるエンジニアが、一緒になって議論し、試行錯誤を高速で繰り返し、最善の方法を見つけ出す必要があります。これに対処するために、事業部門の配下に、IT システムを内製するチームを置く動きも広がっています。

仕様書を確定後にシステム開発をする場合なら、SI 事業者に外注することもできましたが、業務の現場と議論しながら業務プロセスを検討し、システムを開発するとなると内製は必然です。SI 事業者は、こんな需要に応え、内製支援へと業務の範囲を広げていくことが求められることになるでしょう。

生成 AI で変わるシステム開発の常識

生成 AI がシステム開発の現場で、使われ始めています。たとえば、プログラミングを支援する Devin や GitHub Copilot Workspace（2024 年 4 月 29 日、テクニカル・プレビューをリリース）というサービスを使えば、どんな機能をプログラムとして動かしたいかを記述するだけで、プログラムの仕様を書き、実装計画を作り、それに従ってプログラム・コードの生成（コーディング）や既存のコードを修正し、ビルド（実行可能な形式に変換する作業）してエラーがあれば修正することまでやってくれます。人間はその経過を確認し、必要とあれば内容の変更や修正の指示をするだけです。

従来のやり方との違いについて整理すると、次のようになると考えられます。

コード生成と自動化

生成 AI を使う場合：開発者は言葉による指示や要件を AI に伝えるだけで、実行可能なコードを自動生成できます。これにより、人手と時間がかかる工程を大幅に短縮でき、反復開発を高速に繰り返すことが可能となり、ユーザーのニーズの取り込みや品質の向上に役立ちます。たとえば、自然言語で「顧客データベースからすべての顧客リストを取得する API を作成して」と指示すると、その要件に応じたコードを生成してくれます。

生成 AI を使わない場合：開発者がすべてのコードを手動で書いていました。これには、要件の理解、アーキテクチャの設計、コーディング、テストなどの各ステップでの専門的かつ詳細な作業が伴います。そのため、ヒューマンエラーのリスクも高まります。

デバッグとテスト

生成 AI を使う場合：エラーログ分析により、問題の把握と対応作業が容易になります。また、テスト・ケースの生成も自動化でき、デバッグとテストが効率化されます。コードの最適化提案やリファクタリング（コードの品質を高める作業）のアイデアも提供され、プログラム開発の品質向上に役立ちます。

生成 AI を使わない場合：開発者はデバッグ・ツールを用いてエラーを検出し、修正する必要があります。これには、テスト・ケースの設計や実行、結果の分析など、専門スキルを必要とする作業が必要です。コードの最適化やリファクタリングも開発者のスキルや経験を踏まえた直感に大きく依存します。

ドキュメントとサポート

生成 AI を使う場合：コードとともにその説明やドキュメントを自動生成できます。これにより、コードの理解や保守が容易になります。また、プロジェクト固有の要件やコーディング規約に基づいたカスタマイズされたサポートも提供できるため、開発チームはより複雑な問題解決に集中できます。

生成 AI を使わない場合：ドキュメントは開発者が手作業で作成する必要があり、時間がかかり、更新が遅れがちになります。スキルは属人化し、新しいメンバーの参加や他者による保守作業が困難になることがあります。サポートやガイダンスに関わる情報は、同僚やコミュニティ、フォーラム、公式ドキュメントから得られる情報に限られ、開発者の自助努力に頼るしかありません。

生成 AI を使ったシステム開発は、コードの自動生成、デバッグとテストの効率化、ドキュメント作成の自動化などにより、開発プロセスを加速し、品質向上にも役立ちます。一方、従来の開発方法では、すべてのプロセスが開発者の手作業に依存し、時間がかかり、エラーのリスクが高くなります。

このように、生成 AI ツールの活用は、開発者がより創造的な作業に集中し、効率的に高品質なシステムを開発するうえで、大きな助けとなるでしょう。

ただ、このようなツールを使いこなすには、プログラミングやシステム開発についての専門的な知識やスキルが必要です。その能力が高い人ほど、高い成果を引き出せます。その理由は次の通りです。

正確な要求の定義と指示

生成 AI ツールに正確なコードを生成させるには、開発者が意図した通りの動作を実現するために必要な要件を明確に理解し、正確に指示する必要があります。これには、プログラミングの基本概念や専門知識が必要です。

また、生成 AI に対する要求は、あいまいさを排除し、可能な限り具体的でなくてはなりませんが、そのためには、問題の本質を理解し、それを技術的な要件に落とし込むスキルが必要です。

生成されたコードの評価と修正

AI によって生成されたコードは、必ずしも最適だとは限りません。生成されたコードの品質を評価し、必要に応じて修正や最適化を行うためには、高度なプログラミング・スキルや経験に培われた直感が必要です。また、コードのバグや不具合は、生成 AI ツールで解決できるところもありますが完全ではなく、エンジニアのデバッグについての理解と経験が求められます。

既存のシステムへの統合（インテグレーション）とカスタマイズ

AI によって生成されたコードを既存システムに統合するには、システム・アーキテクチャやデータ・フローの知識が必要です。これがなければ、システム全体を機能的・効率的に動作させることはできません。どの生成 AI ツールを使用するか、どのようにしてプロジェクトのライフサイクルに組み込むかという戦略的な決定を下すためにも、システム開発に関する包括的な知識が必要です。

また、生成 AI ツールの背後にある技術や制約を理解することで、より効果的にこれらのツールを使いこなすことができます。

このように AI を開発で使えば、コード生成やドキュメンテーション、情報収集などの「知的力仕事」の生産性は大幅に向上します。その分、開発者は、ユーザーとの対話や業務の観察を通じて的確な目的、課題を設定することや、開発や運用のスピードを加速し、同時に安定したシステムを実現できるシステム・アーキテクチャーの設計などの高次な知的作業に、より多くの時間を割くことができるようになります。

さらに上位のシステム開発の目的、つまり、自分たちの「あるべき姿」を定め、そこに至る課題や、なぜこの課題を解決しなくてはならないのかを明確にすることは、人間にしかできません。「あるべき姿」に至る物語である戦略を策定する際も、必要となる情報収集や整理、ドキュメンテーションといった知的力仕事に AI の助けを得ることはできますが、戦略の中身を作ることは人間にしかできません。戦略実践のためのステップとなる戦術の策定についても、アイデアの選択肢を AI に求めることはできますが、決定できるのは人間だけです。

AI と人間の共同作業により、IT システムは変化への俊敏性高め、経営や事業との連係をこれまで以上に深めることができるようになるでしょう。

“

システム開発をビジネスの現場に近づけるノーコード／ローコード開発

開発生産性：高 ↔ 低

ノーコード No-Code

機能制限があるためユースケースを絞った開発に限定され、広範囲のシステムに向いていない

小さなアプリケーションを構築するのに適したシンプルなツールで 基本的な機能のユースケースの解決に最適。また、特定の処理専用であったり、機能が限られている傾向がある

ローコード Low-Code

拡張性が高く、他のソフトウェアとの統合機能も豊富なので広範囲のシステムに向いている

拡張性のあるアーキテクチャ、再利用可能なオープン API を使用してプラットフォームの機能を拡張する機能を持つ。クラウド環境やオンプレミス環境にデプロイできる柔軟性がある

（ノーコード・ローコード）プログラム・コードを書くことなく、GUI を操作してシステムを開発する

プロコード Pro-Code

コードを書くことで、あらゆる機能を実装できるので広範囲のシステムに向いている

拡張性のあるアーキテクチャ、再利用可能なオープン API を使用してプラットフォームの機能を拡張する機能を持つ。クラウド環境やオンプレミス環境にデプロイできる柔軟性がある

プログラム・コードを書くことでシステムを開発する

クラウドの普及によるインフラやプラットフォームの調達や構築の生産性が向上したことに比べ、アプリケーション開発は、それに見合う生産性の向上を果たしてきたとは言えません。この課題を解決する手段として注目されているのが、「ノーコード（No-Code）／ローコード（Low-Code）開発」ツールです。

「ノーコード開発ツール」は、プログラムをまったく記述せずにGUI（Graphical User Interface）と呼ばれる視覚的、直感的な操作画面で、あらかじめ用意された画面や機能の部品のアイコンをつなぎ合わせれば、プログラムを自動生成してくれます。これにより、プログラミングの専門知識がなくてもアプリケーション開発ができます。「ローコード開発ツール」は、ノーコード開発ツール同様にGUI操作でプログラムが作れますが、簡易的なプログラム言語を使うことで、よりきめ細かな処理の手順を組み入れることができます。

これらを使えば、プログラミングの専門知識がなくても、業務について理解し整理できていればアプリケーション開発ができるので、業務をよく知る現場の担当者が、自分のアイデアをすぐに形にすることや継続的な改善が容易です。また、業務手順を入力すれば自動でアプリケーション・プログラムが生成されるので、業務プロセスが可視化されプログラマーによる属人化も排除できます。

ただ、アプリケーション開発の全工程をカバーするものではありません。たとえば、ビジネス目的の設定や業務分析、業務要件の明確化、プロジェクト管理などはこれまでと変わりません。一方で、設計、プログラミング、テストなど、これまではプログラムを記述するスキルが求められた工程は大幅に工数を減らせます。生成AIと組み合わせれば、効果は劇的なものになるでしょう。

新たなアプリケーションを開発する場合、工数を要する要件定義が必要になるのは変わらず、工数削減の効果は限定的です。ただ一度作ったアプリケーションでは、この手間が省けるので保守・改修の生産性は大幅に向上します。また、あらかじめ仕様が厳格に定められたアプリケーションの場合、「コードの自動生成」が制約となり「仕様通り」が難しい場合もあります。一方、頻繁な変更がある、要件を詰めながら開発も並行して進めるなどの場合には効果的で、アジャイル開発と組み合わせれば、さらにその真価を引き出すことができるでしょう。

生成 AI とノーコード／ローコード開発ツールの組合せ

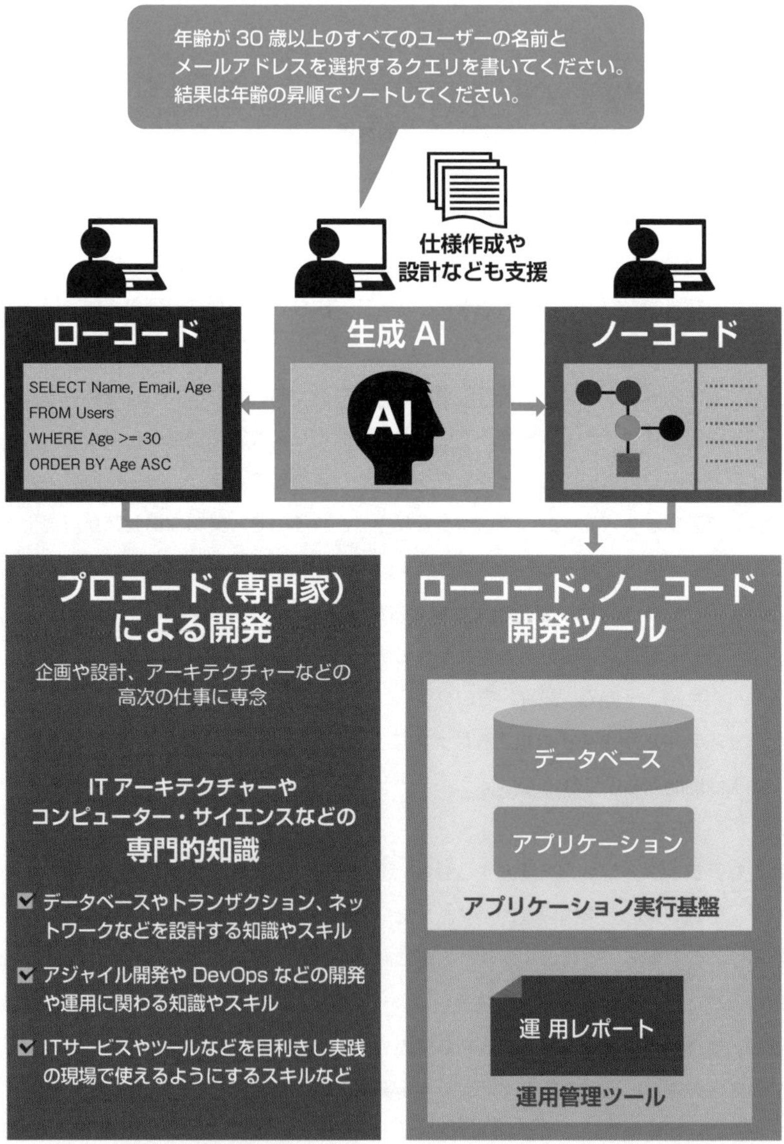

年齢が 30 歳以上のすべてのユーザーの名前とメールアドレスを選択するクエリを書いてください。結果は年齢の昇順でソートしてください。
仕様作成や設計なども支援
ローコード
SELECT Name, Email, Age
FROM Users
WHERE Age >= 30
ORDER BY Age ASC
生成 AI
AI
ノーコード
プロコード（専門家）による開発
企画や設計、アーキテクチャーなどの高次の仕事に専念
IT アーキテクチャーやコンピューター・サイエンスなどの専門的知識
データベースやトランザクション、ネットワークなどを設計する知識やスキル
アジャイル開発や DevOps などの開発や運用に関わる知識やスキル
ITサービスやツールなどを目利きし実践の現場で使えるようにするスキルなど
ローコード・ノーコード開発ツール
データベース
アプリケーション
アプリケーション実行基盤
運 用レポート
運用管理ツール

ノーコード／ローコード開発ツールが生成 AI と組み合わさることで、もっと使いやすくなり、プログラミングの専門知識を持たない人の利用が広がると考えられます。

現状を見るとシステムの内製化に取り組む企業が増え、その手段として、ノーコード／ローコード開発を活用する企業は増えています。しかし、ユーザーが十分に使いこなせるまでには至っていません。

そこで生成 AI を使って自然言語で業務手順を説明すれば、アプリケーションのコードを生成できるようになり、アプリ開発のハードルが下がります。結果として、IT 活用の裾野が広がっていくと考えられます。

このような時代になると、アプリ開発での SI 事業者の役割は減少していくかもしれません。従来なら SI 事業者がアプリ開発を担っていたわけですが、生成 AI によって進化したノーコード／ローコード開発ツールが普及すれば、ユーザーでも容易にシステムを開発できるようになり、この役割での SI 事業者の必然性は失われてしまうでしょう。

一方で、IT エンジニアの役割がなくなることもありません。システム開発とは、コードを生成するだけではなく、プログラミングやシステム開発、システム・アーキテクチャーといった広範な知識やスキル、経験に培われた直感が必要だからです。これらをユーザーに求めるのは現実的ではありません。

つまり、「プロコード（専門家による）開発」の必要性は、今後ともなくなることはなく、むしろ、エンジニアは、生成 AI ツールを駆使することで、システム開発全般の生産性を高めることができるでしょう。また、企画や設計、アーキテクチャーなどの高次の仕事に専念できるようになるはずです。

このように考えれば、生成 AI を使った開発ツールがローコード開発を駆逐するようなことはなく、システム開発やデータ利用がより利用者自身に解放されていき、専門家は、より専門性が高い分野に集中していくことで、お互いが役割を分担しながら、全体としてビジネスの価値向上に貢献していくことになるでしょう。

AIOps：AI を使った IT システムの運用

AIOps（Artificial Intelligence for IT Operations）

機械学習 /AI を IT 運用に活用することで IT インフラの運用効率化と自動化を目指す概念

目的：
IT インフラ全体の健全性を監視し、潜在的な問題を早期に検知すること

概要：
ログ、メトリック、イベントなどのデータを収集・分析することで、異常な兆候を発見する

作業内容：
- 各種監視ツール導入・運用
- データ収集・分析
- 異常検知
- アラート通知など

目的：
問題発生時に関係者間で迅速かつ効果的にコミュニケーションを取ること

概要：
AIOps ツールを活用し、問題の根本原因を特定し、解決策を検討・実行する

作業内容：
- 問題のエスカレーション
- 関係者への情報共有
- 解決策の検討・実行
- 状況の報告

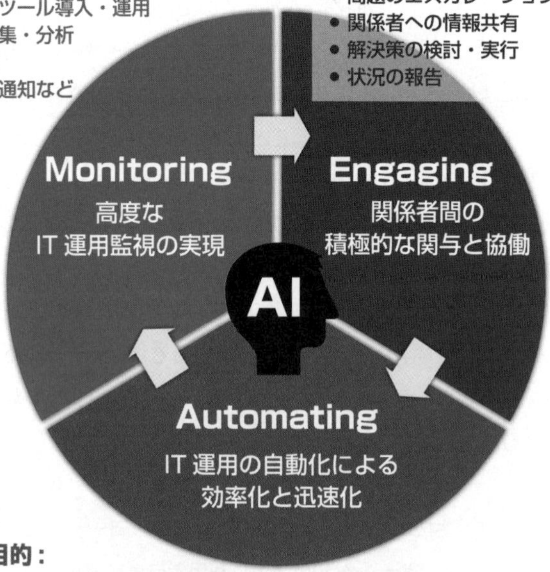

目的：
IT 運用に関わる作業を自動化し、IT 運用の効率化を実現すること

概要：
機械学習や自動化ツールを活用し、問題解決までの時間を短縮する

作業内容：
- 自動化ツールの導入
- 自動化対象業務の選定
- 自動化シナリオの作成
- 自動化実行

ITシステムの運用についてもAIを使えば、生産性や品質を大幅に向上させることができます。それは、ITシステムの運用が、未だ人手に頼る労働集約型業務となっているからです。たとえば、専用の運用管理ツールに加え、ExcelやRPAなどツールを組み合わせて使っていて、それらを使いこなす手順やノウハウが属人化している場合も少なくありません。そのため、有能な社員に依存しがちで、世代交代もなかなか進まないといった課題を抱えています。

また、クラウド利用の拡大とともに、オンプレミス（自社でシステム資産を保有）とクラウドの混在によるシステムの複雑化や、情報漏えい／不正アクセスなどへのセキュリティ強化対策が求められるようになりました。加えて、リモート・ワークが当たり前となり、ワーク・スタイルの多様化も進んでいます。もはや、人間の経験や属人的なノウハウに頼る運用は、限界を迎えています。

そうした中で、運用の自動化と効率化を目指す手法として期待されているのが、AIを使った運用(AIOps:Artificial Intelligence for IT Operations)です。2017年にガートナー社によって提唱されたこの手法は、企業が扱う膨大なデータとAIを組み合わせ、システム監視、データ分析、問題解決を自動化します。

AIOpsは、人間の経験や勘に頼るのではなく、収集されたデータに基づき適切な判断や操作を実現します。たとえば、運用に関わるイベントの集約や分類の自動化、異常データからの故障の予兆検知や根本原因分析などで、これらはすでに普及が進んでいます。これらに加えて、生成AIの発展により、運用設計や運用ルールの設定など、高度に専門化された業務を支援して、専門人材の人手不足を補ってくれることが期待されています。また、トラブルに際して、エンジニアは、自然言語を使って運用管理システムと対話して現象を整理し、原因を絞りこみ、解決策を見つけ、その解決作業を指示できるようにもなるでしょう。

運用チームはアラートの多発による疲弊から解放され、属人化された手作業を減らし、作業を自動化できます。また、手間のかかる知的力仕事から解放されて、より効果的に問題の原因を究明できるようになります。さらに、運用設計や運用環境の整備などの高次な知的作業に多くの時間を割くことができるようになります。

RPA：PC 操作の自動化ツール

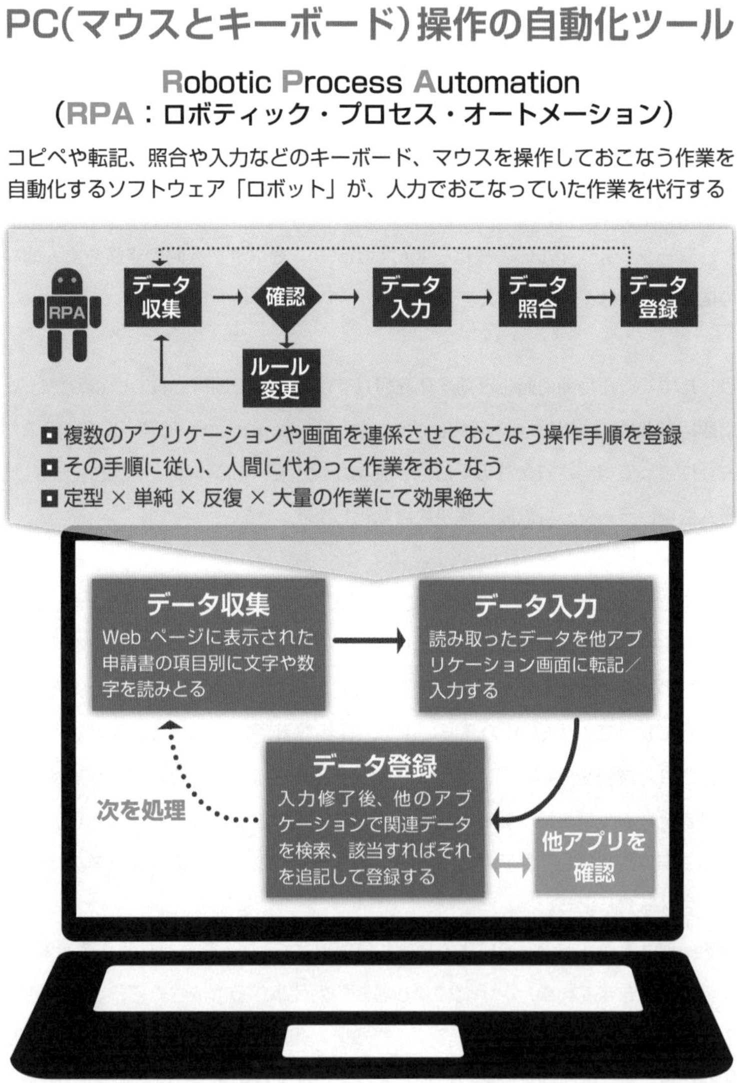
PC(マウスとキーボード)操作の自動化ツール
Robotic Process Automation
(RPA：ロボティック・プロセス・オートメーション)
コピペや転記、照合や入力などのキーボード、マウスを操作しておこなう作業を自動化するソフトウェア「ロボット」が、人力でおこなっていた作業を代行する
RPA
データ収集
確認
データ入力
データ照合
データ登録
ルール変更
複数のアプリケーションや画面を連係させておこなう操作手順を登録
その手順に従い、人間に代わって作業をおこなう
定型 × 単純 × 反復 × 大量の作業にて効果絶大
データ収集
Webページに表示された申請書の項目別に文字や数字を読みとる
データ入力
読み取ったデータを他アプリケーション画面に転記／入力する
データ登録
入力修了後、他のアプケーションで関連データを検索、該当すればそれを追記して登録する
他アプリを確認
次を処理

RPA（Robotic Process Automation）とは、コピペや転記、照合や入力など、画面を見て、キーボード、マウスを操作して行う作業を、人間に変わって行ってくれるソフトウェアです。

前節で紹介した「ノーコード／ローコード開発ツール」が、アプリケーションを開発する手段であるのに対し、RPA は、すでにあるアプリケーションの操作や連係を自動化するツールです。

一般的に、他のアプリケーションを連係させる場合は、アプリケーションが提供する連携機能（API：Application Programming Interface）を使い、プログラムを作るのが一般的です。しかしこの方式は、専門的なプログラミング知識が必要で、かつ各アプリケーションに API を用意しなければなりません。

それに対し RPA は、人間がディスプレイ上でおこなっている操作手順を録画するように登録すれば、それをそのまま自動で再現してくれます。たとえば、「申請書登録画面に表示された項目ごとのデータを読み取り、それを他のアプリケーションに転記する」、「拾い出したキーワードについて、他のアプリケーションで情報を検索して必要な項目をコピー＆ペーストする」など、人間がおこなっていた操作の手順をそのまま実行してくれます。人間に代わって作業をしてくれる労働者という意味で、「Digital Labor」や「ロボット」とも呼ばれています。

RPA は、事務処理や書類作成といった 単純な割に手間のかかる業務が多い役所や公的機関、金融業界などの業種・職種で、作業の生産性を大幅に向上させることができます。

事務処理の合理化をすすめてコスト削減を図るために、シェアード・サービス（間接部門の業務を 1 拠点にまとめること）の海外設置や BPO（Business Process Outsourcing）が使われてきました。しかしこれらは、現地での労働単価の上昇や、人材の流動性が高くノウハウが定着しないという問題を抱えています。

高齢化、少子化で労働者不足が避けられない我が国では、業務の生産性向上は喫緊の課題です。さらに、低金利で収益の確保が難しい銀行では、膨大な事務処理に関わる要員を削減する必要に迫られています。業務負担を短期間かつ低コストで劇的に削減できる解決策として、RPA は注目を集めています。

RPAの課題や制約とその対処法

プログラミングは不要だが、プログラミング・スキルは必要

- ✔業務プロセスの整理と仕様化
- ✔設定ルールや命名ルールの標準化
- ✔処理手順の単純化・リファクタリング

IT部門に作れても、業務部門には作れない（場合がある）

- ✔プログラミング・スキルがない
- ✔IT部門は仕事だが、事業部門は本業ではない
- ✔自分の仕事がなくなることへの抵抗

業務プロセスを知っている人がいなくなればブラック・ボックス化

- ✔属人化しているので、そのプロセスの目的や前後の段取りが不明
- ✔導入初期には劇的な効果はあっても、効果の継続的拡大は難しい
- ✔属人化したプロセスが固定化して業務改善が停滞する

ロボットの得意・不得意に精通していなければ、効果は限定的

- ✔ロボットの不得意なところに適用しても効果は出ない
- ✔業務プロセスやユーザー・インターフェースが変更されてもすぐに対処できない
- ✔かんたんな機能しか使いこなせなければ、投資対効果を引き出せない

ロボットが不得意

- ●判断を必要とするプロセスが多い
- ●画面の位置や桁がダイナミックに変わる
- ●ルールが曖昧で、画面変更が恣意的または頻繁におこなわれる

RPA の導入は短期的には、業務効率を大幅に向上させる可能性がありますが、考慮すべきことも少なくありません。

- プログラミングは不要だが、プログラミング・スキルは必要：業務プロセスの整理と仕様化、設定ルールや命名ルールの標準化、処理手順の単純化やリファクタリング（分かりやすく整理する）など
- IT 部門に作れても、業務部門には作れない（場合もある）：プログラミング・スキルがない、IT 部門は仕事だが事業部門は本業ではない、そもそも自分の仕事がなくなる恐怖感があり導入したくないなど
- 業務プロセスを知っている人がいなくなればブラックボックス化：属人化しているプロセスは目的や前後の段取りが不明の場合も多い、導入初期には劇的な効果はあっても効果の継続的拡大は難しい、属人化したプロセスが固定化して業務改善が停滞するなど
- RPA の得意・不得意に精通していなければ、効果は限定的：人間の判断を必要とするプロセスが多いもの、画面の位置や桁が都度ダイナミックに変わる業務、ルールが曖昧で画面変更が恣意的または頻繁に行われるものなどには不適。だからといってかんたんな業務に限定して適用しても投資対効果は不十分

以上のような課題や制約を理解し、次のような対処をおこなうといいでしょう。

- ユーザー、IT 部門、ベンダーを交えた推進体制を作り、実施目的を明確にして、効果を上げられるところから優先順位を決めて実施する
- 最新の情報をアップデートし、最適な適用方法を常に見直し、業務プロセスを棚卸して改善・廃棄を先行させ、まずは意味不明・無用と考えられる業務プロセスを徹底して廃棄する
- 業務の改善で解決できるところは、それを優先し、自分たちではどうにもならないことや適用が効果的なところを見つけて適用する
- 改善のサイクルを継続し、RPA だけに解決を頼らず、業務改善や改革、API 連携やシステムの再構築なども選択肢に入れる

開発と運用の協調・連携を実現する DevOps

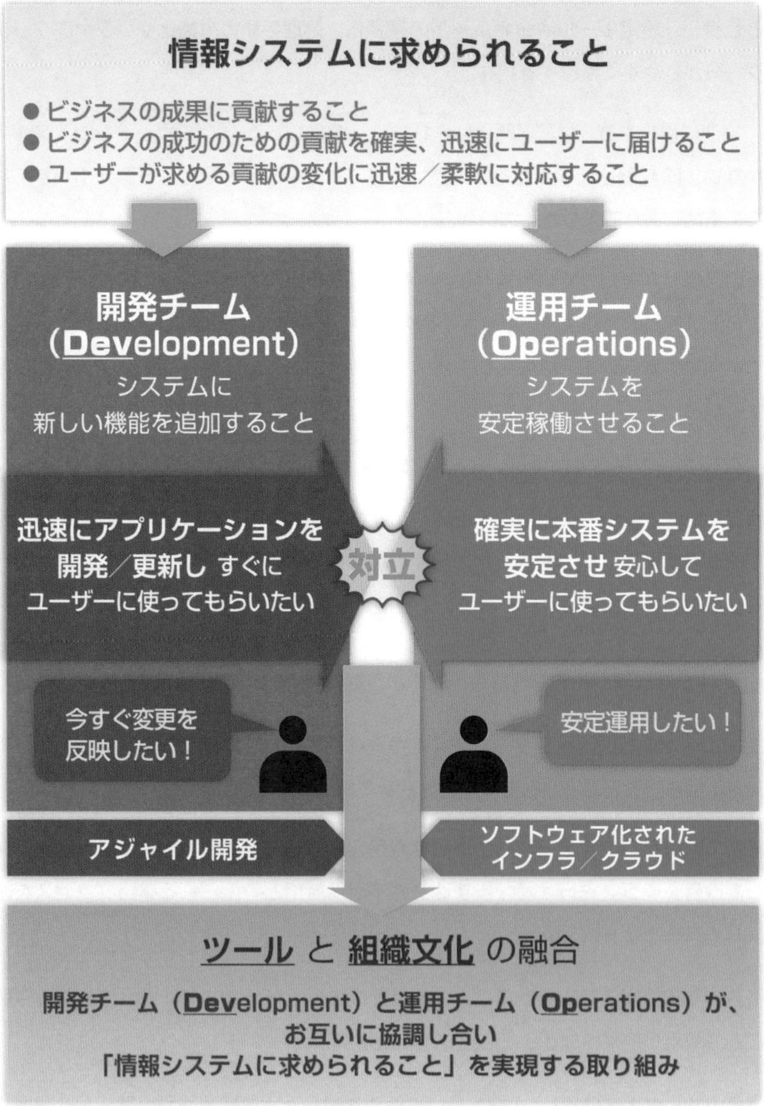

情報システムに求められること
● ビジネスの成果に貢献すること
● ビジネスの成功のための貢献を確実、迅速にユーザーに届けること
● ユーザーが求める貢献の変化に迅速／柔軟に対応すること
開発チーム（Development）
システムに
新しい機能を追加すること
運用チーム（Operations）
システムを
安定稼働させること
迅速にアプリケーションを
開発／更新し すぐに
ユーザーに使ってもらいたい
対立
確実に本番システムを
安定させ 安心して
ユーザーに使ってもらいたい
今すぐ変更を
反映したい！
安定運用したい！
アジャイル開発
ソフトウェア化された
インフラ／クラウド
ツール と 組織文化 の融合
開発チーム（Development）と運用チーム（Operations）が、
お互いに協調し合い
「情報システムに求められること」を実現する取り組み

開発チームと運用チームにとって、「ビジネスの成果に貢献すること」は共通の目的です。そのためには、ユーザーの求めるニーズに迅速、柔軟に対応しなくてはなりません。圧倒的なスピードが求められるいま、両者にはこれまでにもまして、即応力が求められます。

ただ、目的は同じでも両者の果たすべき役割は異なります。開発チームは、システムに新しい機能を追加するため、ユーザーからの開発や変更の要求に迅速に対応しようとします。そして、運用チームに、「ユーザーにそのメリットを直ちに提供したいので、すぐに本番環境に移行してほしい」と要求します。

これに対して運用チームは、システムを安定稼働させることが役割です。本番システムを安心してユーザーに使ってもらうためには、本番システムを確実に安定稼働させる必要があり、インフラの調達や構築、設定や運用手順の整備、テストなどを行わなくてはなりません。そのため、開発チームの要求に即座に答えることはできません。このような両者の対立を放置すれば、圧倒的なスピードは手に入りません。

そこで、開発（Development）と運用（Operation）が協調・連携し、一体となってこの障害を克服しようという取り組み「DevOps」が必要となります。

具体的には、開発したシステムを直ちに本番システムに反映するために、開発チームと運用チームの役割を見直します。たとえば、開発者自身の判断で本番システムに移行しても障害を起こすことなく安定運用が担保できるしくみを作ることです。そのためには、システムの調達や構成のための自動化ツールやコンテナなども積極的に取り入れます。

DevOpsは、このような一連の取り組みにより、開発したアプリケーションをユーザーが直ちに検証できるようにする「継続的デリバリー（Continuous Delivery）」や、開発したシステムの本番への移行を不断に繰り返していく「継続的デプロイメント（Continuous Deployment）」の実現を目指します。

現場のニーズにいち早く対応し、変化にも即応できるアジャイル開発の「反復型開発」や「継続的インテグレーション」と組み合わせることで、変化に俊敏に対応できる圧倒的なスピードを開発と運用にもたらすことができます。

DevOps ×コンテナで圧倒的なスピードを実現する

アプリケーション開発者は、
OS やインフラの違いを意識することなく
アプリケーションを開発し、どこでも実行できるようになる

開発し、テストが完了したアプリは
すぐに本番環境で実行させることができる

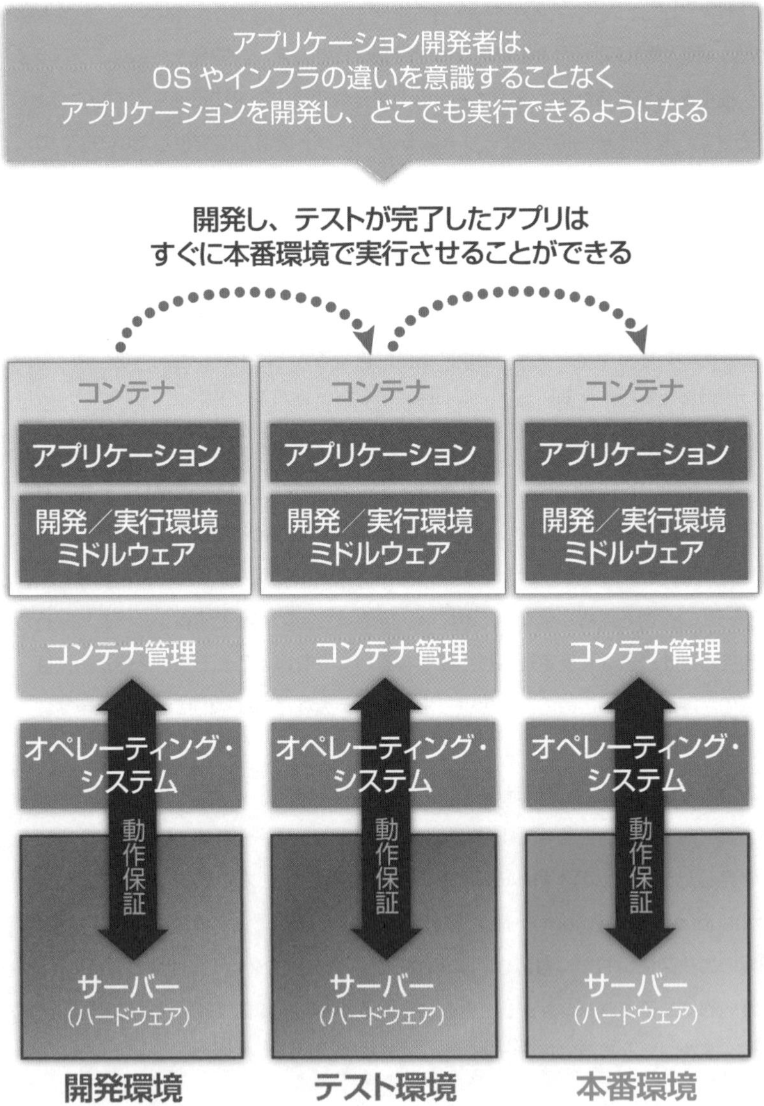

開発者は、アプリケーションのプログラム・コードを作成あるいは修正すると、それをテストして、正しく動作することを確認します。この作業は、日々行われるだけではなく、大規模なアプリケーションであれば、複数の開発者が同時に同じアプリケーションの作成、修正、テストを行うこともあります。

こうして作られたプログラム・コードが、正しく動作、連携するように、不具合の混入を早期に見つけて対処し、複数の開発者で作ったプログラム・コードを常に最新の状態に保ち、全体で正しく機能する状態を維持する必要があります。

そのためには、プログラム・コードを変更するたびに単体テストの実行を自動化して、プログラムの修正や機能追加に対する不整合を早期に発見し、修正しなくてはなりません。この一連の作業が、「継続的インテグレーション（CI：Continuous Integration）です。

CIを完了したアプリケーションは、自動的にテスト環境に移され、常に動作可能な最新の状態のアプリケーションを維持する作業が、「継続的デリバリー（CD：Continuous Delivery）です。なお、実際に本番環境に移す作業を自動化することを「継続的デプロイメント（Continuous Deploy）」と呼びます。

DevOpsは、CI/CDによってアプリケーションの機能の追加や修正を迅速にすることを目指しています。ここでコンテナを使えば、アプリケーションをハードウェアやOSから切り離すことができるので、コンテナで開発、テストしたアプリケーションを、実際に稼動する本番環境でも同じように動作させることができます。

これを継続的かつ繰り返し行いますから、起動の早いコンテナは、それだけでCI/CD作業時間を短縮できます。また、テスト環境や本番環境が同じコンテナであれば、その環境の違いを気にすることなく、そのまま動かすことができます。

CI/CDの考え方やこれを実現するツールが登場する以前は、1つ1つの作業を開発者が、その都度手動で行っていました。コンテナを使えば、これら一連の作業を連続的に自動化し、作業の効率を大幅に高めることができます。

イミュータブル・インフラストラクチャとインフラストラクチャ・アズ・コード

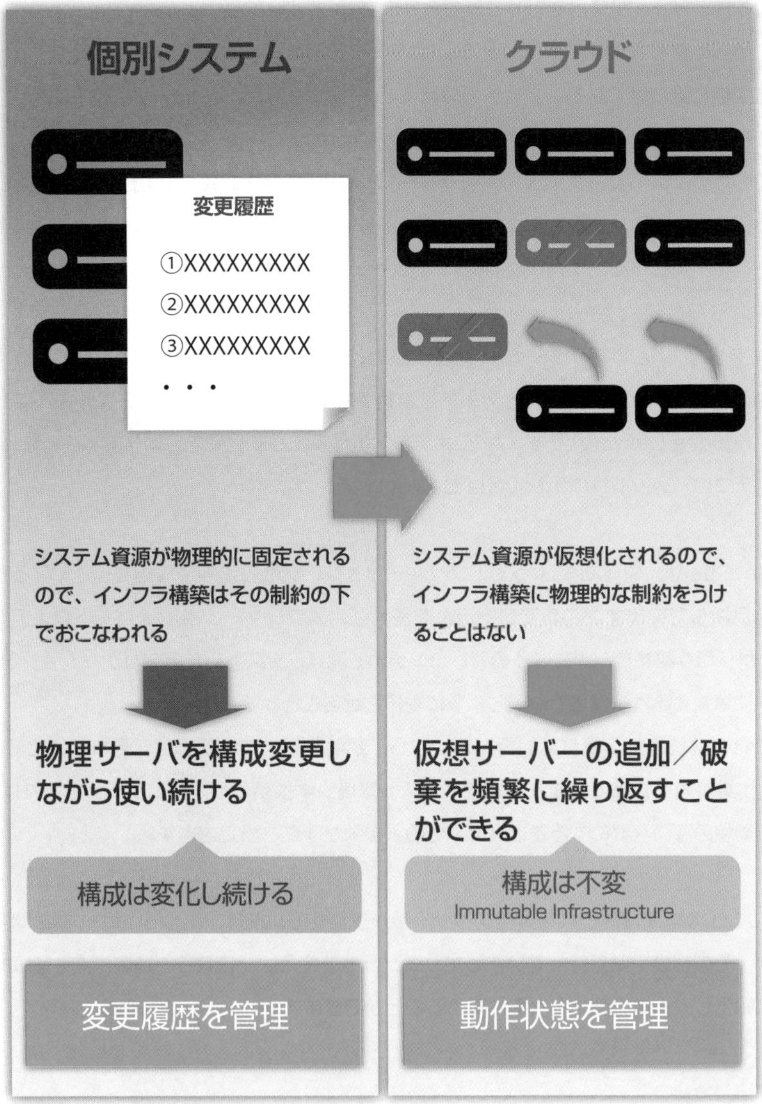

個別システム
クラウド
変更履歴
①XXXXXXXXX
②XXXXXXXXX
③XXXXXXXXX
・・・
システム資源が物理的に固定されるので、インフラ構築はその制約の下でおこなわれる
物理サーバを構成変更しながら使い続ける
構成は変化し続ける
変更履歴を管理
システム資源が仮想化されるので、インフラ構築に物理的な制約をうけることはない
仮想サーバーの追加／破棄を頻繁に繰り返すことができる
構成は不変
Immutable Infrastructure
動作状態を管理

ミドルウェアやアプリケーションは、バグの修正やセキュリティ・アップデートを適宜適用しなければなりません。運用チームは、そのたびにアプリケーションが正常に稼働することを確認しなくてはならず、もし更新後に問題が発生すれば、非常に手間のかかる「問題の切り分け」をしなくてはなりません。

このような事態に対応するために、「台帳」でIT資産の更新履歴、用途、バージョン、責任者、作業内容、日付などを管理するのが一般的です。しかし、ハードウェアやソフトウェアが増え続けていくと、その管理は容易ではなく、実際の状態と台帳の内容がずれてしまい、その都度個別の確認が必要でした。

この事態を解消する手段が、イミュータブル・インフラストラクチャ（Immutable Infrastructure）です。イミュータブルとは「不変」すなわち、「本番環境に手を加えない」という意味で、「バージョンアップやパッチ適用などの管理をしない」という考え方です。

そのために、まったく同じ構成や能力の本番環境と開発環境を用意しておきます。そして、本番環境には手を加えず、開発環境でのみバージョンアップやパッチ適用などをして、そこで十分にテストし、問題がないと判断すれば、ネットワークの接続先を開発環境から本番環境に切り替えます。もし、切り替えで問題があっても、ネットワークを元に戻せば、旧本番環境に戻せます。

この本番環境と開発・テスト環境をハードウェアではなく仮想マシンにすれば、インフラの構築や廃棄、起動に手間や時間はかからず、移行作業の負担を大きく減らすことができます。さらに、コンテナにしておけば、インフラのことなど意識しなくてもよくなりますから、もっと頻繁に、高速にこの作業を繰り返すことができます。

さらに、ハードウェア、OS、コンテナ、開発・実行環境までを一元的にソフトウェアで制御し、自動化しようとする、「インフラストラクチャ・アズ・コード（Infrastructure as Code）」と呼ばれるやり方もあります。インフラを設定するすべての手順をコード化するという意味で、Chef や Ansible、Terraform といったソフトウェアが、このようなしくみを実現するための機能を提供しています。

変化への俊敏な対応を実現する
マイクロサービス・アーキテクチャ

モノリシック型アプリケーション

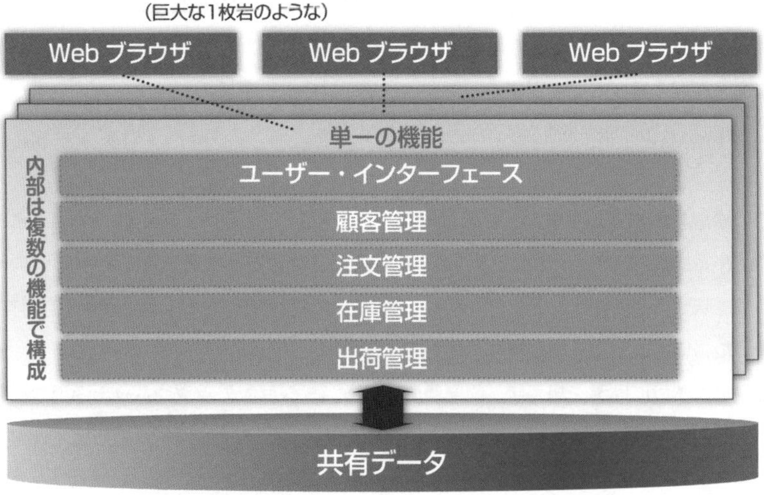

大きな単一の機能によって 1 つの処理を実現する

マイクロサービス型アプリケーション

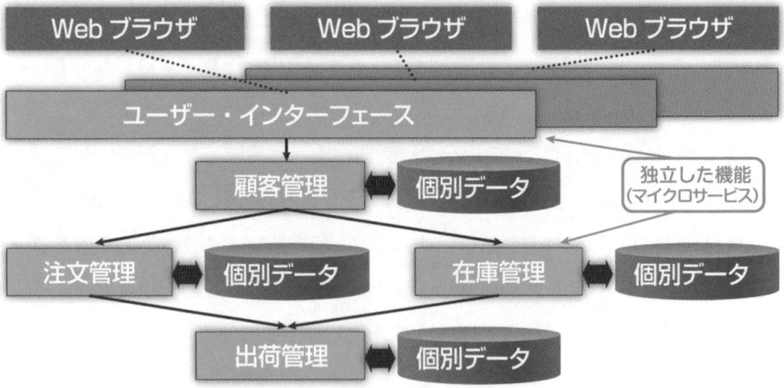

複数の独立した機能（マイクロサービス）を組み合わせることで
1 つの処理を実現する

プログラムは、さまざまな機能を組み合わせて、全体の処理を実現し、業務の目的を達成します。たとえば、オンライン・ショッピングであれば、ユーザーからのアクセスを処理する「UI」と、さまざまな業務処理（顧客管理、注文管理、在庫管理など）を行う「ビジネス・ロジック」を組み合わせて、１つのプログラムにします。もし、同時に複数の注文があれば、そのプログラムを注文の数だけ並行稼働させます。このようなプログラムの作り方を「モノリシック（巨大な一枚岩のような）」と呼びます。

ただ、この作り方では、決済の方法が変わったり、顧客管理において外部のクラウド・サービスを新規利用することになったり、などの変更が生じた場合、変更の規模の大小にかかわらず、プログラム全体を作り直さなければなりません。

また、変更を重ねるにつれて、当初きれいに分かれていた各ロジックの役割分担が曖昧かつ複雑になります。これにより処理効率が低下し、保守管理がしだいに難しくなります。これが先に紹介した「技術的負債」です。さらに、ビジネスの拡大によって注文が増大した場合、負荷が増大するロジックだけの処理能力を大きくすることはできず、プログラム全体の稼働数を増やさなくてはならないため、膨大な処理能力が必要となってしまいます。

これらの課題を解決する作り方が、マイクロサービス・アーキテクチャです。これは、単一機能の部品を連結させることで、全体の処理を実現するもので、この「単一機能の部品」を「マイクロサービス」と呼びます。

個々のマイクロサービスは独立しており、あるマイクロサービスの変更が他に影響を及ぼしません。また、それぞれ単独に実行されます。この方式を使えば、機能単位で独立して開発・変更、運用ができ、マイクロサービス単位で実行させられるため、処理量が増大した際にも必要なマイクロサービスの実行数を増やすだけでよく、システム負荷の増大を抑制できます。

このマイクロサービスをコンテナで作れば、どこででも稼働させることができ、クラウド・サービスと組み合わせれば、ただちに処理能力の拡大や縮小ができるようになります。

ただし、システムの複雑性が高まるため、導入前にメリットとデメリットを慎重に検討し、適切な開発・運用体制を構築することが重要です。

サーバーレスと FaaS

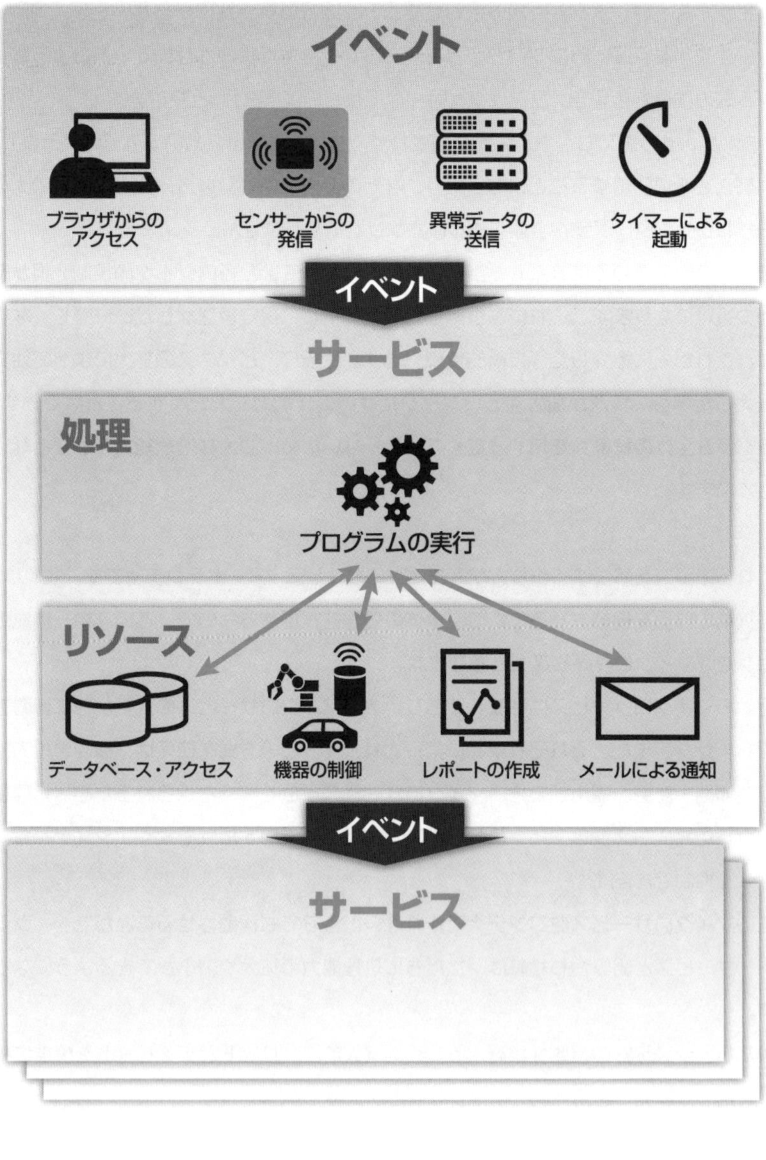

「サーバーレス」とは、アプリケーションの実行に必要なサーバーのセットアップと管理を気にせず開発できるしくみで、サーバーを必要としないわけではありません。

この「サーバーレス」でアプリケーション開発・実行できるクラウド・サービスをFaaS（Function as a Service）と言います。FaaSを使えば、必要なインフラの調達や管理をクラウド・サービスに任せられ、データベース、メッセージング、認証など、開発に必要な機能がサービスとして提供されるので、開発者はプログラミングに専念できるようになります。

- サービス（ある機能を実現するプログラム）のコードを書き、それを連携させることで、一連の業務処理を実行できる
- 処理能力は自動で割り当て、必要に応じてスケールしてくれる
- 書いたコードはコンテナ上で実行し、終了すると即座に廃棄される

料金は、使った機能ごとに課金されます。たとえば24年3月現在、AWSのFaaSであるAWS Lambdaでx86というCPUを使う場合、100万リクエストにつき0.20ドル、GB秒あたり0.00001667ドルで、使わなければ料金は発生しません。また、1,000,000件リクエスト、月間400,000 GB秒が無料となっています。IaaSのように使う・使わないに関わらずサーバーを立ち上げている時間に課金されるのと異なり、使い方によっては、劇的なコスト削減が期待できます。AWSのLambdaの他にも、GoogleのCloud Functions、MicrosoftのAzure Functionsなどがあります。

FaaSを使うメリットは、コストの削減、スケーラビリティの確保、インフラの運用管理をアプリケーション開発者から解放することです。マイクロサービスとも相性がよく、これを実現する手段としても注目されています。

FaaSであらゆるアプリケーションを作れるというわけではなく、ECサイトやマーケティングサイトのように負荷予測が難しく、ダイナミックな負荷の変動に対応しなければならないアプリケーションに向いているといえるでしょう。ただ、その制約も少なくなりつつあります。

アプリケーション開発に集中するためのクラウド・ネイティブ

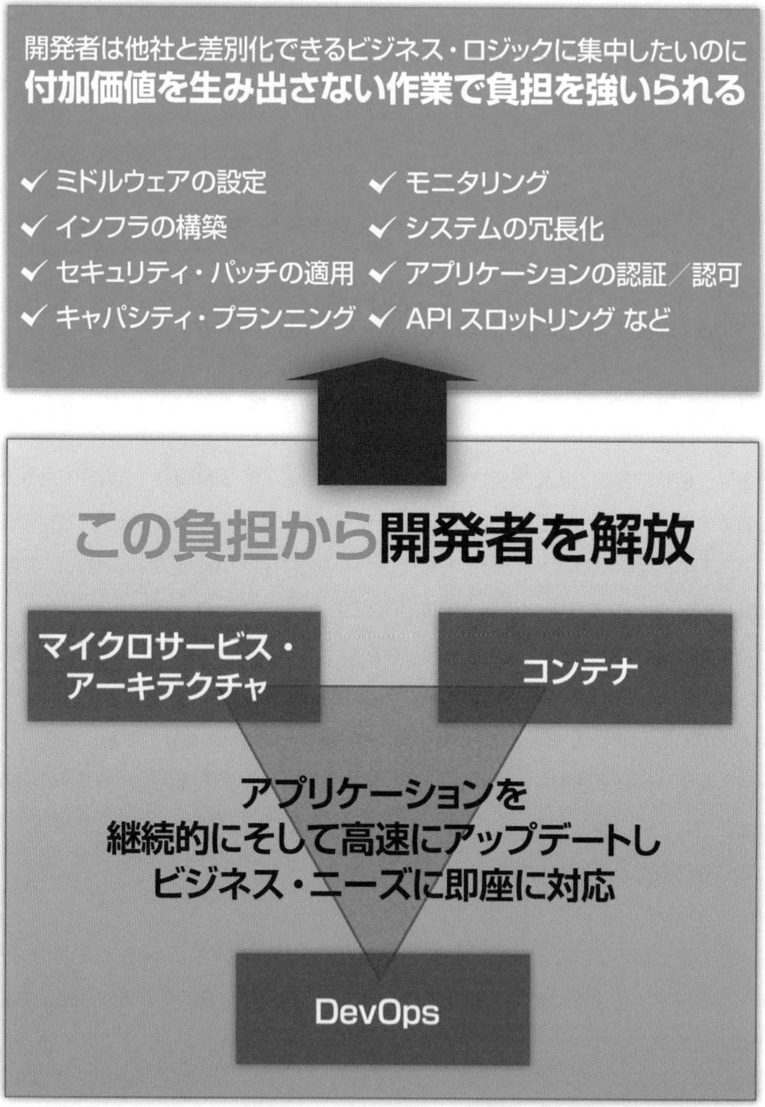

開発者は他社と差別化できるビジネス・ロジックに集中したいのに
付加価値を生み出さない作業で負担を強いられる
✔ ミドルウェアの設定
✔ インフラの構築
✔ セキュリティ・パッチの適用
✔ キャパシティ・プランニング
✔ モニタリング
✔ システムの冗長化
✔ アプリケーションの認証／認可
✔ API スロットリング など
この負担から開発者を解放
マイクロサービス・アーキテクチャ
コンテナ
アプリケーションを
継続的にそして高速にアップデートし
ビジネス・ニーズに即座に対応
DevOps

社会や経済の環境がめまぐるしく変わるいま、この変化に俊敏に対応し、アプリケーションを高速に開発・改善することが求められています。それには、アプリケーション開発や運用に関わるエンジニアが、付加価値を生みださないインフラやプラットフォームを気にすることなく、他社との差別化や新たな価値を創り出すビジネス・ロジックに集中できるようにしなくてはなりません。

しかし、現実にはミドルウェアの設定、インフラの構築、セキュリティ・パッチの適用、キャパシティ・プランニングなどの作業を開発者が担うのが一般的です。そこで、このような作業をクラウド・サービスに任せ、その負担から彼らを解放しようというのが、「クラウド・ネイティブ」です。

「マイクロサービス・アーキテクチャ」、「コンテナ」、「DevOps」を可能にする／支援するクラウド・サービスを使い、エンジニア達がアプリケーション開発に集中できるようにするサーバーレスは、有効な手段です。

マイクロサービス・アーキテクチャとは、アプリケーションを小さな機能部品、すなわちマイクロ・サービスの組合せとして実現する手法です。各サービスは、独自に動作し、お互いに通信して、アプリケーション全体を実行します。各マイクロ・サービスは、他のサービスに依存しないので、他に影響を与えることなく改修、規模の変更、再起動ができ、ユーザーへの影響を最小限に抑えながら、稼働中のアプリケーションを頻繁にアップデートできます。

コンテナは、仮想マシンと同様、「隔離されたアプリケーション実行環境」です。仮想マシンに比べてシステム負荷が小さく、インフラやプラットフォームを越えて動作保証されているので、ハイブリッド・クラウドやマルチ・クラウドといった異なるシステム環境へ移して動作させたり、複数のシステムにまたがって実行させることで規模をダイナミックに変更することもできます。

DevOps とは、頻繁なアプリケーションの改修や本番移行を行っても、安定稼働を保証するしくみを、開発者と運用者が共同して実現する取り組みです。

これら一連のしくみや取り組みで、アプリケーションを継続的にそして高速にアップデートし、ビジネス・ニーズの変化に即座に応えられるようにしようというわけです。

アプリケーションの付加価値を高める API エコノミー

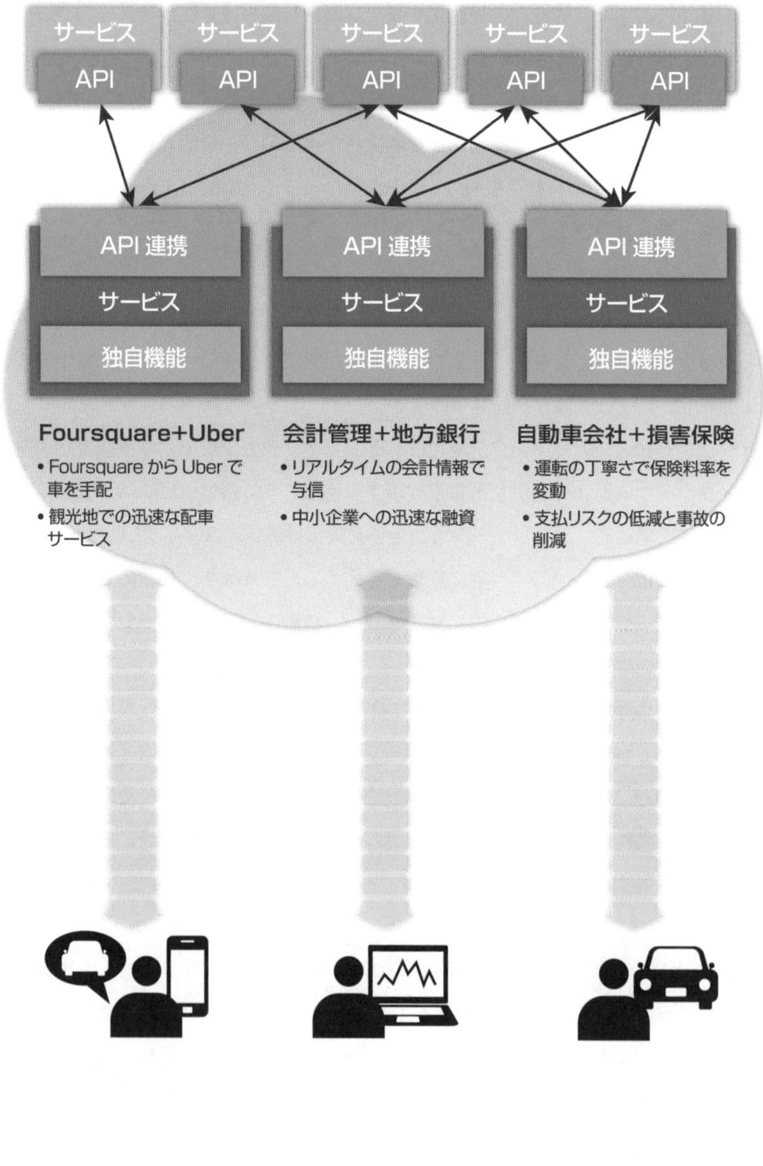

Amazonは、さまざまなショッピング・サイトで、Amazonの決済機能が使える「Amazon Pay」を提供しています。これを使えば、ユーザーは、ショップごとに個人情報を登録せずに、すでに登録済みのAmazonアカウントで決済ができるので、手間が省けます。また、ショッピング・サイト側も決済機能を自前で作らなくてもよく、膨大なAmazonユーザーを顧客にすることもできます。

このように各サービスが強みとする機能を利用し合い、自前だけでは容易には実現できない価値を生み出すために、自分たちが提供するサービス機能を他のサービスからインターネットを介して利用できるようにしたのが、API（Application Programing Interface）です。

APIの本来の意味は、あるソフトウェアから別のソフトウェア機能を呼び出して利用する際に接続する、ソフトウェアの窓口（の仕様）です。それを、インターネットで提供されるサービスから他のサービス機能を利用できるしくみにまで解釈を広げて使われるようになりました。

API提供企業のメリットは、自社サービスの提供範囲が広がり、新規顧客が獲得でき、利用料収入も期待できることです。API利用企業も魅力的な機能を自前で開発しなくても、すぐに自社サービスに組み込めるようになります。このようなAPIを相互利用できる関係を「APIエコノミー」と呼んでいます。

APIを提供しているサービスは多く、たとえば、会計管理を行うクラウド・サービスが、日々の売上帳簿のデータを銀行に提供することで融資のための与信を迅速に行えるようにする、自動車会社が車載センサーから取得した運転データを損害保険会社に提供し、運転の丁寧さや走行距離、走行地域などのデータに基づいて保険料率を変動させる保険などがあります。特に金融機関が、残高照会·入出金明細照会·口座情報照会といった情報や、資金移動の情報を提供するAPIを提供することで、新たな金融サービスが生みだされつつあります。

ただ、APIを公開するとなると、セキュリティ、権限設定や認証、課金など検討すべき課題は多岐にわたります。そこで、これらの課題を解決し、APIによるサービス連携を仲介するクラウド・サービスも登場するなど、「APIエコノミー」は、今後も拡大していくことになるでしょう。

システム開発とクラウド・サービスの役割分担

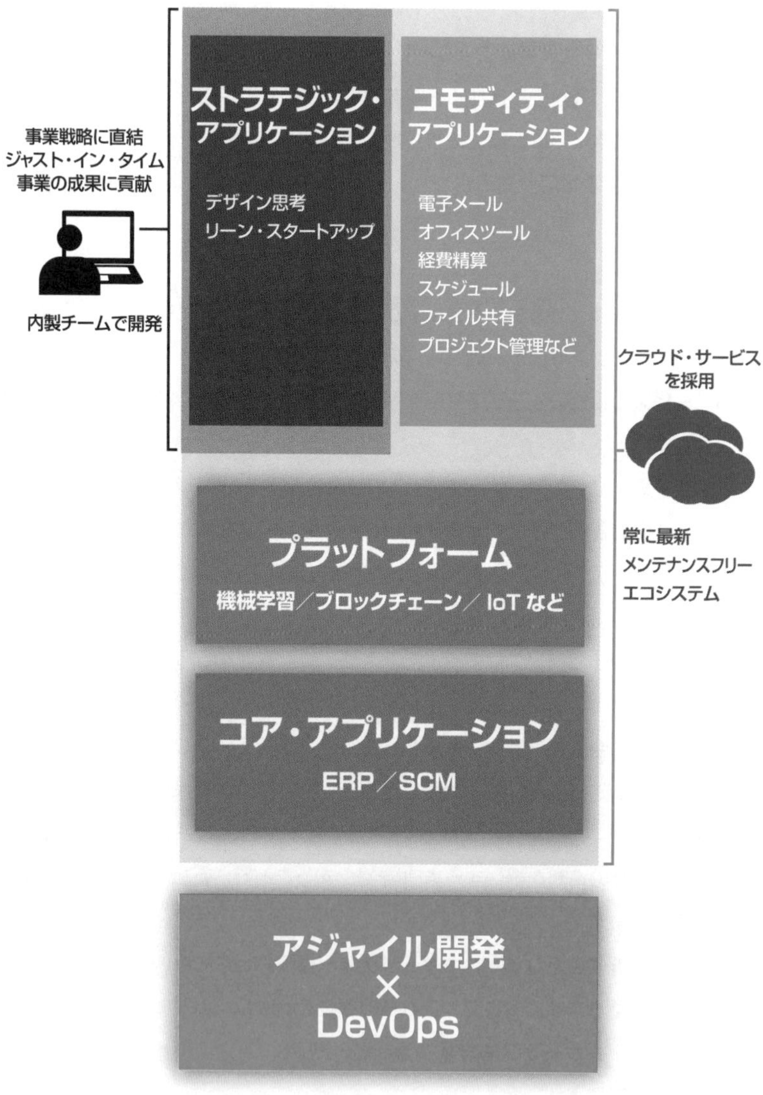
事業戦略に直結
ジャスト・イン・タイム
事業の成果に貢献
内製チームで開発
ストラテジック・アプリケーション
デザイン思考
リーン・スタートアップ
コモディティ・アプリケーション
電子メール
オフィスツール
経費精算
スケジュール
ファイル共有
プロジェクト管理など
クラウド・サービスを採用
常に最新
メンテナンスフリー
エコシステム
プラットフォーム
機械学習／ブロックチェーン／IoTなど
コア・アプリケーション
ERP／SCM
アジャイル開発
×
DevOps

圧倒的なスピードでITサービスを実現しようとするなら、すべてを自前で開発すべきではありません。独自性が求められないアプリケーションは、積極的にSaaSを利用することです。たとえば、電子メールやオフィス・ツール、経費精算やファイル共有などは、どこの会社でも同じようなことをやっていますので、多少の手順の見直しは必要にしても、それらを利用していくのが現実的です。

また、財務会計、人事・給与、販売管理、生産管理などの基幹業務（コア・アプリケーション）も可能な限り標準化し、SaaSをできるだけ手直しすることなく利用すれば、開発の負担を軽減し、コストの抑制とスピードを手に入れることができます。さらに新しいニーズの取り込みや法令法規、税制などへの個別独自の対処も不要となります。

自社独自のストラテジック・アプリケーションを開発する場合には、必要となるテクノロジーを、プラットフォームを利用して開発するといいでしょう。

たとえば、AIやブロックチェーンなどの新しいテクノロジーを使ってアプリケーションを開発する場合には、必要となる機能部品が用意されているプラットフォームを利用することで開発スピードを速くできますし、常に最新の機能を使い、その機能拡張や運用管理を任せることができます。また、コア・アプリケーションとの連携が必要なときも、標準化された連携機能が提供されているので、最小限の手間で連携できます。

このようなやり方でITサービスを実現すれば、自社の独自性を発揮し、競争優位を生み出せるところに人材や経費、投資をシフトさせることができます。新規事業開発や事業・経営の変革をすすめるにも、ストラテジック・アプリケーションの開発が必要ですが、デザイン思考やリーン・スタートアップの考え方や手法を取り入れて、イノベーションを生み出すことにもリソースをシフトすることができるようになるでしょう。

このようなやり方を活かすためには、変化への俊敏な対応や現場のニーズに即応できなくてはなりません。従って、アジャイル開発やDevOpsの考え方や手法は前提となります。

これからの運用技術者と SRE

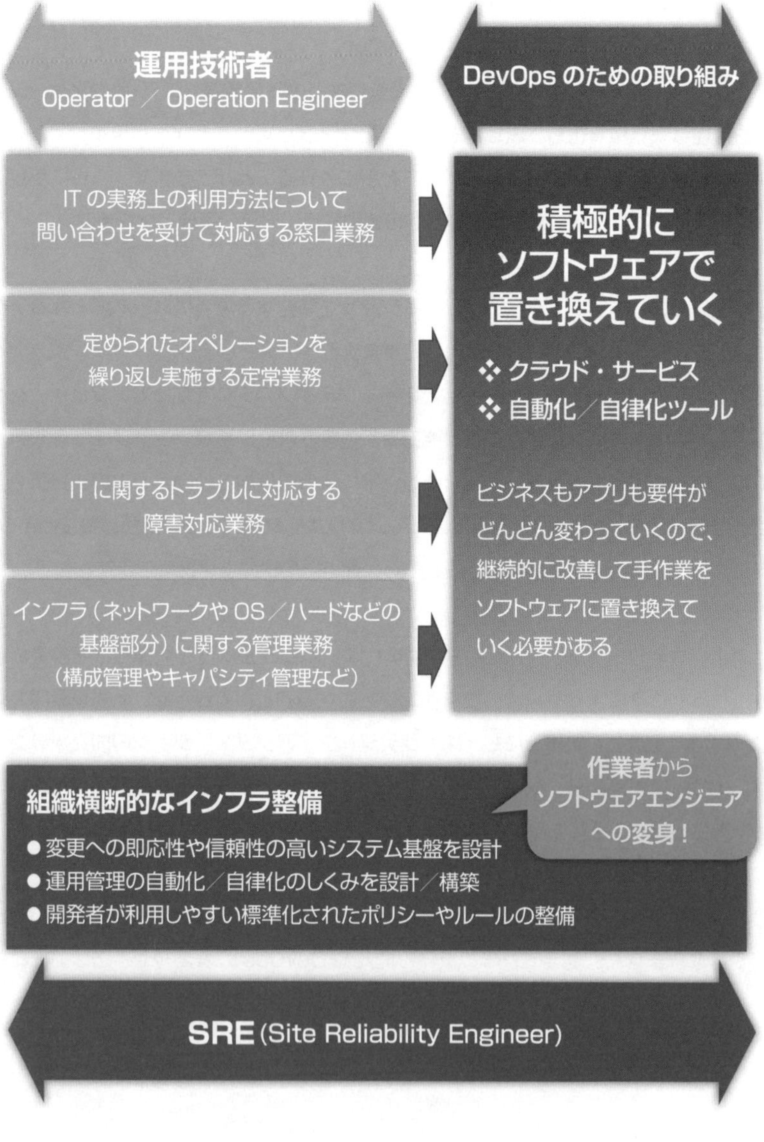
運用技術者
Operator ／ Operation Engineer
DevOps のための取り組み
IT の実務上の利用方法について
問い合わせを受けて対応する窓口業務
定められたオペレーションを
繰り返し実施する定常業務
IT に関するトラブルに対応する
障害対応業務
インフラ（ネットワークや OS ／ハードなどの
基盤部分）に関する管理業務
（構成管理やキャパシティ管理など）
積極的に
ソフトウェアで
置き換えていく
❖ クラウド・サービス
❖ 自動化／自律化ツール
ビジネスもアプリも要件が
どんどん変わっていくので、
継続的に改善して手作業を
ソフトウェアに置き換えて
いく必要がある
組織横断的なインフラ整備
● 変更への即応性や信頼性の高いシステム基盤を設計
● 運用管理の自動化／自律化のしくみを設計／構築
● 開発者が利用しやすい標準化されたポリシーやルールの整備
作業者から
ソフトウェアエンジニア
への変身！
SRE (Site Reliability Engineer)

インフラにおける日々の運用業務は、クラウド事業者に任せられるようになりました。またインフラを使うために必要な設定は、クラウドであればツールやAPIを介して使えるようになり、アプリケーション開発者にもできる時代です。このようなしくみが、先に紹介したインフラを設定するすべての手順をプログラム・コードで記述できる「Infrastructure as Code」です。

こんな時代に運用技術者に求められる役割も大きく変わろうとしています。たとえば、これまで求められてきた業務は、次のような内容でした。

- ITの実務上の利用方法について問い合わせを受けて対応する窓口業務
- 定められたオペレーションを繰り返し実施する定常業務
- ITに関するトラブルに対応する障害対応業務
- インフラに関する管理業務（構成管理やキャパシティ管理など）

このような業務は積極的にクラウド・サービスや自動化ツールに置き換え、どんどん変わるビジネス要件に柔軟・迅速に対応できるインフラ環境を作ることへと、業務の重点を移していくことが求められています。

具体的な業務は次のようなものです。

- 変更への即応性や信頼性の高いシステム基盤を設計
- 運用管理の自動化／自律化のしくみを設計・構築
- 開発者が利用しやすい標準化されたポリシーやルールの整備　など

このような役割を担う技術者は「SRE（Site Reliability Engineer）」と呼ばれています。彼らは、開発者とサービス･レベルの目標値を共有し、協力しながら開発やテスト、本番稼働に必要なインフラ環境をすぐに使える組織横断的なしくみを作ることに取り組みます。

先に紹介したAIOps（AIを使った運用）のサービスやツールの普及もこの取り組みを支えることになるでしょう。

インシデント対応やインフラの安定稼働といった守りの役割から、加速するビジネス･スピードの変化に対応し「ビジネスの成果に貢献する」することへと、運用技術者の役割は広がろうとしているのです。

第9章

いま注目しておきたいテクノロジー

留まることのない進化、置き換わる常識に目を向ける

テクノロジーの進化は留まることはなく、そのスピードは、いつも「想定以上」です。同時に流行り廃りも「想定以上」のスピードで繰り返されています。

そんな中で、社会やビジネスに、今後少なからず影響を与えるであろうテクノロジーを本章では採り上げます。

実用への課題も多く、まだ普及にはいたらなかったり、一時的に注目度が下がったりしているテクノロジーもありますが、大きなトレンドを俯瞰すれば、将来、私たちの日常に深く関わってくると考えているものです。

特に「量子コンピュータ」は、これまでのコンピューティングの常識を根本から置き換えるテクノロジーであり、各国、各社が膨大な資金をつぎ込んで研究・開発に取り組んでいます。画期的なブレークスルーが起きていて、2030 年を前にして影響を与え始めることが考えられます。

“

ITと人との係わり方を大きく変えるxR／VRとARとMR

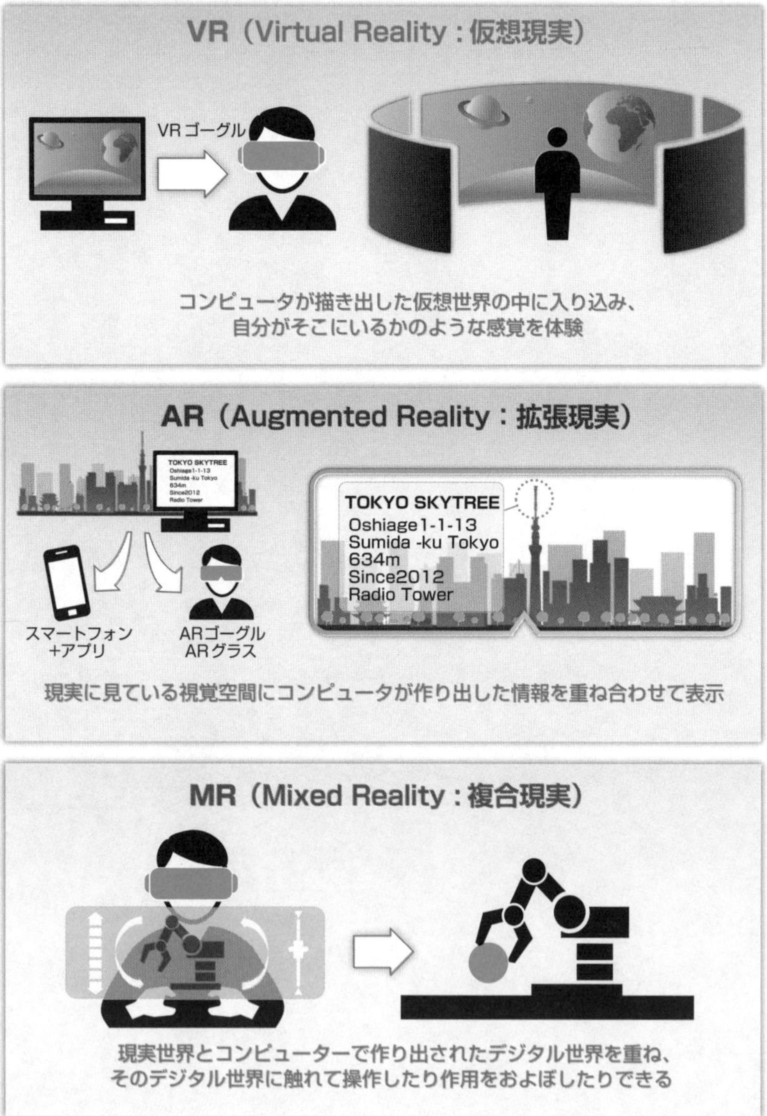
VR（Virtual Reality：仮想現実）
VRゴーグル
コンピュータが描き出した仮想世界の中に入り込み、
自分がそこにいるかのような感覚を体験
AR（Augmented Reality：拡張現実）
TOKYO SKYTREE
Oshiage1-1-13
Sumida -ku Tokyo
634m
Since2012
Radio Tower
スマートフォン
+アプリ
ARゴーグル
ARグラス
現実に見ている視覚空間にコンピュータが作り出した情報を重ね合わせて表示
MR（Mixed Reality：複合現実）
現実世界とコンピューターで作り出されたデジタル世界を重ね、
そのデジタル世界に触れて操作したり作用をおよぼしたりできる

VR（Virtual Reality：仮想現実）

ゴーグルを被るとコンピュータ・グラフィックスで描かれた世界が目の前に広がります。顔の動きや身体の動きに合わせて映像も動き、ヘッドフォンを被れば音響効果もそれに加わり、コンピュータで作られた人工的な世界に自分自身が飛び込み、そこに居るかのような感覚を味わい、それが現実であるかのように体験できる技術です。

没入感を体感できるゲーム、航空機の操縦シミュレーション、住宅のデモンストレーションなどに利用されています。

AR（Augmented Reality：拡張現実）

ゴーグル越しに見ている現実の風景に、それが何かを説明する「別の情報」が重なるように表示されます。スマートフォンやタブレットを風景にかざし、背面カメラで映し出された映像に情報を付加するソフトウェアやクラウド・サービスも登場しています。これが AR です。現実に見ている視覚空間に情報を重ねて表示させ、現実世界を拡張する技術です。

点検したい設備についての情報を表示させる、機械の操作パネルの映像上に説明や操作方法を表示させる、スマートフォン越しに映し出された建物や風景に説明情報を重ねるように表示して観光案内をするなどに使われています。

MR（Mixed Reality：複合現実）

ゴーグル越しに見ている現実の風景に投影された 3 次元映像が表示され、それをさわり、動かすことができます。あるいは、現実世界にあるアイテムに触れるとその説明が文字や映像で表示されます。AR とも似た概念ですが、AR が現実世界にコンピュータの作り出した情報を投影させる技術であるのに対して、MR は現実世界にコンピュータで作り出されたデジタル世界を重ね、そのデジタル世界に触れて操作したり作用をおよぼしたりできる技術です。

たとえば、航空機のシェット・エンジンの CG を投影し、パイロットや整備員がこれを囲み、それぞれの視点からエンジンのハッチを開き、部品を移動、拡大させ、リアルに実物を触っているかようにに体感しながら、エンジンの構造や名称を学ぶ研修に利用されています。

これら、VR、AR、MR を総称して xR（Cross Reality: クロス・リアリティ）とも呼ばれています。

スマート・グラスが実現する没入感とモビリティの統合

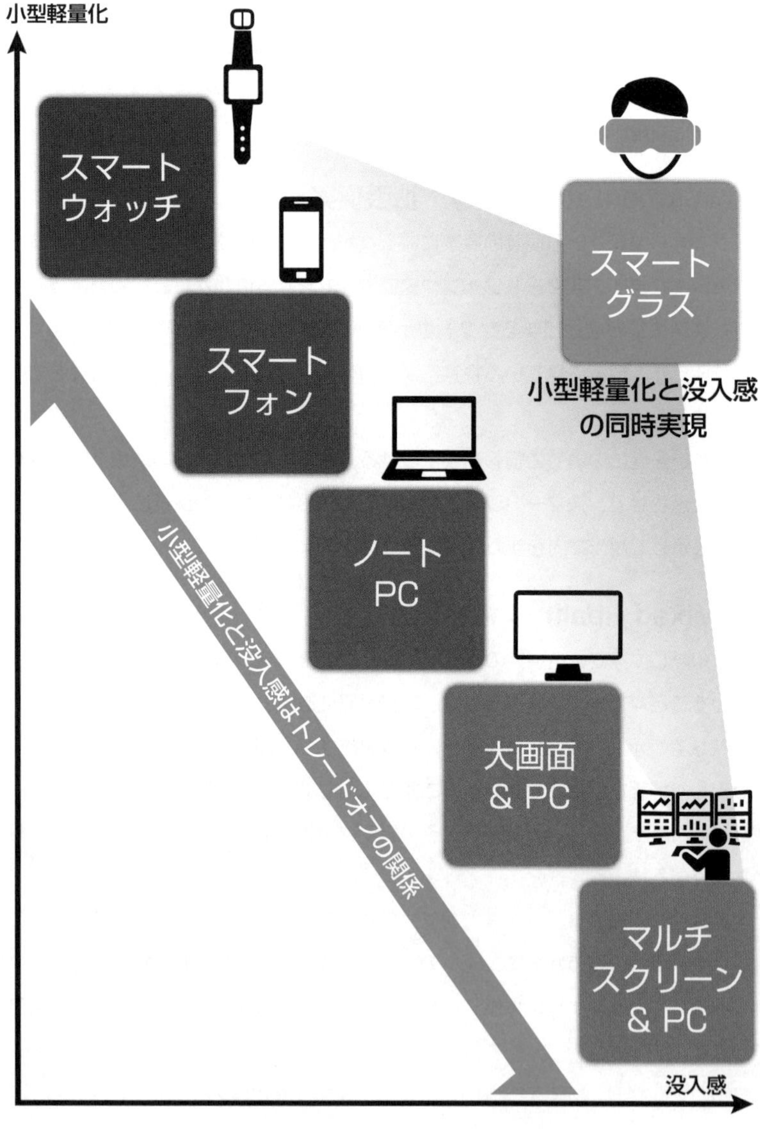

ディスプレイは、ITからの情報を受け取るためのUIです。そんなディスプレイに表示される情報量を増やし、豊かな表現力を発揮するには、画面を大きくしなくてはなりません。臨場感のある映像を見たり、オンライン・ゲームなどのようなCGの世界に没入する体験を得たければ、さらに大きなディスプレイやマルチ・スクリーンが必要になります。

一方、そんなディスプレイを持ち歩きたければ、小型にしなくてはなりません。ノート・パソコン、タブレット、スマートフォンと画面を小さくすることで、持ち運びの利便性（モビリティ）は向上します。いま広く使われているデバイスのうち、もっとも小型でモビリティ性能が高いものはスマート・ウォッチでしょう。

しかし、モビリティが高まるほど画面は小さくなり、表示できる情報量は少なくなり、臨場感や没入感は失われていきます。つまり、両者はトレードオフの関係にあるわけです。このトレードオフを解消する手段となるのが、xRで使われるゴーグル型や眼鏡型のスマート・グラスです。

スマート・グラスであれば、持ち運びは容易であり、擬似的に大画面を見ることができます。これにより没入感とモビリティの両立が実現します。スマート・グラスで実現可能なこととして、次のものが挙げられます。

- ハンズフリー操作：視線やジェスチャーで操作できるため、作業中の情報確認やコミュニケーションがスムーズに行える
- 情報表示：地図やナビゲーション情報、作業指示書などを目の前に表示することで、作業効率を向上させ、情報漏洩のリスクを軽減できる
- カメラ撮影：ハンズフリーで写真や動画を撮影できるため、臨場感のある映像を記録したり、遠隔での作業支援に活用したりできる
- 音声通話：電話やビデオ通話をハンズフリーで行えるため、移動中や作業中でもスムーズにコミュニケーションを取ることができる

スマート・グラスは、現時点では普及の途上にあり、価格が高く、バッテリーの持ちが短い／長持ちさせるにはバッテリーを大きくしなくてはならない、ファッション性や装着感に課題があり長時間装着すると疲れる、などの課題があります。ただ、これらの課題が克服されれば、さまざまな分野で活用されるようになり、私たちのコンピュータとの係わり方を大きく変える可能性を秘めています。

第三者機関に頼らなくても
取引の正当性を保証するブロックチェーン

従来の方法（集中台帳）

信頼／権限を持つ機関や組織に台帳を預け
取引の正当性を保証する

ブロックチェーン（分散台帳）

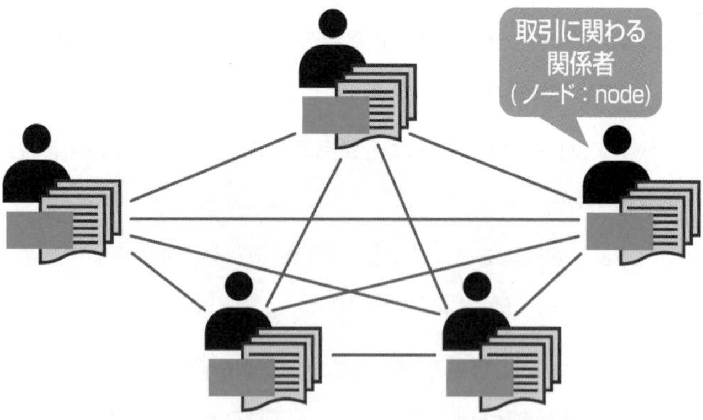

取引に関わる全員が同じ台帳を保有し
取引の正当性を全員で相互に保証する

「

一般的な取引では、法律や規制、あるいは長年の実績によって信頼されている銀行や政府機関などの第三者機関や組織が取引の履歴を一元的に管理し、その正当性が保証されています。これに対して、「ブロックチェーン（Blockchain）」は、このような第三者機関による仲介なしに取引の正当性を保証する技術です。

ブロックチェーンは、もともと「政府や中央銀行による規制や管理を受けることなく、だれもが自由に取引でき、改ざんなどの不正ができないインターネット上の通貨」として開発された「ビットコイン（Bitcoin）」の信頼性を保証するための基盤技術です。サトシ・ナカモトと名乗る人物が論文中で初めて原理を示したことが誕生のきっかけとなりました。

この論文に基づいて有志達によりオープンソース・ソフトウェアとしてビットコインが開発され、2009 年より運用が始まっています。運用開始以降、改ざんなどの被害を受けることなく取引が継続されており、そのしくみの有効性については認められつつあります。いまでは、ビットコイン以外にも、さまざまな「インターネット上の通貨」すなわち、「仮想通貨」と呼ばれるものが登場しています。

なお、日本にあったビットコインの取引所 Mt.Gox のシステムが 2014 年に窃盗にあい取引できなくなり、大きな社会問題になりました。また、その他の仮想通貨も、同様の取引所からの窃盗が起きていますが、これは仮想通貨そのものの問題ではなく、取引所システムの問題であり、これによって仮想通貨の有効性が侵害されたわけではなく、両者は分けて考えなくてはなりません。

ビットコインの信頼性を保証する基盤として登場したブロックチェーンは、その後、「信頼されている第三者機関」に頼ることなく、取引に関わる全員が同じ台帳や取引履歴を共有し、全員で相互に監視し合うことで「取引の正当性を保証するための汎用的な技術」として開発が進められており、仮想通貨以外にも、送金や決済、貿易金融や鑑定書管理など、さまざまな取引や価値交換における信頼性を保証するためのしくみとして使われています。

特に、信頼できるかどうか分からない取引相手との取引や信頼できる仲介者が存在しない場合に、取引や送金などの価値交換を行わなくてはならない場合には、ブロックチェーンは有効な手段になると期待されています。

」

“

ブロックチェーンが改ざんを防ぐしくみ

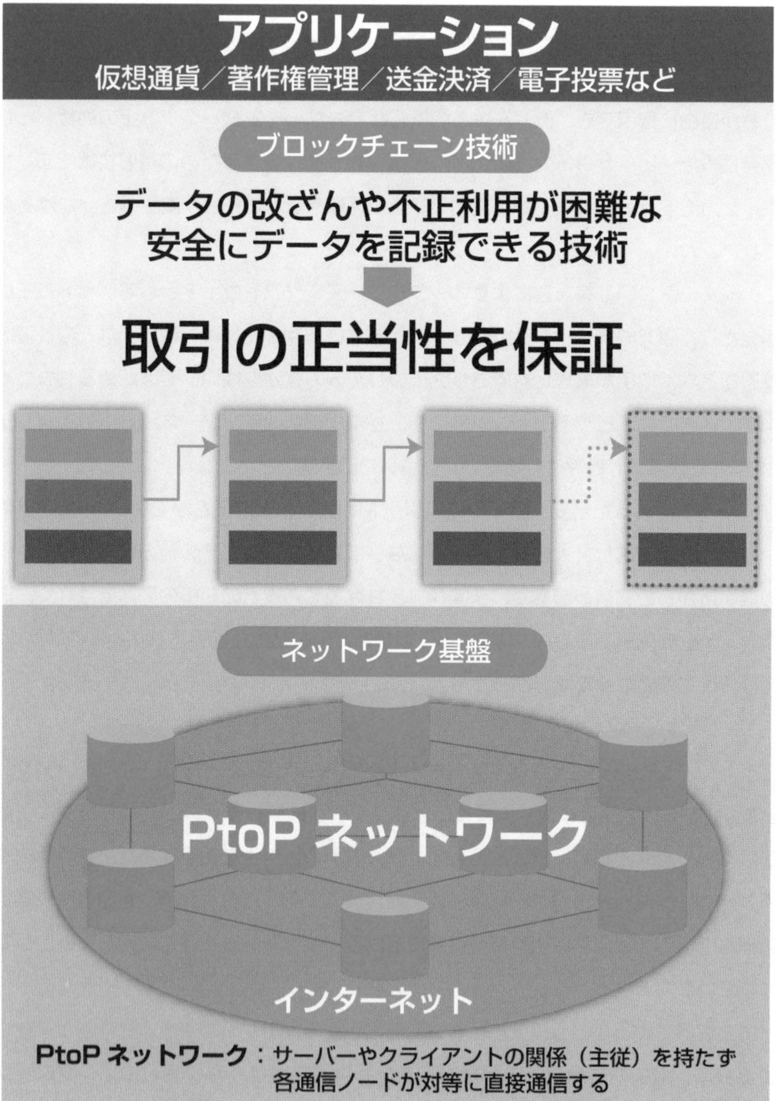

ブロックチェーンでは、複数の取引が「ブロック」という単位でまとめられています。この「ブロック」を時系列順につないだものを「ブロックチェーン」と呼びます。このブロックチェーンは、この取引のしくみに参加するすべての参加者のシステムに複製、共有されます。取引があると新たにブロックが作られ、定められた手順（コンセンサス・アルゴリズム）に従って、正当な取引であることが検証された後、ブロックチェーンに追加されます。そして、参加するすべてのシステムのブロックチェーンが更新されます。この一連の手順を経て、取引の履歴は全員に分散共有され、取引が行われたことが記録されます。

過去に遡って特定の取引を改ざんしようとすると、膨大な数のシステムで分散共有された全取引履歴を収めた台帳の中の特定のブロックを全システムで改ざんしなくてはなりません。しかも、各ブロックには前ブロックの指紋となるような暗号化されたコード（ハッシュ値）が組み込まれていますので、改ざんした取引以降の全ブロックで、これを再計算し、全システムに渡り作り直さなくてはなりません。さらに、ビットコインの場合、四六時中ブロックチェーンの更新を行っており、この更新のスピードよりも早く、全参加者の51%以上を同時に改ざんしなければなりません。

これは強力なスーパーコンピュータでも計算できない規模であることから、実質的に改ざんできません。見方を変えれば、「一度記録したことは変更できない」ことをも意味し、変更が許されない履歴や証明にはうってつけです。

また、取引者の情報は暗号化されていて、取引内容はだれもが分かる形式で公開されても、現実の取引者に紐付けできないため匿名性が保証されます。

ブロックチェーンは、仮想通貨に代表されるパブリックな取引への適用ばかりではなく、改ざんや変更ができないことや、コストの安い低性能なシステムを複数使用し、無停止で運用可能なことから、銀行取引や契約などの中核となっている元帳管理に適しているとして、プライベートなシステムでの適用にも注目されています。銀行の預金や為替、決済などの勘定系業務、証券取引、不動産登記、契約管理などへの適用です。

このようにブロックチェーンは、実用化がすすんでおり、今後も目が離せません。ただ、金銭に関わる取引や契約などは、高度な安全性や信頼性、可用性が求められることから、実用においては慎重な企業が多いこともまた事実です。

ブロックチェーンで実現される
アプリケーション

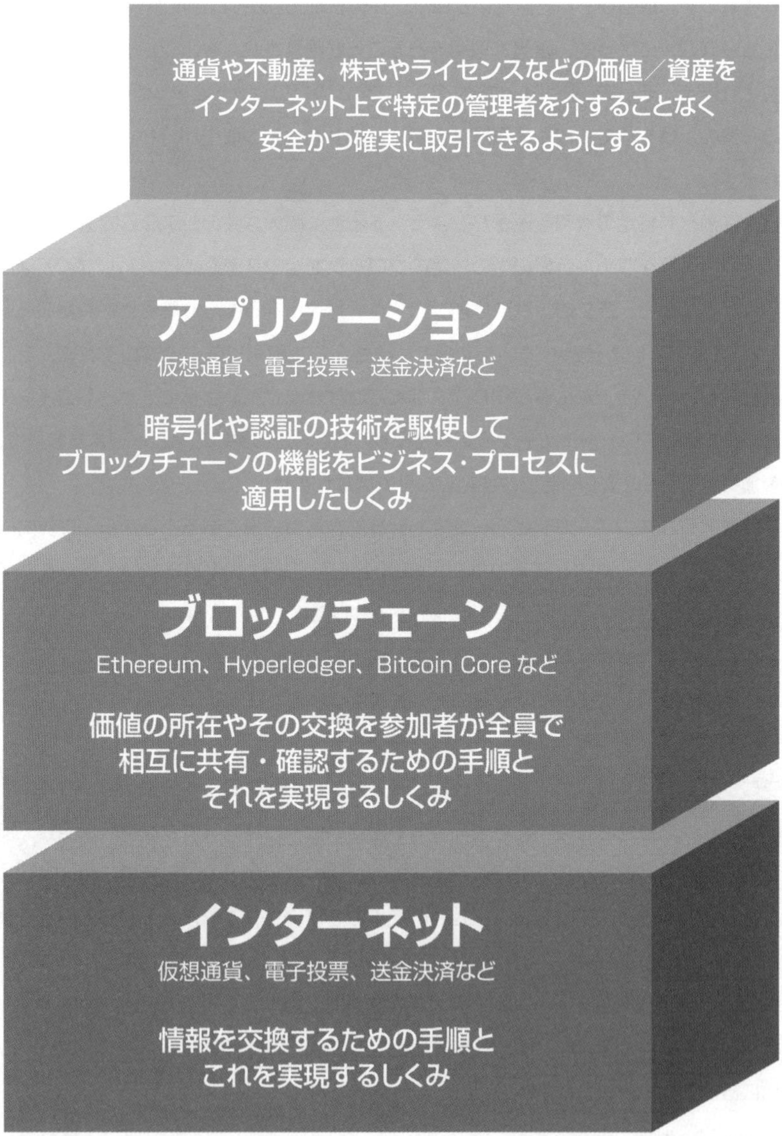

通貨や不動産、株式やライセンスなどの価値／資産を
インターネット上で特定の管理者を介することなく
安全かつ確実に取引できるようにする
アプリケーション
仮想通貨、電子投票、送金決済など
暗号化や認証の技術を駆使して
ブロックチェーンの機能をビジネス・プロセスに
適用したしくみ
ブロックチェーン
Ethereum、Hyperledger、Bitcoin Core など
価値の所在やその交換を参加者が全員で
相互に共有・確認するための手順と
それを実現するしくみ
インターネット
仮想通貨、電子投票、送金決済など
情報を交換するための手順と
これを実現するしくみ

インターネットは、特定の管理者に頼らず「情報を交換するための手順とこれを実現するしくみ」として、1990年代から世界中で使われています。いわば、「情報交換の民主化」を実現したといえるでしょう。

ブロックチェーンは、このインターネットの上で「価値の所在やその交換を参加者が全員で相互に共有・確認するための手順とそれを実現するしくみ」です。元々は、ビットコインにおける取引の正当性を保証するしくみとして登場したのですが、いまではブロックチェーンだけを切り離し、さまざまな取引の正当性を保証する手段として使われています。具体的には、Ethereum、Hyperledgerなどがあります。

ブロックチェーンもまたインターネットと同様に特定の管理者に頼らずに、「価値交換の民主化」を実現するしくみと言えるでしょう。

このブロックチェーンに、暗号化や認証の技術を組み合わせたさまざまなアプリケーションが稼働しています。改ざんが困難で、一度記録したことは変更ができない特徴を活かして、価値や資産をインターネット上で安全かつ確実に保証・取引するために使われています。たとえば、以下のようなサービスがあります。

1. 金融・決済：仮想通貨／暗号化技術を用いて偽造・改ざんを防ぐデジタル通貨。国際送金／手数料が低く迅速な送金を実現。貿易金融／貿易取引の書類管理を簡素化しコスト削減。証券取引／株式や債券の発行・管理を効率化
2. サプライ・チェーン管理：食品トレーサビリティ／食材の原産地から流通履歴を透明化。医薬品偽造防止／医薬品の真正性を保証。物流管理／貨物の追跡・管理を効率化
3. アイデンティティ管理：セルフソブリンアイデンティティ／本人による個人情報の管理。KY（Know Your Customer）／顧客情報の安全な管理と共有
4. データ管理：医療データ共有／患者の医療データを安全に共有。著作権管理／著作物の権利を保護。投票システム／改ざんを防止し透明性の高い投票
5. その他：エネルギー取引／再生可能エネルギーの取引を効率化。ゲーム／ゲーム内アイテムの所有権を管理。音楽配信／音楽の著作権を保護し、アーティストに正当な報酬を分配

ブロックチェーンの機能を活かしたサービスは、社会や経済の新しい基盤として、今後、さまざまな分野で重要な役割を担うことになるかもしれません。

通貨と同等の価値を持つ「デジタル通貨」

デジタル通貨

通貨と同等の価値を持ち、
通貨のように利用できるデジタル・データ

電子マネー

現金の代わりに使用できるデジタル通貨。あらかじめ現金をチャージしておく前払い（プリペイド）方式と、クレジットカードと連携させた後払い（ポストペイ）方式がある

suica、au PAY、WAON、PayPay など

仮想通貨

国家（中央銀行）に依存せずに流通する､非中央集権的な通貨。国家や組織の管理を受けない通貨であり、需要と供給のバランスによって、その価値が決まる

Bitcoin、Ether、Ripple など

CBDC（中央銀行発行デジタル通貨）

国家（中央銀行）が発行する法定通貨をデジタル・データとして流通させるもの。円やドル、ユーロ、人民元など、それぞれの法定通貨に対応した CBDC が検討／実証実験されている

「デジタル通貨」とは、「通貨と同様の価値を持ち、通貨のように利用できるデジタル・データ」で、「電子マネー」、「仮想通貨」、「CBDC（中央銀行発行デジタル通貨）」の3つに分類されます。

電子マネー

国家（中央銀行）が発行する法定通貨（日本なら円）の代替手段で、あらかじめ法定通貨の現金をチャージしておく前払い（プリペイド方式）が基本ですが、クレジットカードと連携させた後払い（ポストペイ方式）もあります。スマホやICカードなどで支払いができ、現金を持ち歩く必要がなく、おつりのやり取りなどの支払い時の煩わしさがありません。また、利用に応じたポイントが付与されるものもあります。

JR東日本が発行するSuica、イオンが発行するWAON、KDDIが発行するau PAY、PayPayが発行するPayPayなどがあります。

仮想通貨

国家（中央銀行）に依存せずに流通する通貨で、利用者の需要と供給のバランスによって、その価値が決まります。仮想通貨は、特定の国家に依存しないことから、紛争の絶えない国家や政権が頻繁に入れ替わるような国家への信頼が低い地域では、自国の法定通貨よりも信頼され、流通している場合もあります。また、投機的な目的での取引も多く、価値の変動が大きくなることも頻繁です。そんな仮想通貨の取引の信頼を担保する手段として「ブロックチェーン」が使われています。

その種類は多く、代表的なものでは、BitcoinやEther、Rippleなどがあります。

CBDC（Central Bank Digital Currency：中央銀行発行デジタル通貨）

国家（中央銀行）が発行する法定通貨をデジタル・データとして流通させるもので、紙幣の印刷や硬貨の鋳造、現金の流通や廃棄などのコストが削減できることや、偽造防止、使用履歴が残ることで税金逃れの対策になるとの期待もあります。

円やドル、ユーロ、人民元など、それぞれの法定通貨に対応したCBDCが検討されており、実証実験も行われています。

自律分散型インターネットを目指す Web3

Web3

自律／分散型

所有／参加
+
書き込み
+
読み取り

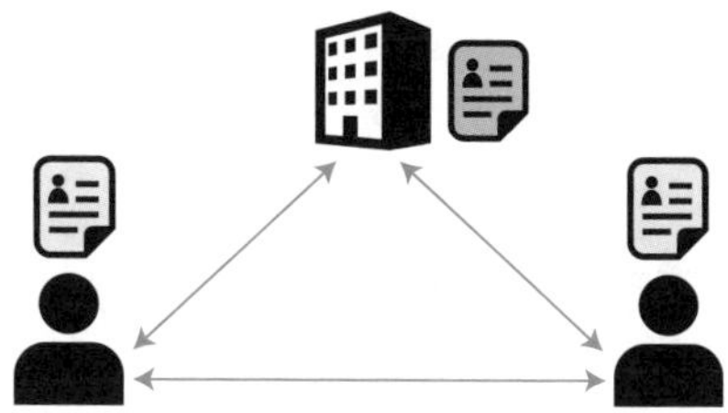

2021 年～

- ☑ データは個人／企業が管理
- ☑ データの活用範囲は多様化
- ☑ プラットフォーマーを介さず、自律的に事業を展開

Web2.0

双方向／参加型

書き込み
+
読み取り

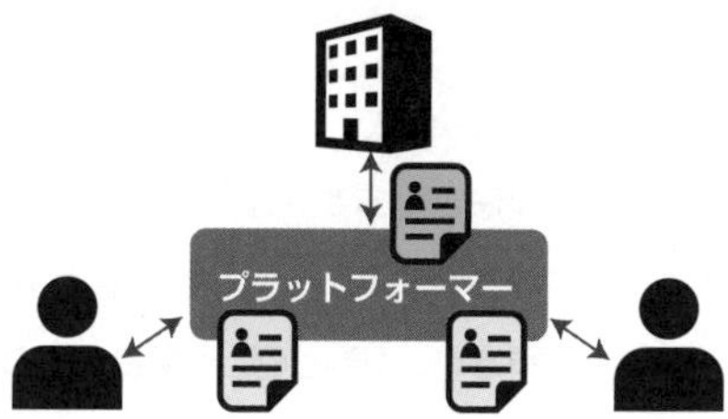

2004 年～

- ☑ データはプラットフォーマーが管理
- ☑ データの活用範囲は拡大
- ☑ プラットフォーマーを介してビジネスを展開

Web1.0

一方向／一方通行型

読み取り

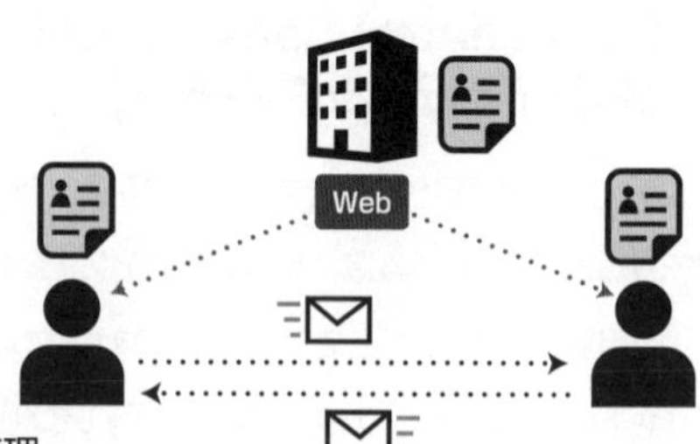

1990 年～

- ☑ データは個人／企業が管理
- ☑ データの活用範囲は限定的
- ☑ 情報発信のみで、ビジネス用途は限定的

Web3とは、2021年後半から急速に注目を集めている新しいインターネットのあり方を表す概念です。この言葉は登場して間もないことから、明確な定義はありませんが、あえてひと言で表すと「自律・分散型インターネット」と言えるでしょう。情報を独占してきたGAFAMなどのプラットフォーマーに頼ることなく、情報を分散管理して、その活用を民主的なものにしようという概念です。

Web3は、Web1.0やWeb2.0に続く、インターネットの変遷を表す概念です。

Web1.0：「一方向・一方通行型」のインターネット

1990年代初期に登場したインターネットでは、WWW（World Wide Web）技術が普及し、だれでもホームページを作って情報を発信できるようになりましたが、そのためには、それを制作できる専門的なスキルが必要で、だれもがかんたんにはできませんでした。そのため、コミュニケーション手段はメールが中心で、発信者と受信者との双方向なやり取りは、ほとんどできない時代でした。

Web2.0：「双方向・参加型」のインターネット

米国の技術系出版社が、2004年に提唱したのがきっかけです。その後、TwitterやFacebookなどのSNSやYouTubeのような動画配信サービスが登場し、専門知識がなくてもだれもが情報発信できるようになりました。そんな利便性の一方で、サービスを運営する特定の企業が個人情報を含むさまざまな情報を独占･寡占化し、プライバシーが巨大企業／プラットフォーマーに勝手に使われてしまうといった問題への懸念や、そのことによるセキュリティ・リスクが、大きくなりました。

Web3：「自律・分散型」のインターネット

特定のプラットフォーマーに頼らず、インターネットの参加者が、自分たちでデータを管理、活用することができる時代を表す概念です。その中核となる技術が、「ブロックチェーン」です。

「特定の第三者に頼らなくても安全にデータを記録できる」ブロックチェーン技術を使い、情報の管理や活用の権限を利用者が持ち、多方向の情報伝達を実現し、自律・分散的な組織の運営を可能にします。次節で紹介するDAO（自律分散型組織）は、そんな時代の典型的な組織のカタチと言えるでしょう。また、金融機関に頼らない金融取引（DeFi/Decentralized Finance）やプラットフォーマーや特定組織に頼らない権利証明（NFT）などが登場し始めています。

Web3 時代の組織形態である DAO（自律分散型組織）

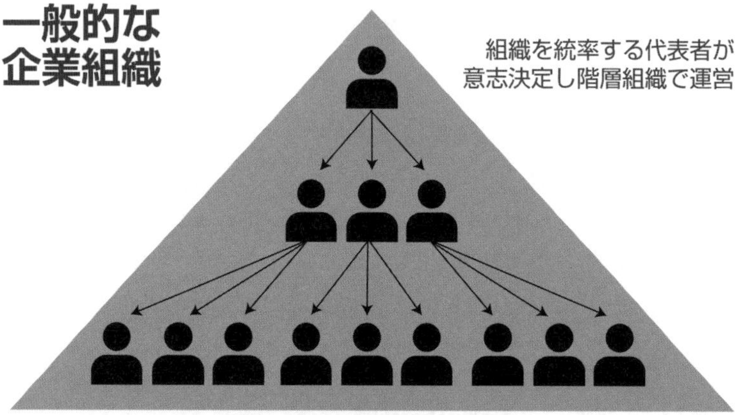

一般的な
企業組織
組織を統率する代表者が
意志決定し階層組織で運営

株やストック・オプションを持つ、創業メンバーやベンチャー・キャピタルに利益が還元されるしくみ。従業員は給与がインセンティブ

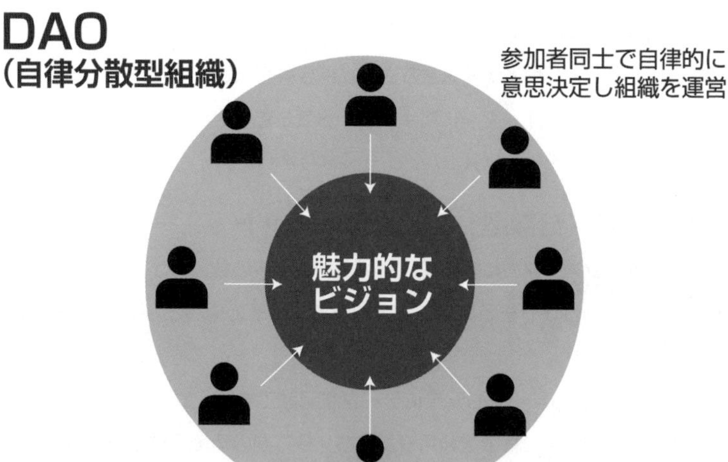

さまざまな形で貢献した参加者全員に利益は還元され、これが、インセンティブとなって、自律的に組織の成功に貢献するようになる

DAO（Decentralized Autonomous Organization：自律分散型組織）とは、「ビジョンに賛同する人が集まり、参加者が協力して管理、運営されるコミュニティ組織」のことです。

「イーサリアム（Ethereum）」は、そんなDAOの典型的な事例です。2013年、当時19歳だったヴィタリック・ブテリン氏が、「あらゆる目的のために使えるブロックチェーンのプラットフォームをつくる」というビジョンを示し、それに共感した人たちが、コミュニティを立ち上げました。

彼らは、それぞれに自分の得意とすること、たとえば、プログラムを書く、資金を提供する、広報活動を行うなどで、コミュニティに貢献しています。

DAOには、一般的な企業組織とは異なり、階層的な組織や組織を統率する代表者は存在しません。参加者同士で、だれからも指示や命令をうけることなく、自律的に意思決定し、組織を運営します。

それを実現しているのが、「ガバナンス・トークン」と呼ばれる「仮想通貨」を使ったしくみです。これを保有する人には、DAOの組織運営に対する提案や、意思決定に関わる投票をする権利が与えられます。

イーサリアムの「ガバナンス・トークン」は、「Ether（イーサ）」です。これを所有するコミュニティの参加者は、さまざまな形でこの取り組みに貢献することで価値を高めてきました。その結果、数人から始まったコミュニティは、いまや2億人近い人たちが参加するようになり、仮想通貨であるイーサの価値も上がり、彼らは、金銭的なリターンを受けることができました。

前節で紹介したWeb2.0の組織、たとえば、FacebookやGoogleなどのスタートアップの企業は、創業メンバーや従業員、ベンチャー・キャピタルが、株やストック・オプションを持ち、「会社が成功したら自分も金銭的なリターンを得られる」というインセンティブが働くことで、組織への貢献が促されました。しかし、一部の創業メンバーやベンチャーキャピタルがリターンを得るしくみであり、給与をもらう従業員以外の人たちが貢献しても見返りはありません。

一方、DAOでは、さまざまな形で貢献した参加者全員に利益は還元されます。これが、インセンティブとなって、自律的に組織の成功に貢献するようになります。

このようなしくみが、自律分散型の組織運営を可能にしています。

デジタル・データに資産価値を与えるNFT（非代替性トークン）

偽造不可な鑑定書／所有証明書

プログラマビリティ：デジタル・データにさまざまな付加機能を付与できる
相互運用性：標準規格化され、どこでも取り扱える
取引可能性：特定の事業者に依存せずに自由な取引ができる

価値保証リスク：対象データの価値は保証しない
価値消失リスク：特定サービスに依拠している場合、それがなくなれば価値は消失する
法律対応リスク：法律上の資産に該当しない

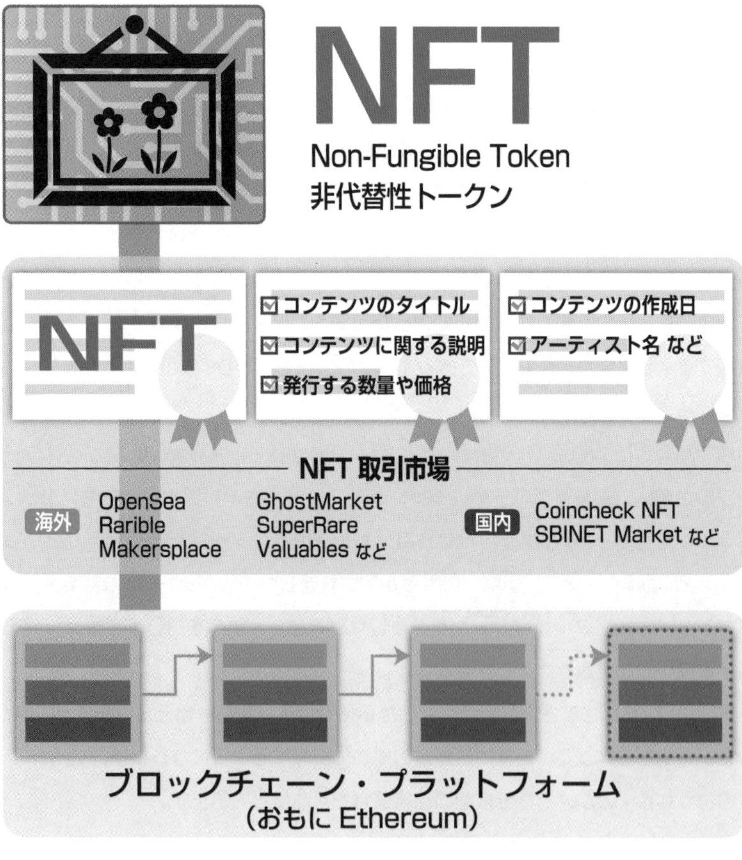

従来、デジタル・アートは、デジタル・データ（以下、データ）であることから、容易にコピー・改ざんができるため、現物の宝石などと同様の資産価値はありませんでした。そこで、ブロックチェーンを使い、データに「偽造不可能な鑑定書・所有証明書」を付与する技術として登場したのが、「NFT（Non-Fungible Token：非代替性トークン）」です。「非代替性」とは、「替えが効かない、唯一無二の〜」という意味です。

NFTを使えば、データでも「所有者の明確化」と「非代替性」が担保され、「希少性」があれば資産価値が与えられるので、取引ができるようになります。

NFTには以下の3つの特徴があります。

- プログラマビリティ：デジタル・データにさまざまな付加機能を付与できることです。たとえば、あるアート作品を購入した人が、これを転売した場合、従来なら、作家には収入が入りませんでしたが、「取引ごとに購入代金の一部を支払う」というプログラムを仕込めば、継続的に作家が収入を得ることができます
- 相互運用性：NFTの仕様は、共通規格化され、どこでも取り扱えます。ただし、いま現在、技術的には、完全ではないため、注意が必要です
- 取引可能性：特定の事業者に依存せず取引ができ、国や既存の業界ルールや規制の枠組みにとらわれることなく、自由な取引ができます

そんなNFTですが、以下の3つのリスクが懸念されます。

- 価値保証リスク：NFTは、データに「唯一無二」の証明を与えるだけで、その価値を保証できません。たとえば、創作者とは無関係の第三者がコピーして、NFTを勝手に付与することは可能です
- 価値消失リスク：NFTが付与されたデータが特定のサービスに依拠している場合、それがなくなれば、価値は消失します
- 法律対応リスク：NFTが付与されたデータは、法律上の資産に該当しません。そのため、何らかのトラブルが発生しても自己責任となります

NFTに課題はありますが、データに資産価値を与え、市場性を持たせることができる可能性を秘めており、新しいビジネスを生みだす可能性があります。

現実世界と仮想世界を融合するメタバース

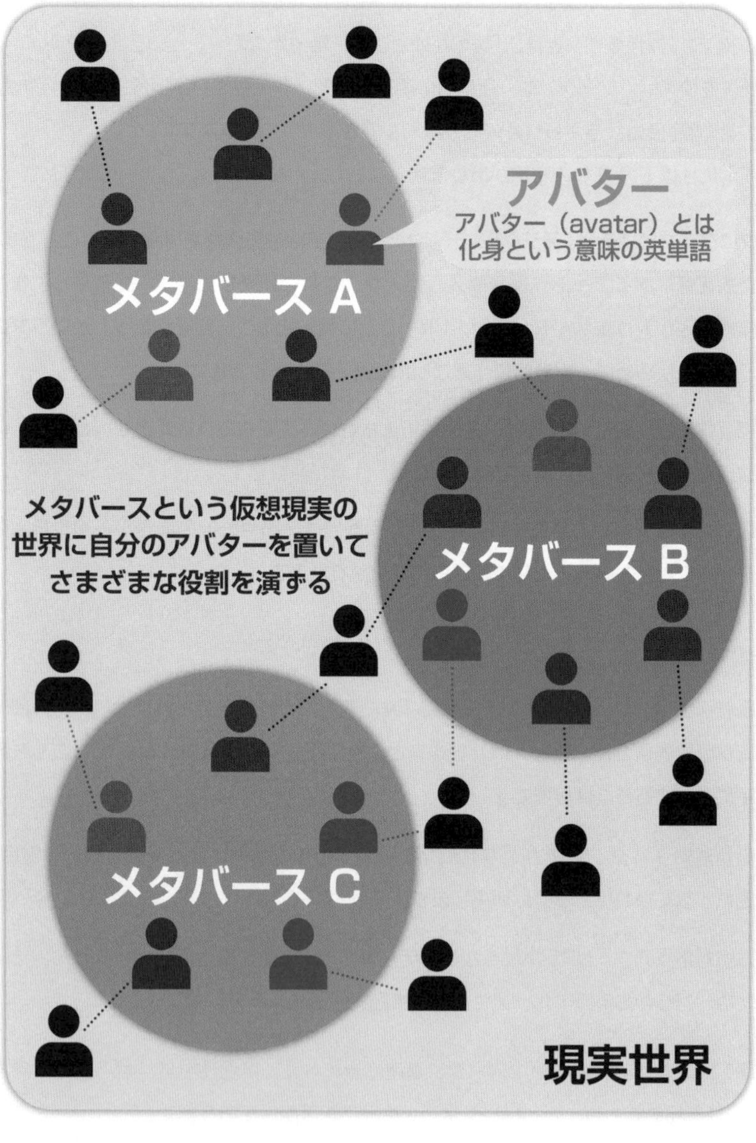
アバター
アバター（avatar）とは
化身という意味の英単語
メタバース A
メタバース B
メタバース C
メタバースという仮想現実の
世界に自分のアバターを置いて
さまざまな役割を演ずる
現実世界

メタバースとは、「メタ／meta=超越した」と「ユニバース／universe=宇宙」を組み合わせた造語で、インターネット上に造られた仮想空間の中で、遊びやコミュニケーション、ビジネスができる世界として、理解されています。

メタバースは、2003年に登場した「セカンドライフ」に始まるとされ、その後登場した人気ゲームの「フォートナイト」やオンラインのゲーム・プラットフォーム「ロブロックス」などが、さきがけと言えるでしょう。

仮想空間の中で、オンライン・ゲームができるだけなら、「ファイナルファンタジー」や「ドラゴンクエスト」なども同じではないかと思われるかもしれませんが、これらはゲームとして作られたシナリオの範囲で、ある程度の自由があるにすぎません。メタバースは、その範囲を越えて、参加者が自身のシナリオを描き、それが自己増殖的に広がり、ゲームとは無関係に独自の世界を作るという点で区別されます。

メタバースは、VRやAI技術の発展、高速大容量ネットワークの普及に後押しされ、適用範囲を広げつつあります。特に生成AIの進化はAIアバターのリアリティを高め、本物の人間と同様の流暢な会話ができるまでに進化しています。また、Apple Vision Proのような高解像度で現実世界と仮想世界を融合できる製品も登場しています。そんな技術を使えば、次のようなことができます。

- 目の前に相手がいるような感覚で、会議や打ち合わせができる
- メタバース内で商品を試用・試着し、そこで買い物をする
- 他の人たちと同じ空間で感覚を共有しながらライブコンサートを楽しむ

さらにメタバース内のデジタル資産にNFTを使って資産価値を与え、DAOで事業組織を運営し、仮想通貨で決済するといった新しい経済基盤が生まれます。

技術の発展に伴いデジタル・ツインの解像度が高まり、現実世界と仮想世界の融合はさらに進むでしょう。また、メタバースでは、現実世界の規制や習慣、性別や人種などに縛られずに、別の自分になって活動ができます。さらに、現実世界ではリスクのある取り組みを試し、その成果を活かして現実世界をより快適にすることもできるでしょう。

まだ、技術的な課題も多く、社会的なコンセンサスもすぐには追いつきませんが、メタバースは、単なるゲームの拡張ではなく、新しい社会や経済、あるいは、コミュニティの基盤としての可能性を視野に入れて注目しておくべきです。

コンピュータの新しい形である
ニューロ・モーフィック・コンピュータ

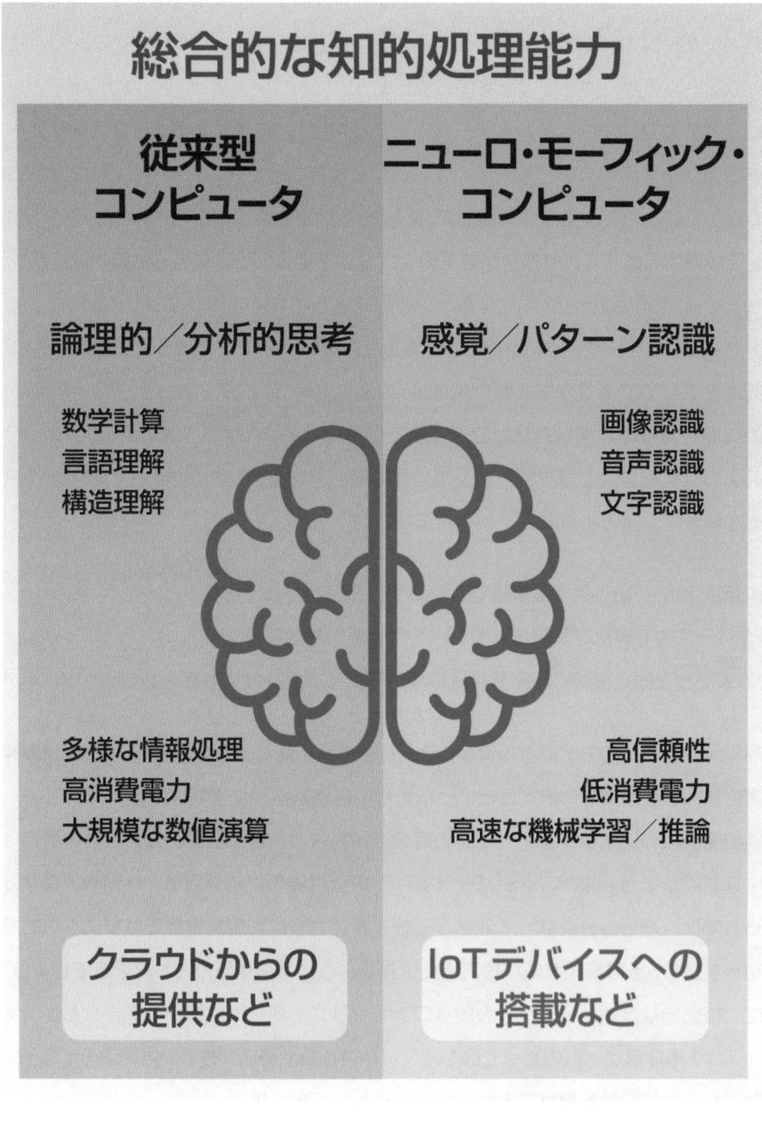

「ニューロ・モーフィック・コンピュータ」あるいは「脳型コンピュータ」とは、脳の神経細胞であるニューロンを模した電子回路で構成されるコンピュータのことです。ニューロンは、電気的な「スパイク」あるいは「パルス」によって情報を伝達していますが、このしくみを電子回路によって模倣し、情報処理をさせようというものです。

人間の脳にはおよそ 1,000 億のニューロンが存在しており、それぞれが相互に接続してネットワーク（ニューラル・ネットワーク）を形成しています。この接続部分をシナプスと言い、合計するとおよそ 1,000 兆ものシナプスが存在し、わずか電球 1 個分よりも少ないエネルギーでこのしくみを動作させています。

脳は新しいことを学習すると、シナプスでの信号の伝わりやすさ（結合強度）が変化します。これによりニューロン間の情報の伝わりやすさが変化し、特定の情報によって生みだされる刺激に強く反応するニューラル・ネットワークができ上がります。たとえば、人の顔、リンゴ、ネコなどの視覚から得られた情報にのみ強く反応するそれぞれのニューラル・ネットワークが作られるのです。

「ニューロ・モーフィック・コンピュータ」は、この原理を使って、脳内での記憶や情報処理を行います。従来のコンピュータのように記憶回路と演算回路を個別に搭載し、その間をデータ転送することで大量の電力を消費することと比べ、大幅な効率化を実現しています。学習・推論を高速かつ低消費電力で実行できるとともに、一部回路に不具合が起きても、大量にある他の回路が代替してくれることで、高い信頼性を保つことができます。この特性を活かし、スマートフォンやスマートウォッチなどのウェアラブル機器、自動車や家電製品などの IoT デバイスに搭載し、クラウドに頼らずともデバイス側での高度な学習・推論ができるようになると期待されています。

また、人間の脳にたとえれば、従来のコンピュータは論理的・分析的思考を司る左脳、「ニューロ・モーフィック・コンピュータ」は、感覚やパターン認識を司る右脳に相当し、この両者を組み合わせることで、人間の脳に相当する総合的な知的処理能力を実現することも期待されています。

まだ、人間の脳の規模には至らないものの、すでに世界各国で研究開発が進められ数々の成果が発表され、製品も登場しています。

量子コンピュータが必要とされる理由

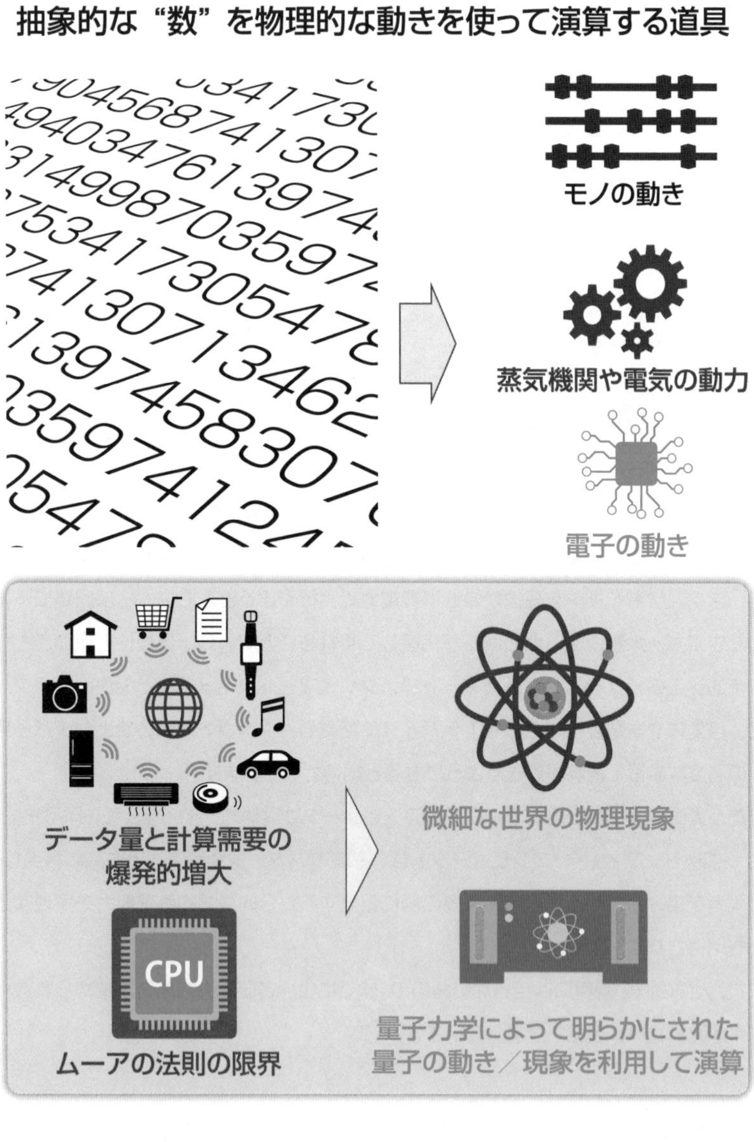

抽象的な“数”を物理的な動きを使って演算する道具
モノの動き
蒸気機関や電気の動力
電子の動き
データ量と計算需要の
爆発的増大
CPU
ムーアの法則の限界
微細な世界の物理現象
量子力学によって明らかにされた
量子の動き／現象を利用して演算

「数」とは抽象的な概念であり、そのままで計算するのはかんたんではありません。そこで、この「数」を「ものを動かす」という物理現象に当てはめて計算しようという知恵が生まれました。たとえば、カゴいっぱいの魚を均等に分けるとき、魚を5人の前に順番に置いてゆけば、割り算になります。さらに、石ころを魚に対応付ければ、同様の計算ができます。しかし、どこにでも適当な石ころがあるとは限りません。そこで、算盤のような持ち運べる道具が発明されました。

しかし、「ものを動かす」物理現象では、大規模で複雑な計算はできません。そこで、歯車を使って計算する道具が登場します。その歯車を手やゼンマイ、蒸気機関を使って回す道具も登場しています。その歯車の歯の数の違いを巧みに組み合わせ、切り替えながら、複雑で大規模な計算ができる道具が考案されました。そんな歴史は、機械式時計として、いまにも受け継がれています。

ただ、さらに大規模で複雑な計算を高速でおこなおうとすると、歯車では実現が難しくなります。そこで、「電磁気」の物理現象、つまりスイッチのオンとオフの組合せを使って計算する道具が登場します。

現在使われているコンピュータは、この「電磁気」という物理現象を使っていますが、いまここに大きな2つの課題が突きつけられています。

1つは、データ量と計算需要の爆発的増大です。たとえば、IoTの普及により膨大なデータが生みだされ、それを機械学習で分析しようという用途は、その典型です。

2つ目は、「ムーアの法則」が限界を迎え、コンピュータ性能を高めることが困難になっていることです。「ムーアの法則」とは、「半導体の集積密度は18～24カ月で倍増し、処理能力が倍になってもさらに小型化が進む」という経験則です。この法則は半導体の微細加工技術の発展を根拠としているため、微細化が原子レベルにまで到達すると通用せず、それが現実になろうとしています。

「計算需要の爆発的増大」と「ムーアの法則の限界」という2つの課題を同時に解決する手段として注目されているのが「量子コンピュータ」です。量子コンピュータは、「量子」という微細な世界で起こる物理現象を利用して計算をおこなうもので、計算の特性にもよりますが、「電磁気」の物理現象を使っているいまのコンピュータの数億倍～数兆倍の計算能力も期待されています。

量子コンピュータと古典コンピュータ

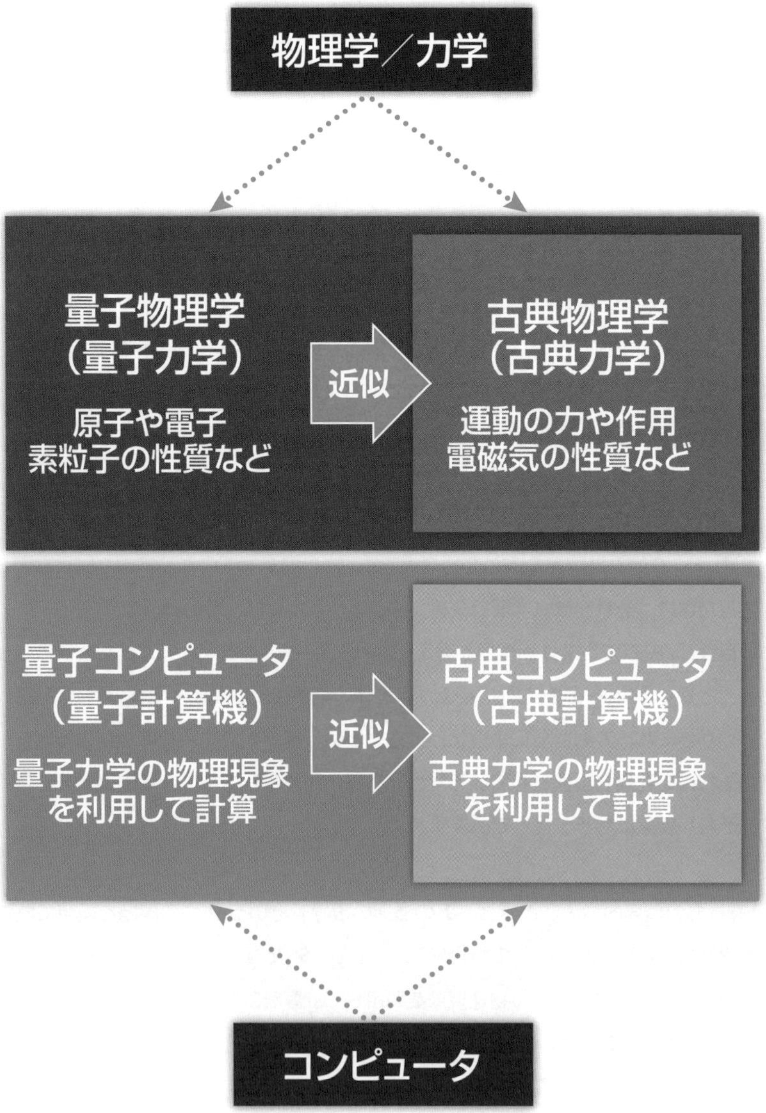

「量子コンピュータ」とは、量子物理学（量子力学）の物理現象を利用して計算を行うコンピュータです。

量子物理学とは、この世界を作っている物質よりもさらに小さな原子や電子、光子や素粒子などのミクロな世界での物理現象を説明するために構築された理論です。物質よりも小さなミクロな世界を構成するこれらの存在は、「粒子」としての状態と「波動」として状態を併せ持っていることから、これを「物質」と区別するため「量子」（quantum）と名付けられました。この世界で起きる現象は、突き詰めてゆけばすべて量子の振る舞いによるものであることから、量子物理学によってすべての物理現象を説明できます。

一方、私たちが普段目にする世界は、原子が何億、何兆と集まった世界であり、そこでの物理現象は、古典物理学（古典力学）によって説明することができます。たとえば、ものが落ちる、電流が流れる、地球が太陽のまわりを回っているなどです。

このようなマクロな物理現象を量子物理学で説明することは原理的にはできますが、複雑で膨大な計算を伴うことから、一般にはこれを簡略化した近似計算で代替します。そのための理論が古典物理学です。つまり、古典物理学は、量子物理学の近似理論ということになります。ただ、マクロな物理現象であれば、古典物理学のほうが、少ない計算量で実用上問題のない精度で十分に説明できますので、広く利用されています。

この古典物理学で説明できる物理現象を利用しているのが、いまのコンピュータであることから「古典コンピュータ」と呼ばれています。

古典コンピュータは、「スイッチのオン／オフ」といった物理現象を利用します。一方、量子コンピュータは「粒子」や「波動」といった物理現象を利用します。この違いから、量子コンピュータは古典コンピュータでは、到底実現できない高速計算が実現できると期待されています。

また、この世界でおきるあらゆる現象は量子物理学に従っていることから、量子コンピュータは、理論上、量子力学の基礎方程式を計算できることになり、あらゆる物理現象を近似ではなく厳密に計算できます。これにより、計算の高速化だけではなく、物理現象の解明や化学合成（量子化学計算）など、古典コンピュータではできなかった計算が可能になると期待されています。

3 種類の量子コンピュータ

古典コンピュータ

古典力学の物理現象を
利用して計算

万能性（エラー耐性）：X
量子の優位性：X
量子特有の物理現象：X

一般的なCPU
GPU　FPGA
ノイマン型

ニューロ・モーフィック

量子コンピュータ

量子力学の物理現象を利用して計算

万能量子コンピュータ

エラー耐性量子コンピュータ

万能性（エラー耐性）：O
量子の優位性：O
量子特有の物理現象：O

万能な量子計算をおこなうことができる量子コンピュータ。ノイズの影響も大きくなってくるために、計算途中の誤り（エラー）を訂正する能力（誤り訂正能力）を持つことが必要

非万能量子コンピュータ

NISQ 量子コンピュータ

万能性（エラー耐性）：X
量子の優位性：O
量子特有の物理現象：O

万能な量子計算はできないが、一部の量子計算をおこなうことができ、古典コンピュータに対する優位性が示されている量子コンピュータ。誤り耐性がないまたは不十分な量子コンピュータ

量子ゲート方式

非ノイマン型

特化量子コンピュータ

量子アニーリング・コンピュータ

万能性（エラー耐性）：X
量子の優位性：X
量子特有の物理現象：O

量子力学特有の物理状態を用いて計算をおこなう、またはそれを目指すコンピュータ。古典コンピュータに対する優位性が示されてはいないコンピュータ

イジングマシン方式

※「誤り訂正」能力を持つことを「エラー耐性」があると呼びます。

量子コンピュータは、理論上、世界のすべてを計算できるコンピュータです。ただ、その実現は容易ではなく、実現に向けての研究開発が進められています。

万能量子コンピュータ

量子物理学の基礎方程式をすべて計算できるコンピュータです。量子の振る舞いを正確に操作することで、その実現を目指しています。

そんな、万能量子コンピュータを実現するには、量子の動きを一定時間停止させなければなりません。また、仮に誤りがあっても自動的に訂正できるしくみ（誤り訂正）が必要です。このような誤り訂正能力を持った万能量子コンピュータは、「FTQC（Fault-Tolerant Quantum Computer)」とも呼ばれています。

非万能量子コンピュータ

万能量子コンピュータには、大きな可能性が期待されてはいますが、誤り訂正能力を持たせることは容易なことではなく、未だ解決には至っていません。そこで、「ノイズのある中規模の量子コンピュータ」をまずは作り、そこでの用途を探る取り組みも行われています。このようなコンピュータは、「NISQ（Noisy Intermediate-Scale Quantum）コンピュータ」と呼ばれ、その実現に向けた取り組みが行われています。ただ、誤り訂正能力を持たせるための新しい方式の提案がなされており、NISQ を飛び越し、一気に FTQC へと向かう可能性もあります。

特化量子コンピュータ

「組み合わせ最適化問題」に特化して、高速に計算しようと開発されており、「量子アニーリング・コンピュータ」とも呼ばれています。

「アニーリング」とは、「金属の焼きなまし」のことで、この物理現象の原理を参考に、「組み合わせ最適化問題」を高速に解くことができる計算方式のことです。「組み合わせ最適化問題」とは「さまざまな制約の下で多くの選択肢の中から、ある指標あるいは値を最もよくする組合せを求める計算」のことで、その応用範囲は広く、たとえば、配送コストを最小にする配送経路を求める問題、機械学習アルゴリズムにおける学習過程、金融ポートフォリオの最適な組合せを見つけるなどへの適用がすすめられています。

量子物理学的な性質を利用して計算していることから、量子コンピュータに区分され、すでに市販製品が出荷され使われています。

量子コンピュータが高速である理由

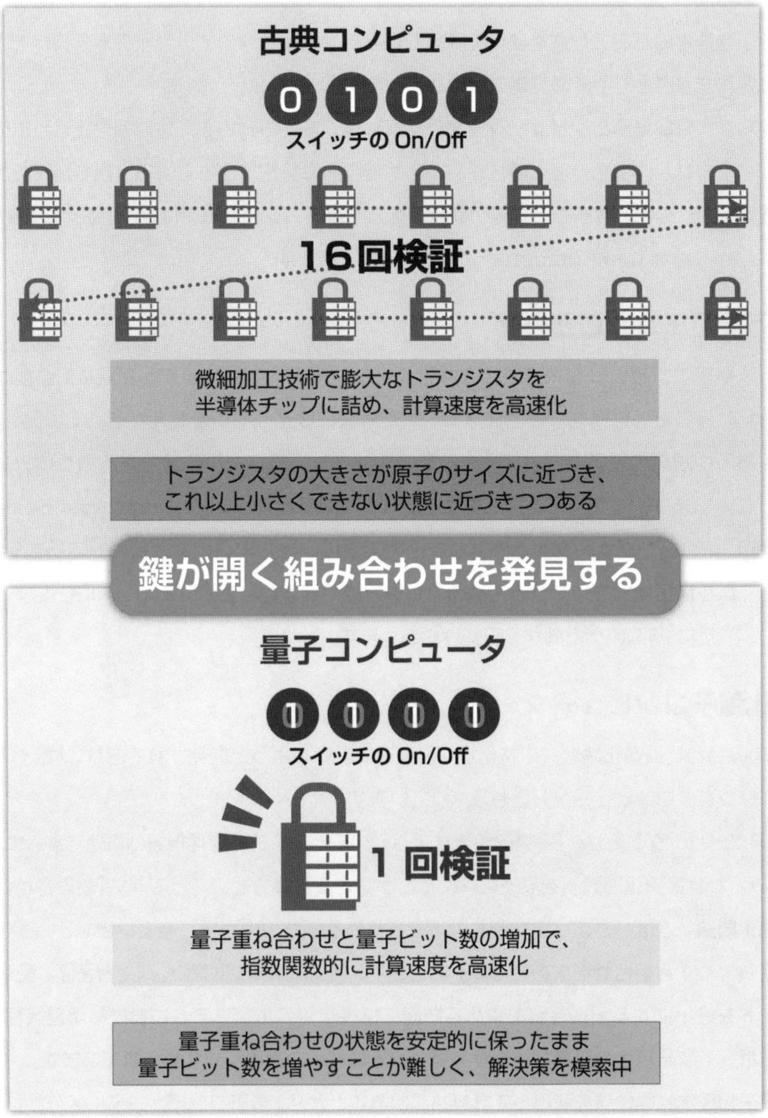

古典コンピュータ
0 1 0 1
スイッチのOn/Off
16回検証
微細加工技術で膨大なトランジスタを
半導体チップに詰め、計算速度を高速化
トランジスタの大きさが原子のサイズに近づき、
これ以上小さくできない状態に近づきつつある
鍵が開く組み合わせを発見する
量子コンピュータ
スイッチのOn/Off
1回検証
量子重ね合わせと量子ビット数の増加で、
指数関数的に計算速度を高速化
量子重ね合わせの状態を安定的に保ったまま
量子ビット数を増やすことが難しく、解決策を模索中

古典コンピュータと量子コンピュータでは、計算を実行する最小単位がまったく異なっています。古典コンピュータでは、この最小単位は、「ビット（bit)」と呼ばれ、1bitで「"0"か"1"かのいずれかの状態」を表しています。一方、量子コンピュータでの最小単位は、「量子ビット（quantum bit/qubit)」と呼ばれ、1qubitで「"0"か"1"の両方の状態」を同時に表します。これは、量子物理学で説明される「重ね合わせ」とよばれる性質を使ったものです。

たとえば、古典コンピュータで4ビットの組合せを計算すると16回の計算が必要です。一方、量子コンピュータでは、「"0"か"1"の両方の状態」を同時に計算できるので4量子ビットの量子コンピュータであれば、1回の計算で、16通りの組合せを計算できます。

古典コンピュータでこのビット数（n）を増やしてゆけば、2^n回の計算が必要となり、計算量は指数関数的に増えていきます。一方、量子コンピュータでは、量子ビットの数を増やせば1回で計算できる組合せが増えることから、古典コンピュータをはるかにしのぐ計算が可能になります。

そんなことから量子ビット数を増やす研究が進められています。ただ、古典コンピュータ同様、計算では必ずエラーが起きます。これを訂正しなければ、計算精度は保証できません。量子コンピュータでは、0.1～数パーセント程度のエラーが発生しますが、現状ではこれを訂正することがほとんどできません。

また、高速に計算できるようになっても、それだけでは必要な答えは得られません。欲しい答えを得るための量子コンピュータ専用のアルゴリズムが必要です。現在のところ「素因数分解」と大量のデータの中からある条件に合致するデータを見つけるための「検索」を高速で計算するアルゴリズムが発見されています。それでも、このアルゴリズムを使えば、暗号の解読や検索が桁違いに早くなり、ビジネスや社会に大きなインパクトを与える可能性があります。まだ研究開発の途上であり、将来発見される量子アルゴリズムしだいではありますが、コンピューティングの常識を根本的に変えてしまうかもしれません。

とはいえ量子コンピュータの登場により、古典コンピュータが不要になることはなく、適材適所で使い分ける時代が来るでしょう。

巻末

DX の実践

まずは「いま」を終わらせることから始める

アナログ時代の価値観を引きずったままでは、デジタル前提の社会に適応することはできません。デジタルが当たり前の世の中に最適化すべく、ビジネス・モデルやビジネス・プロセス、組織のあり方や働き方などを新しく作り変えることが DX です。

そんな DX に取り組むには、全社員が、自分たちを取り巻く社会の変化を真摯に受け止め、危機感を醸成し、直面する課題を共有しなくてはなりません。そして、古びた価値観に塗り固められた常識を疑い、そんな常識に支えられた「いま」を捨て去らなくてはなりません。
その上で、新しい時代に求められる価値観を受け入れ、考え方も行動も変えなければなりません。

デジタル・ツールを使っただけで、「DX をやっていること」にするのは、DX ではないのです。

「DXの実践＝ビジネスの当たり前を、デジタル前提に作り変える」

そんな変革を実践するのは、容易なことではありません。既に成果をあげ、定着している仕事のやり方やお客様との関係、働き方や雇用制度を、デジタル前提の社会に最適化すべく、作り変えようというわけですから、現場の不安や反発は覚悟しなくてはなりませんし、相応の投資が必要です。

そんなDX実践の起点は、トップダウンです。経営者が、DXの本質を正しく理解し、確固たる信念でリーダーシップを発揮しなければできません。そのためには、危機感を煽るだけではなく、新しい時代を自ら作っていくことへのやり甲斐や使命感、自分たちの働き方や待遇が向上することを示し、期待や高揚感を変革の原動力としていくことも、忘れるべきではありません。

一方で、そんなトップダウンの取り組みに、ボトムダウンで同期しなければ、何も変わらず、成果もあがりません。ビジネスの最前線にいる人たちこそ、課題を肌で感じ、その解決を望んでいます。また、現場だからこその気付きが沢山あるはずです。そんな気付きを得た人が、自分で正しいことを始めれば、共感者が増え、仲間が集まり、組織や会社を動かす力になります。

そんなトップダウンとボトムダウンを同期させることが、DX推進組織の最も重要な役割です。経営者に、自社の状況を示し、どのような戦略を採るべきかの選択肢を提示すること、現場の自発的な取り組みを促し、支援する環境を整え、両者を同じ方向に向かわせることで変革を加速します。

他社の事例を集めて紹介すること、「デジタルで何かすること」を促すこと、部門の利害関係を調整することではありません。もっと高い次元で、自分たちのビジネス環境の変化やこれからの「あるべき姿」を提示し、組織の壁を乗り越えた取り組みを促すリーダーシップを発揮ししなくてはなりません。

DXの実践でもうひとつ欠かせないのは、デジタル・テクノロジーへの積極的な対応です。たとえば、ChatGPTなどの生成AIは、日常業務の生産性を劇的に向上させるだけではなく、接客応対の品質向上やイノベーションの加速など、ビジネス全般にわたり、大きな影響を与えます。このような新しいテクノロジーをいち早く取り入れ、業務を革新する企業と、そうでない企業の格差は、広がっていくでしょう。ビジネスにおけるデジタルの役割は、ますます大きくなっていることを、理解しておかなくてはなりません。

そんなデジタルを業績の改善に結びつけるには、頑張ってデジタルを使うことから、デジタルありきで物事を考え、使いこなせる人材を育てていかなければなりません。人材育成は、これまでにも増して重要になります。

そのための研修は必要ですが、同時に取り組むべきことがあります。たとえば、世間で当たり前に使っているクラウド・サービスをコンプライアンスやセキュリティを盾に制約を課し、「デジタルを使うのは大変だ」という空気を醸成したり、システム開発を外注に依存したりといった、時代遅れの慣習を辞めることです。デジタル・リテラシーとは、そんな企業風土があればこそ、育まれます。

デジタル・ツールの自発的な活用や工夫を促すことや、システムの内製化の範囲を拡大することで、デジタル前提で考え行動する「当たり前」を定着させることなくして、デジタル前提の文化や風土は育ちません。

また、研修についても、その目的やあるべき姿をはっきりとさせて、取り組む必要があります。ローコード開発ツールやクラウド・サービスなどの使い方を教えても、現場にそれを使うニーズや機会、あるいは使おうという意欲がなければ、時間のムダです。また、生成 AI を使える環境を整えても、それをどのように使うかを、現場の実情に即してガイドしなければ、十分に活かすことはできないでしょう。何のために＝目的、どのような成果を出したいのか＝あるべき姿をあきらかにして、研修を丁寧にデザインしていくことが必要です。

第 2 章で述べたとおり、「変化が速く、将来が予測できない」社会に適応するためには、「変化に俊敏に対処できる圧倒的なスピード」が必要です。そのためには、「変化が緩やかで、将来が予測できる」時代の常識や価値観と決別し、そんな時代に創られたやり方を根本から作り変えるしかありません。DX とはそんな変革であり、容易には実現できないことを自覚することです。くれぐれも、デジタル・ツールを使うことで、「DX をやっていること」にしないでください。

本章では、そんな DX の実践について考えます。

DXという魔法の杖はない

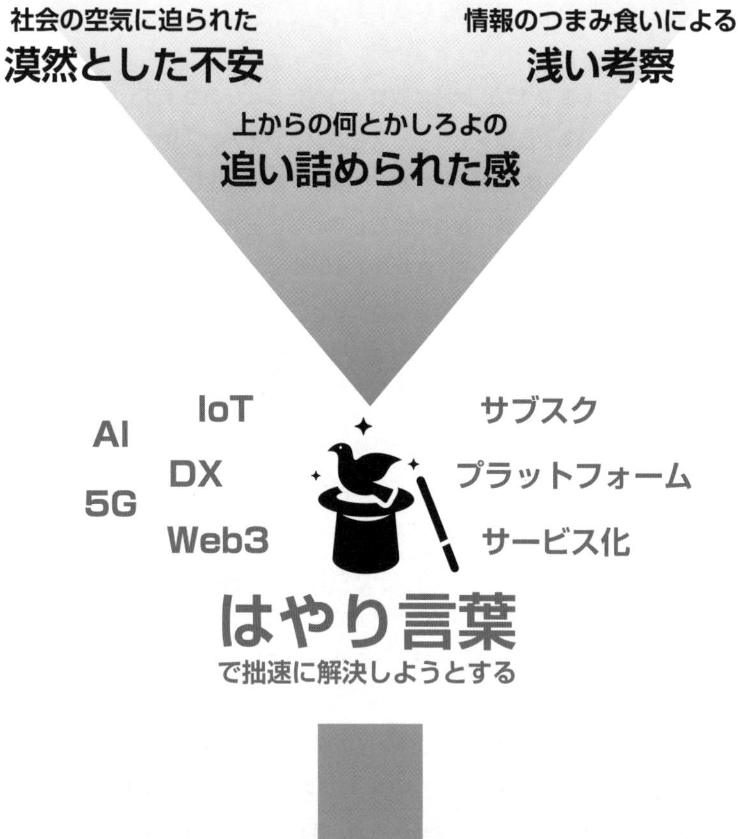

自分たちは、

何を解決したいのか、何をしたいのか？

それらをはっきりとさせることが、すべてに優先する

事例から DX の実践を考える

ブルドーザーやパワーショベルなどの建設機械メーカーであるコマツが、SMART CONSTRUCTION というサービスを提供しています。製品に組み込んだセンサーやドローンを駆使して、建設現場をデータで「見える化」し、建設作業の効率化や安全の確保、土木工事の自動化を見据えたサービスです。IoT の先駆的事例として広く紹介され、2020 年の DX グランプリにも輝きました。

「土木工事の現場の人手不足は、深刻です。少子高齢化が進む状況にあって、いままでのやり方では、増え続ける工事の需要に対応できなくなります。これに対処するには、他に選択肢はありませんでした」

当事者はこのように語っています。IoT の事例を創りたかったわけでもなければ、DX グランプリを受賞したかったわけでもありません。向きあうべき課題があり、それを克服するための戦略を描き、このサービスを実現した結果として、世間は、このように評価したというだけのことです。

トラスコ中山は、建設現場や工場に必要な工具などのプロツールを専門に扱う商社です。彼らは、現場からの注文が入ればすぐに届けるために、物流のスピード･アップを図ってきましたが、天候の急変や想定外の計画変更が日常茶飯事の現場では、顧客の期待に応えられないことに気がつきました。そこで、必要と見込まれるプロツールを予め現場に揃えて置いておく「MRO ストッカー」というサービスを始めました。使った分を後で請求する「富山の薬売り」サービスをプロツールに適用したのです。

これを実現するために、基幹業務システムを刷新し、IoT やスマートフォンを駆使して現場データを捉え、AI で的確に需要予測を行い発注を自動化するなど、最新のテクノロジーを動員しました。このサービスは、顧客から高く評価され業績も向上し、コマツ同様に、2020 年の DX グランプリを受賞しています。また、「DX のあるべき姿を示したことが評価につながる」として、2020 年度 IT 賞「IT 最優秀賞」も受賞しています。

コマツやトラスコ中山に共通するのは、まずは事業課題を明確に定め、課題解決のための戦略を立てて、それを実践したことです。いずれもテクノロジーは、戦略を実践するための手段でしかありません。

また、テクノロジーを使う以上に、やるべきことが沢山あります。たとえば、新しいビジネス・モデルをどうするのか、その成果を評価するための KPI や、効果的な運営を支える組織や体制などの変革にも取り組みました。テクノロジーを使うことは、そんな総合的な取り組みの一部でしかありません。

テクノロジーは戦略を実践するための手段

- ❖ どの産業分野で 5G が最も使われるようになるだろ？
- ❖ AI をどのように使うのが、最も効果的だろう？
- ❖ IoT を使うには、どのような用途が有効だろう？

このような好奇心を持つことが間違っているわけではありません。しかし、一般論としてのテクノロジーの活用方法や他社の成功事例を知っても、それが直ちに使えるわけではありません。まずは、自分たちの課題を明確にすることです。その上で、これを解決する戦略を描き、その戦略を実践するには、どのようなテクノロジーを手段として使えばいいのかを考えなくてはなりません。

このような前提があればこそ、上記のような問は、課題解決に役立つ気付きや知恵を与えてくれます。しかし、すぐに役に立つ正解を求めている人にとっては、そんな話を聞いても、「あの会社だからできるのであって、うちでは無理だよなぁ」と短絡的に結論づけてしまうことになるでしょう。

DX についても同様です。

- ❖ DX に取り組むことで、どのような変革が期待できるでしょうか？
- ❖ DX に取り組むには、先ず何をしなければならないのでしょうか？
- ❖ DX の実践には、どのようなテクノロジーを使えばいいのでしょうか？

DX が流行だから乗り遅れてはいけないと焦るユーザー会社、このブームに乗じてビジネスのチャンスを拡大しようとする IT ベンダー、そんな世の中の流れに乗じて視聴率や購読者を増やそうとするメディアの三つ巴で、DX をヒートアップさせています。

AI や IoT などのテクノロジーで何ができるのかを知ることは、大切なことだと思います。

末

しかし、それらを「知る」目的は、「使うこと」ではなく、課題解決の「手段の選択肢を増やす」や「現時点で最も有効な手段を見つける」、「判断や選択の視点を多様化する」ためであるということを肝に命じておくべきです。

魔法の杖はありません

新しいテクノロジーを知れば知るほど、それが「魔法の杖」に見えてくるのかもしれません。特に、「何かをやること」を目的にしたDXには、先進的なことにチャレンジしていることをアピールするにも都合がよく、メディアもまた、これらをDXと結びつけてあおり立てています。

たとえば、「（流行りの）生成AIで、何かできないだろうか」と考えます。次に、それがうまくはまりそうなテーマを見つけます。ただ、決裁を得るには、理由を示さなければなりません。そこで、生成AIを使わなければならない物語（戦略）を作文します。続いて、その物語を正当化する理由（課題）を示します。

「手段としての生成AI」ありきで発想し、それを正当化するために「都合のいい戦略」を作り、その戦略にふさわしい「都合のいい課題」を仕立て上げるというやり方です。しかし、このようなやり方で、成果に結びつくことはありません。それだけではなく、無駄な時間と労力を使い、お金もかかります。

不確実性が高まる世の中で、これまでのやり方は通用しなくなるでしょう。それでも事業を継続しなければなりません。従業員の意欲を高めなければなりません。だからこそ、最新のテクノロジーでなんとかなるのではと期待したくなるわけです。

残念ながら、最新のテクノロジーが、様々な課題を瞬時に解決してくれる「魔法の杖」にはなりません。DXという看板を掲げれば、自分たちが変われるわけでもないのです。

まずは、自分たちの課題に真摯に向き合い、これをどうしたいかです。「最善の手段として、どのようなテクノロジーが使えそうか」、あるいは、「こんなテクノロジーがあるのなら、この課題を解決できそうだ」と考えなくてはなりません。

DX 実践の 3 つのステップ

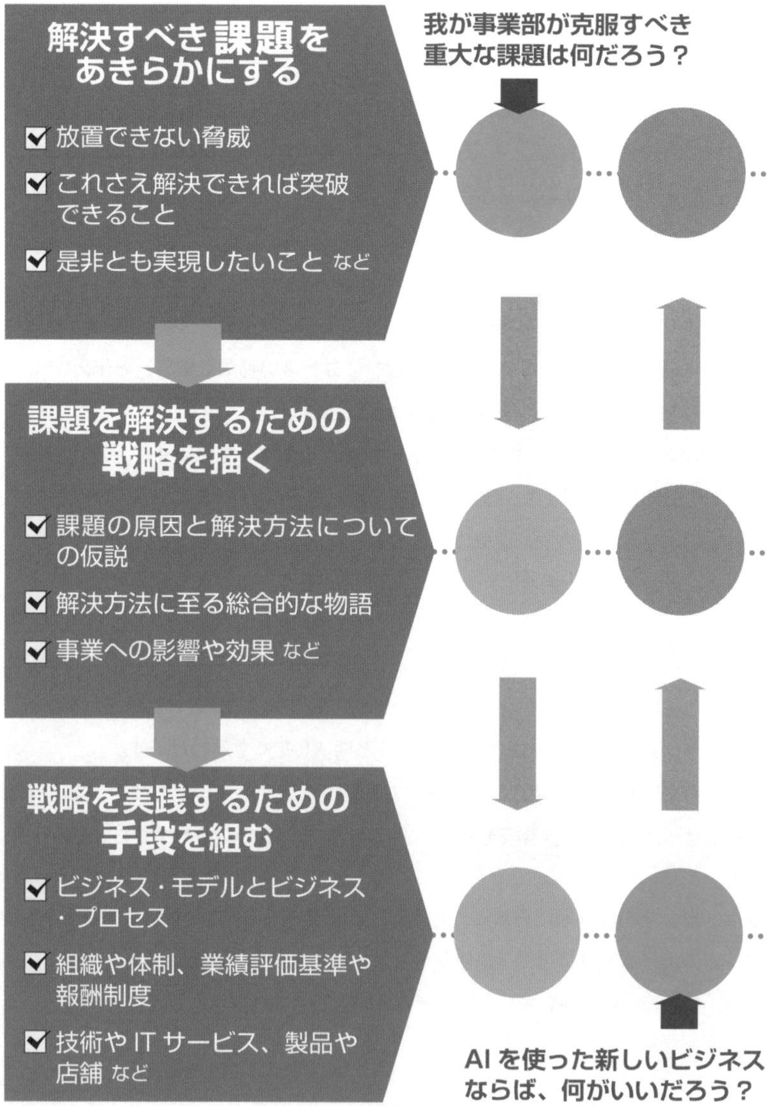
解決すべき課題をあきらかにする
放置できない脅威
これさえ解決できれば突破できること
是非とも実現したいこと など
課題を解決するための戦略を描く
課題の原因と解決方法についての仮説
解決方法に至る総合的な物語
事業への影響や効果 など
戦略を実践するための手段を組む
ビジネス・モデルとビジネス・プロセス
組織や体制、業績評価基準や報酬制度
技術や IT サービス、製品や店舗 など
我が事業部が克服すべき重大な課題は何だろう？
AI を使った新しいビジネスならば、何がいいだろう？

DX で成果を得るには、課題の定義、戦略の策定、手段の選択について、手順を踏むことです。手段とは、テクノロジーだけではなく、ビジネス・モデルやビジネス・プロセス、業績評価基準や雇用制度なども含みます。

テクノロジーは、効果的な手段ではありますが、それだけで、すべてを解決してくれるわけではありません。また、テクノロジーを活かすには、既存のやり方をそのままにするのではなく、テクノロジーを活かせるように最適化されたやり方に作り変えることが必要です。

そうでなければ、テクノロジーを十分に活かすことはできません。

DX だけのことではありませんが、課題をあきらかにすることから始めなくてはなりません。前節で述べたごとく「手段ありき」では、改革も改善も進みません。次のステップですすめていくのが、王道です。

- 課題の定義：「我が事業部がどうしても克服すべき画題は何だろう？」と考え、議論することです。放置できない脅威、これさえ解決できれば突破できること、是非とも実現したいことなどが課題です
- 戦略の策定：課題の原因と解決方法についての仮説、解決方法に至る総合的な物語、事業への影響や効果など、課題解決のための一連のシナリオが戦略です
- 手段の選択：ビジネス・モデルとビジネス・プロセス、組織や体制、業績評価基準や報酬制度、技術や IT サービス、製品や店舗などの組合せが、手段です

テクノロジーは、手段のひとつです。ただ、テクノロジーを活かせば、これまでできなかったことができるようになることも確かです。だからこそ、これを活かせるように、テクノロジー以外の手段を組み合わせなければなりません。

あるいは、テクノロジーを使わずに、業務のやり方を変えれば、課題を解決できるかもしれません。ならば、そちらの方が安上がりです。

大切なことは、課題の解決であり、業務の成果です。それが、DX かどうかどうかはどうでもいいことではないでしょうか。

“

DXに至る3つのステージ

当たり前の日常 ビジネスの前提	デジタル・ トランスフォーメーション **人間**を変える 戦略・パーパスの再定義／従業員の思考や行動様式の変革
無くてはならない手段 価値を生みだす源泉	デジタル化 ：デジタライゼーション **事業**を変える 新規事業の開発／新たなビジネス・モデルの創出
便利な道具	デジタル化 ：デジタイゼーション **道具**を変える 既存事業の改善／ビジネス・プロセスの効率化

末

課題を解決することが、優先されるべきであり、「DX かどうかはどうでもいい」とはいえ、「デジタル前提の社会に適応すべく、デジタルを駆使して、会社を作り変えること」から、逃れることはできません。つまり、「DX の実践」もまた、企業にとっては、取り組むべき課題だということです。

そんな DX を実践するには、次の段階的なアプローチが、現実的です。

デジタル化：デジタイゼーションとは道具を変えること

Web 会議やワークフローシステムを導入し、リモートでも紙に頼らず仕事ができるようにする、電子メールを社内 SNS やファイル共有サービスに変えて、情報共有を迅速化する、クラウド利用の制約を緩和して、利用範囲を広げるなど、デジタルを日常の道具として活用し、効率や利便性を高めることを目指します。

デジタル化：デジタライゼーションとは事業を変えること

新しい顧客接点の開拓や新しいビジネス・モデルへのチャレンジを通じ、競争力の強化や新たな収益源の獲得など、デジタルが事業価値を生みだす源泉として、無くてはならないものとなることを目指します。

デジタル・トランスフォーメーション／DX とは人間を変えること

企業のパーパスや事業目的、組織や意思決定の仕方、業績管理基準や雇用制度などを、根本的に見直し、従業員の思考や行動様式の変革することを目指します。

デジタイゼーションやデジタライゼーションの段階を踏まずに、DX を目指すことは、現実的ではありません。2 つの前段に真剣に向きあうプロセスを通じて、デジタルを使いこなすスキルを積み上げ、感性を磨く必要があります。結果として、「デジタル・リテラシー」は高まり、デジタルが日常の一部であり、当然のこととして扱える企業の文化や風土が、育ちます。結果として、デジタル前提の社会に最適化された会社に作り変えることができます。

DX の実践とは、この一連のプロセスをすすめることです。デジタル・ツールを導入すること（デジタイゼーション）や、デジタルを駆使した新規事業を立ち上げること（デジタライゼーション）は、このプロセスのステップにすぎません。

"

現場からの変革

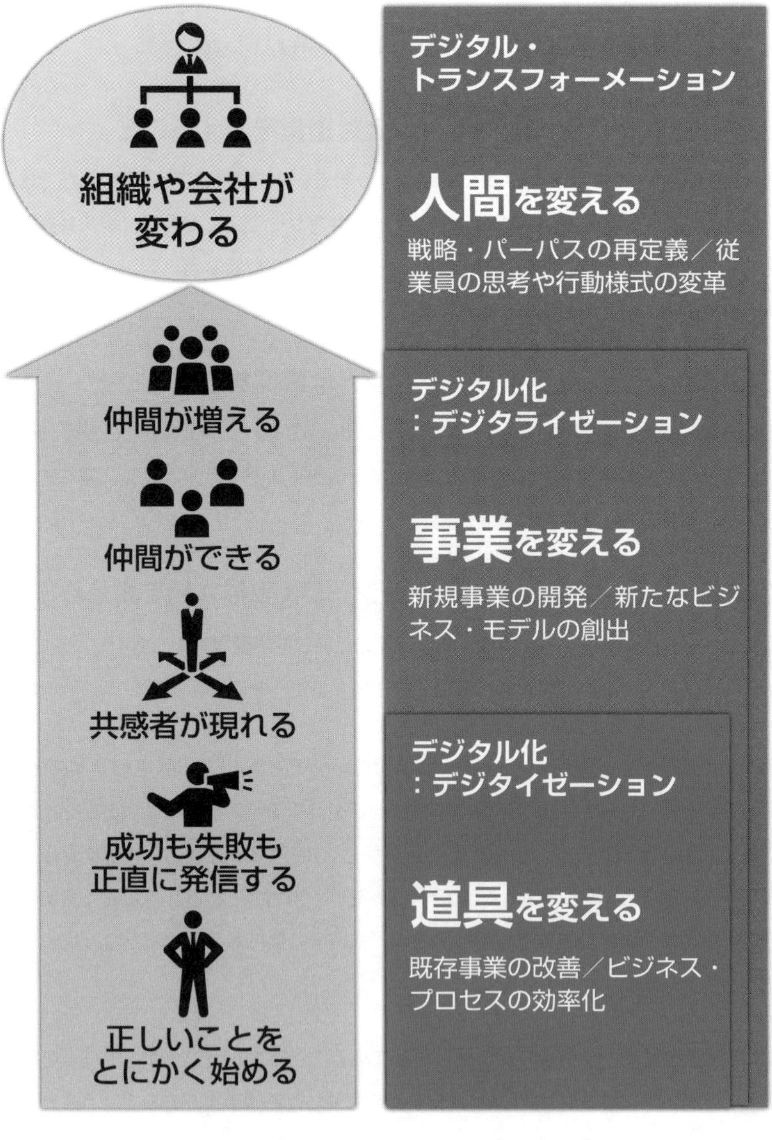

組織や会社が変わる
仲間が増える
仲間ができる
共感者が現れる
成功も失敗も正直に発信する
正しいことをとにかく始める
デジタル・トランスフォーメーション
人間を変える
戦略・パーパスの再定義／従業員の思考や行動様式の変革
デジタル化：デジタライゼーション
事業を変える
新規事業の開発／新たなビジネス・モデルの創出
デジタル化：デジタイゼーション
道具を変える
既存事業の改善／ビジネス・プロセスの効率化

「変革＝新しく作り変えること」は、容易なことではありません。当然、トップの確固たる意志とリーダーシップが必要です。しかし、現場もまた行動を起こさなければ、変革はできません。むしろ、現場の力が、会社や組織を変えていく原動力になることを自覚すべきです。

現場からの変革は、何をすべきかに気付いた人が、行動を起こすことから始めます。会社を変えようとか、組織を動かそうとかではなく、身近なことから始めてはどうでしょう。自分の担当するプロジェクトのコミュニケーションをSlackに統一する。何のためにやっているのか分からない形骸化された業務を洗い出して辞める。セキュリティ対策上意味がないどころか、リスクを高めるZIP暗号化されたファイルのメール添付を辞めるなどです。そうやって、正しいことを実践し、成功も失敗も発信し続けることです。

当初は、批判もあって忍耐が必要かもしれません。しかし、それが正しいことならば成果が生まれ、共感者も増え、行動を共にする仲間も増えます。それが、ある人数を超えたときに、組織や会社が大きく変わるのです。

誰かがしてくれることを待つのではなく、自分にできることからはじめることです。それが、どれほど小さなことであっても、はじめることです。そして、続けることです。変革とは、そんな地味で、手間も時間のかかる取り組みです。

「しかし、うちにはそんなことができる文化も風土もありません」

文化も風土もないからこそ、変革が必要です。文化も風土もそこに働く人たちが作るわけで、自分もまたその当事者であることを自覚すべきです。

文化や風土は、行動の結果であり、その積み重ねである「行動習慣」です。それは、誰かに指示され、命令されて行うことではなく、自分の自発的な行動が積み重ねられた結果です。自分の行動習慣を変え、その失敗も成功も発信すれば、行動を共にする人も増え、やがては企業の文化になります。

自分の行動を変えることまで、誰かの指示や命令を待たなければできないとすれば、それは会社に風土や文化がないのではなく、あなた自身に、変革への真の欲求がないのです。

Column

他人は変えられない、変えられるのは自分だけ

「上司や経営者の考えや行動を変えさせるには、どうすればいいでしょう？」

このような質問を頂くことがあります。しかし、この質問には、3つの考え違いがあるようです。

他人は変えられると考えている

自分が、他人から「変わりなさい」と言われ、考え方や行動を変えることができるでしょうか。自分は変わりたいけれど、他人に変えられたくはないという人がほとんどです。ならば、他人を変えようなどとは考えないことです。それよりも、まずは自分が変わることから始めてはいかがでしょう。

そんな、あなたの行動を見て、なるほどと共感した人は、自分で行動を起こすはずです。そんな人たちの間に共感の輪が拡がれば、やがてはあなたが変えたい人も、自発的に行動を変えるはずです。

他人に決めてもらいたいと考えている

組織や会社は、お客様や社会に価値を提供してこそ、成り立ちます。ならば、上司や会社に評価されることではなく、お客様や社会に評価されることこそが、あなたの目指すことです。そのために何が最善なのかを考えて行動すべきです。

お客様や社会がこうしろと命じることはありません。自分で考え、他者と接し、自分で答えを見つけるしかありません。そして、自分で決断し行動することです。そうすれば、お客様や社会に評価され、結果として、あなたの業績も上がり、会社にも評価されます。

このような行動習慣が、自分を成長させる原動力となります。そんな大切なことを他人任せにすべきではありません。自分で決めてこそ、成長の機会は訪れます。これができれば、あなたは社内でも、社会でも存在感を増し、あなたの言葉は、影響力を高めていきます。

大切なことは、「上司や経営者が変わらなければ、組織や会社は変わらない」との考えを捨てて、「自分が変われば、組織や社会が変わる」と考えることです。

頑張れば報われると考えている

「ドラゴンクエストにはまり、気がつけばこんな時間になっていた」

大好きなことだからこそ、時間も忘れて没頭し、気がつけばそれなりの達人になっている人は、結構います。

「あなたのような一流のプロゲーマーになるために、学校を辞めてゲームに専念してスキルを磨こうと思っています」

そんな質問に有名なプロゲーマーは、つぎのように答えていました。

「プロゲーマーは努力してなるものではなくて、気がつけば " なっている " ものです」

楽しくて、大好きだから、努力を努力と感じない。だからこそ、ひとつのことに時間を費やすことができ、スキルが磨かれ、結果として一流になっていたというのは、よくある話です。会社を良くしたい、上司や会社に評価してもらいたい。あなたは、そのために頑張ることを楽しめますか。それが、あなたの幸せなのでしょうか。
自分が成長し、社会に評価され、あなたの発言や行動が、影響力を持つようになることの方が、よほど楽しく、幸せなように思います。自分の仕事に成長の機会を見出し、それを楽しむことです。そうすれば、結果として、会社でも評価されます。

他人は変えられない、他人に期待しない、頑張ってもムダ

他人の行動を変えようとするのではなく、まずは自分の行動を変えることからはじめてはどうでしょう。

「上司や経営者の考えや行動を変えさせるには、どうすればいいでしょう？」

そんな考えは捨ててしまいましょう。それよりも、他人にして欲しいことを自分でやってみることです。それが正しいことならば、仲間が増えて、成果も上がり、楽しめるようになるはずです。

DX 推進組織の役割

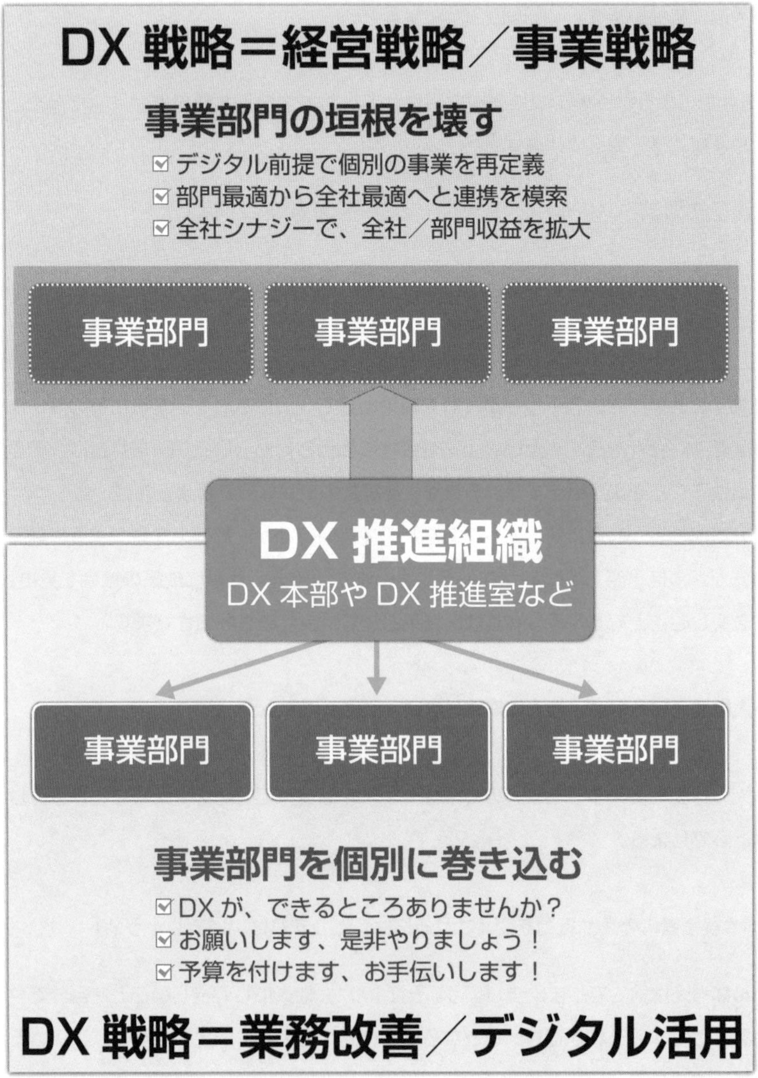
DX 戦略＝経営戦略／事業戦略
事業部門の垣根を壊す
☑デジタル前提で個別の事業を再定義
☑部門最適から全社最適へと連携を模索
☑全社シナジーで、全社／部門収益を拡大
事業部門
事業部門
事業部門
DX 推進組織
DX 本部や DX 推進室など
事業部門
事業部門
事業部門
事業部門を個別に巻き込む
☑DX が、できるところありませんか？
☑お願いします、是非やりましょう！
☑予算を付けます、お手伝いします！
DX 戦略＝業務改善／デジタル活用

分かりやすい成果だけをもとめてはいないか

「DX 本部」や「DX 推進室」、「デジタル・ビジネス部」といった DX 推進組織を立ち上げ、DX の実践に取り組む企業があります。しかし、現実を見ると、「DX の実践」とは、かけ離れた取り組みに終始している組織もあるようです。

たとえば、事業部門に声をかけ、「DX できそうなことはないでしょうか？」、「もしテーマがあれば、お手伝いします、予算もつけます」と協力を促します。事業部門も会社の方針として、DX に取り組まなくては示しがつきません。ただ、本業をかき回されたくはありません。そこで、本業ではなく、附帯的な業務でデジタルを使い「DX をやってます」を示すためのカタチを作ろうとします。しかし、その多くは、「なんとしてでも解決したい課題の解決」ではありませんから、業者任せとなり、「DX やりました」という成果を示すことに留まります。うまくいかなくても、これを PoC（事業コンセプトの検証）と呼び、「検証できたからいいじゃないか。うまくいかなかったが、それが分かっただけでもよかった」とみんなが納得しているという話もあります。

このようなことになるのは、「わかりやすい成果」をトップにできるだけ早く見せたいからです。会社の方針として、あるいは、トップダウンの業務命令として、DX の実践が求められているのですから、「それなりのカタチ」を示したいと思うのは当然のことかもしれません。

DX とは、「デジタル前提の社会に適応するために会社を作り変えること」です。デジタルを使うことは手段ではあって、目的ではありません。このようなやりかたで、本来の DX ＝変革ができるはずはありません。

利害の調整役になってはいないだろうか

ある企業の人事部の方から、次のような話を伺いました。

「DX 推進本部（仮名）が作られたのですが、彼らは、各部門に対して、それぞれの DX 施策と達成目標を出すように求めています。しかし、DX とは何か、何をすることかを示してはくれません。そちらが先ではないかと話すと、各組織の意見を聞いてから決めるので、まずは各部門の DX 施策を出してくれとのことでした。つまり、各部門からの施策を並べて、上に報告したいだけなのです」

DX推進本部は、DXを「デジタルを使って何かすること」程度に捉えているのかもしれません。だから部門個別に何をするかは決めてもらい、自分たちは、各部門の利害の調整役に徹しようとしているように見えます。

そんなことではまずいのではないかとなり、DX推進組織が音頭をとって、各部門から人を集めて「DXタスク・チーム」を作り、議論することになったそうです。しかし、ネットの記事や他社のDX成功（？）事例を、それぞれが持ち寄り、発表するに留まり、ますます混迷の度を深めているそうです。

「DXごっこ」になってはいないだろうか

DXという変革を成し遂げたいのであれば、「自分たちが目指すべきビジョンやパーパス（存在意義）」を全社で共有し、その実現を脅かす「自分たちが直面する課題」、これに対処するための「戦略や手段」を明確にしなりません。DX推進組織は、そんな取り組みのイニシアティブをとらなければならないはずです。しかし、これができずに現場任せとなっている企業もあるようです。

当然、現場としては、売上や利益などの事業目標を達成することが第一で、これに専念しなければなりません。一方で、会社の方針として、DXが下命されているわけですから、その成果を示さなくてはなりません。何をすることがDXかは示されてはいませんから、デジタルを使って何かカタチを作ろうとするのは、自然の成り行きでしょう。

そうなると各部門は、あまり手間をかけたくはありませんから、部門単独でできること、単年度で成果が見えることに取り組もうとします。そうやって、「はやくわかりやすい成果」を出し、「DXをやってます」ということができます。

会社としての「DXとは何か」がありませんから、いいも悪いも評価する基準がありません。結果として、「DXをやってます」となり、みんないい気持ちになるわけです。これは、DXの本質からは著しく逸脱しています。「DXごっこ」というべきがふさわしいかもしれません。

リーダーシップを発揮しているだろうか

本来、DX推進組織の役割は、「事業部門を個別に巻き込む」ことで「DXをやってます」を増やすことではありません。会社を作り変えるためのリーダーシップを発揮することです。部門間の利害調整役に留まっていては、「変革＝新しく作り変える」ことはできません。

各部門に「デジタルを使うこと」を求めるのではなく、いま自分たちの於かれている状況や課題を正直に伝え、自分たちの「あるべき姿」を示し、変革の必要性を訴えること、そして部門の壁を壊して、同じ方向に向かわせることが、DX推進組織には求められています。

このままでは、事業の継続や企業の存続が危うくなり、雇用が失われるといった危機感を醸成すること、自分たちの事業資産を活かせば、新たな社会貢献ができ、未来を切り拓くことができるといった使命感や高揚感を示し、現場の意欲を高めることです。

そうやって会社に変革のムーブメントを起こし、事業部門の実践を伴走することが、DX推進組織の役割です。

DX推進組織は経営者と現場を同じ方向に向かわせる役割を担う

経営者は、そんなDX推進組織との議論を絶やさず、彼らを支えなくてはなりません。「DX＝変革＝いままでのやり方を捨てて新しく作り変える」責任を負うのは経営者だからです。そんな経営の本質に関わる取り組みをDX推進組織に丸投げすべきではありません。

過去の常識の延長線上に未来はありません。そのことを一番理解し、変革を先導するのが経営者の役割です。そのために、自らもデジタルについての感度を高め、知識を積み上げるべきでしょう。そして、デジタル前提の社会での「自分たちの未来」を描けなくてはなりません。

そんな経営者を支援し、経営者の考えと現場の考えを同じ方向に向けさせるのが、DX推進組織の最も大切な役割だといえるでしょう。

“

変革は「いま」を終わらせることから始める

クルト・レヴィン Kurt Lewin 1890 -1947 年

ユダヤ系ドイツ人としてドイツに生まれ、ベルリン大学の哲学と心理学の教授を務めていたが、ナチ政権の成立で 1933 年にアメリカに亡命。コーネル大学教授を務め、マサチューセッツ工科大学にグループ・ダイナミックス研究所を創設。場の理論や、リーダーシップ、集団力学（グループ・ダイナミックス）、アクション・リサーチなど、その研究業績は多岐にわたり、「社会心理学の父」と呼ばれている

末

変革の 3 段階

第 1 段階：解凍（unfreezing）

危機的状況についての現状認識と危機感を共有し、新しい考え方、やり方によって改善していくといった雰囲気を醸成。既存の価値観や先入観を捨てて、新たな企業の文化や風土を作っていこうとの考えで合意し、推進力を生みだす

第 2 段階：変革（moving/ 移動）

目指すべき改革の方向性や全体像を共有し、誰が、何を、いつまでに実行するかなどの具体的な実効策を定める。変革の効果を検証し、試行錯誤を重ねながら、変革をすすめる

第 3 段階：再凍結（freezing）

変革の成果を組織内に定着させ習慣化させる。変革後の状態を当たり前のものとして定着させて新しい企業の風土や文化を根付かせる

社会心理学の父と言われるクルト・レヴィンは、変革を成功に導くには、従来のやり方や価値観を壊し（解凍）、それらを変化させ（変革）、新たな方法や価値観を構築する（再凍結）という３段階が必要だと述べています。

第１段階：解凍（unfreezing）

従来のやり方では通用せず、変えなければ会社の経営は危機的状況に陥るという現状と危機感を共有し、新しい考え方、やり方によって改善していくといった雰囲気を醸成する。既存の価値観や先入観を捨てて、新たな企業の文化や風土を作っていくことに従業員が合意し、変革の推進力を生みだす。

第２段階：変革／移動（moving）

目指すべき変革の方向性や全体像を共有し、誰が、何を、いつまでに実行するかなどの具体的な実効策を定める。さらに、変革の実行がどれだけの効果を生み出しているのかを検証し、試行錯誤を重ねながら、変革を進める。

第３段階：再凍結（freezing）

変革を起こせても、元に戻ってしまっては意味がない。そこで、変革の成果を検証できた段階で、組織内では変革後の状態が当たり前のものとして定着させる。結果として、新しい企業の風土や文化が根付く。

「DX」というお題を与えられて、何か新しいことを始めなければと、多くの企業がもがいています。ただ、レヴィンの「変革の３段階」に従うならば、新しいことを始めるためには、「いま」を終わらせることが前提です。

たとえば、コロナ禍に直面し、手続きや決済をリモートでもできるようにとワークフローのデジタル化に取り組んだ企業があります。しかし、従来の紙と捺印によるワークフローは、そのまま残すことにしたそうです。結果として、業務プロセスが複雑化して、現場が混乱してしまいました。また、まずはデジタル・ワークフローで手続きをさせて、後日、紙の書類も提出するローカル・ルールが作られてしまい、仕事が増えてしまったという話も聞きました。

まずは、いまとなっては「価値がない」ことを棚卸しし、何を捨て去るべきか、辞めるべきかをはっきりさせ、新しいことに取り組むべきでしょう。

“

DX 人材

- 経営や事業の現状を俯瞰、整理して、課題と原因を定義できる
- 経営者や事業部門が示した事業課題を考察し、課題の精緻化や明確化を支援できる
- デジタル技術やデジタル・ビジネス・モデルについての広範な知見を有している
- デジタルについての知見を生かして、事業課題を解決する戦略を描ける
- 描いた戦略の実践を主導、または事業責任者の伴走者として支援できる

IT に詳しいから、プログラムが書けるから、DX という変革を主導できるわけではありません。

DX 人材の定義：

デジタルを前提にビジネスを発想、企画でき、実現に向けてリーダーシップを発揮し、それに取り組もうという人たちに助言でき、伴走できる人

求められるコンピテンシー：

- 自社だけではなく、客先や他社のビジネス・プロセス、商流、物流を見て事業のネタとなる課題を発見できる
- 発見した課題から「デジタル技術を前提に」した改革や改善を重ね、新たな仕組みを考えることができ、戦略を描き、事業計画を立案できる
- 計画を率先し、客先・社内・パートナーを巻き込んで実行できる

IT 知識やスキルが不要なわけではありませんが、それらは、後から補い、外部に協力を求めることもできます。むしろ大切なのは、自分たちの事業課題を解決し、業績の向上に貢献しようという意欲と、これを実践する能力です。

求められる行動特性：

- あらゆることに好奇心が旺盛で、情報収集力に長けている
- 社内外に広く人脈を持ち、人脈を拡げるための情報発信やコミュニティ作りに取りくんでいる
- 人の話を素直に聞き、自分の意見を率直に語り、対話や議論を好む

このような人材であれば、たとえ IT に詳しくなくても、必要な知識スキルを自ら習得していくはずです。

そんな変革のリーダーとなる DX 人材を育てる必要があります。もちろん、だれもがリーダーになれるわけではありません。また、その必要もありません。ただ、いま自分たちの状況を冷静に捉え、正しい危機感を持ち、リーダーとともに変革に向きあう人材を育てていかなければなりません。それぞれの役割や立場で、「目的」と「あるべき姿」をはっきりとさせた人材育成プログラムをデザインし、実践しなくてはなりません。

Column

DX とリスキリング

「リスキリング」という言葉を目にする機会が増えています。一方で、「DX 研修」や「デジタル・リテラシー研修」も注目をされるようになりました。しかし、これらの関係を曖昧なままに、「リスキリング研修」という言葉が使われることがあります。

「リスキリング」とは、「異なる業務や職業に就くために、必要なスキルを獲得させること」です。

この言葉は、2018 年の世界経済フォーラム（ダボス会議）で取り上げられたことがきっかけとなって、注目されるようになりました。この年のダボス会議の中で、8,000 万件の仕事が消滅し、9,700 万件の新たな仕事が数年の内に生まれるとの予測が報告されました。そして、今後新たに生まれる仕事につくには、いまのスキルではできないので、社会全体でリスキリングに取り組む必要があるとの提言がなされたのです。

このことからも分かるとおり、「リスキリング」は、いまの仕事に必要なスキルを磨くことではなく、これから生まれる新しい仕事に適応するための新しいスキルを獲得することを目指すものです。

昨今、データ活用や新しい IT ツール、クラウド・サービスの使い方を学ぶ研修を「リスキリング」研修と称しているところもありますが、これは必ずしも正しい使い方ではありません。これら研修の多くは、既存の仕事の改善を目的とするものであり、新しい仕事に対処するための能力を獲得する「リスキリング」ではありません。「リスキリング」と称するには、まずは、「新しい仕事」を用意して、そこに移動することを前提にしなくてはなりません。

もちろん、いまの仕事の効率化や改善は必要ですし、変革を主導するリーダーシップを育むことも必要です。このような研修は、前節で紹介した、3 つの人材育成のシナリオが担う話です。「リスキリング」は、これとは違います。経営戦略あるいは事業変革の一環として取り組むもので、対象とする人材に、異動や職種変更を前提に、職務として、会社がうけさせる研修です。

前節の 3 つの人材育成のシナリオは、個人の自発的な好奇心、改善、成長の意欲を頼りに、学びの機会を与えるために行います。目的は、人材の質を高めることで、デジタル時代にそぐわない古い知識やスキルを時代に即したものへとアップデートすることです。つまり、個人のスキル強化や知識のアップデートであり、現場改善や変革リーダーの育成が目的です。

一方、「リスキリング」は、事業転換が目的です。配置転換、新会社への出向や転籍、職種変更といった人事施策が、前提として用意されていて、そんな新しい職場で必要とされるスキルを獲得することを目指します。

ある大手自動車部品メーカーの「リスキリング研修」をお手伝いさせて頂いたことがあります。研修の目的は、ハードウェア・エンジニアを、ソフトウェア・エンジニアへと転換することが目的です。この会社は、自動車部品が商品ですから、ハードウェア・エンジニアが沢山います。しかし、ソフトウェアの役割が拡大する中、ソフトウェア・エンジニアを増やす必要に迫られていました。そのための取り組みとして、実施されたのが「リスキリング研修」です。この研修は、人事施策とも連動し、研修後の新たな配属先も用意されていました。

まだ、進行中の段階ではありますが、うまくいっているそうです。その理由として、ハードとソフトのエンジニアに共通に必要とされる数学や工学についての基本的な素養があるからです。扱う対象が変わっても、エンジニアとしての共通の基礎が土台にあるので、スムーズに転換が進んでいるそうです。

この事例からも分かるとおり、「リスキリング」のための研修と配置転換は、一体です。「個人のスキルアップや現場改善のための研修」と「リスキリングのための研修」は、目指している「目的」も「あるべき姿」も違いますから、施策としても分ける必要があります。一般的な研修予算の中でやることでもありません。それぞれの役割や立場で、「目的」と「あるべき姿」をはっきりとさせた人材育成プログラムをデザインし、実践しなくてはなりません。

DXの実現を支える4つの手法と考え方

変化に俊敏に対応できる
企業文化・体質を実現すること

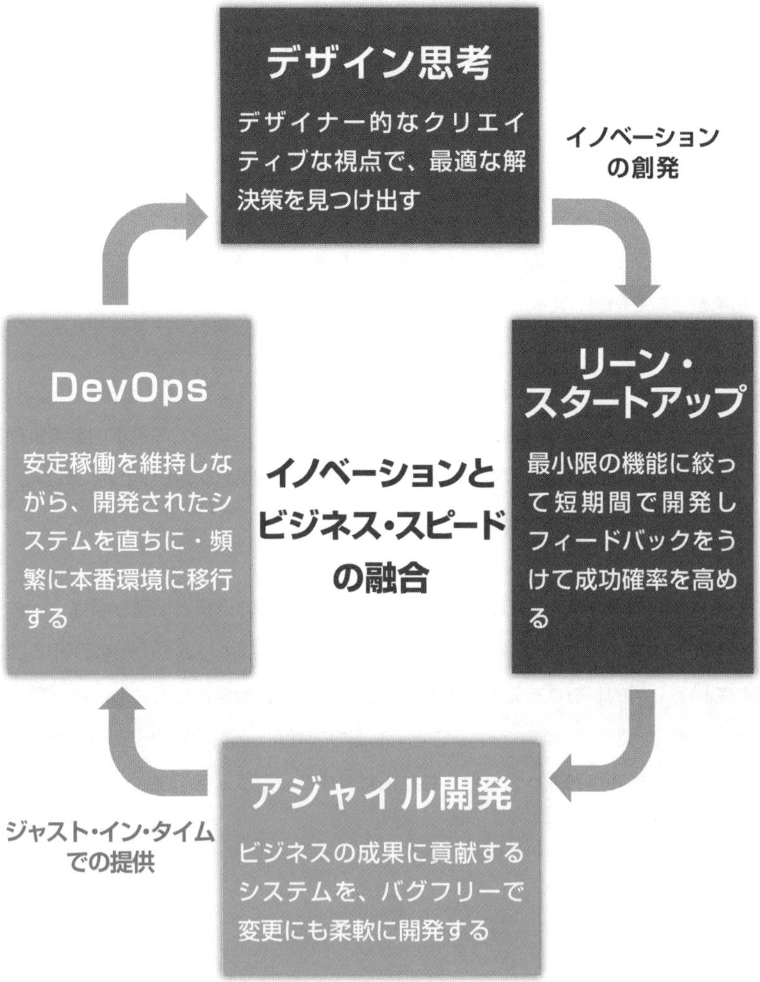

デザイン思考
デザイナー的なクリエイティブな視点で、最適な解決策を見つけ出す
イノベーションの創発
リーン・スタートアップ
最小限の機能に絞って短期間で開発しフィードバックをうけて成功確率を高める
イノベーションとビジネス・スピードの融合
アジャイル開発
ビジネスの成果に貢献するシステムを、バグフリーで変更にも柔軟に開発する
ジャスト・イン・タイムでの提供
DevOps
安定稼働を維持しながら、開発されたシステムを直ちに・頻繁に本番環境に移行する

デザイン思考（Design Thinking）とは、「デザイナー的なクリエイティブな視点で、最適な解決策を見つけ出す手法」です。ロジカルに物事を整理して課題解決を図るのとは対照的に、クリエイティブな思考で問題を解決しようというわけです。これを実践するには、常にユーザー視点に立ち、ユーザーが本当に悩んでいることは何か、どう解決すべきか、なぜ必要なのか、ユーザーが価値を感じるポイントはどこかなどを考え、活発でオープンなコミュニケーションを交わして多くの人の知恵を引き出し、アイデアを固めていきます。ただ、アイデアに完璧を求めず、早々にプロトタイプを作り、試行錯誤を繰り返しながら、最適な解決策を見つけ出していきます。

リーン・スタートアップ（Lean Startup）とは、新規事業の成功確率を高めるための方法論です。新規事業のアイデアがうまくいくかどうかを、コストをかけず最低限の機能に絞った試作品を作って顧客に提供し、その反応を観察、分析して改善します。市場価値が無いとわかれば撤退も考慮します。これを短期間に繰り返すことで、新規事業の成功確率を高めようというわけです。

アジャイル開発とは、いまの最善を徹底し追求し、システムを開発する手法です。不確実な未来予測し、使うかもしれないなどの推測も交えた仕様に従ってすべてを作るのではなく、必ず使うプログラムのみに絞り込み、期待される成果に応じて優先順位を決めて作ります。1 または 2 週間程度の短いサイクルでユーザーのフィードバックを得ながら、完成度を高め、機能を積み上げてゆきます。ビジネスの現場がこれで十分と判断すれば完成です。

DevOps（Development & Operation）とは、開発したら本番に移行しても安定稼働を実現する取り組みです。システムが完成しても、直ちに本番環境に移行できなければ、現場の要請に即応できません。一方で、十分にテストしていないシステムを本番環境に投入すれば安定稼働が保証できません。この両者の対立を解消し、開発されたシステムを直ちに、そして頻繁に本番環境に移行するための仕組み作りを、開発と運用が連携して実現しようというわけです。

デザイン思考とリーン・スタートアップでイノベーションを創発し、アジャイル開発と DevOps を駆使してジャスト・インタイムで現場にサービスを提供する。この一連の取り組みを繰り返してゆくことが、DX の実践を支えます。

"

最適な解決策を見つけ出すためのデザイン思考

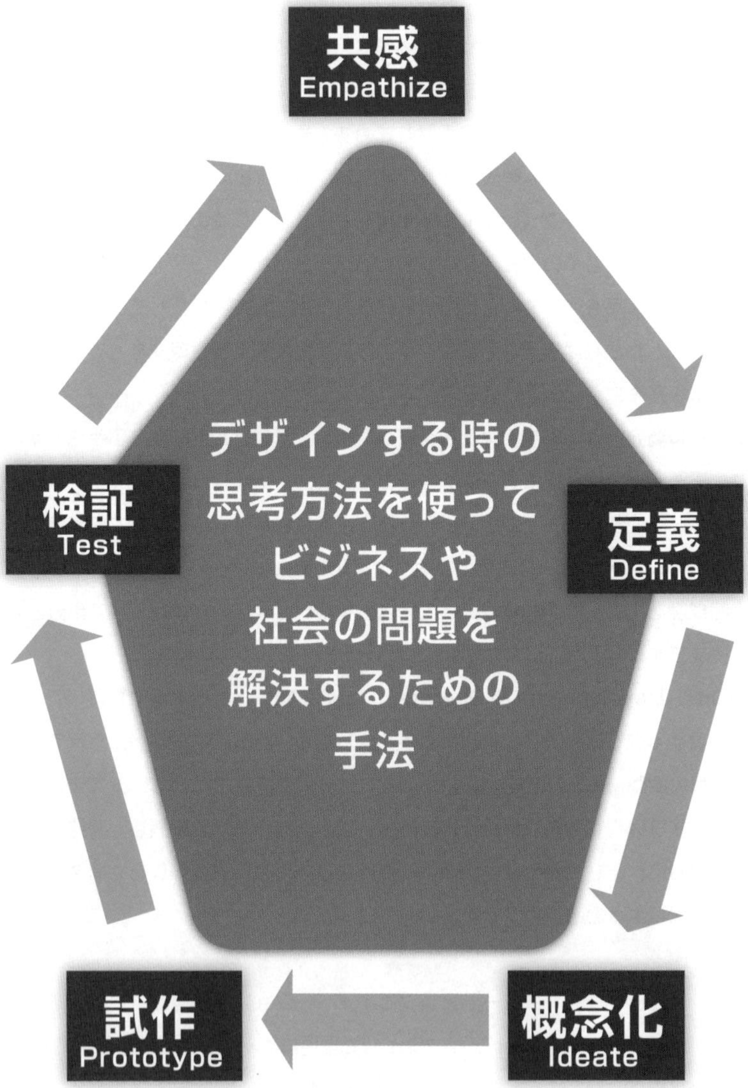

「デザイン思考（Design Thinking）」とは、デザイナーがデザインするときの思考方法を使って、ビジネスや社会の問題を解決するための思考方法です。

デザインとは、ユーザーによりよい体験を与え、より好ましい状態へと変えてゆくための活動です。まずは、ユーザーを徹底して観察し、事実に基づいて彼らを深く理解し、どうすればいいのかの仮説を立てて、それを実現するためのカタチや見た目、手順などを創り出します。そのための思考方法を前例のない問題や未知の課題を解決するために使おうというのがデザイン思考です。

「デザイン思考」を実践するには、様々なアイデアを出し合うブレインストーミング、試作品の作成、それをユーザーに使ってもらい確認する検証などの実践を伴うことから、「実験的思考法」と呼ばれることもあります。

デザイン思考の方法は、いろいろと提案されていますが、その代表的なものとしてハーバード大学デザイン研究所（d.school）のハッソ・プラットナー教授が提唱する「デザイン思考の５段階」をここで紹介します。

❖ 第１段階：共感　ユーザーに寄り添い、その人がなぜどのように行動するのか、ニーズは何かを、インタビューや観察などを通じて理解し、本当に求めていることを見つける

❖ 第２段階：問題定義　ユーザーの求めていること、それを必要としている状況、それが生じる要因を分析し、何を実現すればいいのかを明確にする

❖ 第３段階：概念化　ブレインストーミングを行い、「問題定義」で明確にしたことを実現するためのアイデアをできるだけ多く生みだす

❖ 第４段階：試作　いくつかのアイデアを試作し、実現可能性を確認する。

❖ 第５段階：検証　試作したプロトタイプを実際にユーザーに使ってもらい、「問題定義」されたことが実現できるかを検証する

これらの順番は、必ずしも絶対的なものではなく、時には同時に、あるいは行ったり来たりしながら最善のやり方を見出してゆきます。

世界が多様化し、不確実性の高まる時代に、絶対の正解を見つけ出すことは容易なことではありません。それゆえ、様々なアイデアを出し合い、多くの人が満足できる最適な解決策を見つけ出す手段として、「デザイン思考」は、いま注目されています。

“

新規事業の成功確率を高める リーン・スタートアップ

Idea
素早く学習する
素早くコードを書く
学習
Learn
構築
Build
データを分析し
MVP を改善
新規事業開発の
成功確率を高めるための
マネージメント手法
アイデア検証
のための MVP を
短期間で作成
Data
Code
計測
Build
素早く計測する
MVP を顧客に提供して
その反応を観察しデータを収集

MVP：Minimum Viable Product

「リーン･スタートアップ（Lean startup）」とは、起業家であるエリック･リース（Eric Ries）が自らの体験を元に体系化したスタートアップの方法論です。

スタートアップとは、「新しいビジネス・モデルを成功させ、ごく短時間のうちに急激な成長を狙う組織」であり、そんな組織を管理する方法を使って新規事業開発の成功確率を高めるようというマネージメント手法です。

リーン（Lean）とは「贅肉がなく引き締まっている」という意味で、「ムダの徹底的排除」というトヨタ生産方式の根底にある思想です。このトヨタ生産方式の方法論を「新しいビジネスモデルの開発」に活かし、新規事業を実現するための組織運営やアプローチの方法として示したのがリーン・スタートアップです。具体的な手順は次の通りです。

構築：アイデアを練り、それがうまくいくかどうかを確かめるために必要不可欠で、実際に使って確かめることができる最低限の機能を持った試作品、すなわち MVP（Minimum Viable Product）を短期間で作ります。

計測：MVP を顧客に提供して、その反応を観察しデータを集めます。

学習：観察結果やデータを分析し、製品、サービスが市場に受け入れられるか否かを判断します。そして、MVP を改善します。ただ、仮説そのものが誤りだと判断された場合には、仮説を見直して、アイデアを練り直すことや撤退も含めて大きく方向転換すること、すなわち「ピボット」も考慮します。

このサイクルを短期間に繰り返すことで、新規事業の成功率が飛躍的に高められると言うわけです。

このような「リーン・スタートアップ」はあくまで、新規事業を生みだすためのマネジメント手法であり、新しいアイデア自体を生み出す手段ではありません。そこで「デザイン思考」で、まずはアイデアを生みだし、「リーン・スタートアップ」で成功確率を高めるのが、現実的なアプローチと言えるでしょう。

ただ、現在のような不確実なビジネス環境の中で取り組むことになる「リーン･スタートアップ」ですから、圧倒的なスピードが不可欠です。また、何としてでも実現しようというパッション、失敗するかもしれないし、場合によっては既存の事業を置き換えてしまうかもしれないというリスクをも許容できる組織文化が必要となります。

自然界とビジネス界では大きく異なるエコシステム

自然界におけるエコシステム

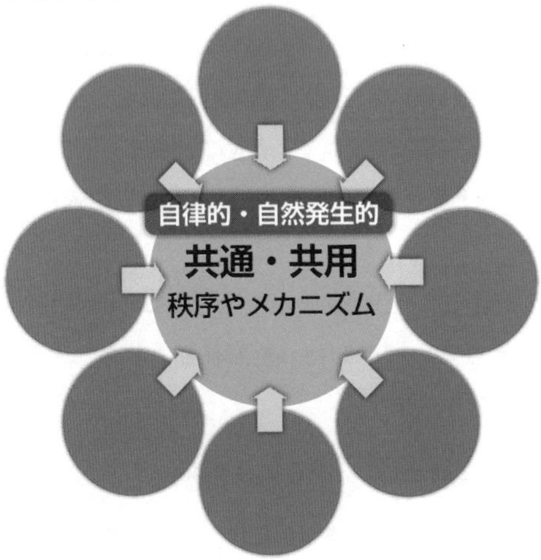

時　間：長期間

形　成：自律的・自然発生的

参加者：相互依存的（生存）

主導者：なし

ビジネスにおけるエコシステム

時　間：短期間

形　成：意図的（企業が主導）

参加者：共栄共存的（収益の拡大）

主導者：排他的利益

「エコシステム」とは、本来は自然界における生態系を指す英語「ecosystem」であり、動植物の食物連鎖や物質循環といった生物群の循環系を意味しています。これがビジネス用語へと転化し、経済的な依存関係や協調関係といった企業間の連携関係を表すのに用いられています。その形態は似通っていますが、形成過程はまったく違います。

自然界における「エコシステム」は、長い期間をかけて自律的･自然発生的に形成され、生存にとって都合がいいような相互依存関係を築いていきます。そこに特定のリーダーは、存在しません。

一方、ビジネス界における「エコシステム」は、短い期間で、特定の個人や企業がリーダーとなって形成するもので、自分たちの収益拡大のために相互依存関係を築いていきます。

リーダーは、参加者に収益拡大というインセンティブを提供する一方で、これを支配する絶対的な地位を握ります。GAFAM に代表されるプラットフォーマーたちは、この仕組みで、膨大な収益を生みだす独占的・寡占的なエコシステムを築いてきました。DX の実践について「プラットフォーム・ビジネス」が語られることがありますが、これはビジネス・エコシステムを土台に展開するもので、プラットフォーマーたちの成功を見ると、とても魅力的です。しかし、既に盤石な地位を築いている彼らに対峙することは容易なことではなく、うまく折り合いを付けていく方法を考えるべきでしょう。

その選択肢としては、次のようなやり方が考えられます。

- ❖ プラットフォーマーと競合しない、ユニークな新エコシステムを作る。
- ❖ プラットフォーマーの提供するエコシステムに相乗りし、その中で独自の付加価値を付けて、新たなサブ・エコシステムを作る。
- ❖ プラットフォーマーに依存しない独自のエコシステムを作る。

既に大きな収益を上げているプラットフォーマーを見て、自分たちもそうなりたいと思うのは、自然なことですが、彼らの築いてきたエコシステムに真っ向から対峙するのは容易なことではなく、現実的なビジョンと戦略を持つべきかもしれません。

Column

DXの実践と生成AI

ChatGPTが登場し、生成AIへの感心が一気に高まりました。そんな生成AIの詳細は、第7章で詳述しましたが、次のような成果が期待できます。

- 業務の生産性が大幅に向上する
- 高度専門スキルを容易に使える
- イノベーションを加速する

具体的には次のようなことができるようになります。

業務の生産性が大幅に向上する

- 伝えたい要点を入力し、伝える相手の属性を指定すれば、それにふさわしい表現や内容でレポートや提案書を書いてくれる
- 実現したい機能を伝えれば、プログラム・コードを生成してくれる
- 広告動画のシナリオを入力し、絵コンテを出力させて、必要な訂正を加えれば、内容にふさわしいキャラクターを生みだし、動画を生成してくれる

これまでは、このような作業は、人間にしかできないとされてきたわけですが、生成AIが、これを代替してくれます。もちろん、現段階では完全とは言えません。人間の確認や訂正を必要としますが、その精度は急速に向上しており、同様のことを人手だけでやることに比べれば、生産性が大幅に向上します。これは、同じ業務時間で、これまで以上の仕事をこなせることでもあり、変化に俊敏に対処する能力を高めることになります。人間の労働生産性の向上にも寄与し、労働時間の短縮によるストレスの軽減や待遇の改善にも寄与します。

さらに、これまでであれば、時間的制約から、多様なやり方を試すことができなかった仕事も、同じ時間内で何度も試行錯誤ができるようになり、業務品質の向上や新しいことに取り組む上で成功確率を高めることにも貢献します。

高度専門スキルを容易に使える

Excelのマクロや関数を熟知して、使いこなしている人は、ほとんどいないでしょう。しかし、Excelに組み込まれた生成AIは、これらを熟知しています。そんなExcelに「こ

んな表を作ってほしい」と指示すれば、効率よく、洗練された表を作ってくれます。

プログラム開発に使われるツールである Github というサービスには、世界中のエンジニア達の作った膨大なプログラム・コードの蓄積があり、それらを解析することで導かれた「優れたプログラム・コードの特徴やパターン」が、生成 AI によって整理されています。これを使って、プログラムを書き出すと、ここはこうした方がいい、このように書いてはどうかとその場でアドバイスやよりよいコードのお手本を示してくれます。また、こんな機能を実現したいと伝えれば、仕様書の作成、テストコードの生成、テストと修正、本番システムへのリリースまでを一貫して実行してくれます。

もちろんこれらは、生産性の向上に寄与することは当然ですが、大変優れた専門家をいつも自分専任でそばにいてもらい、アドバイスを得ながら仕事をするようなもので、仕事の質の向上にも役立ちます。

イノベーションを加速する

第 1 章で述べたとおり、イノベーションの本質は、「これまでにない新しい組合せを見つけ、新たな価値を創出すること」です。生成 AI はその新しい組合せの選択肢をどんどんと生みだし、提示してくれます。

たとえば、ChatGPT に、マーケティングの専門家 A、機械工学の専門家 B、業界に詳しい成績優秀な営業 C を設定し、彼らと徹底してブレーンストーミングすることで、新たな組合せの選択肢を出し合い議論することができます。

新薬を創るために、膨大な化学物質の組合せの中から、目標とする薬効が期待できる選択肢を絞りこむために、AI はこれまでも貢献してきました。これに生成 AI を組み合わせることで、対話的に選択肢を絞りこみ、シミュレーションを行うことで、この作業の効率を高めることも可能になるでしょう。

DX の実践は、変化に俊敏に対処する能力を獲得することであり、イノベーションを加速して競争力を高めることです。もちろん、生成 AI だけでこれらができるわけではありません。生成 AI のような新しい技術を当たり前に使いこなし、現場へ権限を大幅に委譲し、短期での試行錯誤許容できる企業の文化や風土が、前提になるとこは言うまでもありません。

DX の実践とは、このようなデジタルと人間の新しい役割のあり方を創り出す取り組みでもあるのです。

Conclusion

おわりに

私が主宰するITソリューション塾の参加者一覧を、メールにテキストで平打ちしてお送りくださった方がいらっしゃいました。参加者は30名ほど、氏名の他に所属や役職、メールアドレスなどが箇条書きに書かれていました。これをデータベースに登録しなくてはなりません。そのためには、まず表形式のデータに変換しなくてはならないのですが、項目ごとにひとつひとつコピペで転写しなければならず、かなり手間のかかる作業になりそうでした。

さて、どうしたものかかと思ったのですが、いつも頼りにしているChatGPT（GPT-4）に頼んでみることにしました。

「項目ごとに抜き出して一覧表にまとめてほしい」

そして、メールのテキストをコピペして実行させました。

Analyzing・・・

ChatGPTのCode Interpreterが動き出してPythonでプログラム・コードを書き出しました。

・・・*Error*

あえなく失敗です。送られてきた参加者一覧は、項目の順番こそ揃っていましたが桁数はバラバラで、これはかんたんじゃないぞと思っていました。「コピペ」でやるしかないと諦めようとしたところ、再び勝手に「Analyzing」です。

「おおっと、これは」との期待とは裏腹に再び「Error」。「やっぱりダメかぁ」、まあ仕方がないとExcelを開こうとしたら再び「Analyzing」が始まりました。すると今度は、表を書き出しました。なんと、3度目にして「やってほしいこと」のコードを生成してくれたのです。これには正直驚きました。

私は、プログラマーではありません。そんな私が、日本語でやって欲しいことを記述するだけで、Pythonのコードを生成し、期待通りの一覧表を作ってくれたのです。

私は、仕事柄、情報を検索して整理することや文章の下書きにChatGPTを使っています。これらは、いずれも「**自分にもできること**」です。しかし、手間や時間が大幅に短縮できるので使っています。しかし、上記のようなPythonコードの生成やプレゼン資料に使うイラストを描かせることなどの「**自分にはできないこと**」もやってもらいます。これは、自分の能力を拡張、強化する使い方です。

「**新しい視点を手に入れること**」にも使っています。たとえば、事業計画のゴールと課題を設定して、課題を解決する10のアイデアを出してほしいと指示します。そのほとんどは、だれもが思いつきそうなものです。しかし、中には、「これはおもしろい切り口だなぁ」と思えるアイディアを出してくれることもあります。これをたたき台にアイディアを洗練させたり、考察を深めたりもしています。また、文章の目的と文章に盛り込んでほしいことを指示すれば、本書の「はじめに」のように、それなりの文章を書いてくれます。これを土台に自分のアイデアを膨らませ、自分の文章に仕上げる使い方もよくやります。

ChatGPTを使えば、「自分にできること」の生産性を劇的に向上させ、「自分にはできないこと」ができるようになり、「新しい視点を手に入れること」でアウトプットの質が向上します。

はじめはただの好奇心でした。しかし、使えば使うほど使い道が広がり、使い方が洗練されていきました。もはや仕事の相棒として、手放せない存在です。私たちは、こんなにも優秀な相棒を月額3千円ほどで雇うことができるようになったのです。

ChatGPTには申し訳ないのですが、他にも頼れる相棒が登場しました。GoogleのGeminiやAnthropicのClaude3です。これらもなかなか優秀で、使いながらそれらの使い方や組合せ方を試行錯誤しています。

また、まさにこの「おわりに」を書いている最中に、OpenAI社が、ChatGPT（GPT-4o）をリリースしました（2024年5月13日）。驚くほど流暢に音声でタイムラグなく対話ができ、本物の人間を相手に対話しているみたいです。音声だけではありません。画像や映像もリアルタイムに認識して、それらについて説明したり、質問にも答えたりしてくれます。感情の起伏も豊かで、冗談は言うし、歌も歌うし、恐ろしいほど人間らしい応対をしてくれます。そして、なんとその翌日には、Googleも同様の製品であるGemini 1.5 Proを発表しました。

テキスト・ボックスに文字を入力してAIと対話するというAIチャットのUIが、もはや時代遅れと感じるほどです。耳、口、目を持った人間を相手に話をするような感覚で、

AI を使うことができるようになったのです。

本書の中で、「チャット AI の開発者は AI エージェントのポジションを掴もうとしている」と書きましたが、この 2 社の発表は、その道筋を明確に示したと言えるでしょう。

生成 AI に限った話ではありません。IT はさまざまな分野に浸透し、できることも急速に増え続けています。そんな新しい手段に興味を持ち使いこなせるようになる人とそうでない人との間では、仕事のパフォーマンスに大きな違いが出てくるのは当然です。これは個人だけではなく、企業もまた同じです。積極的に使いこなす企業とそうでない企業では、競争力の格差は致命的です。技術の発展が加速度を増し続けているいま、短期間のうちに、この格差は広がってしまいます。

そんな時代に、「セキュリティの懸念があるから」、「会社のシステムからは使えないから」「仕事にはあまり必要がないから」と躊躇していては、あっという間に周回遅れです。IT を自分から遠ざけるための言い訳として、このような言葉を使うのも、どうしたものかと思います。

会社に頼らなくても自分のパソコンやスマホでかんたんにできるはずです。そんな言い訳を続けていると、自分自身が「使えない人」になってしまいます。

いつまでも会社が面倒を見てくれるなんて、そんなのんきな時代ではありません。いつでも、どこに行っても通用する自分力を持たなければ、これからは生き残れません。そんな現実を真摯に受け止め、行動を起こすしかありません。IT の常識は、そんな自分力の前提です。

本書は、そんなあなたの IT の常識を引き上げる、あるいはアップデートする一助となるはずです。

もちろん本書を読んだからといって、IT の専門家にはなれません。しかし、世間や職場で飛び交う新しい言葉が「なんのこと」を言っているのかが分かるようになります。こういう技術なのだとイメージできれば、それを前提にビジネスの話ができるはずです。そんな IT の常識を、本書で手に入れていただければと願っています。

だれもが IT の専門家になる必要はありません。しかし、ビジネスに関わっていくならば、少なくとも IT の常識者くらいにはなっていたものです。そんな常識者の感性でものごとを捉え、行動することです。行動すれば、できること、できないことがはっきりします。知識を使って行動し、結果から判断して改善し、また行動する。そうやって手に入れた知識は実践につながります。

変わっていくこと、それが学ぶということ、知るということです。自分が変わっていなかったら、何も学んでいないと思えばいい。　～　解剖学者・養老孟司　～

本書が、そんなあなたの実践の一助となれば幸いです。

本書を最後までご覧いただきありがとうございました。

2024年6月1日
八ヶ岳南麓・神社の杜のワーキング・プレイス 8MATO（やまと）にて
斎藤昌義

【特典ダウンロードのご案内】

本書で使用したすべての図表は、パワーポイントのプレゼンテーション資料として、下記の Web サイトよりダウンロードし、ロイヤリティフリーでご利用いただけます。社内の勉強会や企画資料、お客様への提案書などの素材としてご活用下さい。

http://netcommerce.co.jp/koreichi5/
＊パスワード：dx

索引

●数字

2段階認証 …… 204
5G …… 33, 96, 187, 233, 237, 258, 260, 264

●A・B

AGI …… 278, 281, 329
AI …… 66, 77, 96, 233, 274, 276, 278, 281, 282, 285, 296, 318, 334, 336, 338, 340, 345, 368, 376, 421
AIOps …… 376, 399
Airbnb …… 54, 61
AIアプリケーション …… 298
AIエージェント …… 79, 324, 326, 330
Alibaba …… 175
Amazon …… 65, 331, 333, 359, 395
Amazon Alexa …… 326, 331
Amazon EC2 …… 159
Ambiguity（曖昧性） …… 58
Android …… 326
Ansible …… 387
Anthropic …… 47
API …… 267, 379, 394
APIエコノミー …… 394
APN …… 269
Apple …… 65, 85, 151, 249, 328, 331, 333
Apple Vision Pro …… 421
Apple Watch …… 326
AR …… 402
ARPANet …… 85
Attention …… 310
AWS …… 147, 153, 167, 175, 177, 391
AWS Lambda …… 159, 391
Azure OpenAI Service …… 175
BCP …… 195
Bing …… 175, 308
BX（Business Experience） …… 82

●C

CaaS …… 161, 185
CBDC …… 412
CDO …… 33
ChatGPT 47, 153, 175, 305, 308, 326, 331, 332, 467
Chef …… 387
ChromeOS …… 328
CIO …… 33
Claude3 …… 47
CO_2 …… 247
Complexity（複雑性） …… 58
containerd …… 131
Copilot …… 175
Copilot for Microsoft 365 …… 308, 332
Copilot in Windows …… 333
cri-o …… 131
CRM …… 83
CSIRT …… 224
CX（Customer Experience） …… 82
Cybozu kintone …… 159

●D

DALL-E2 …… 309
DAO …… 416
DDoS …… 255
DEC …… 150
DeFi …… 415
Devin …… 369
DevOps …… 186, 353, 356, 382, 384, 392, 396, 398, 458
Docker …… 131, 135
DX …… 65, 68, 74, 76, 80, 82, 85, 86, 88, 91, 93, 96, 98, 100, 106, 179, 223, 436, 438, 442, 444, 446, 456, 458, 466
DX（Developer Experience） …… 82
DX人材 …… 454

DX 推進室 ······ 33

● E～G

ECU ······ 119
EDR ······ 216
e-Japan ······ 31
ERP ······ 40, 66, 396
ERP システム ······ 40
ERP パッケージ ······ 38, 40, 49, 77, 84
Ether ······ 412
Ethereum ······ 411, 417, 418
EX（Employee Experience）······ 82
FaaS ······ 161, 185, 186, 390
Facebook ······ 103, 415, 417
FACOM M190 ······ 150
FIDO2 ······ 206, 208
FTQC ······ 429
GCP ······ 167
Gemini ······ 47, 175, 308, 332
Github Copilot ······ 308, 332
GitHub Copilot Workspace ······ 369
Google ······ 47, 65, 103, 175, 306, 310, 325, 327, 331, 333, 417
Google App Engine ······ 159
Google Arts & Culture ······ 105
Google Chrome ······ 327
Google Compute Engine ······ 159
Google Pixel ······ 326
Google Workspace ······ 159, 175, 327

● H～M

Hotmail ······ 69
Hyperledger ······ 411
IaaS ······ 123, 124, 158, 161, 178, 182, 185, 358
IBM ······ 149, 175
IBM PC ······ 151
ICT ······ 30, 32
Intel ······ 151, 241
Internet Explorer ······ 326
IoT ······ 66, 77, 96, 104, 230, 232, 234, 238, 242, 252, 396, 422
IoT セキュリティ ······ 254
IOWN ······ 258, 268
iPhone ······ 46, 241, 249, 328
iPod ······ 249
IT ······ 30, 32
IT 基本法 ······ 31
Kubernetes ······ 134
KVM ······ 127
Linux ······ 36, 127
LLM →大規模言語モデル
Lyft ······ 55
MacOS ······ 36
Meta ······ 325, 333
Microsoft ······ 175, 306, 325, 327, 331
Microsoft Azure IaaS ······ 159
Microsoft Entra ID ······ 159
Microsoft Hyper-V ······ 127
Microsoft Office 365 ······ 159
Microsoft Teams ······ 77
Microsoft WIndows95 ······ 326
Midjourney ······ 309
MR ······ 402
MS-DOS ······ 327
Mt.Gox ······ 407
MVP ······ 462
My GPTs ······ 333

● N～R

NCSA Mosaic ······ 327
NEF ······ 266
NETFLIX ······ 54, 61
NF ······ 266
NFT ······ 415, 418
NISQ ······ 428
NTT ······ 261
OASIS KYOTO ······ 240
OAuth2 ······ 211
OpenAI ······ 175, 325, 331, 333

OpenID 211
OS 36, 112, 118, 122, 126, 128, 130, 132, 134, 151, 158, 324
OSS 355
PaaS 68, 96, 123, 158, 161, 169, 178, 182, 186
PayPal 54
PLATEAU 239
POC 224
PPAP 197
PtoP ネットワーク 408
purpose beyond profit 80
QoS 137
RAG 318
Ripple 412
RLHF 322
RPA 377, 378, 380
●S～U
S/MIME 197
SaaS 68, 96, 123, 158, 161, 169, 178, 182, 185, 397
Sales Cloud 159
Salesforce 69, 167
SAML 211
SDI 120, 123, 169
Sketchpad 85
Slack 77
Society 5.0 183
Spotify 105
SRE 398
Stable Diffusion 309, 332
System/360 149
TCA 152
TCO 152, 154, 168, 184
Terraform 387
Try and Learn 64, 65, 91
Twitter 415
UBER 54, 61, 394
UI 18, 20, 46, 95
u-Japan 31
UKAEA 239
Uncertainty（不確実性） 58
UNIVAC I 149
UX 18, 20, 22, 46, 73, 95, 98, 102, 236
●V
VAX11/780 150
VDI 137
Vmware ESXi 127
Volatility（変動性） 58
VPN 162
VR 114, 402, 421
VUCA 49, 58, 60, 64, 75, 81, 94, 99
Waymo 239
Web1.0 414
Web2.0 414
Web3 414
Windows 36, 137, 152
Windows Server 127
WIndows95 69
Wintel 152
WWW 415
xR 402
●あ～う
アーキテクチャ 149
アクセス制御 203
アグリゲーション（集約） 116
アジャイル 74
アジャイル開発 25, 68, 84, 186, 356, 360, 362, 364, 366, 382, 396, 458
アジャイル企業 87, 99
アジャイルソフトウェア開発宣言 69
アナログ 30
アニーリング 429
アプリケーション 36, 112, 119, 122, 130, 133, 178, 410
アプリケーション仮想化 136

安定性……68
アンバンドル……42
暗黙知……297
意図的脅威……199
イノベーション……44, 98, 98, 247, 467
イミュータブル・インフラストラクチャ……386
インシデント……199, 225
インターネット……410, 415
インテル・アーキテクチャ……151
インフラストラクチャ・アズ・コード……386, 399
インベンション……44
ウイルス……201
ウォーターフォール開発……68, 360, 362, 364, 366

●え～か

エキスパートシステム……283
エコシステム……464
エッジ・コンピューティング……252
エッジ・サーバー……132, 252, 257
エミュレーション（模倣）……116
エンジニアリング・ワークステーション……150
エンハンスメント……42
オーバーヘッド……129
オフィス・コンピュータ……150, 256
オンプレミス……70, 184, 377
オンプレミス・サーバー……132
カーネル……125
架空世界……239
学習……286, 288, 290, 294, 296, 298, 304
可視化……300
仮想化……115, 124, 124, 136, 169
仮想現実→ VR
仮想サーバー……127, 128
仮想通貨……409, 412, 417
仮想マシン……393
可用性（Availability）……194
環境的脅威……199
監視（Monitoring）……230
感性のイノベーション……46
完全性（Integrity）……194
ガンダムメタバース……240

●き～け

機械学習……96, 274, 282, 286, 288, 290, 295, 296, 298, 300, 302, 305, 306, 396
記号接地問題……337
疑似世界……239
技術的負債……359
基盤モデル……306, 308
機密性（Confidentiality）……194
脅威……199
強化学習……290
狭義の IoT……234
教師あり学習……290
教師なし学習……290
偶発的脅威……199
クライアント……127
クライアント・サーバー方式……69, 256
クライアント仮想化……136
クラウド……25, 68, 69, 84, 93, 96, 122, 124, 132, 143, 146, 148, 154, 156, 160, 162, 168, 170, 176, 186, 197, 233, 234, 252, 255, 356, 422
クラウド・サービス……28, 77, 210, 398
クラウド・ネイティブ……392
クラウド・バイ・デフォルト原則 153, 182
クラウドの定義……157
クラスタリング……290
クルト・レヴィン……452
クレデンシャル……207
訓練……287
継続的インテグレーション……361, 385
継続的デプロイメント……383, 385
継続的デリバリー……383

●こ～さ

コアコンピタンス……27

公開鍵 206
広義の IoT 234, 236
光電融合技術 269
行動情報通信ネットワーク社会形成基本法 31
古典コンピュータ 426, 428, 430
コミュニティ・クラウド 163
コモドール 151
コンテナ 96, 124, 128, 132, 134, 384, 392
コンテナ・エンジン 130
コンテナ・オーケストレーションツール 134
サーバー 127
サーバー OS 127
サーバー仮想化 126, 128, 131, 136
サーバーレス 68, 96, 161, 186, 390
サービス・ビジネス 24
サービス・モデル 156, 158
最適化ループ 236
サイバー・セキュリティ 192, 195, 199
サイバー・ハイジーン 216, 220, 223
サイバー・フィジカル・システム 93, 96, 234, 243, 244, 246

●し〜す

自家発電モデル 142
識別 202
次元圧縮 290
自己教師あり学習 310, 314
自己注意機構 311, 312
自然言語処理 310
持続可能性 68
自動化（Automation） 99, 169
受容レベル 198
俊敏性 68
情報 193
情報セキュリティ 192, 195
所持認証 204
ジョブ 125
自律化（Autonomous） 99, 230
人為的脅威 199
シンクライアント 137
シングル・サインオン 210
真正性（Authenticity） 194
身体性（Embodiment） 337
信頼性（Reliability） 194
心理的安全性 95, 356
推論 286, 288, 294, 296, 298
スケーリング則 295, 297
スケールアウト 135
ストレージ 36
ストレージ仮想化 136
スパイウェア 201
スマート・グラス 404

●せ〜そ

制御（Control） 230
脆弱性 199
生成 302
生成 AI 79, 83, 104, 145, 153, 175, 277, 295, 304, 305, 308, 316, 320, 322, 331, 331, 332, 368, 374, 466
生体認証 204
責任追跡性（Accountability） 194
セキュリティ 192
セキュリティ・ホール 199
説明責任 198, 202
ゼロデイ攻撃 217
ゼロトラスト 212, 220, 356
ゼロトラスト・アーキテクチャー 214
ゼロトラスト・セキュリティ 220
ゼロトラスト・ネットワーク 212
創発 295
ソフトウェア 23, 26, 112, 118, 120, 122, 126, 144, 146, 243, 248
ソフトウェア化 118, 120, 122, 168

●た〜て

大規模言語モデル 308
タイムシェアリング 124, 256
ダウンサイジング 69, 151

多要素認証……………………204
タンディ・ラジオジャック…………151
遅延時間（Latency）………………173
知識認証……………………204
チャット・ボット…………………47
チャット AI ……………………308
注意機構……………………311
抽象化………………… 36, 38, 55, 98
強い AI ……………………280
ディープラーニング…… 33, 282, 292, 294, 296, 307
データ……………………193
データ・エンジニアリング…………344
データ・サイエンス……… 66, 342, 344
データ・サイエンティスト‥ 343, 344, 347
データ駆動型経営基盤………………48
データベース……………………36
デザイン思考………… 396, 458, 460
デジタイゼーション… 34, 86, 88, 442, 444
デジタライゼーション‥34, 86, 88, 442, 444
デジタル……………………30, 32, 72
デジタル・コピー…………………93, 96
デジタル・ツイン‥26, 93, 96, 234, 236, 238, 242, 244, 246, 274
デジタル・ディスラプション………55, 64
デジタル・ネイティブ企業…………54, 56
デジタル・ビジネス・トランスフォーメーション……………………107
デジタル・ボルテックス……………102
デジタル化…… 30, 34, 36, 39, 44, 48, 66, 86, 88, 102
デジタル庁……………………183
デジタル通貨……………………412
デスクトップ仮想化…………………136
テスト駆動型開発…………………363
電子マネー……………………412
●と～の
同期鍵……………………208
動的ポリシー………… 218, 220, 223
トークン………………… 310, 313
特化量子コンピュータ………………428
トランスフォーマー……… 310, 312, 314
トロイの木馬……………………201
ニューラル・ネットワーク‥ 282, 292, 297
ニューロン………………… 292, 423
ニューロン・モーフィック・コンピュータ‥422
認可……………………202
認識……………………302
認証……………………202
認証連携（フェデレーション）………210
ネットワーク・スライシング…………264
ネットワーク仮想化…………………136
ノーコード開発………… 372, 374
●は～ひ
パーソナル・コンピュータ…… 151, 256
バーチャル……………………26, 114
パーティショニング（分割）…………116
ハードウェア‥118, 120, 122, 126, 132, 144, 243, 248
配置モデル………………… 156, 162
ハイパーコンペティション…………60, 75
ハイパーバイザー…… 126, 131, 134, 169
ハイブリッド・クラウド‥162, 164, 166, 168
バグ……………………199
パスキー……………………208
パスワードレス………… 206, 220
ハッシュ値……………………409
バッチ………………… 124, 217
バッチ処理………………… 125, 256
発電所モデル……………………142
パブリック・クラウド‥ 162, 165, 167, 168, 172, 178, 182, 185, 187
パブリック 5G ……………………262
バリュー・ドリブン…………………362
ハルシネーション………… 318, 321
反復型開発……………………361

ビジネス変革としてのDX…………106
ビッグデータ…………93, 345
ビッグテック…………65, 75, 307, 333
ビットコイン…………407, 412, 431
否認防止（Non-repudiation）…………194
非万能量子コンピュータ…………428
秘密鍵…………206, 208
標本…………233

●ふ〜ほ

ファインチューニング…………318
フィッシング詐欺…………207
フォグ・コンピューティング…………253
富士通…………150
物理セキュリティ…………192
踏台攻撃…………255
プライベート・クラウド…………162, 165, 168, 182, 187
プラットフォーム…………112, 122, 178
プラン・ドリブン…………362
プロコード…………372
プロセッサー…………33, 36
ブロックチェーン…………396, 406, 408, 410, 415, 418
分散化…………124
分散コンピューティング…………148
分類…………300
ベアメタル…………161, 185
並行世界…………239
変革ループ…………236
ベンダー・ロックイン…………167
母集団…………233
ホステッド・プライベート・クラウド…………162
ポリシー…………219

●ま〜め

マイクロサービス…………68, 185, 388
マイクロサービス・アーキテクチャ…………70, 388, 392
マルウェア…………192, 201, 215, 222
マルチ・クラウド…………166
マルチモーダルAI…………281
ミッション・クリティカル…………153
ミドルウェア…………36, 113, 126, 128, 130, 134, 158
ミニ・コンピュータ…………124, 150, 256
ムーアの法則…………241, 424
メインフレーム…………124, 148
メタバース…………240, 420
メトカーフの法則…………259

●も〜わ

モデル…………287, 289, 299, 304
モデルベース開発…………47
モノのサービス化…………242, 248, 250
モノリシック・アーキテクチャ…………70
予測…………300
弱いAI…………280
ランサムウェア…………192, 222
リアル…………26, 72
リーン・スタートアップ…………396, 458, 462
離散量…………31
リスキリング…………456, 456
リスク…………199
リスク・マネージメント…………198
リバンドル…………42
リモートワーク…………215
量子コンピュータ…………424, 426, 427, 428, 430
量子ビット…………431
レイヤー構造化…………36, 38, 55, 98
連携（Cooperation）…………230
連続量…………31
ローカル5G…………262
ローコード開発…………186, 372, 374
ロック・イン…………131
ワーム…………201

著者プロフィール

● **斎藤昌義**（さいとう まさのり）

1982年、日本IBMに入社、営業として一部上場の電気電子関連企業を担当。その後営業企画部門に在籍した後、同社を退職。
1995年、ネットコマース株式会社を設立、代表取締役に就任。産学連携事業やベンチャー企業の立ち上げのプロデュース、大手ITソリューションベンダーの事業戦略の策定、営業組織の改革支援、人材育成やビジネスコーチング、ユーザー企業の情報システムの企画・戦略の策定などに従事。『未来を味方にする技術』『システムインテグレーション再生の戦略』『システムインテグレーション崩壊』（すべて技術評論社 刊）ほかの著書、雑誌寄稿や取材記事、講義・講演など多数。
【ホームページ】https://netcommerce.co.jp/
【ブログ】https://www.netcommerce.co.jp/blog/
【Facebookページ】https://www.facebook.com/solution.sales
【ITビジネス・プレゼンテーション・ライブラリー／LiBRA】
https://libra.netcommerce.co.jp/

● 装丁・本文デザイン・DTP　杉本マコト（OPTIC OPUS Co.,Ltd.）
● 編集　村瀬 光

【図解】
コレ1枚でわかる
最新ITトレンド
〔改訂第5版〕

2015年3月5日　初　版　第1刷発行
2024年7月5日　第5版　第1刷発行

著者　斎藤昌義
発行者　片岡巌
発行所　株式会社技術評論社
東京都新宿区市谷左内町 21-13
電話 03-3513-6150（販売促進部）
03-3513-6185（書籍編集部）
印刷／製本　日経印刷株式会社

造本には細心の注意を払っておりますが、万一乱丁（ページの乱れ）や落丁（ページの抜け）がございましたら、小社販売促進部までお送りください。送料小社負担にてお取り替えいたします。

ISBN978-4-297-14204-9　C2036
Printed in Japan

■ お問い合わせについて

ご質問については、本書に記載されている内容に関するもののみ受付をいたします。本書の内容と関係のないご質問につきましては一切お答えできませんので、あらかじめご承知おきください。また、電話でのご質問は受け付けておりませんので、ファックスか封書などの書面かWebにて、下記までお送りください。

なおご質問の際には、書名と該当ページ、返信先を明記してくださいますよう、お願いいたします。特に電子メールのアドレスが間違っていますと回答をお送りすることができなくなりますので、十分にお気をつけください。

お送りいただいたご質問には、できる限り迅速にお答えできるよう努力いたしておりますが、場合によってはお答えするまでに時間がかかることがあります。また、回答の期日をご指定なさっても、ご希望にお応えできるとは限りません。あらかじめご了承くださいますよう、お願いいたします。

◆ 問い合わせ先
<ファックスの場合>
03-3513-6181
<封書の場合>
〒162-0846 東京都新宿区市谷左内町21-13
株式会社 技術評論社　書籍編集部
『図解コレ1枚でわかる最新ITトレンド 改訂第5版』係
< Webの場合>
https://gihyo.jp/site/inquiry/book